F1マネーに食らいつけ
ピラニア・クラブ

ティモシー・コリングス・著
Timothy Collings
熊倉重春・訳
Shigeharu Kumakura

二玄社

THE PIRANHA CLUB
- Power and Influence in Formula One
by Timothy Collings

First published in Great Britain in 2001 by
Virgin Books Ltd

Published in Japan in 2003 by
Nigensha Publishing Co., Ltd.
Japanese translation: Shigeharu Kumakura

Japanese translation rights arranged with
Virgin Books Ltd through Motovun Co. Ltd., Tokyo

70年代の初期から30年以上にわたり大ボスとしてF1界を仕切って来たバーニー・エクレストン。各チームを糾合して各国の主催者との折衝の窓口となり、F1全体の興行的価値を飛躍的に高めた功績は特に大きい。それゆえに「希代のやり手」として恐れられているが、F1界の内部ではこのうえなく頼られる存在でもある。自らもF1関連ビジネスで巨万の富を築き、イギリスの長者番付にしばしば登場する。ただし最近は高齢と心臓疾患のためもあり、レースの現場を欠席することも多くなったので、そろそろ後継者へのバトンタッチの噂も流れるようになった。

FIA（国際自動車連盟）の会長としてF1人気の挽回に辣腕をふるうマックス・モズレイ。若いころは法律を修めながらドライバーとしても活躍した経験を持つ。その後モータースポーツのビジネス面に転じ、名設計者ロビン・ハードらとともにマーチを興し、レーシングカーの開発と販売のシステムに新しいスタイルを導入した。独裁者バレストルの対抗馬としてFIA会長選に立候補してからは、持ち前の粘り腰でF1界の政治面を仕切り、改革の大ナタをふるっている。その結果、長年の盟友だったエクレストンとの間に亀裂も。

第一線級のドライバーが自らの名を冠したコンストラクターに転身するはしりとなったジャック・ブラバム。クーパーを駆って1959年、60年と２年連続でチャンピオンになった後、自らモーター・レーシング・ディヴェロップメンツ社を設立し、その名もブラバムのステアリングを握って1966年に三度目のタイトルを獲得。F１界きっての現実主義者としても知られ、３ℓフォーミュラへの移行当時、低パワーながら軽量コンパクトなレプコ・エンジンを採用して、かさばる大出力エンジンに手こずるライバルに煮え湯を呑ませた。70年に引退と同時に事業も後継者に譲り、故国オーストラリアに帰る。

F１の歴史すべてを代表するアイディアマン、コーリン・チャプマン。設計において異彩を放っただけでなく、大胆な空力システムの採用、ボディカラーへの商業スポンサーの導入、ガスタービンカーでの参戦など、ヨーロッパの固定観念にとらわれない視野の広さも誇る。インディにも早くから関心を示し、それまでのフロントエンジン車を一気にミッドエンジンに変えさせてしまうほどの影響力を発揮した。F１界の政治面でも大物として活躍したが、1982年、志半ばにして急逝。

モータースポーツが貴族的な雰囲気に包まれていた古き佳き時代を体現した最後の大物、ロブ・ウォーカー。ドライバーとしての経験も豊富だが、戦後は一貫してパトロンとして関わり、自らチームを率いてスターリング・モスやジョー・シフェールら有望なドライバーを育成した。F1界がピラニアの餌食になってからは参戦から手を引き、晩年はジャーナリストとして健筆をふるった。

レーシングカーのミッドエンジン化を決定付けた功労者ジョン・クーパー。50年代初期から父チャールズとともにバイクエンジン搭載の500cc・F3で成功してきただけに、F2、F1への挑戦もミッドエンジンが当然だった。ジャック・ブラバムがクーパーでチャンピオンになった50年代末には、ライバルは全車フロントエンジンだったが、1960年の開幕戦は、早くもミッドエンジンが主流だった。

戦後モータースポーツ界最大のカリスマ的存在として君臨したエンゾ・フェラーリ。没後15年を経た今でも、F1界は彼のイメージを軸に回っている。それほどの名士でありながら人前に出ることを好まず、常にマラネロの奥の院から指令を発していた。濃いサングラスと紫のインクでの署名がトレードマーク。

レース屋魂の権化、フランク・ウィリアムズ。すべてを投げ打ってのF1活動は順風満帆とは行かなかったが、70年代の末に名作FW06を参戦させてからは、常にトップクラスの一翼を担ってきた。交通事故で上下肢不随になりながらも「車イスの闘将」として常に陣頭に立つ。現代のF1界において、おそらく最もフェアな判断力を持つ人物と評されてもいる。軽薄な風潮とは一線を画し、どんなスタードライバーといえど甘やかさない、厳しい経営方針でも知られている。

一介のメカニックから超一流F1チームの代表にまでのし上がった出世の見事さにおいて、ロン・デニスの右に出る者はない。卓越したビジネスセンスを裏打ちするのが病的とさえ言われる完璧主義。マクラーレンの工場は外科の手術室以上の清潔さが売り物でもある。弱小チームを見下す尊大な言動でも知られるが、素顔は意外に朴訥な普通人だとも言われている。

策士の密談？　フラヴィオ・ブリアトーレ(左)とジャン・トッド。ともにF1界の生え抜きでないところも共通点だ。ブリアトーレはアパレル界での手腕を見込まれて、オーナー家からベネトン・チームの指揮を委ねられたのを機にF1界入り。パドックきってのチェーンスモーカーでもある。トッドの経歴の起点はラリーのコ・ドライバー。その後プジョーのラリー活動を率いてWRCやパリ－ダカを制覇するなど実績を挙げ、低迷するフェラーリF1の立て直しに招聘された。夏でも長袖シャツがトレードマーク。

1997年、念願のF1チームを結成した往年の名ドライバー、ジャッキー・スチュワート（右）。その後チームはフォードに売却されジャガーとなるが、自身は顧問格で残る。写真左は息子のポール。

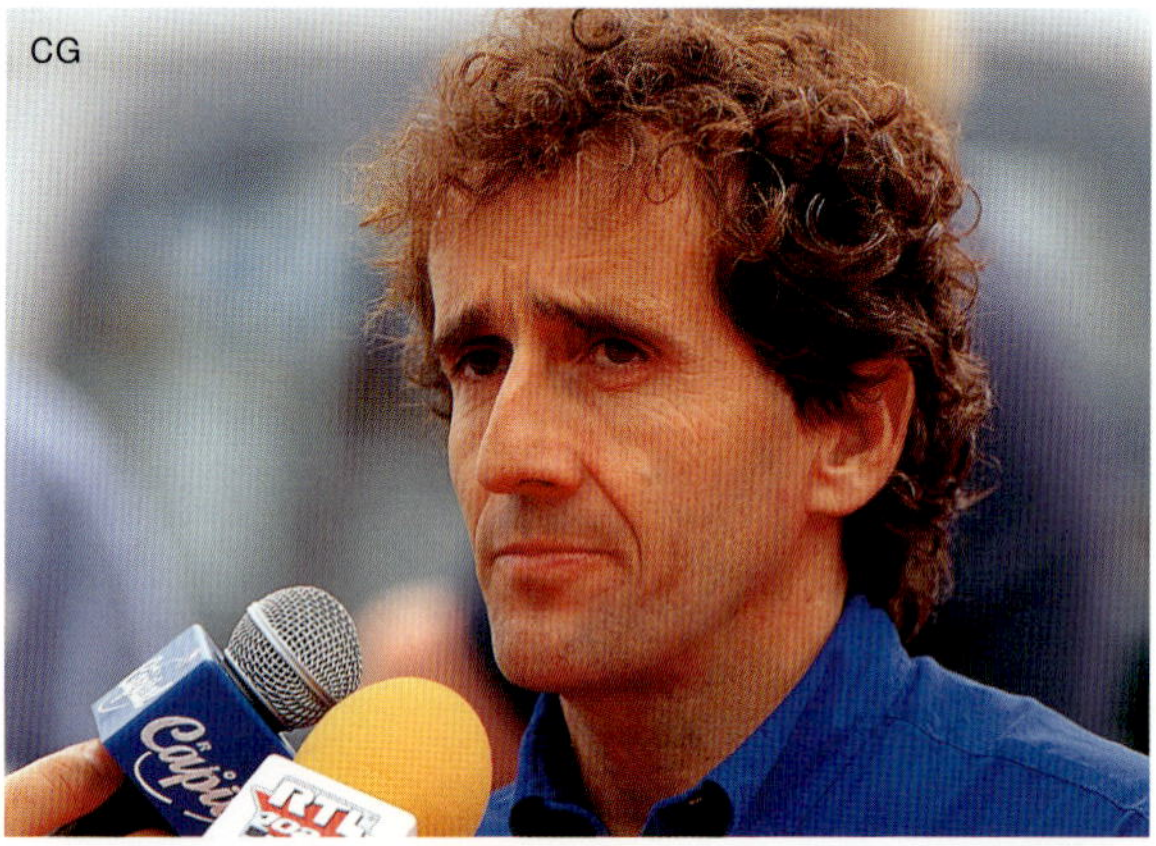

名選手かならずしも名監督とは限らない例となってしまったアラン・プロスト。1997年のチーム発足当時から慢性的な資金難に喘ぎ、とうとう2001年シーズンを最後に消滅した。その間エンジンも無限ホンダ、プジョー、フェラーリと猫の目のように変わるなど、中長期的な経営方針を持てなかったのも敗因の一つ。

フェラーリ躍進の真の原動力、ルカ・ディ・モンテゼモロ。70年代前半に20歳代の若さでチーム監督に就任、たちまちラウダを王座に推し上げた実績の持ち主。その後フィアットの他部門で活躍していたが、エンゾの死後ふたたびフェラーリを任され、今度は社長として量産車とレース部門の両方を統括している。ジャン・トッド監督体制の最大の後ろ楯。

60年代からの伝統的なチームオーナー像を最後まで守ったケン・ティレル。チームの黄金時代は70年代前半で終わったが、その後も新人の発掘など、独特の光彩を放ちながら活動を続けてきた。ジャッキー・スチュワートはもちろん、ジョディ・シェクター、パトリック・ドゥパイエ、ジャン・アレジなどチャンピオン級ドライバーの多くがティレルによってF1の洗礼を受けている。ホンダ、ヤマハ、中嶋悟、片山右京、高木虎之介など、日本との関係も非常に深い。1998年を最後としてチームをBATに売却し、第一線を退いた後、2001年に世を去る。

ピラニア・クラブの代表的メンバーと呼ばれながら、最後は餌食になってしまったトム・ウォーキンショー。自身ドライバーとしてツーリングカー・レースを席巻したこともあり、ジャガーのルマン制覇も請け負うなど、F1以外ではことごとく成功をおさめてきた腕利きだったが。

現代のF1界を生き抜くことができるのが不思議とされるほど、好人物の表現がふさわしいペーター・ザウバー。もともとスポーツカー・レースで育ったコンストラクターだが、メルセデスのF1進出計画のために転進。その後メルセデスがマクラーレンと組んでからいろいろ変遷を経たあげく、フェラーリの二軍的な存在に落ち着く。チームの戦績も中堅に定着。

1990年以降にF1に参入した中では、本格的な成功にありついた唯一のチームオーナーがエディ・ジョーダン（左）。最初はピラニア・クラブの犠牲者であり、次いで食う側に変身し、最近ふたたび崖っぷちに追いやられている。そのジョーダンに何事か説得されている様子のクレイグ・ポロックはジャック・ヴィルヌーヴのマネジャーとしてF1界に入った後、アメリカ系煙草資本をバックにティレルを買収してチームオーナーになる。しかし内部抗争のため代表を辞任、現在はアメリカでCARTチームを経営する一方、ドライバーの代理人の立場でF1のパドックにも姿を現している。

現在のF1チームオーナーとしては最後発のポール・ストッダート。航空ビジネスで築いた財力でミナルディを買い取ったが、こちらは順調とは言えず低空飛行中。今のところ生存競争に耐えてはいるものの、ビジネス界の視点から歯に衣きせぬ発言でF1を批判するので、ピラニア・クラブの古参メンバーからは煙たがられる存在になっている。

photo credit
MA：熱田 護/Chrono Graphics
DP：David Phipps/CG Library
DPPI：DPPI/CG Library
SI：www.sutton-images.com
GG：Geoffrey Goddard
CG：CAR GRAPHIC

はじめに――謝意をこめて

数多くの個人や団体からの寛大な協力なくしては、本書の刊行は実現し得なかったに違いない。だからここに、『ピラニア・クラブ』のための調査や執筆に力を貸してくれた人々の名を挙げておきたい。インタビューのために時間を割いてくれた人もいれば、情報を集めたり、人物や事件の真相を正確に教えてくれた人もいる。すでに広く知られている事実の山の中から、価値あるものを捜し出してくれた人も。

そんな協力者や参考にした書物を順不同に列挙すると、ラッセル・ホッテン（と彼の著書『Formula One』）、『Grand Prix Men』のテッド・マコーリー、『The Grand Prix Who's Who』のスティーヴ・スモール、『The Power Game』のアイヴァン・レンドール、さらにデイヴィッド・ホッジス、ダグ・ナイ、そして『Grand Prix』のナイジェル・ローバックと続く。ナイジェルの場合は『Inside Formula One』や『Grand Prix Greats』などの著書も参考にさせてもらったほか、ずいぶん情報も聞かせてもらった。アラン・ヘンリーの著作は多すぎるほどだが、特にマクラーレンとウィリアムズに関するものが役立った。そのうえ広く協力や助言をしてくれた。『Man and Motor』のデレック・ジュエル、『Behind the Scenes』や『Strictly off the Record』を著した高名なルイス・T・スタンレイ、『The Ultimate Encyclopaedia of Formula One』のブルース・ジョーンズ、『Power and Glory』のウィリアム・コート、『Formula One

Heroes』のマーレイ・ウォーカー（TV解説者としても有名だった）、『Grand Prix People』のジェリー・ドナルドソン、『Colin Chapman, The Man and his Cars』のジェラール・クロンバック、『A Different Kind of Life』を書いたヴァージニア・ウィリアムズ、『Enzo Ferrari』のブロック・イェイツなどもいる。

イワン・ヤングは奇書『It Beats Working』を参考にさせてくれたばかりか、多くの情報や激励をくれた。マイケル・クーパー＝エヴァンスの『Rob Walker』を読んでから登場人物のロブとベティのウォーカー夫妻に会いにサマセットに行ったら、貴重な時間を費やしていろいろエピソードを聞かせてくれたばかりでなく、素敵な昼食まで御馳走になってしまった。

リチャード・ウィリアムズの『Racers』や、ドライバーであるエディ・アーヴァインが書いた『Green Races Red』も貴重な情報源だった。常に信頼できる『Autosport』誌をはじめ、『Motor Sport』、『F1 Racing』、『F1 News』、『Formula 1 Magazine』、『Eurobusiness』といった雑誌も利用させてもらった。それから『GrandPrix.com』（元のInsideF1.com）、『AtlasF1.com』、『F1Fanclub.com』などのサイトも活用した。ロイターやAPなどの通信社情報ももちろんだし『Sporting Life』もそうだ。

直接の関係者も非常に多い。モーリス・ハミルトンは常に協力的で元気づけてくれたし、ハイナー・ブッチンガー、エディ・ジョーダン、イアン・フィリップス、ジゼル・デイヴィス、トム・ウォーキンショー、『Grand Prix Guide』のジャック・ドゥシュノー、『Who Works』のフランソワ＝ミシェル・グレゴワール、フラヴィオ・ブリアトーレ、バーニー・エクレストン、マックス・モズレイ、ロン・デニス、ピノ・アリエーヴィ、デイヴィッド・トレメインといった名前は誰でも知っているだろう。もちろんほかの多くの新聞や雑誌、それにオックスフォード大辞典からも、貴重な材料をもらっている。

そして、フランク・ウィリアムズ、ルカ・ディ・モンテゼモロ、ジャン・トッド、ジョー・セイウォード、ジョック・クリア、クレイグ・ポロック、ジャッキー・スチュワート、ケン・ティレル、ペーター・

ザウバー、アラン・プロスト、ポール・ストッダート、ボビー・レイホール、ジョー・ラミレス、ジョナサン・レガード、スチュワート・サイクス（限りない洞察力、そして援助と激励に）、ボブ・コンスタンデュロス（おおいなる支持に）、ハービー・ブラッシュ、アラン・ボールドウィン、タイラー・アレクサンダー、ボブ・マクマレイ、アン・ブラッドショー、エレン・コルビー、マイク・ドッドソン、シド・ワトキンズ、チャーリー・ホワイティング、ボブ・マッケンジー、レイ・マッツ、スタン・ピーシャ、ケヴィン・イーソン、デレック・オールソップ、アニエス・カイザー、パスカル・ラトゥンドゥ、イアン・ゴードンといった人々にも感謝したい。

特に本書を企画してくれたヴァージン・ブックスのジョナサン・テイラーと、原稿を読みやすく整理し編集してくれたマーティン・ノーブルには感謝の言葉もない。それを言うなら、コリングス・スポーツの面々、マーカス・リー、ウィル・スポング、ウィル・グレイ、ゲイリー・エマーソン、スティーヴ・ドーヴ、リチャード・ハート、ロレイン・ヴァーネイ、ジェニー・バスカーヴィル、カルヴィン・ローレイ、ケヴィン・ハンドたちの寛容さにはなおさらだ。

そして最後に妻のルースと、子供たちジョッシュとキティの全面的な協力にも特別に感謝すべきだろう。もしかして、このリストから漏れてしまったかもしれない人たちには、私からお詫びを申し上げる。また、多くのドラマを記録してくれながら、ここに名前を記すゆとりのなかったカメラマンたちにも。

２００１年７月18日　　ヒッチンにて

ティモシー・コリングス

目次

装丁　白石良一、高橋　忍

ピラニア・クラブ　Ｆ１マネーに食らいつけ

第1章　ようこそ、ピラニア・クラブへ

――カネ・カネ・カネ　パート1

1991年9月5日、ヴィラ・デステで何が起きたかを知る部外者は誰もいない。その場に居合わせても、事のすべてを語ろうという者はほとんどいない。あの時、あそこでは、ミハエル・シューマッハーがジョーダンからベネトンに移籍し、逆の経路をロベルト・モレノが辿る結末になる、込み入ったトレード話が持ち上がっていた。ジョーダン側としては英伊混成チーム（ベネトン）を相手に訴訟を提起したり、とにかくこの商談に前向きではなかった。しかし北イタリアのコモ湖に影を落とす由緒正しい豪華ホテルのロビーで執り行われた秘密の儀式によって、Ｆ1ビジネスの世界に新しい、そして皮肉なニックネームが与えられることになったのも事実だった。それを「ピラニア・クラブ」という。

長くこの世界を眺めてきた者や、このスポーツの評論家の言によれば、あの晩を境にＦ1界は永遠に変わってしまった。かつてグランプリ・レーシングは、個人の富と冒険心を拠り所とする歓喜と危険に彩られた、ある意味で放蕩的ともいえる世界だった。しかしこの時、それまでの価値観は見えざる力によってあっさり塗り潰され、スポーツからビジネスへと変身してしまったのだった。互いに堂々と競いあう間柄から、権謀術数的ご都合主義に支配される世界への転換でもあった。コクピットの闘士、独特の死生観、華やかなパーティー、楽しい空気などが織りなす黄金時代が最後のきらめきを残して消え去り、金銭と政略と陰謀の時代が幕を開けた瞬間とも言えた。

あの時シューマッハーは、ベルトラン・ガショーの緊急代理役として、たった一回グランプリを走ったばかりのところだった。怒りっぽいガショーがロンドンでタクシーと悶着を起こし、運転手に護身用スプレーを吹き掛けて留置場にぶち込まれたのがきっかけだった。一方ベネトンのモレノはモレノで流れ者の請け負い職人的なところもあったが、あの時点では立派な契約が存在した。しかし、イタリアの夏も終わりの暑い夜中に、弁護士と権力仲買人たちが子細に点検した結果、それが立場を守

るのに充分なものではないことも判明してしまっていた。あれは多くの不文律が泥靴で踏みにじられ、無慈悲な商売人と野心満々のドライバーの手に、F1の未来が委ねられたのが確認された晩だった。

シューマッハーがグリーンのチーム（ジョーダン）からブルーのチーム（ベネトン）へ、あるいは舌先三寸の小僧チームからアパレル一家のチームに移籍した話は、翌日のモンザを直撃した。そこにはミラノでもちょっとした部類の人々、すなわち多くのモデルをはじめ、レースの愛好家もいればサッカーのスター選手などが集まっていた。F1のレギュラードライバー、チームオーナー、エンジニア、メカニックに報道陣はもちろん、彼らの友人たちからコックにモーターホームのスタッフまで、つまりアウトドローモ・ナツィオナーレで開催される恒例のイタリアGPの面々すべてでも居合わせた。時あたかも4年間で3度目のワールドチャンピオンシップに向け邁進中だった故アイルトン・セナは、同国人で友人でもあるモレノが受けた扱いに衝撃を受けたことを、感情も露わに語っていた。これではチェスで使い捨てにされる下っぱの駒みたいではないか、というのが彼の憤激の素だった。

しかし階下で夜通し説得や金銭的な条件提示が行われている間、そのホテルの真上の寝室でぐっすり眠っていたのもセナだった。燻製を挟んだサンドイッチや上等のワインを前に顔をそろえたのは、フラヴィオ・ブリアトーレ、トム・ウォーキンショー、エディ・ジョーダン、バーニー・エクレストンなど。シューマッハー側からは代理人であるIMG（インターナショナル・マネジメント・グループ）の弁護士が出席して、ほかの弁護士や代理人との交渉に当たっていた。もちろんそこにはモレノの利益代表者もいた。いかに神童とはいえ、まだドイツからポッと出てきたばかりの若者で、グランプリの週末を一回しか経験していないシューマッハーがチームを移籍するだけのことに、これだけの顔ぶれが集まっていたのだ。

たしかに、その直前のベルギーのスパ－フランコルシャンでのデビュー戦は衝撃的だったが、それがこんなにスパイ陰謀ドラマのような様相を呈したのは、裁判所に二件の差し止め請求が提出されていたからでもある。一件はロンドン、もう一つはミラノ。脅迫や推測も飛び交った。しかし手慣れた専門家の手によって事が巧みに処理され、深夜の合意に漕ぎ着けてみると、何がF1を支配する肝であるかも明らかになった。ピラニア・クラブは、誕生と同時に勝利をおさめたのだった。

それにしても、スパ－フランコルシャンでのフリー走行や予選でシューマッハーが見せた劇的なパフォーマンスの前では、彼を引き留めるためにどんな努力を結集しても足りなかったろう。エディ・ジョーダンも彼のスタッフも、当代一の若手を捕まえておくことはできなかった。シューマッハーのベネトン搭乗を差し止めるようロンドンで起こした裁判に関しては、イタリアでの会合の前日に審理が行われたが、ジョーダン側の請求が退けられていた。しかし彼らは引き下がらず、今度はミラノで、モレノの立場を守る訴訟を支援し、こちらでは主張が通った。イタリアの法律によれば、これでモレノのシートは安泰かに見えた。

これによってベネトンはモレノを、彼の同国人であり友人でもあるネルソン・ピケともどもイタリアGPに出走させなければならないことになった。これには、従わない場合はチャンピオンシップから除外するとの警告も付いていた。木曜の午後にはイタリアの執行吏がガレージを訪れ、法律とモレノの権利を守るため、クルマを管理下に置くという措置さえ執った。しかし結局モレノは周囲との軋轢やのしかかる圧力、それに金の誘惑に負け、シューマッハーをめぐるジョーダンの闘いも勝利をおさめることができなかった。

あの時を振り返って、ジョーダンは語る。

「最初、バーニーからフラヴィオに会わないかと言われた時には、これほどのこととは思ってなかった。あっちはモレノとの契約に縛られてたから、そのぶんこっちの立場も強いはずだったんだ。モレノはそのままベネトンに乗ると言ってたし、チームメイトのピケもそう言ってた。まったく筋の通った話だったよ。だからこっちも安心して、あのシーズンの残りのレースについてシューマッハーと話し合うつもりだった。でもそれから、何もかもぶち壊しのバラバラになってしまったんだ。あんな話、応ずるべきじゃなかったんだけどね。うちのチームは金に困っていたわけじゃない。納得できない話に、金で転ぶつもりもなかった。でも、しまいにゃ、そっちを取ることになってしまったんだ」

それより前から、ベネトンのフラヴィオ・ブリアトーレ、それにバーニー・エクレストンとトム・ウォーキンショーの利害が一致して、シューマッハーを取り込むための空席を作ることで談合しているのは事実だった。そして法律談義で摩擦だらけだった一週間と緊張に満ちた日々、さらに長時間にわたる言い争いのあげく、エディ・ジョーダンはほとほと疲れ果ててしまっていた。このままではシューマッハーのベネトン移籍を食い止めるなど、できそうにもなかった。若いドイツ人の人気が母国で爆発しそうで、美味すぎる商売に目のくらんだイタリア勢から、身を守る術もなさそうだった。中部ヨーロッパにおけるF1のテレビ放映権料まで、一夜にして跳ね上がりそうな勢いだったのだ。さすがのジョーダンも、そんな彼らの策略には太刀打ちできなかった。そんなこんなでモレノは契約を解除され、気に入っていた職場から追い出された。シューマッハーは、資金力が豊富で体制も整ったチームへの移籍を果たした。ベネトンは未来あるドライバーを手に入れ、ドイツでの販売も強化できた。エクレストンは彼の管理するテレビ放映権料が高騰し、さらなる事業展開への視野が開けた。シューマッハーの時代は、このようにして始まった。

これぞピラニア・クラブの世評を確立した決定的な出来事だった。そこで演じられたドラマはさらに壮大なドラマの一部にすぎず、ここから多くの関係者は、F1の発展がテレビによる世界的な中継にかかっていることを嗅ぎ取っていた。これはジョーダンにとっても貴重な教訓になった。生来の知性と誠意と鋭い直感力を具えた彼は、F1チームオーナーとしての初めてのシーズンに、苦い学習の過程も経験してしまったわけだ。その教訓とは、何より機敏に行動せねばならず、プロサッカー界の言葉を借りるなら、自分を守るには闘わなければならないということだ。

ふたたびジョーダンの回想。

「まさに怒号が飛び交ってたね。特にひどかったのはモレノの弁護士とベネトンの弁護士だった。ばかばかしいのは、すごく無礼な言葉までいちいち通訳されてたってことだけど。ま、そんなわけで、どんどん時間ばかりかかっちゃったんだよ」

友好的な取り引きが紳士どうしの握手で締めくくられ、夕食の席での幸福な乾杯によって確認されるという、古き佳き時代はとっくに過ぎ去ってしまった。時は流れる。あのコモ湖の一夜は、法律家と投資家がF1を何から何まで牛耳っていた。金持ちが勝った。朝靄を突いてヘリコプターでモンザに乗り付けることのできる連中の勝利だった。エディ・ジョーダンも、彼の右腕のイアン・フィリップスも、轟音とともに宙高く舞い上がるヘリを見上げながら、渓谷沿いにレンタカーで移動しなければならなかった。それもちっぽけなフィアット126でしかなかった。敗者だった。そのことを痛いほど思い知らされていた。ほかのみんなと同様に、彼らもあの明け方から、ピラニア・クラブがF1を仕切りはじめたのがわかっていた。そして、古くから言われている通り、長いものには巻かれるしかないのもわかっていた。

エディ・ジョーダンは、イギリス系だけでなくF1界すべてに受け入れられる、人好きのする性格の持ち主だ。かつてはドラマーとして世界を渡り歩いたこともあり、人気テレビ番組の「ディス・イズ・ユア・ライフ」に出たこともある。その当時から変わり身も早く、今度は故郷ダブリンで銀行員になったかと思ったら、たちまちアイルランド屈指の資産家にのしあがってしまった。いつもユーモアの精神で微笑みとジョークを忘れず、上手く自分を売り込み、実に巧みにトラブルを回避することによって、それをなし遂げたのだった。

F1チームのオーナーとしては、彼はパドック内だけでなくF1界の全体、さらに社会にまで、すでにしっかり名前を知られている。誰でもがそうだったようなパドックの金網の外に群がって見物する群衆から、幸運にも選ばれたごく一握りのプロになり、F1ロードショーの一員として大陸から大陸へと渡り歩く立場にまでのし上がってきた。そんな彼は有名人の一人として、無数のロックスター、俳優、映画人、スポーツマン、モデル、そして政治家などと仲良くしてきた。しかし、ヴィラ・デステで我が身に起きたことは、けっして忘れていなかった。そして、順調とはいえなかった経歴の始めのことも。

1948年3月30日、アイルランドのダブリンに生まれたエディ・ジョーダンは、家族からは歯医者になることを期待されていた。愉快でおしゃべり好きの人気者で、彼自身もティーンエイジャーのうちは、やがて歯医者になるのが自然の成り行きだろうと疑ってもいなかった。けれども、そうはならなかった。何かほかの生き方をしてみたくなったのだ。転機が訪れたのは1967年。彼は口腔衛生学の勉強を止め、学識によって報酬を得る道から方向転換することにした。そしてアイルランド銀行に就職する。結果から言えば、これは賢明な選択だった。どういうきっかけで決めたにせよ、この道がやがてピットレーンとパドックの大物へと続くことになったのだから。それから3年、彼は銀行の仕事を楽しみながら、いろいろ内情にも詳しくなり、経済の世界がどう動き、どうすれば成功するかも身に付けることができた。特に取り引きの実務に関しては呑み込みが早かった。これが祖先から受け継ぎ、自身の子供たちにも遺す血統だったのは言うまでもない。おしゃべりと同様、自立自助の精神もアイルランド人ならではの気風なのだから。

しかし1970年になると、若いジョーダンには何か物足りない気がしてきた。そこに首都でのストライキ騒動も重なったので、彼はダブリンからジャージーに移り住む。フランスの海岸にも近く、他所者にとっては税金がかからないことでも知られた島だ。そこで彼は初めてモーターレーシングに出会い、バウリーベイ・ヒルクライムで激しく競り合うカートを目の当たりにして、ものすごい衝撃を受けることになる。これですっかり影響されてしまった彼はすぐさまダブリンに舞い戻り、自分用のカートを買う。それからは独学でアイルランドのチャンピオンになり、続いて1974年にはフォーミュラ・フォード1600によってシングルシーター・レーシングの世界にまで足を踏み入れることになる。これも順調に進んだため、深くレースの虫にとりつかれてしまった彼は、いよいよアイルランドからイギリス本土に闘いの駒を進める決意をしたのだった。

けれども、イギリスでの初シーズンはさんざんな結果に終わった。ひどいクラッシュで両脚を折ってしまったのだ。おかげで1976年は棒に振ることになる。歩けないだけでなく、精神的にもかなり参った。しかしレースへの情熱は冷めやらず、1977年になると長い療養とリハビリから立ち直って、今度はフォーミュラ・アトランティックへの参戦を決めた。その翌年にはアイルランドのチャンピオンシップを獲得し、今度はチーム・アイルランドでステファン・ヨハンソンと組み、イギリスF3に撃って出ることになった。以来、ずっとスウェーデン出身のヨハンソンとの仲は続いているが、特にこの時代にはチームメイトというだけでなく、個人的にも親友だった。さらに1979年、ジョーダンはドニントンでF2レース出場も果たし、マクラーレンF1のテストを受ける機会にさえありついている。しかし、ドライバーとしてのジョーダンの経歴はこのへんが頂点で、さらなる可能性がありそうには見えなかった。そこでその年の終わり、彼はエディ・ジョーダン・レーシングを結成し、以後はマネジメントに専念することになる。

これが、元気で風変わりでもあるアイルランド男にとって、本当の闘いの始まりだった。彼の本当の人間性、仕事に関する洞察力、人生すべて、特にレースにかける純粋な情熱といったものが、すべてこの世界に前向きにマッチした。1983年までにチームの体制を整備した彼はイギリスF3にマーティン・ブランドルを送り込み、アイルトン・セナを追ってシリーズ2位を獲得させた。これはジョーダンの野望の成せる業でもあった。そして1987年にはジョニー・ハーバートを擁して、とうとうイギリスF3シリーズ制覇を実現してしまう。翌年からはユーロピアンF3000に進出し、ハーバートとジョニー・ダンフリーズが道を付けたのに続き、1989年にはジャン・アレジの操縦によってシリーズタイトルも獲得、F1チームに成長するための実績を着々と積み上げていった。そして、これが最終的なきっかけでもあった。1990年、慎重派を自認する周囲の人々の危惧や反対の声を押し切り、彼はジョーダン・グランプリを旗揚げする。

新しいチームの本拠はシルヴァーストーンの近所にある工場団地に設けられた。ここならコースにもすぐ行ける。そこで初めてのF1カーが完成し、公開テストに漕ぎ着けた時、ノーザンプトンシャー特有の寒さと小雨と霧に覆われたサーキットでの記念のドライブを、ジョーダンは同郷のF1ドライバーで優勝経験の持ち主でもあるジョン・ワトソンに頼んだ。この初試走に招かれた少数の報道陣にふるまわれたのは、発泡スチロールのカップに入った紅茶とインスタントコーヒー、それにこの日を記念するサンドイッチぐらいのものだった。クルマは真っ黒で、塗装もスポンサーのロゴもなかった。地中海に面したモナコGPの華やぎや喧騒とは正反対だったが、それでもジョーダンにとっては、夢の実現に向けての大切な最初の一歩だった。簡素すぎるもてなしも、その奥に秘められた熱情と真摯な歓迎の気持ち、そしてあまりにも明快な野望を示すものとしては、まったく対照的だった。

1991年、いよいよジョーダンはFIAに対し、F1ワールドチャンピオンシップへのエントリーを提出する。ドライバーはベルトラン・ガショーとアンドレア・デ・チェザリスの二人。ルクセンブルク生まれのガショーは、ブリュッセルを拠点に活躍するEU事務局員の息子であり、ベテランのイタリア人デ・チェザリスは、ドライビングの意外性と尋常ならざる目付きで知られた存在だった。それと同時にF3000にも参戦を続け、この年にはデイモン・ヒルを起用している。その前にはエディ・アーヴァイン、ハインツ－ハラルト・フレンツェン、エマニュエレ・ナスペッティといった面々も走らせていた。これらの名前は非常に重要な意味を持っている。やがて時がたつにつれ、彼らはジョーダンによってあちこちのチームとの取り引きの材料にもされれば、もっと多くの場合、ジョーダンとの人間関係を頼ることにもなるからだ。もちろんジョーダンは彼らのボスでもあったが、多くの場合はマネジャーでもあり、どこへ赴いて何をすべきか決める立場でもあった。ベネトンのフラヴィオ・ブリアトーレと同様にジョーダンも、F1チームを持つということが単純に利益のあがるビジネスへの道が開けるということではないことを知っていた。１９９０年代の初めこそ儲かりはしたものの、Ｆ１を続けることがものすごく物入りで、莫大な資本を要する仕事だということも、同時に見抜いていた。

でもジョーダンは引き下がらなかった。彼の内なるエネルギーも決意も想像力も、まったく不足がなかった。若いころ、ダブリンの路上で毛織の絨毯や賞味期限切れのスモークサーモンを叩き売りしていたことを、今でもしょっちゅう思い出していた。その気になれば、エスキモーに雪を売りつけることだってできた。そういえば、こんなこともあった。数年前のこと、息子のザックが通う私立中学の校長から、一本の電話がかかって来た。煙草でとっつかまったという知らせだった。人一倍フィットネスに熱心なジョーダンが怒ったのは当然だろう。しかし、それに続く校長の言葉で、少し気を取り直した。「ジョーダンさん、ザックは煙草を喫っていたわけではないんです。彼はベンソン&ヘッジスを一箱3ポンド50ペンスで同級生に売ってたんですよ。どうやってこんなものを仕入れたのか、心当たりはありませんか」と言うのだった。その謎を解くのは簡単だった。そのころ彼のチームのスポンサーがベンソン&ヘッジスだったのだ。それに思い当たって、むしろジョーダンは喜んだ。父親に似て、ザックには生まれつき腕利きの事業家の素質がある。やはり血筋は争えない。それどころか目端の利く息子の商売根性は、これからピラニア・クラブの一員として、札束のジャングルに生き残りのための道を切り拓こうとしている父親をも、なにかしら啓発する部分があった。

１９９１年、無慈悲な競争社会のＦ１でチームオーナーとしての初年度を過ごしたジョーダンは、実にさまざまな打撃や驚きを経験した。コスワース・エンジンを搭載し、セブンアップのグリーンに彩られ、ピシッと引き締まったジョーダン１９１は、ピットロードでも多くのライバルから妬みの視線を浴びせられる存在だった。コスワースに選ばれたワークス待遇のチームであるベネトンより速く、予選で上位になってしまうこともしばしばだった。ドライバーたちも、目の肥えた観客の期待以上の奮闘ぶりを見せていた。それがジョーダン流のマネジメントの成果であるかに思われたりもした。財政が厳しいくせに、ドライバーには高率の出来高払いをして歓心を買っているのではないかというわけだ。そういえば、ジョーダン・チームはよく短パン姿で仕事をしていたし（ボスのエディ自身も含めて）、スポンサーに対して下にも置かぬもてなしをするというわけでもなかった。それもこれも資金不足のために違いないという冗談が囁かれたりもしたものだ。でもチームのやる気だけはどこにも負けないので、なんとか沈没せずにすんでいるというわけだ。そんな彼らが6月のカナダGPで4位と5位に入賞し、初のポイントを獲得した時は大騒ぎだった。そこでジョーダンは喜びのあまり、新しくベルギーのスポンサーが付いたので、これからは好成績だった時に、もっと気前よくボーナスを払えそうだと、つい口を滑らせてしまった。しかしこのニュースは、ブリュッセルの資金源には歓迎されなかった。そういう前払いに関しては、互いに口外しない取り決めになっていたのだ。

それから間もなく、ガショーが事件を起こした。ロンドンでタクシーの運転手と喧嘩したあげく護身用の催涙スプレーをひっかけて、逮捕されてしまったのだ。その影響でスポンサーからの送金が滞り、チームの資金も枯渇しはじめた。とても自力だけではチームが動けないことは、ジョーダン自身よく知っていた。すでにそこらじゅうに借金だらけだった。特に深刻なのは、コスワースに対する多額のエンジン代金が未払いだったことだ。もしエディ・ジョーダンが持ち前の商才を発揮し、四方八方に頭を下げまくり、なにがしかの現金を借りるなりもらうなりするとすれば、まさに今がその時だった。コスワースは執拗に支払いを迫り、裁判沙汰にまでするると言いだしていた。コスワースなしではレースができないし、この場をなんとか切り抜けても、1992年のエンジンを確保する問題が残ってしまう。もともと苦しかったところに馬鹿げたことでガショーが逮捕され、それに尾ひれが付いて報道されたのが効いた。

ここまで来れば、大奮闘して結果を出すしか、ジョーダンに残された道はなかった。まっしぐらにチャンピオンの座に向けて邁進するアイルトン・セナを擁するマクラーレン・ホンダや、ナイジェル・マンセルとリカルド・パトレーゼがランキング2、3位を守っているウィリアムズ・ルノーに一泡吹かせるところまで行けば、世間の見る目も違ってくる。もちろんそんなことは不可能に近かったが、なんとジョーダンはやってのけた。これで債権者たちの脅威から生き延びることができ、そしてピラニア・クラブの罠に歩み寄ることにもなったのだった。

ここで、シューマッハーがF1にデビューした1991年のベルギーGPを、エディ・ジョーダン自身に振り返ってもらおう。

「スパ－フランコルシャンに着いてみたら、うちのクルマが封印されてた。あそこの裁判所がやったんだ。それまで2週間も熱いトタン屋根で踊らされたあげくにこの仕打ちさ。おまけにガショーはブタ箱ときている。とりあえず代わりのドライバーを探さなきゃなんなくて、やっとイアン（フィリップス）がミハエル・シューマッハーと契約をまとめたところだったんだ。それでもって木曜の晩にサーキットに行ったら、今度はトランスポーターが封印されてて、レースカーを降ろせないときたもんだ。裁判所が言うには、うちの借金のカタとしての差し押さえだとかなんだけどね」

ジョーダン自身は、事の成り行きの記憶が正確でないことも認めている。そこをマネジャーのフィリップスに思い出してもらうと、問題の金は地元のフィリップ・アダムス（その後94年に2戦だけロータスでＦ１に出走したアマチュア）から借りたもの。裁判所に対するアダムスの申し立ては、チームが債務を完済する前に機材をベルギーから持ち出すことがないよう、レーシングカーとトランスポーターの使用を差し止めてほしいというものだった。フィリップスによれば、裁判所がそれに沿う決定を下したのは木曜ではなく土曜の午後、予選が終わってからだったのが幸いしたという。

「その時もう金を返す算段はついていたから、レースにも出られたわけさ」

この時までジョーダンとフィリップスは、チームを立ち行かせるため一か八かの賭けに出たようなものだった。縋れるのはシューマッハーの未知の、しかし輝かしいはずの才能しかない。その結果次第で１９９２年のエンジンがどうなるかも決まることになる。そしてシューマッハーは、すでに広く知られている通り、決勝でこそクラッチが壊れてスタート直後にリタイアしたが、予選ではデビュー戦とは思えない走りで7番手という好ポジションを占めてみせた。まさに一日一日が、チームの誰にとっても綱渡りに等しかった。

この騒ぎはベルギーＧＰの直前、シューマッハーが初めてジョーダンのクルマをテストした時に始まり、モンザでのイタリアＧＰまで2週間たっぷり続いた。その間フィリップスは、翌年のエンジンに目星を付けるためにも、何とかシューマッハーを引き止めておこうと躍起になっていた。どんどん請求書の残額が膨らむばかりのコスワースからも、早くドライバーの顔ぶれを確定するようせっつかれていた。しかし悪いことにシューマッハーの取り巻き連中は、ジョーダンの行く末など信じてくれなかった。彼らの知るところによれば、チームの状態はかなりヤバそうだった。そういった情報は、シューマッハーがジョーダンと長期的な契約を結ぶ気にならないように、ある意図をもって耳打ちされたものだったのだが。

シューマッハー自身は、チームの幹部といっしょに滞在することになった快適な貸し別荘が、それなりに気に入ってはいた。ほかのチームならもっとましなところを手配できるはずで、特に一流どころなら、ドライバー一人につき専用のバスルーム付きの広い部屋と、身の回りの世話をするスタッフまで付くと言われていた。それに対してシューマッハーの名誉のために付け加えておくなら、彼がこの待遇に文句を言ったりしたことはない。後になってからも、あの時ジョーダンの宿舎で過ごした短い何日間かはとても楽しかったと語っている。

それほど注目の的だったシューマッハーも、実はモレノと同じように、大立者たちのゲームの中では単なる駒にすぎなかった。彼の値打ちはドライビングの才能だけでなく、ドイツ人だというところにあった。あの時F1界は優秀なドイツ人ドライバーを必要としていたのだが、実際には「帯に短し襷に長し」で、まとまる話はほとんどなかった。翌年も活躍できそうな主力チームが欲しくなるようなドイツ人はいなかったし、次のエンジンがどうなるかわからないようなチームでは活躍できる可能性も低すぎた。そんな中で、特にベネトンはドイツ人のスターが欲しかった。チームの親会社はイタリアの有名なファッションチェーンで、そのイメージや関連企業の仕事のために、F1を販促の道具として使いたがっていた。当面の目標はドイツでの事業拡大だった。スパで驚異的なパフォーマンスを示したシューマッハーにすぐさま手を出した裏には、そんな思惑があったのだ。それも最初のフリー走行を見て急に思いついた行動で、もしそうでなかったとしても、そんなに前からのことではなかった。

そんなベネトン・チームにあってブリアトーレと肩を並べ、技術部門を率いていたトム・ウォーキンショーは、実はシューマッハーのすべてを知っていた。スポーツカー世界選手権にジャガーのグループCを走らせていた関係で、間近に観察する機会も多かったからだ。ライバルのメルセデス陣営で走るシューマッハーに、類稀なる才能を見出してもいた。さらにウォーキンショーは、メルセデスのレース活動を仕切るヨッヘン・ネアパッシュとも強いコネで結ばれていた。ともに同じレースで闘うチーム監督どうしであり、いろいろな権利関係を扱うインターナショナル・マネジメント・グループ（IMG）を通じての付き合いも長かった。そしてシューマッハーには、彼をジュニアドライバーとして育成してきたメルセデスとの契約が残っていた。

当時の状況を、ウォーキンショーはこう振り返る。

「あの前から、どこかF1チームがマイケル（ミハエル）に興味を示さないか、ネアパッシュはしっかり調べてたんだよ。私もメルセデス・スポーツカーでのマイケルの活躍ぶりには度肝を抜かれてたから、ずっと目は放さなかったけどね。だからベネトンで走らせたいって言ったんだが、その時もうジョーダンと接触してたんだな。だからその時点で興味があったのは、それ以外のチームとも交渉してるのかどうか、法的な側面をメルセデス側の弁護士にはっきり確認することだったんだ。あれほどの才能を持ったドライバーを放っとく手はないだろ」

それがジョーダン・チームにとっては、シューマッハーと長期契約を結ぶ段取りの、つまずきの始まりだった。ウォーキンショーは口先だけの人間ではなく、どんな手段を講じてでも勝利をおさめずにはいられない、不屈のスコットランド男なのだ。彼はパドックの中だけでなく、各国の自動車メーカーとも無数のコネを築いていた。どんなドライバーとエンジンを使えば勝てるか、しっかり理解してもいた。そうやってブリアトーレともどもベネトンを勝てるチームに鍛えあげようとしているところだった。そして、シューマッハーこそ彼の野望を実現してくれるドライバーだった。ジョーダンに似て彼も事業家としての手腕は確かだったが、それだけでなく、すでにクルマ界の各方面での実績も豊富だった。ツーリングカーとスポーツカーのレースを制覇した経験に加え、一般市販車のビジネスでも成功をおさめていた。ただしF1では、ミハエル・シューマッハーの可能性に着目するまでは、どこまで上手く行くかの見通しは立っていなかった。シューマッハーがいて、パワーも性能も優れたクルマさえ作れれば、ベネトンをワールドチャンピオンにできるとの読みが、ウォーキンショーにはあった。

そんなウォーキンショーはシューマッハーを子細に観察し、ベルギーGPの二日間だけで、F1で活躍できることを確信した。一方ロベルト・モレノは期待外れだったので、なんとか降ろしてしまいたかった。「もうちょっとはマシに働けるドライバーを、セカンドカーに乗せたかったんだよね」

そんなわけで彼は、この世界で誰もがするように、シューマッハーの未来を握っているネアパッシュに連絡を取った。もちろん個人マネジャーのウィリ・ウェバーにもだ。ちょうど電話を取った時、ネアパッシュが風呂だったのには大笑いしたそうだが、それでも話だけはできた。

「ヨッヘンは、次のモンザでのレースでマイケル（ミハエル）をベネトンに乗せられる可能性があるかどうかを検討するために、わざわざロンドンまで来てくれるって言うんだよ」とウォーキンショーは語る。「彼は契約書の束を抱えて来た。弁護士も連れてね。それを細かくチェックしたら、ジョーダンとの間には何の長期的な合意もないんで安心したんだ。むしろ障害といえばメルセデスだった。もし彼らが3年以内にF1に進出する場合には、シューマッハーを取り戻せるという決まりがあったんでね。ま、それぐらいのリスクを冒す値打ちはあると思ったんで、モンザに向けての契約にサインしたわけさ」

そしてブリアトーレもウォーキンショーと同じように、シューマッハーこそベネトンの将来へのカギを握る存在だと見ていた。

「初めてミハエルを見たのはスパでだが、最初に話したのはそれから2、3日後のロンドンだった。場所は私の家。ネアパッシュもいっしょで、ジョーダンとの関係なんかを話し合ったんだが、ちゃんとした契約じゃないことも確認できた。ワンポイント・リリーフにすぎなかったんだ。そこでミハエルに、うちは受け入れオーケーだし、スポンサーマネーの持ち込みも必要ないと話したんだ。それだけだよ。彼にとっては、すぐ乗れるかどうかが大切だったわけで、その点うちは問題なかった。チームの将来を託す人材が欲しかっただけなんだから。そういうわけで、あの時あそこに居合わせた全員が、その線で行く気になってたんだ」

「まだ経験が浅すぎるのが気にはなったけど、すぐ奇跡を起こしてもらおうなんて考えてなかったからね。うちのクルマだって最強ってわけじゃなかったし。そっち方面も努力してたけど、とにかくこれからのドライバーが必要だったんだ。当時は勝てる状況じゃなくて、それをなんとか打開するには、まずミハエルを獲得するのが第一歩だった。それまで乗ってたのはネルソン・ピケとロベルト・モレノだったけれど、実はミハエルに会うより2週間も前から私なりの方針は決めてて、モレノには言ってあったんだ。この先もう契約更改のつもりはないってね」

シューマッハーとの契約に至るブリアトーレとウォーキンショーの現実的な取り組みを見れば、もはやジョーダンにとって、彼を引き留めておく何の術もないのは明白だった。こうして無慈悲にも法的に理論武装されてしまっては、ジョーダンの立場は、ただ単にシューマッハーに初めてF1出走の機会を与えただけ、ということにならざるを得なかった。うぶな敗北ではあった。

これをウォーキンショーに言わせれば、こういうことになる。

「エディ（ジョーダン）が、ベネトンとシューマッハーとの契約差し止めを裁判所に申し立てても、まったく問題なかった。まったくナンセンスとしか言いようがなかったね。だって、どこから見てもシューマッハーとジョーダンとの間に契約なんか存在しなかったんだよ。フリーだったのさ。だから、誰が彼の才能に目をつけようと、私の知ったこっちゃない。それぞれ仕事なんだから。私たちは私たちで、彼を獲得するために必要なことをやったまでさ」

ウォーキンショーのようにタフで老獪な狸にしてみれば、こんなことは赤子の手をひねるようなものだった。ジョーダンのような新参者がどう抵抗しても時間の無駄だった。シューマッハーを抜擢したおかげでちょっとは実入りにありついて、スパでは資金面でも法的な面でも急場を凌ぎはしたものの、それで手一杯でもあった。ほかにも難問が山積していたので、とてもシューマッハーのことだけをかまっているわけにも行かなかった。そんな状態では、一夜にして彼がもっと魅力ありそうな世界に飛び立って行くのを食い止めることなどできるわけがなかった。F1のパドックで演じられたそんなドタバタが、ますます彼らの力を弱めていた。

「金曜の午後、ウェバーから電話があったんだ」とジョーダンのマネジャー、イアン・フィリップスは語る。

「マイケル（ミハエル）は月曜にはベネトンにシート合わせに行くってね。ベルギーGPから8日後で、イタリアGPの初日の3日前だよ。ネアパッシュとジュリアン・ジャコビが本腰を入れだしたのは、ここからだった。こっちとしては、ジャコビに首を突っ込まれたくなかったんだよ。IMGの回し者だったんだから」

そんなフィリップスの回想も10年以上前のことになってしまったが、ジョーダン自身の記憶も差し挟むと、

「私も彼はお断りだった。でも、ヤマハとのエンジン供給交渉を終えて日本から戻ってきた時、もう打つ手がなくなってたんだ。金庫も空っぽだったし。それでもって……」

それを引き継いでフィリップスは、「ネアパッシュ自身は、うちと契約する準備もできてた」と言う。

「そうそう」とジョーダン。

「それでフラヴィオ（ブリアトーレ）は、ちょっとばかりうちを締め上げることにしたんだ。って言うのも、ベネトンはコスワースのワークス待遇で、うちはカスタマーだったよね。その弱みを突いたのさ。翌年うちにコスワース・エンジンが来ないように工作できたんだから。でも実際には、事はもっと悪い方に転がってしまった。あの時すでにコスワースはうちとの関係打ち切りを決めていて、私は別のエンジンを見つけるために、死に物狂いで駆け回らなきゃなんなかったんだ」

「あのころハービー・ブラッシュやバーニー・エクレストンから聞かされたんだが、実はウォーキンショーとか、ほかにも誰かいたかな、ヤマハ・エンジンが欲しくてたまらなかったんだそうだよ。だから先回りして動かなきゃ手に入らなくなるって耳打ちされて、あわてて日本に飛んだんだ。その間こっちの件はイアン（フィリップス）に任せなきゃなんなかったわけだけど、月曜に帰ってきてみたら事態はどんどん変わってて、ウェバーから慇懃に電話が来たって次第さ。『謹んでご報告申し上げます』ってな具合で」

「私に言わせりゃ、あの時までにバーニーもフラヴィオもトムも、彼ら式のやり方でドイツ人をF1界に引っ張り込む算段についいて相談ができあがってたな。これまで長いこと、めぼしいドイツ人がいなかったんだけどね」

「あの国は大きなマーケットなんだけど、ずっとスポーツカーの天国だったから、F1にとっては手付かずだったんだよ。だからこそ狙い目だったのは秘密でもなんでもない。バーニーに聞いたって、そう言うだろうよ。そこで彼は、フラヴィオとベネトンがマイケル・シューマッハーを取り込むのを後押ししたんだ。あの時、私自身はジョーダン・チームの将来性も悪くないと思ってたんだが、ほかから見ればそうでもなかったのかな」

「エディも、これで一件落着ってことを、うすうす勘づいてはいたんだよ。フラヴィオからも挨拶があるだろうし、その時コスワースの話題も出るだろうってね。でも、もう私たちはヤマハ・エンジンの手配をすませてもいたんだ。まだテストもしてなかったけど」

たしかにエンジンの問題は、一連の出来事の中でも重要なキーポイントだったが、「こんなこともあったんだ」とフィリップスは言う。

「スパで決勝の朝にネアパッシュが来て、来年もフォード（コスワース）を使えって言うんだよ。まだヤマハとの話は秘密の約束だったから、『そりゃもちろん、そうしますよ』って答えたけどね」

「だけどトム・ウォーキンーショーの動きにまでは気が回らなかった。当時はベネトンの技術担当取締役に専念してたし。でも彼はジャガーを指揮して、スポーツカーじゃメルセデスと闘ってたんだよね。私たち以外に、いかにマイケルが優秀かを知ってる、世界でただ一人だったわけだ」

「それに、この問題にバーニーが深く関わっていることも気付かなかった。スパの後でサルディニアに行っちゃったんで、土地でも買うんだろうと思ってたのさ。でも、彼はうちがヤマハと取り引きしてるのは知ってた。だって、彼が仲立ちしたんだから」

エクレストンは昔のコネをジョーダンに紹介する一方で、ヤマハにも互いに助け合うよう声をかけていた。

「ヤマハとの接触が極秘だったのは、そうしなければならなかったからさ」とフィリップスは言う。

「ネアパッシュやウェバーがフォード・コスワースとの強い関係を振りかざしながら、『次はどうします?』と尋ねたら、バーニーが『ああ、ジョーダンはヤマハを手に入れたよ』と答えて、どちらに対しても強い立場を保てる仕組みだったのさ」

ここでふたたびエディ・ジョーダンが口を挟んで、記憶を持ち出した。

「それからいろんなことが起きたのさ。くそっくらえ!と思ったもんだ。ああなることはわかってたんだ。ベネトンにもスパイを送り込んであったんだから。こっちにも連中のスパイがいたのは確かだね。だから誰もが正確な成り行きを知ってたんじゃないかな。そういう流れで事は裁判に持ち込まれた。まったく気違い沙汰だったね。まずロンドンでやって、何がどうなってるのかがわかった。それで今度はモレノに首輪を付けてミラノの裁判所に引っ張って行って、費用まで面倒見てやって、自分のケツを守るために訴えさせたんだ。その結果、イタリアでは勝ってイギリスでは負けた。そういうことだ」

ジョーダンとフィリップスによれば、結局はモレノ自身がカギだったことになる。せっかく裁判に勝ってベネトンに自分のシートを確保できたのに、50万ドルの違約金に目が眩んでしまったのだ。その結果裁判所の命令は木曜には効力を失い、モンザのパドックを舞台としての煮えたぎるドラマと去就のあれこれが幕を開けはじめたのだった。

「ある段階までは、彼らはシューマッハー獲得を諦めることで決着しそうだった」とジョーダンは言う。

「ピケを降ろすとなると莫大な金を要求されるから、とりあえず乗せなきゃならん。一方モレノは裁判で身分を保証されちまった。で、いよいよヴィラ・デステへの招待が舞い込んだってわけさ」

「いや、招待じゃないよ、出頭を命じられたんだよ、出頭」とフィリップスは訂正する。

「そうだな、あんなにたくさん弁護士が出入りするところなんか、見たことないもんな」とジョーダン。

「おまけに、あそこじゃ金曜の晩になっても、私たちが泊まるホテルが見つかんなかったんだよね」とフィリップスは付け加えた。

「結局、イアンとシングルベッドに寝たんだよ。宿泊代はフラヴィオ持ちで！　サンドイッチも届けられたけど、カビが生えてんじゃないかと思うぐらい古かったね。イアンは寝苦しそうだったな。それにしても、いかにヴィラ・デステとはいえ、あんなふうに泊まるのは快適なんてもんじゃないな。しかも、自分のとこのドライバーを召し上げられるかもしれないって状況でさ」

フィリップスが続けるには、

「そういうわけでヴィラ・デステに出頭を命じられたわけだけど、その発端ってのはサーキットでバーニーを見かけて、裁判のことや現状を話したからなんだ。ちょうど彼はサルディニアに発つところらしかったんだけど、『なんだか大変みたいだな』と、そしてそのことに関しては何も知らないと言ってた。そして『私に任せんかね。なんとかするから』と言うんだ。そしたら晩の7時になって『ヴィラ・デステに来い』だもの。行きましたよ、ちっぽけなフィアット126のレンタカーでコモ湖まで。そしたらバーニーがいて、それにシューマッハーもいたわけさ」

フィリップスとしては、前のレースからの事態の急変ぶりに驚くばかりだった。

「スパではバンガローに泊まってたんだ。一泊5ポンドのね。風呂もトイレもマイケルやウィリと共同だった。ちょっとばかり寮みたいだったな。それが今度マイケルに会ったら、なんとヴィラ・デステにお泊まりときてるじゃないか。連中はいっしょのテーブルで夕食で、こっちは除け者ってわけ。バーニーが言うには、『いっしょにしたかったんだが、予算がなくてね。モレノに払わなくちゃならないものもあるんで』だとさ。あそこじゃ、何もかもそんな調子だったよ」

「とにかく、とうとうバーニーのお出ましってわけだ。あの日のことは絶対に忘れないね。エディとバーニーと私は、階段の傍らの小奇麗なガラス棚のところにいて、私はバーニーを見つめていた。話題はモレノのことだった。『なに、急ぐことはないさ』と言いながら、バーニーは問題に決着を付けたがっていた。まず彼は、金はないと言った。そこで私は、『もし土曜の午後1時に公式予選が始まった時、あのクルマに誰も乗ってなかったら、ベネトンはエントリーを取り消されるはずでしょ。ここで無理押しはできっこないし、モレノは最後まで乗るつもりですよ。誰かに明け渡すなんて……』と言ったんだが、30分後に戻ってきたエクレストンから、モレノに50万ドル払うことになったと聞かされたんだ」

「いや、そうじゃない」と言葉を差し挟んだのはジョーダン。「最初は、うちに対してそういう申し出があったんだ。でも断った」

「モレノにも、そんなの断れって言ったんだ」とフィリップス。続けてジョーダンは、

「最初はモレノもそんな話に乗らなかったのは、弁護士に確認ずみだ。あの時モレノはクルマに乗りたかったんで、金が欲しかったのは、むしろ私たちだったんだからね。でも受け取るべき金じゃなかった。強硬に撥ねつけたよ。そしたら標的がモレノに絞られて、とうとう受け取っちゃったんだな」と言う。

「そう、折れちゃったんだよ、モレノが。あれは午前2時半だったかな」とフィリップスは述懐する。

「その通りだ。それがピラニア・クラブの第一歩で、たちまちパドック中に勇名を馳せてしまったわけだ」

こうして事の次第が明らかになった時、すでにモレノはベネトンに乗る権利をシューマッハーに譲り渡すことに同意していた。そしてセカンドドライバーがいなくなったジョーダンは、モレノを12万5000ドルの持参金付きで受け入れることにした。

「あの晩、やらなきゃなんないことは、まだあったんだ」と言うのはフィリップス。

「泊まる当てがなかったんだよ。トムは酔っぱらってウェイターにまとわりついて、絨毯にワインをこぼしまくっていたし、私たちはあのへんの土地勘なんかないから、どうしていいかわかんなかったんだ」

「まだある」とジョーダン。

「事が決着する前のことだよ。あの晩あそこには弁護士が大勢いたんだが、みんなして浮足立ってるんだ。もちろんベネトン側の弁護士で、ほかにフラヴィオやバーニーの取り巻きもいたな。連中みんな、雇い主が怒ってるって聞かされて真っ青にな

ってた。ミラノの法廷で、こっち側がベネトンを負かしたのが、向こうのファミリーの逆鱗に触れたらしいんだ」

「だから、誰もが木曜の朝から晩までモレノを捜し回ってた。彼はいたんだよ、ここに。ずっとうちのモーターホームに缶詰めになってたのさ。それを知ってるのは私たちだけ。あの日はほかにもいろいろあって、たとえばマールボロがアレッサンドロ・ザナルディを使ってくれと言って来たりもしたな。そしたらウォーキンショーが『ザナルディのオプション権は自分が持ってるから駄目だ』なんて横槍を入れたりして。たしかに彼はザナルディにシート合わせまではさせてたけどね」

「そう、でも朝の3時になってまで、新しい揉め事を抱え込むのは御免だったね」

「で、シングルベッドで3時間だけまどろんで、朝の6時半に出たのさ。チームマネジャーのトレヴァー・フォスターに事の顛末を説明して、すぐモレノ用のシートを作るとか、いろいろやらなきゃならなかったから」とフィリップス。

「それから信号をかいくぐってモンザに駆けつけてみると、マールボロの担当者が待ち構えてて、『なんでザナルディを使わんのか』って食ってかかられちゃった」

「そこでザナルディのオプションはウォーキンショーが持ってるって説明したんだけど、『そんなことはない』んだと。その成り行きで会ったのが、ザナルディとは初めてだった。彼はすぐモーターホームに来たけど、8時半には涙ぐんで立ち去ることになってしまった。『本当に、おたくのクルマに乗せてほしいんですよ』って言ってたな。でも遅かったんだ。ウォーキンショーからの強硬な通告に頷いちゃった後だったからね」

「ピラニア・クラブに関しちゃ、そこで今度はロン・デニスのお出ましってことになる。モンザのパドックを歩いてたら」と、ジョーダンは回想する。

「言われたんだよ、『ようこそ、ピラニア・クラブへ』って。あの瞬間はまざまざと覚えてるね」

フィリップスが続ける。

「みんな真相を知りたくてうずうずしてたけど、バーニーなんか、自分が仕切ったくせに、何も知らないふりで通してたよ。ただ、ジョーダンが翌年からヤマハ・エンジンになるってことは喋ってたけど」

そのエクレストンには、これからのF1界全体にとってシューマッハーがいかなる価値を持つようになるかがよく見えていた。トップチームに彼の才能を組み合わせれば、ドイツで巨大なビジネスチャンスが開けるはずだったのだ。あのころシューマッハーと契約していたドイツの大放送局RTLの試算では、ドイツ人ドライバーがF1に参戦するだけで広告収入は倍増し、それからも増える一方ということになるのだった。

もっと簡単に言えば、シューマッハーやドイツ人たちがF1のパドックに参入すればするほど、エクレストンはテレビ商売で儲かるのだ。それは同時にジョーダンやベネトンにとっても得な話ではある。特にベネトンはこれでブランドイメージを強化でき、もっと販売戦線を拡大できると思われていた。

そしてこの事件は、ほかの人物をも振り回す結果になった。たとえばスウェーデン出身のステファン・ヨハンソンは準備万端整えて、モンザでジョーダンからお呼びがかかるのを首を長くして待っていた。彼はマールボロから個人スポンサーシップを受けている身であり、マールボロはジョーダン・チームのスポンサーの一員でもあった。だからシューマッハーのベネトンへの移籍の後釜に滑り込めそうだと読んだのだが、結局声はかからなかった。

F3000のポイントリーダーとして活躍中のザナルディもF1進出を狙っていて、特にジョーダンに照準を合わせていた。しかしあの木曜日、モレノ放出を画策していたベネトンからシート合わせに来ないかという誘いがかかる。でも彼の場合、万が一シューマッハー獲得に失敗した時の補欠という扱いでしかなかった。

ところで、実はジョーダンは、ベルギーGPにシューマッハーを出走させるに当たって、メルセデス・ベンツから15万ポンドもらっていた。翌年フルシーズン参戦させるなら300万ポンドという話もあった。これで未来は安泰と、ジョーダンが思ったとしても無理はない。たしかにずば抜けた才能のドライバーと、安定度抜群のサポーターを得た形ではあった。しかしそれを確実なものにする前に、問題に突き当たらねばならなかったのだ。あれこれ目配りしたネアパッシュがゴールポストを動かしてしまったので事がこんがらがってしまったと、フィリップスは説明している。

「モンザの前にネアパッシュがファクトリーを訪ねてきて、契約をちらつかせながら『これがミハエルを乗せる条件だよ』って言ったんだ。ボディの広告スペースを全部くれってことだったんだけどね。こっちは徹夜で内容を検分して、やっと、サインできなくもないという結論を出した。で、翌朝、連中が現れるのを事務所で待ってたら、弁護士事務所を経由してマイケル（ミハエル）からのファクスが届いたんだ。たった2行だよ。『親愛なるエディ、申し訳ないが、おたくのクルマには乗れなくなりました。敬具。ミハエル』ってだけ。まさにその瞬間、マイケルはベネトンにいてシート合わせをしてたんだ。内緒の電話でわかったのさ」

火曜の晩までに、ジョーダンと合意に漕ぎ着けながらベネトンでシート合わせをした事実を確認すると同時に、ジョーダンは弁護士に対し、シューマッハーのベネトン搭乗を差し止める仮処分を申請するよう依頼した。翌水曜日、それに関する審理がロンドンで行われた。彼らがモンザに到着する24時間前のことだった。

「私たちは、普通の法律の解釈なら誰でも納得できるような基本合意に達していた」とジョーダンは振り返る。

「でも判事は、サインされていない契約は、合意し得ない内容を持つものとも解釈できるから、それによって誰かの行動を制約することはできないって言うんだ。『この契約には不備があるから、それが満たされて署名が行われるまでは、彼がほかのチームのためにドライビングすることを差し止めるわけには行きません』とさ。でもあっちは最初からサインする気なんかなかったんだ。いつも私の失敗として思い出すのは、これだよ。でもあんな状況の中では、判断を誤ったとしても仕方なかったんじゃないかな」

この全般の経緯を、ネアパッシュはやや突き放した調子で回顧してくれた。

「ミハエル・シューマッハーはスパの前の木曜日に、エディ・ジョーダンとの覚書にサインしていた。それは、次の覚書のための覚書だった。つまり彼がサインしたのは、次回にも相談するつもりがありますよというだけの書き付けにすぎなかったんだ。エディ・ジョーダンはF1に乗る機会を提供してくれたが、同時に金も必要としていた。メルセデスとしてはそれに応じる代わりにスポンサー・ロゴを描くスペースを要求した。もちろんエディとは残りのシーズンやそれ以上の話もしたけれど、とにかくこっちとしては、クルマに広告スペースを確保したかったんだ」

「あの月曜日にもエディ・ジョーダンに会ったが、結局合意には至らなかった。そしてほかにもミハエルに興味を示すチームがたくさんある中で、私たちはベネトンと接触することにしたんだ。彼らはミハエルを欲しがっていて、話は簡単だった。ちゃんとドライバーとしてギャラを払うっていうんだからね。私としては、あの年のジョーダンはいいクルマだったと思うよ。

どこも手を加える必要なんかなかったし。ミハエルもその点ではジョーダンに残りたがっていた。でもエディが広告スペースについてこっちの要求に応じてくれなかったし、そんな契約のための話し合いも進まなかったんだ。それでいながらモンザの前にドライバー契約を結びたがっていた。ミハエル自身はまだメルセデスのドライバーだったけれど、私たちとしてはＦ１に行かせてもいいと思っていた。諸般の事情に鑑みて、競争力のあるドライバーがＦ１にいることは、ドイツのためにも大切だと考えてたんだから」

そしてメルセデス・ベンツは、１９９３年にザウバーとともにＦ１に復帰する時にはシューマッハーを呼び戻したいと考えていたと、ネアパッシュは言う。

「本来なら、彼をほかのチームに出すっていうのは、私たちのポリシーに反することだったんだ。私たちがドライバーを育成してきたのは、うちのチームのためなんだよ。もちろんスパでのシューマッハーの快走は、Ｆ１界の連中にとってセンセーショナルだったよね。あれじゃ、誰だって興味を持つさ。そこでいろいろ話し合ったんだが、ずいぶん最後の方になって、エディがヤマハ・エンジンを使うって言うじゃないか。それについても議論したんだが、私たちとしては、まだヤマハじゃ信頼性も不足だし勝てそうもないという結論しか出せなかったんだ。こっちとしてはミハエルにシーズンを通して走ってほしかったし、そのための資金も援助するつもりだったんだよ。翌年いっぱい走らせて、１９９３年からは新しいメルセデスＦ１チームに起用する計画だったんだ」

「その時点では、私たちは92年を準備期間と考えていた。その間にシューマッハーとカール・ヴェンドリンガーに経験を積んでもらうつもりだった。そのことについて話し合った時には、ミハエルはジョーダンに留まる気で、ほかに移るなんて考えてなかったんだ。とてもいいチームで、彼にとっても居心地が良かった。でも長期展望について交渉した結果、最終的に方針を変えなきゃならなかったんだ」

こうして「シューマッハー事件」の全貌が明らかになってみると、自ずからＦ１の暗部の一角も浮き彫りにされる。このことがチームとドライバーとの契約内容の正当性を審議する契約承認委員会の設置につながったのは事実だ。でも、それはヴィラ・デステで弁護士や関係者が暗闘をくり広げ、モレノが体よくお払い箱にされた、ずっと後になってから実現したにすぎなかった。

あのころ一世を風靡していた偉大で輝かしいチャンピオンのセナは、この一連の出来事に嫌悪の情を隠さなかった。滞在していたホテルで何が行われたかを知った彼は、同国人であり友人でもあるモレノに対する仕打ちについて思ったことを、ちゃんとブリアトーレにも告げている。そして土曜の午後、彼はポールポジションを獲り、それに続く記者会見の席上、真剣かつ考え深げに、このことについての感想を述べた。それは感情をコントロールしながらの発言だった。

「今度の出来事に関しては、契約のすべてを知らずには正確な判断はできず、何も断言できない。しかし皆さんも承知のように、最も優れた専門家によって作成されたはずの世界でも最も完璧な契約が、双方の思惑の食い違いだけで、この程度の効力しか発揮できていない。ここで起きたことは正しくない。トップチームでは誰もが、契約書の内容に従って行動しているんだ。だから今回のことに関して誰も声をあげなければ、きっとまたどこかで起きて、みんな振り回されるんじゃないかと思う」

「モレノはすばらしいドライバーだよ。ひたむきでプロフェッショナルだ。そしてシーズンを通じての契約も結んでいた。でも、もっと立場が弱そうな勢力が、違う形で圧力をかけて、ドライバーの意志までねじ曲げて、事を落着させてしまったんだ。ものの本質から考えて、これをいいことだとは思わない。ここに臭うのは商売根性で、誰がそんなことをしたか、ちゃんとわかってるんだが……」

争いに敗れ、新しい神童がやって来るのと入れ代わりにベネトンを追われたモレノにも聞いてみよう。怒り、打ちのめされ、甘言をもって金をつかまされてシートを諦めた彼は、もはや訴訟より神にすがるしかないのが実情だった。

「そりゃパドックの誰もがびっくりしたと思うよ。私にとって不運だったのは、あんな話を持ちかけられた時、独りぼっちだったことだ。ちょうど女房も娘もブラジルに里帰りしているところだったからね。後になっても、きっとひどく傷つくに違いないと思うと、なかなか女房には切り出せなかったよ。でも、あんな難問に一人で対処するのは、とても難しかった。幸いだったのは、私が信心深かったことかな。神を信じてるんだ。だから聖書を開いて、正しい道をお示しくださるように祈ったんだ。そしたら、たまたま開いたページが良かったんだね。そこを読んだら自信も持てたし、自分というものを取り戻せたんだ。緊張しまくりの渦中だったけどね」

「あの時は問題らしいことといえば、レースの前にフランスでビールスか何かに感染しちゃったことぐらいかな。すぐ医者に行ってペニシリンをもらったけど。それが胃に来ちゃって、レースまでに完全復活とは行かなかったよ。こんなこと、今年になって初めてだった。訴訟を起こしたのは、私自身を守りたかったからにすぎない。今年の契約に基く権利は守らなきゃね。あの木曜の晩は2時間しか眠れなかった。翌朝7時にはシート合わせに行かなきゃならなかったし。とにかくクルマに乗って、集中してベストを尽くそうと思ってたんだ」

第2章　空前絶後の男フェラーリ

レースに勝つと、それはフェラーリの勝利であってドライバーのではなかった。なぜならフェラーリが最高のクルマだからだ。だから勝てないとドライバーの失態にされてしまう。エンゾはまさしく感情の人だった。古い世代のレース監督らしく、ドライバーたちはこのチームで運転できることを幸運と思うべきだというのが、彼の主義だった。

（ニキ・ラウダ）

私の感じでは、あまり金銭に頓着するタイプではないようだった。しかし論争となると猛烈な情熱を燃やし、勝たずにはいられなかった。

（ジャンニ・アニエッリ）

すばらしい交渉相手で、実に粘り強かった。何回か厳しい議論をしたことがあるが、その点では認めざるを得ないね。優れた経営者だったよ。彼自身とその考えを売るスーパーセールスマンでもあったな。

（バーニー・エクレストン）

なんで、きょうはフェラーリを買わなかったんだろうね。

（法王ヨハネ・パウロ二世。１９８８年、マラネロ訪問からの帰途、ヘリコプターに乗り込みながら）

フォン・カラヤンからの手紙に、こう書いてあったのを覚えてるよ。「あなたの12気筒の響きは、どんな指揮者でも再現できないハーモニーで満たされています」と。

（エンゾ・フェラーリ）

暑さも去りやらぬ晩夏の午後、それは１９８８年のモンザでのことだった。逝去から何週間もたっていないその日、エンゾ・フェラーリの名はことさら熱烈な祝福の輪に囲まれていた。生涯を通じての業績によってすでに伝説の存在となっていたエンゾだが、劇的なイタリアGPを闘い終えて、彼のクルマが2台、踵をそろえてフィニッシュラインを越えた瞬間、それはさらに魔法の光沢を帯びて輝いて見えた。あの年はアイルトン・セナとアラン・プロストが乗るマクラーレン・ホンダが破竹の進撃を展開し、年間16戦すべてかっさらいそうな勢いだった。そんなウォーキングの名門が、たった一つだけ勝ち損なったのがこのイタリアGPだったのだ。

レース終了後の再車検のためクルマが保管場所に移されるまでには、イタリア人で埋め尽くされたモンザは熱狂の坩堝と化していた。誰もが笑ったらいいのか泣くべきか、決めかねていた。優勝したのはゲルハルト・ベルガー。楽天的なキャラクターでユーモアのセンスに富み、勇敢な運転ぶりでも知られる、F1界きっての人気者だった。2位はミケーレ・アルボレート。あのエンゾ自身が面接して契約書にサインした最後のイタリア人ドライバーでもある。そしてもちろんフェラーリでの優勝経験も持っている。伝統あるサーキットは一瞬のうちに旗を振り回し雄叫びを挙げるティフォシであふれ、黒と黄色と真紅が太陽にきらめきつつ犇めきあっていた。彼らは、F1にとって、そしてイタリアにとってフェラーリがどんな意味を持つか、よくわかっていた。しかしここで口々に叫ばれていたのは、クルマとチームの名前以上に、そのすべてを築いた男の名前としてのフェラーリだった。

観客の掲げる横断幕には「エンゾ死すとも、ティフォシは忠誠を誓う」とまであった。フェラーリを忘れた者など、どこにもいなさそうだった。その名前はレースと情熱とスピードの象徴だった。人生と仕事への献身の結果、モデナとマラネロは20世紀にありながら専制君主の帝国さながらの位置付けを与えられていた。専横の奥に人の情を秘めた君主でもあった。打算と微笑によって商売をしながらも、必要とあらばコブラのように噛みつくことができた。もしピラニア・クラブの構成員としてふさわしい特質の持ち主といえば、まず誰よりもエンゾ・フェラーリだったろう。彼は長年にわたりF1界に隠然たる支配力をふるってきたが、その死後も、チームはしっかり伝統を守り抜いている。

彼の自伝は『Le Mie Gioie Terribili（私の恐ろしい娯しみ）』と題されている。ロブ・ウォーカーと同様に、クルマとレースへの情熱が多くのドライバーの生命を危険にさらしかねないことを、フェラーリもよく知っていた。エンゾの息子ディーノは1956年に24歳で夭逝したが、悲嘆にくれる父親として、彼は生涯を亡き息子とともに過ごす気でいた。そんな彼がF1の現場に足を運ぶことはほとんどなかった。たまにあったとしても、イタリアGPに先立つ金曜のプラクティスを見に来る程度だった。それも、いつも濃いサングラスで目元を隠していた。

彼はF1界の政治にも首を突っ込み、いつもイギリスの「修理屋ども」あるいは「キットカー・チーム」と対立をくり返してきた。ロータス、マクラーレン、ウィリアムズ、ティレル、ブラバムといった面々が相手だった。国際自動車スポーツ連盟（FISA）の古い体質とも衝突した。あれはその後マックス・モズレイらによって、より近代的であった国際自動車連盟（FIA）に吸収されたが。いずれにしてもフェラーリが望んだのは勝利であって横並びではなかった。彼が政略を弄することはなかったが、20世紀後半のF1史を振り返ってみると、そのやり方は充分に政治的かつ策略的だった。

彼の人生はまた、あたかも砦のように厳重に構築されてもいた。ボローニャの市街地レースを初めて見て脳天に衝撃を食らった少年時代から、実際にレーシングドライバーになり、チーム監督になり、やがてチームを興してオーナーにもなる経歴の中で、いつも勝利への飽くなき執念を剥き出しにし続けた。しかも時には尊大に見え、あまりにもがむしゃらに目的に向かって突進するため、周囲の連中としては驚き呆れるばかりでなく、付き合いきれないこともあった。フェラーリにしてみれば、一定のルールの中で勝利を求める以上、それは当然の行動だったのだが。彼にとって大切なのは、勇気と「重い右足」だった。だからフェラーリにすべてを捧げ勝利をもたらすドライバーをこよなく愛した。ドライバーの技量そのものより、彼自身とクルマに対する献身を求めた。時として彼は横暴であり、人を見下すような態度を取ることもあり、他人を傷つけることもあれば、横紙破りでもあった。ほかの何を差し置いても名門フェラーリ・チームに奉仕する、ドライバーたちの畏怖心を信じていた。5回もワールドタイトルを獲得した偉大なファン－マヌエル・ファンジオは、たった1シーズンのみでフェラーリを去ったが、それはドライバーに対するチームオーナーの接し方が気に入らなかったせいだと言われている。

もちろんフェラーリは、モーターレーシングの世界に身を置く以上、死というものをよく理解していた。息子のディーノも病気で亡くしたし、多くのフェラーリ・ドライバーの死にも直面してきた。それでも彼は、悲劇と苦痛と恐怖を乗り越えてレースを続けた。これが彼にとって、目覚めている時間のすべてと人生の大半を捧げたことだったからだ。たいていのイタリア人と同じように、彼も日常生活の雑事など関心がなかった。彼のクルマがレースを闘っている瞬間だけが真の人生だった。そこでは彼はすべてを支配し、身の回りのすべてが意のままになるのだった。ビジネス、スポーツ、レース、金、それに楽しみといったものを混ぜ合わせ、危険でめくるめくチームの形にまとめあげられるという点では、彼もまたピラニア・クラブの重鎮たちと変わるところがなかった。もちろん彼の生涯は、たぶん彼自身が望んだ通り、レース、ポールポジション、勝利そしてチャンピオンシップなどによって評価されている。しかし極端な傲慢さとか時代遅れのお題目へのこだわりなど、これもエンゾの遺産とされるものによって、チームの近代化が進みにくかったのも事実だ。だから新しい体制にバトンを委ねるまで、とりあえずチームの柱としては、エンゾにとって妾腹の息子となる人物が据えられている。

エンゾ・アンセルモ・フェラーリは１８９８年2月18日、アペニン山脈からの凍るような季節風が吹き下ろすモデナで生を享けた。地元で板金工場を営んでいた父アルフレードは、また大のスポーツ好きでもあった。クルマも持っていた。10歳の時、エンゾは父と同名の兄アルフレードといっしょに、父に連れられてレース見物に出かけた。１９０８年度チルクィート・デ・ボローニャと呼ばれたイベントで、ヴィンチェンツォ・ランチアがフェリーチェ・ナッザーロと競り合いを演じていた。この時、心のどこかで弾けたものが彼の生涯を決めた。もう、レーシングドライバーにならずにはいられなかった。それから何回かのレース見物を経てしっかりと決心を固め、学校も辞めた。このことは、ずっと後になって特徴的な紫色のインクで書き物をする時など、ちょっとばかり後悔の種にもなった。また彼には、クルマに対する興味のほかに絵の才能もあったと言われている。

１９１６年、父と兄が相次いで世を去ったため、一家を担う重圧がエンゾの双肩にのしかかり、精神的にも悶々とした日々を送る羽目に陥った。もちろんあれほど夢見た目標を諦めたわけではなかった。こんなどん底の経験が、後にドライバーとの人間関係の中で役立ったのは事実だ。第一次世界大戦勃発のころにはスリッパ工場の職にありついたが、１９１８年、たまたまひどいインフルエンザに罹った時に解雇されてしまう。やがて体が回復した彼は、フィアットでの働き口を求めてトリノに出たが結果は芳しくなく、そのまま帰りかねて街をうろついたあげく、ＣＭＮという小さな自動車メーカーに雑役夫として潜り込むことになった。そこでは払い下げの軍用車を民間用に改造していた。その中でできあがったクルマを試運転する仕事もあり、これはとてもおもしろかったし、レースへの夢をふくらませるものでもあった。それをきっかけとして初めてレースに出たのは1919年、パルマでのヒルクライムだった。さらにその年のタルガフローリオにも出走し、9位でフィニッシュしている。

この経験で、進むべき道は確定した。後にF1チームを持って闘う夢を実現しそこなった多くの人々と違って、彼はこのスポーツを深く愛し、とてつもないレースでのスリルを愛しただけでなく、脇目もふらずに成功に向けて邁進する決意に満ち満ちていた。若いころの苦労が、サーキットの内外を問わずリスクを克服し、うんと早い時期にモータースポーツの頂点に到達する力の素になってくれた。

1920年までに、エンゾはアルファ・ロメオから仕事をもらえるようになった。これは友人のウーゴ・シヴォッツィの口添えによるものだったが、そのほかにも彼はトリノ市内に事務所をかまえたり、量産車を改造してその年のタルガフローリオに参戦したりするための手助けをしてくれた。このころエンゾはニコラ・ロメオ（当時のアルファの経営者）の右腕だったジョルジオ・リミニとも昵懇の間柄になっている。これは人脈としては有効だった。そして1923年、ラヴェンナ郊外のサヴィオ・サーキットでのレースに優勝した時、イタリアの伝説的な撃墜王フランチェスコ・バラッカの父から声をかけられた。そこでエンゾの勇敢さと堂々たる態度に感銘を受けたバラッカの父は、息子の飛行中隊が付けていた黒い跳ね馬のエンブレムをプレゼントした。これをモデナの市章の黄色い楯と組み合わせたものが、今のフェラーリの象徴だ。これがフェラーリと彼のチームのクルマによって正式に使われるようになったのは1932年からで、今では力と強さと美しさのイメージとして広く定着している。

1924年、エンゾはコッパ・アチェルボに優勝する。これは彼の経歴の中でも特に重要な勝利だった。後に著書『Piloti che gente（国民的ドライバーたち）』の中で彼はこう書き残している。

「1924年のペスカラで、アルファ・ロメオRLで勝った時の満足感ほど、忘れられないものはない。このクルマではラヴェンナやロヴィゴでも優勝したが、コッパ・アチェルボこそドライバーとして特別なレースだったからだ。私はタルガフローリオから凱旋してきたばかりのメルセデスをやっつけることができた。同じアルファ・チームの中では有名なP2に乗るカンパリが強敵だったが、不運にもリタイアしてしまった。そのカンパリの従兄弟が、私のメカニックのエウジェニオ・シエナだった。最初に相談して、私は1周目からカンパリのP2の姿をミラーの中にしっかり捉えておくことになっていた。そうやって充分リードを広げてから、頃合いをみて先を譲る段取りだった。そこで上手くスタートできた私はミラーの中にカンパリを探したのだが、徒労だった。どこにも見えて来ないのだ。それを気にしながら、ボンマルティーニとジュリオ・マゼッティのメルセデスの追撃を抑えていた私の目に、シエナが掲げるスローダウンのサインボードが飛び込んできた。でもシエナは、従兄弟の姿を見失ってしまったと怒鳴っただけだった。そこで私は意を決して首位を守り、そのまま優勝した。後でカンパリから聞いたところでは、ギアシフトの不調で走れなくなったので、横道に退避してレースの終わりを待っていたのだそうだ。これでは彼がどうなったのか、レースの誰にもわかりっこないではないか」

これぞフェラーリ・チームにおける戦略と作戦の、もっとも初歩的な段階の例だった。現代のモータースポーツ界では「チームオーダー」と呼ばれるやり方で、2001年のオーストリアGPでルーベンス・バリケロがミハエル・シューマッハーに優勝を譲り渡した一件とか、1999年のマレーシアGPでシューマッハーがエディ・アーヴァインを勝たせてやったことなどがそれに当たる（2002年のオーストリアGPでは、これがさらにあからさまに行われ、ファンも含めた広範囲な論争を引き起こした）。モーターレーシングは純粋にドライバー個人の間の闘いとは言えず（そうだったことは、これまでもない）、かならずチームの作戦とか、もっと大がかりな思惑がからんでしまう。

ここでフェラーリの監督ジャン・トッドが、2001年の5月にA1リンクのあるシュピールベルクで語ったことを思い出してみよう。ちなみにA1リンクは、古いエステルライヒリンクの名からは想像もつかないほど違う形で、同じ土地に建設し直されたサーキットだ。

「世間がF1のことを単なるスポーツとして見てるなんて、本当に信じてるのかね。そこにはビジネスの事情もからんでるって、わかんないのかな。大メーカーはみんな勝つために参加してるんであって、私やドライバーやエンジニアの満足のためなんかじゃないんだよ。私たちの任務は勝利を持って帰ることなんだ。だから事の正否はともかく、私たちには作戦が必要なんだ。決定を迫られることもあれば、その決定を後悔しなきゃならない時もある。でも、きょう決めてやったことには満足してますよ」

トッドの場合、ピラニア・クラブの今ふうのメンバーの一人として、チーム事情と彼の価値観と仕事をフォローしているにすぎない。もちろん、チームオーダーなどの作戦については、違う見方もある。そしてまた、ドライバーに脇役を義務付けるような契約の是非などについても、多くの見方はある。その裏で巨額の金が動いていることについても同様だ。フェラーリ自身も、このことを最も早くから見抜き、真剣かつ熱心に実行した一人だった。しかし皮肉なことにトッドのやり方は、それまでのマラネロのスタイルとは違っているばかりかそれ以上なので、エンゾなど頑固な保守主義者からは嫌われるかもしれない。

そんな例はいくらでもある。最も知られているのは1956年のモンザだ。あの時はピーター・コリンズがファン－マヌエル・ファンジオにクルマを渡し、アルゼンチンの英雄が完走してワールドチャンピオンになるのを助けたのだった。あの年、ファンジオがほかのドライバーからクルマを召し上げたケースは、少なくとも3回はあった。その結果としてファンジオの56年タイトル制覇の値打ちを、少しばかり割り引く見方もある。エンゾ・フェラーリ自身でさえこう言っている。

「ルイジ・ムッソやコリンズがファンジオのためにとクルマを降りたのは、もちろん私が承認したからだ。コリンズ自身も数字のうえではチャンピオンになれる可能性があるシーズンだったから、そんなこと2回はやらなかったがね。まあ、コリンズもムッソも、そんな差別的な扱いを跳ね返せるようになる前に死んでしまったんだが」

1958年、フェラーリに乗っていたフィル・ヒルはカサブランカで開催されたモロッコGPで、マイク・ホーソーンの後ろの3位まで下がれという指示を受けた。そうすればあのイギリス人ドライバーをチャンピオンにできるからだった。その6年後のメキシコGPでは、二輪の元ワールドチャンピオン、ジョン・サーティースが今度は四輪のチャンピオンにもなれるように、ロレンツォ・バンディーニに順位を譲るよう指令が飛んだ。どちらもフェラーリ式の秩序のために捧げられた個人的な犠牲だった。どちらの場合も、ドライバーとしての信条に基いたものではなく、あくまでフェラーリのドライバーだったからだ。もし1、2位を独占していた場合は、もともと先頭だった方に優先権があり、チームメイトとしてはそれを抜こうとしてはならないとされていた。

こんな取り決めがこてんぱんに破られたのは1982年のことだった。サンマリノGPの最終ラップでディディエ・ピローニがジル・ヴィルヌーヴを抜き去り、優勝を掠め取ってしまったのだ。この時、フェラーリはことのほかヴィルヌーヴに同情していた。その2週間後、ゾルダーでのベルギーGPのプラクティス中に、ヴィルヌーヴは命を落としてしまう。憤懣やるかたない風情でめいっぱい攻めていたヴィルヌーヴが、超高速で前のクルマに突っ込んでコントロールを失ってしまったのだった。そして2001年、バリケロに対する扱いが野次られていた時、何か疑わしいことに気付いた目利きもいた。インサイドF1のウェブサイトで『グローブトロッター』なるコラムを担当しているジョー・セイウォードも、その前まで4年間シューマッハーの助っ人としてフェラーリを走らせたエディ・アーヴァインと同じ役割がバリケロにも義務付けられているのかどうか、疑問に思った一人だった。

「もちろん、あれが明白な現実そのものなら、悪いことなんかこれっぽっちもないはずさ」とセイウォードは語る。

「そこで思い出すのは、1981年のブラジルGPでチームオーダーを押し切っちゃったカルロス・ロイテマンのことだ。チームメイトのアラン・ジョーンズを差し置いて優勝したんだけどね。何年もたってから聞いたら、フランク・ウィリアムズと契約した時、『7秒条項』っていうのがあったんだそうだよ。『もし私がチームメイトより7秒以上前にいたら、勝つ権利は私にある。でもアラン・ジョーンズが7秒以下の差で追って来てたら順位を譲らなきゃならなかったんだ。ブラジルでのあのレースは最初から雨で、トップとはいえ、こっちとしてはそんなにハードには攻めちゃいなかった。ピットサインも3位との差しか出さないから、ジョーンズがすぐ後ろに来てるなんて、ちっとも知らなかったんだ。そのまま3、4周したかな、そしたら抜かせろってサインが出るじゃないか。アッタマ来たね』だってさ」

「ロイテマンとしちゃ、どうしても言う通りにできなかったんだね。それに対してウィリアムズはギャラの支払いをストップしたんだが、ロイテマンも馬鹿じゃないから、そのことで騒いだりしなかったんだ。あのころチームのコマーシャル・ディレクターだったシェリダン・シンに聞いたら、『ギャラの件で黙ってたのは、とても利口だったと思うよ。頭が良けりゃ、あんなことで悶着を起こして、仕事を棒に振ろうなんてしないもんだ』

って言ってた。それから5年たって、ウィリアムズはまたチームオーダーで揉めたんだ。ネルソン・ピケが自分こそナンバーワンだと思い込んでたのに、チームメイトのナイジェル・マンセルときたら、そんなこと知っちゃいなかったんだね。ほかのチーム相手と同じようにがんがん容赦なく仕掛けちゃったんだよ。『チームメイトに喧嘩を売ってもらうためにウィリアムズと契約したんじゃない』とかピケは言ってたな。そこんとこをウィリアムズは『1981年のロイテマンでの苦い経験もあるんで、ネルソンは立場をしっかり保証してもらえると思っていたんだ。あの時もセカンドドライバーをちゃんと管理しようとしてたんだけどねえ。実際のところ、もし一人がチャンピオンシップでリードしていて、ちょっとでも助けが必要だったら、チームとしてはもう一人にそうするように指令を出すのが当然だろう。だけどあの時点では、ネルソンが無条件にセカンドドライバーより優先権があるなんて決まってたわけじゃない。私たちの見方では、どっちもチャンピオンシップを争ってんだから、存分に闘ってくれて結構だったんだ』って説明してた」

「そうやって全般的に見てみると、ロン・デニスもサー・フランク・ウィリアムズも、ジャン・トッドやフェラーリの連中とは微妙にスタイルが違うよね。トッドはF1をスポーツとして見る立場を馬鹿にしすぎてるんじゃないかな。たしかに彼らは勝つためにだけ、そこにいるんだから、その点では彼は正しいけど。でも、そんなやり方がずっと大手を振ってまかり通るようじゃ、F1もおしまいだね。グランプリ・レーシングのスポーツとしての姿は、もうずいぶん前から、しかもあらゆる方面から蹂躙されてるんだから」

この話題をフェラーリ側から見れば、作戦とかチームワークでレースの結果を左右するのは、それがチームとクルマの成功を意味するものであり、メーカーとしての評判につながるものだと考えているのは明らかだ。よく言われているように、「日曜日にレースで勝って、月曜日に売り上げを伸ばす」というわけだ。それとは少し違うが、マクラーレンのボスであるロン・デニスは、よく「グランプリは非常に大規模な国際的ビジネスで、時々スポーツに変身するんだ。それは2週間ごとの日曜日の午後2時間だけ、年間16日か17日だけなんだけどね」と言っている。だとすれば、フェラーリがスポーツへの情熱と非情なビジネスへの野望を結び付けて以来、そこにチャンスを嗅ぎつけてきたのは疑いようがない。スポーツといっても、今では特定の大物に支配される近代サーカスに変身してしまったが。特にフェラーリの場合は、スポーツに対しての興味が勝っていたとすれば、こんなにＦ１を深く理解したり愛したりするのが、かえって難しくなってしまうのかもしれない。

さて、コッパ・アチェルボでの成功の後も勝利を重ねたエンゾ・フェラーリは、とうとうフルサポートのワークスドライバーとしての待遇を手に入れた。それはフランスＧＰにも出走できることを意味していたが、事ここに至っていろいろ気に病みすぎた彼は、心身症に罹って参加を見送ってしまった。これはドライバーとしては大きな損失だった。しかしやがて立ち直ると、またまた各地のローカルレースで走りだした。そこではハッピーな気分でいられた。そしてクルマに乗るほかに、リミニの協力を得て、メインテナンスやレースサポートの分野にも手を広げていくことになる。

１９２３年4月28日、ラウラ・ガレッロと結婚したエンゾは、モデナでのアルファ・ロメオ販売権も手に入れた。そして１９２９年には自らのレーシングファクトリーであるソシエタ・アノニマ・スクデリア・フェラーリを設立。その背後にはフェラーラで長く繊維商を営んできたアウグストとアルフレードのカニアート兄弟の援助もあった。そのころまでにアルファ・ロメオはワークスチームとしてのレース活動を休止していたので、フェラーリはそのクルマを引き継ぎ、メーカーからの技術支援も取り付けた。クルマだけでなくドライバーまで譲り受けた代償として、チームの株の一部はアルファに渡している。同じような取り引きはボッシュ、ピレリ、シェルなどとの間でも行われ、こうして作った資金でトップクラスのアマチュアドライバーの発掘にも積極的に乗り出した。まずチームに加わったのはジュゼッペ・カンパリだったが、やがて金の卵タツィオ・ヌヴォラーリを見出すことになる。

この流れを総括すると、フェラーリにはリスクを計算する能力もあれば度胸もあるほか、組織運営の才も具わっていたことがわかる。創業当時の従業員は50人、この陣容で初年度には22回のレースに参戦し、８勝を挙げた。個人に率いられたチームとしてはかつてない規模で、成功をおさめるまでも早かった。そんなことは個人事業では不可能だという先入観を打ち破り、適切なテクニカル・パートナーの助けさえあれば可能だということを立証してみせた。このチームではドライバーにギャラを払いたがらず、それどころか賞金の一部を巻き上げることも珍しくなかった。フェラーリに言わせれば、ドライバーのためにクルマを用意しただけでなく、サーキットで速く走れるようにあらゆるバックアップをしているのだから当然だった。アルファ・ロメオもチームの進展ぶりに満足だった。１９３３年、またも経営不振に陥った時でも、モータースポーツ活動だけはフェラーリに任せておけるので安心だった。

ところが新年を迎えて早々に、フェラーリは初めての大問題に直面することになる。アルファ・ロメオが間接的な形でのモータースポーツ活動からも手を引くというニュースが、ミラノから届いたのだ。そこでフェラーリもすぐ解決に当たった。そのころベニート・ムッソリーニの政府はエチオピア制覇を軸としたアフリカ進出をもくろんでいて、そのためアルファ・ロメオも軍用車と兵器の増産のために社内の配置転換を迫られていた。それに不況も手伝って高級高性能スポーツカーの売れ行きは激減していたし、アルファなしではフェラーリも新しいレーシングカーを手に入れることができなかった。そこへ手を差し伸べたのが、共同経営の一角を担うピレリだった。その仲介によって、アルファはＰ３を６台フェラーリに供給することが決まり、エンジニアのルイジ・バッツィと開発ドライバーのアッティリオ・マリノーニも派遣するという。この結果、スクデリア・フェラーリは完全にアルファのワークスチームになった。同時に、このころエンゾの身辺もにわかに賑やかさを増していた。１９３２年には長男アルフレード（後にディーノの愛称で知られるようになる）が生まれたし、業務の拡張にともなって、たとえお楽しみの草レースといえども、自らはレーシングカーのステアリングを握るのを諦めなければならなくなった。おもしろいことにＦ１チームのボスの中には、まずドライバーとしてこの世界に入ってから、やがてマネジメントに移って来た例が多い。

チームは経験を重ねるごとにますますプロフェッショナルになっていった。それにつれての変化もあった。まずチームの株のうちアルフレード・カニアートの持ち分が、大富豪でレースも大好きなカルロ・フェリーチェ・トロッシ伯爵に売り渡された。それまでアルフレードは、ただ無為に楽しく毎日を過ごしているだけだったが、これでチームも一気に引き締まった。ちょうどそのころ、メルセデスやアウトウニオンのドイツ勢が、１９３０年代のレーシングカー設計に新たな基準を築きはじめていた。１９３５年、フェラーリはブガッティ育ちのドライバー、ルネ・ドレフュスを採用する。ドレフュスは一目で、それまでの所属チームと今度の職場の違いを見抜いた。それはエンゾという人間をも見抜くことだった。

ドレフュスの回顧。

「ブガッティの一員だった時とスクデリア・フェラーリに入っ

てからじゃ、それこそ夜と昼ほど違ったもんだよ。それまで私はブガッティのマネジャーのメオ・コンスタンティーニといっしょに住んでたんだが、事業としてのモーターレーシングを学んだのはフェラーリに移ってからだったね。彼は本当の経営者だった。エンゾ・フェラーリは愉快な人物で親しみやすかったけれど、心の奥までは見せなかった。だから家族の一員になったような気はしなかった。マセラティ兄弟だったら、そんな気持ちにもなれたんだが。メオ・コンスタンティーニとの間にあったような、親しい気安さも感じられなかったね。エンゾ・フェラーリが愛していたのはレースだったんだ。それは疑問の余地がない。それも単なる愛好家という域を超えて、利益を生む企業のために有効だという冷静な認識だったんだろう。彼のクルマに誰かの名前を書いて走らせるたびに、どんどん大物になって行ったわけだ。エットーレ・ブガッティをパトロンって呼ぶだろ。だったらフェラーリはボスだったな。ブガッティは尊大だったけど、フェラーリにはどこか計り知れないものがあったよ」

この時期、フェラーリは人生で出会うあらゆる種類の経験に苛まれていた。まず愛（誰に聞いても、彼は精力に満ち満ちた情熱家だった）、死、苦痛、悲嘆、そして多くの優れたドライバーたちとともに手にした栄光などだった。その中には、ジュゼッペ・カンパリ、ルイ・シロン、アキッレ・ヴァルツィたちがいた。そしてニュルブルクリングで行われた1935年のドイツGPで、予想だにしなかった偉大な勝利をものにしたタツィオ・ヌヴォラーリがいた。あれは古今のレースの中でも最高だった。地元のドイツ人の面子《めんつ》をぺちゃんこにしてやったのだから。主催者もどうせドイツ車が勝つと高をくって、それ用の表彰式の準備しかしていなかったので、わざわざヌヴォラーリが持参したイタリア国歌のレコードを持ち出さなければならなかったほどだった。これらはみんなスクデリア・フェラーリのために走った結果だった。

しかし同時にエンゾは、彼のクルマが大事故に巻き込まれてドライバーが命を落とすという経験にも初めて出っ食わさなければならなかった。1933年のイタリアGP、3ヒート制の第2ヒート、モンザのインフィールドにある高速オーバル状のピスタ・デ・ヴェロチータでのことだった。スクデリア・フェラーリのアルファP3を駆るのはカンパリ、相手はマセラティのバコーニン・ボルザッキーニだった。スタンディングスタートした彼らは轟音とともに陰鬱な暗がりに突入し、そのまま帰って来なかった。最初サウスカーブで多重衝突が起きた時点では、命には別状ないと言われていた。

いろいろ論議の的になるブロック・イェイツの著書『Enzo Ferrari, The Man and the Machine』にある記述によれば、彼らは最高速でホイールどうしを接触させ、激しくスピンしながらコースを逸れたという。

その部分には、こう記されている。

「どちらのドライバーも、からんだクルマが狂ったようにインフィールドのフェンスめがけて飛んで行くのをよそに、放り出されてコースに叩きつけられた。ボルザッキーニのマセラティは最終的には正しい向きで停止し、あたかも損傷などないように見えた。しかしそのドライバーは致命的な怪我をしていて、数時間後に息を引き取った。一方、ペピーノの愛称で親しまれたカンパリは即死だった。ほかの二人のドライバーは、クルマが転倒したにもかかわらず軽傷ですんだ。重苦しい雰囲気に閉ざされたピットでは、エンゾ・フェラーリがその知らせに打ちのめされていた。あんなに愛したスポーツが突然荒々しい獣性を剥き出し、彼をズタズタにしてしまった。さっきまでここにいた二人の古い友達が、今はもうドブに捨てられた古人形のように、口もきかずに横たわっているだけだった。こういう時の心がまえはできているつもりだった。クルマの脆さも、いざとなると乗り手を背中から振り落とすかもしれない性格も、よく知っていた。危険を承知で、彼自身もそれを受け入れてきた。しかしカンパリとボルザッキーニの競り合いにまでは、彼の力も及ばなかった。これで彼は、狂気に満ちて血も涙もないレースと、モータースポーツの心温まる側面とを峻別しなければならなくなった。酒場での気のおけないお喋りや、裕福な客にアルファを薦めることや、事務所での普段の仕事もそうだった。この日まで、彼は死を目前の問題として捉えたことはなかった。もちろんアルカンジェリの死をはじめ、シヴォッチもアスカリも、ほかにも多くのドライバーを見送ってきたが、誰もスクデリア・フェラーリのクルマに乗っていたわけではなかった。あの悪魔の午後までは、跳ね馬のクルマに血が流れたことはなかった。これが彼の転機だった。あれ以来、エンゾ・フェラーリはドライバーたちとの間に薄くて見えない心のカーテンを引くことにした。ごく稀に隙間が開くことがあっても、その後フェラーリのために走ったドライバーは、誰もが心の境界線の外側に佇まなければならなかった」

あの時代の基準をもってしても、あれは暗黒の午後だった。

まだ悲劇は終わっていなかったのだ。今度の犠牲者はチャイコフスキー伯だった。その日の第1ヒートを大きなブガッティ・タイプ54で制した伯爵は、ポーランド出身の裕福なプライベート・ドライバーだった。その彼もサウスカーブの同じ場所でコントロールを失ってクラッシュし、炎上する残骸に挟まれたまま焼死した。この三件の悲劇によってイタリアのモータースポーツ界は暗雲に閉ざされ、多くの非難も浴びせられた。その残響は、後々まで幾度となくよみがえった。たとえば１９９４年のイモラでもそうだった。あの沈鬱な暗黒の週末、あそこで開催されたサンマリノＧＰで、ロラント・ラッツェンバーガーとアイルトン・セナの命が奪われたのだった。

　ヌヴォラーリまで、強靱な精神の持ち主として知られたあのヌヴォラーリまでが、これにはひどく動揺していた。彼は遺体の収容されたモンザの病院で、夜通し未亡人たちに付き添っていた。事故についてどう思うか聞かれた時、彼は「ああいうことは、最もそれらしくなさそうな時に起きるんだ。もし危険に対する警戒心いっぱいで走っているのにあんな事故に見舞われるとしたら、誰も一周もできやしない」と答えている。グランプリ・レースの世界では、これはずっと昔から言われてきたことだ。打ちひしがれたフェラーリはカンパリとボルザッキーニの葬儀に参列しながら、それでも前進することを忘れなかった。さっそく彼は「悪知恵ギツネ」の異名を取るルイ・シロンをカンパリの後釜として採用した。しかし、あれほどの衝撃に貫かれた彼はいっそう頑になり、自分の内に秘めた、あるいは外に現れた感情に深くこだわるようになっていた。

　この過酷な体験は彼の心中深く刻み込まれ、その性格の感傷的な側面となって、いろいろな場面で表面にも現れるようになった。そしてこのことが、イェイツの著述によれば、エンゾをして１９３４年にファシスト党に入党させる一因になった可能性はある。それが仕事の面で有利に働くことも、彼は理解していた。

　ふたたびイェイツの本によれば、

「彼が特に熱心な党員だったという証拠はない。しかしそれから4年間、たしかにスクデリア・フェラーリが発行するニューズレターには、ファシスト党の政策と調子を合わせた好戦的な記事が多く見られる。その内容はファシストの標語で飾りたてられていたし、いつものフェラーリ流にライバルたちをこきおろす調子も、ますます辛辣で攻撃的になっていった。その対象は、マセラティ兄弟やドイツのチームにとどまらず、そのドライバーやスポンサーなど、とにかく気に入らないもの全部だった。冷徹なビジネスマンでもあるフェラーリとしては、アルファ・ロメオとの良好な関係を、本質とは関係のない政治的なことで傷つけたくはなかった。だからファシズムを装うことがスクデリアにとって好都合なら、そうするというだけだった。エンゾ・フェラーリは良いファシストでなければならなかったのだ」

レース活動は続けられたが、フェラーリ自身が現場に赴くことはほとんどなかった。労働者階級程度のものにせよフランス語を話せたにもかかわらず、フランスにもまず行くことはなかった。1934年には、彼にとってほとんど最後の国境越えをしてモンテカルロまで出かけたものの、フランスGPには顔を出さなかった。彼は飛行機には乗ろうとしなかったし、鉄道も嫌いだった。一説によると、ああいう乗り物を信じてなかったとも言う。それに、当時のヨーロッパでは当たり前だった舗装の悪い道路で、何時間もクルマに揺られるのも好まなかった。そういえばエレベーターにも乗らなかった。あの種の近代的製品など、かなりバカにしていた。

そういうわけで彼はフランスのレースに行かなかったが、そこでは長く尖ったテールにカギ十字を輝かせたアウトウニオンが猛威をふるっていた。それに立ち向かうのは南フランス出身の頭脳派ルイ・シロンで、青い絹のレーシングスーツをまとい、きらきら輝く真紅のスクデリア・フェラーリ・アルファに乗り込むのだった。そして最終的には優勝してしまう。主なライバルが全員トラブルでリタイアした結果だった。フェラーリ・チームとドイツの巨人の闘いは、ここからさらなる展開を見せるのだが、ここに影を落としたのが、活発で人好きのするアルジェリア人ドライバー、ギ・モルの死だった。

事は1934年8月15日、ペスカラで行われたコッパ・アチェルボでのことだった。モルは顔面を保護するための風変わりな透明プラスチックのマスクを着け、背筋を伸ばして真紅のアルファに乗り、ルイジ・ファジオーリのメルセデスW25と競り合いを演じた末に事故死してしまった。ストレートの幅が狭まったところで、エルンスト・ヘンネが乗るメルセデス・ベンツのバックアップカーを無理やり抜こうとし、270km/h以上でクラッシュしてしまったのだ。その瞬間を目撃したクリス・ニクソンによれば、モルのクルマは「恐ろしいほど左右にブレだして、転げ落ちるようにコースから飛び出して行った」という。次のラップに見えたのは、めちゃめちゃになったクルマが農家に張りついていて、それをイェイツは「傷ついたモルは路傍に投げ出されていた。彼が死んだのが17周目だったのは、エンゾ・フェラーリの数字に関する迷信と関係があるかもしれないし、ないかもしれない」と書いている。フェラーリ自身はずっと後になってから、彼のドライバーの中でモルは最も偉大な一人で、その損失も大きかったと述べている。彼の死が、この時代のエンゾの心をさらに固く閉じさせることにもなった。

「私に言わせれば、ヌヴォラーリに比肩し得るという点で、モルはスターリング・モス並みだった」と、エンゾ・フェラーリは語っている。「精神面ではヌヴォラーリそっくりだった。敢闘精神が旺盛だったし、乗れば頼りになったし、死と対面する平静な心の準備もできていた」

1937年、フェラーリはアルファ・ロメオに1・5ℓの小型車を開発するよう進言したが、実際には事は逆に運んだ。彼らはそんな実用車よりワークス直々のレース活動に復帰したくなって、1938年の初めにはスクデリア・フェラーリの80%を買い取り、本拠地を彼ら自身のポルテッロに戻した。そこでフェラーリ自身も社長ではなくなり、スポーティング・ディレクターの肩書を与えられた。その上司は社外から招聘されたスペイン人のウィルフレド・リカルトだった。この人事に我慢しきれなかったエンゾは、1939年の末に別行動を取ることを決意する。その時の合意事項は、互いに別組織になっても4年間はアルファと競合するレース活動を行わないことだった。これについては解雇されたという説も流れているが、真実は、たぶん両方の中間のどこかにあると思われる。

これをエンゾ自身の言葉で率直に振り返ってもらうと、「もはや亀裂は修復不可能で、私としては身を退かなければならなかった」ということになる。それが賢明で、やや遠回りではあったものの、もっと自分に合ったことがありそうだった。そこで彼はこうも書いている。「1937年のことだが、モデナで私自身のレーシングカーを作ろうかと考えたことがある。それが後になってアルファ・ロメオ158として知られることになったクルマだ」

もっとも、これには異論もあって判然としない。アルファを代表するエンジニアだったジョアッキーノ・コロンボがフェラーリに雇われて、親会社の協力も受けながら原案の一部を手がけたかもしれないが、クルマそのものは「アルフェッタ」として認知されている。

ところで、このアルファのエンジニアがはるばるエミリア街道の旧道を辿ってモデナを訪れた時、フェラーリはミッドエンジン車の案を拒否している。その理由が有名な「牛車だって前に牛がいるじゃないか」という科白《せりふ》だった。今から当時を振り返ってフェラーリを嗤うのは簡単だ。おまけに20年後、またも彼は同じように後ろ向きの判断を下し、クーパーを筆頭とするイギリス勢によって誤りを証明されてしまったのだから。このことは彼の思い込みの強さと、技術的な展望の欠如を示すものでもあり、彼自身、それを弱点として認めている。「私は自分を設計者とも発明家とも思ったことはない。誰かいいものを作ってくれれば、それを走らせるだけだ」と書いている。「私の本来の才能は、人を奮い立たせることなのだ」とも。

エンゾ・フェラーリはまた、後のピラニア・クラブの面々と同様に商才に長け、必要に応じて人を動かし、用がすんだらお役御免にするのも上手かった。アルフェッタを製作していた当時、彼の毎日の仕事は機材と部品の買い付けや取り引きだった。たとえば鋼管やアルミ板、点火系の配線、燃料ポンプにオイルポンプ、ブレーキの部品、オイルクーラーにラジエター、スプリングやダンパーなど、クルマに必要な一式だ。彼はこういう物を引き受けてくれるパダーナ渓谷沿いの小さな工場を、ほとんど全部知っていた。それは後にイギリスの各チームが、テムズ川沿いやその後背地にその種の能力と技術を持った業者をたくさん抱えていたのと似ている。フェラーリはまたチームの面面をみごとに督励し、仕事に没頭させ、最大限の結果を引き出した。サーキットでの勝利にこだわるのと同じほど、周囲の何もかも、誰も彼もを自分に従わせることにも執念を燃やしていた。それはまさしく消耗戦だった。ほとんどイタリアを食い尽くすほどの消耗戦だった。少なくとも、彼を満足させようと死に物狂いで頑張った多くの人々の人生を消耗してしまったのは確かだ。

イェイツはこう書いている。

「モデナの夏の暑さでスクデリア・フェラーリの工場が地獄の釜みたいに煮えたぎり、ボーッとなって発狂しそうな時でも、彼はどんどん元気になっていくように見えた。職工たちは疲れきって、毎晩近所の食堂で何か食べながら仕事の進捗状態を考え、次の朝早くからまた始まる仕事までの間、ちょこっとベッドに潜り込むだけの毎日だったのに」

新車プロジェクトは陰謀や政治的思惑のために迷走を重ねた。主な原因はアルファ・ロメオの経営陣にあった。1937年、イタリアで最も高名なレーシングカー設計者ヴィットリオ・ヤーノを解雇した後で、今度はスクデリア・イタリアを作ろうという動きが持ち上がったりしていたのだ。フェラーリ自身はそれまでと同様、楽観的にかまえている必要があった。彼のスクデリアが企業買収によってアルファの新しいレース部門アルファ・コルセに吸収された時、そのまま横滑りでスポーティングディレクターに就任するのが得策だったからだ。そんな経緯から生まれたティーポ158は1938年5月、モンザでのテストに初めて姿を現し、8月の初めにはエミリオ・ヴィロレージの操縦でコッパ・チアーノに出走し優勝、フェラーリの部下たちを大喜びさせた。このアルフェッタのデビューウィンによって、フェラーリも勝てるクルマの作り方を身に付けることができた。

しかしレースで勝ったからといって、幸福までは保証されていなかった。フェラーリにとってのみならず、世界から見てそうだった。レースは続けていたものの、それから50年の長きにわたってフェラーリ・レーシングチームを彩ることになる政治的な欺瞞や内紛も、この時すでに芽生えていた。

1939年、ムッソリーニはアルバニアを併合する。この結果、彼はイタリア、エチオピア、アルバニアすべての王座に就いた。そしてヒトラーとの連携も深めて行くことになる。そんな背景の中、ヨーロッパ各国のレーシングチームがリビアのトリポリに集結していた。ガルボ元帥による恒例行事のトリポリGPに参加するためだ。優雅なパーティーから各種の競技会まであって、以前はなかなかのものだと評判も高かった催しだ。マセラティも来ていた。アルファも来ていた。そしてメルセデスは全面新設計のV型8気筒1・5ℓエンジンで武装したW165を2台持ち込んでいた。ルドルフ・カラツィオラとヘルマン・ラングに委ねられたメルセデスは結果としてレースを独占し、あらゆる技術的側面におけるドイツの優位性を誇示することになった。これに対抗しなければならないアルファ・チームも仕事を急ぎ、それから1カ月もしないうちに改良型158をモンザでのテストに持ち込んだが、そこで起きた高速事故によって、「ミミ」の愛称で親しまれたヴィロレージが命を落とす。アルファとフェラーリと、そしてイタリアにとってまずい展開だった。

ヴィロレージの弟ジジは、それ以前にヌヴォラーリがそうしたように、終生アルファ・ロメオには乗らないとの誓いを立てた。どちらも本当にその通りにした。さらにジジは、保険に関するフェラーリとの悶着に憤りをつのらせてもいた。ヴィロレージの家族は保険をかけてくれるよう要求していたが、イェイツによると、フェラーリはこれを拒否したという。もっとも、これはそういう主張もあるというだけで、あまり広く信じられている話ではない。いずれにしても、もし保険をかける必要があれば、それを行うべきだったのはアルファでありフェラーリではなかったというのが大方の見方だ。あるいはミミ・ヴィロレージが体調不良にもかかわらずクルマに乗り、それが事故につながったとフェラーリが主張したとも伝えられているが、これについても疑問を投げかける声は多い。ともあれ、この諍いによって両者の関係は永久に修復不可能になってしまった。これが、エンゾ・フェラーリがアルファと共にあった20年間で最後の悪い出来事でもあった。この時点で、彼の臍《へそ》の緒は切れた。

そのころ戦争は世界規模で拡大し、アルプスから吹きおろして来る風にも硝煙の臭いが混じりだした。しかしイタリア全土が戦闘に巻き込まれるまではまだ間があり、エンゾ・フェラーリは後にティーポ815と呼ばれることになるクルマの計画を立ち上げようとしていた。

そこで彼は新しい会社を興した。アウト－アヴィオ・コストルツィオーニという。いろいろな部品作りを業とし、レターヘッドには跳ね馬をあしらってあった。そんなある日、アドルフォ・オルシの援助を取り付けたマセラティ兄弟がモデナに引っ越して来たことが、彼の自尊心をえらく傷つけた。まだアルファとの関係が終わったことに悶々としていた彼は、モデナの家に帰りがてら、縄張りに踏み込んできた敵の評判を子細に検分したりした。

そうこうするうちに、1939年の12月のこと、二人の男がエンゾを訪ねて来る。そのころ二輪のレーシングライダーとして鳴らしていた22歳のアルベルト・アスカリと、友人のロタリオ・ラニョーニ・マキャヴェリだった。モデナの裕福な貴族だったマキャヴェリは、熱心なアマチュアドライバーでもあった。その彼らはフェラーリに、ミッレミリアに出るための小型スポーツカーを2台作ってくれないかと持ちかけた。あのレースは、この年にはブレシアGPとして変則開催されることになっていた。これこそ天から降って湧いたようなチャンスではないか。フェラーリが実行の決意を固めたのは、1939年のクリスマス・イブのことだった。

このことは、いかにレースへの献身と情熱がフェラーリの生涯を支配し、彼の思考を独占していたかを如実に示すものでもある。イタリアでクリスマス・イブといえば、きわめて宗教的な特別な日だ。聖なる家族の日でもあって、モデナはもちろんイタリア中たいてい、一家そろって食事をし祈りを捧げることになっている。しかしフェラーリは仕事だった。

これもイェイツの書くところによれば、「これは、仕事に取り組む時の人並み外れた集中のみならず、彼なりの流儀による妻子への感謝の気持ちを否定しないですむ口実だった。いくら彼でもこんなことは滅多になかったが、イースターの日曜日とかクリスマスとか、あるいはほかの休日や祭日などカレンダーに印の付いた日に、働きたくて退屈しきっている彼を見かけることはあった」という。

それはともかく、あの寒い12月の出会いを機に本当のフェラーリ・チームが産声をあげ、彼自身も蘇った。自らの運命は自ら切り拓き、現場監督として隅々まで取り仕切る一方、人生の後半の特徴になったものも確立した。つまり彼自身はイタリアにいながら、チームは世界を駆けめぐって闘うというスタイルだ。どんな困難に突き当たっても自分の意志を押し通す点では天才的なものがあり、自らの力量と野望を糧に、出来事を前向きに持って行った。彼の作ったクルマは速く、まだ完走する実力が具わっていなかったとはいえ、先行き見込みがありそうだった。しかし同時にイタリアも戦争の渦中に突入し、フェラーリも新しい可能性を探すことになる。さりとてすでに42歳とあっては、今さら兵士として戦うには歳を取りすぎていた。その代わり、彼なりの方法で戦争への協力にエネルギーを集中する。さらに率直に言わせてもらうなら、そうやって最大限の利益を得る方法を探したのだった。

戦時中に彼のやったことは多岐にわたるが、その中でトリノの実業家コラード・ガッティとの仕事というのが、ドイツのユング製のグラインダーを、特許を借りてコピーすることだったと言われている。ガッティはフェラーリの友人エンリコ・ナルディと親しく、その縁でアウト－アヴィオ・コストルツィオーニに声をかけたのだった。でもいざ始めてみると、べつに特許など関係なかったので無断でどんどんコピーしてしまい、これがたんまり儲かることもわかった。ほかにも彼は戦争関連の物をたくさん手がけたとされている。それらはすべて専門的な知識を要するものだったので、実入りも良かった。その中には、陸軍の兵士を運ぶための海兵隊の上陸用舟艇に搭載するため、改造されたブレダ・エンジンに使うギアボックスのケースなども含まれていた。それがきっかけとなって、正規軍用の銃器を生産していたエルネスト・ブレダのブレシア工場のための仕事もしていたという。

１９４３年、いよいよ連合軍がポー渓谷に沿った工業地帯の中心への空襲を強化しだしたころ、エンゾ・フェラーリにとって結果的に幸運につながることになった転機が訪れる。もっと安全な土地に工場を疎開させるように命令されたのだ。それがマラネロだった。そこに三個所つながった土地と建物を、エンゾと妻のラウラの共同名義で購入したのは、事態がこの先どう転がっても、双方にとっての損害を最小限に食い止めるための計算だった。その年の9月までにフェラーリの新工場はすっかり軌道に乗り、彼の存在もどんどん大きくなり、アウトーアヴィオ・コストルツィオーニの事業も安泰になった。そして彼の名前をレースに使わないというアルファとの契約も期限切れを迎え、スクデリア・フェラーリもふたたび明るみに出ることができる条件が整いつつあった。

そんな中で、ほかにも彼の人生に深く影響する出来事があった。最も重要なのは金髪の女性リナ・ラルディの出現だった。チャーミングで物静かな彼女は中世から続く近隣の村カステルヴェルトの出で、フェラーリの友人がオーナーのカロッツェリア・オルランディに勤めていた。やがて彼女はエンゾと懇ろになったばかりか、その後の人生すべてを通じて非常に重要な存在にもなる。さらに重要なのは、彼との間に男の子をもうけたことだった。しかし当時のイタリアでは離婚などほとんど不可能だったし、こういう関係は世間の顰蹙《ひんしゅく》を買うものだったので、エンゾとリナ・ラルディの恋は秘密にされていた。もっとも、モデナやマラネロではもっぱら公然の秘密だった。後になるとずいぶんスキャンダラスに脚色されることも多くなったが、この成り行きの真相を知る者にとっては甘美で純粋なラブストーリーだった。彼にとって彼女は、本当に重要な存在だったのだ。

戦争が終わった時、フェラーリにとっての見通しははっきりしていなかった。気の滅入るような日々が続くかにも思われた。1945年の初めにリナ・ラルディは彼の子を身籠もり、妻ラウラとの間は冷えきっていたし、12歳になる息子のディーノは病の床にあった。子供を一人失うかもしれず、もう一方で新しい生命を迎えるかもしれない可能性に直面していた。死と爆弾に周囲を閉ざされていた日々が、また訪れたようなものだった。1945年の4月にはベニート・ムッソリーニが民衆の手で殺害され、遺体はコモ湖畔で曝しものにされた。それから間もない5月22日にピエロ・ラルディ・フェラーリが生まれ、母子の住むカステルヴェルトのラルディ家に、足しげく通うエンゾの姿が見られるようになる。

イタリアでもエンゾの身の上でも、何かが終わり、清算されるべき時だった。変化の時が来たのだった。

第二次世界大戦後、いよいよフェラーリは自らのグランプリカー開発に乗り出す。まず1947年、彼は1・5ℓのティーポ125で成功をおさめた。これは彼だけでなく、この創成期を共に働いたジョアッキーノ・コロンボにとっても夢の結実だった。だがクルマが完成してみると、フェラーリ自身、やはりレーシングカーこそ作りたいものであることがわかりすぎていた。しかし最も欲しかった設計者ヴィットリオ・ヤーノは当時ランチアにいたので使うわけに行かなかった。コロンボも正式にはアルファの社員だったから、あくまでパートタイムでしか動けなかった。それに崩壊するまでファシスト党員だった経歴のため、戦時中の行動が捜査の対象になることもあり、姿をくらます必要もあった。不愉快な出来事ばかりで、時には命を狙われることもあった。そういうわけで、ミラノより安全なところに身を隠すというのは、とても魅力的な提案だった。

1945年7月、コロンボとナルディは戦前型のクルマに闇市で仕入れたガソリンを詰め込み、爆撃による穴だらけのでこぼこ道やあちこちの村を縫ってモデナに辿り着いた。行く先は元のスクデリアの事務所で、そこにはエンゾが待っていた。この時コロンボは、フェラーリが今こそレーシングカー作りに取りかかるべき時だと言ったのに驚いたが、すぐ事態が呑み込めた。ライバルを出し抜いてトップに立つべく、1・5ℓのクルマを作ろうとしていたのだ。そこでコロンボが12気筒にすべきだと言った途端、フェラーリはこう切り返したという。

「マイ・ディア・コロンボ！　君は私の心が読めるのかね！」

これは、この日交わされた会話のほんの一幕にすぎないが、だからといってフェラーリが最初から12気筒論者だったかどうかには疑問も残る。ただどちらも野心的かつ独創的なアイディアの実現を渇望しており、アルファ・ロメオに対してパダナ渓谷にレーシングチームが存在すること、それがスクデリア・フェラーリであることを示したいという点では共通していた。

後にF1界にその人ありと知られるようになるコロンボだが、この時は自宅待機の身だった。同じく設計者のエイドリアン・ニューウェイが、ウィリアムズからマクラーレンに移籍する過程でそういう扱いを受けたのと似ている。そこで彼はミラノのアパートの小部屋を設計室に模様替えし、さっそく作業に取りかかった。フェラーリに上手く乗せられていたためもあったので、ものすごい熱中ぶりだった。それと並行して失業中の昔の同僚に声をかけ、ギアボックスを担当させたりもしていた。

世の中が平穏を取り戻すにつれ、フェラーリ・チームの仕事も捗っていた。そのころフランス人たちはパリで、解放を祝うためのグランプリ開催を計画中だった。場所はブーローニュの森、その名もグランプリ・ドゥ・ラ・リベラシオンと言い、1945年の9月に開催されることになっていた。

同時にパリでは各国の自動車クラブを招集しての会議（ただしドイツは参加禁止）が開かれ、FIA（国際自動車連盟）の管轄下での新しいグランプリ・フォーミュラが承認された。それによると、排気量は過給器なしで4・5ℓ、過給器付きなら1・5ℓに制限されることになっていた。フェラーリは、彼の1・5ℓエンジンにスーパーチャージャーを使えば充分に闘えると踏んで、選んだ方針が正しかったことに満足していた。

そのころマラネロで採用されたのが、失業中の21歳の製図工ルチアーノ・フォッキだった。アルファで見習いをしていた彼は、たまたま元上司のコロンボがフェラーリを訪れた日に、自分で描いた図面を携えて仕事探しに現れ、すぐにコロンボのスケッチを青焼きにするために雇われたのだった。これはぎりぎりのタイミングだった。というのも、その直後の11月、コロンボがアルファに呼び戻されてしまったからだ。そこで待っていたのは6台の古いティーポ158を生き返らせる仕事だった。アウトウニオンやメルセデスが死んでいる間に、これで優勝戦線に返り咲こうという魂胆だった。

これはフェラーリにとって二重の打撃だった。設計者がいなくなり（もともとほかの会社と契約していた）、その設計者が最も負けたくないライバル陣営に加わってしまった（もともとその会社と契約していた）のだから。打ちのめされ、疲労困憊し、とっくに限界を越えていたフェラーリにとって、事態は八方塞がりだった。

さらにイェイツによれば、「悪いことに、彼は48歳の実年齢より老けて見えた。オールバックに梳《くしけず》られた髪には、白いものが現れだした。もともと腫れぼったく弱気そうに見えた目のまわりには、疲れで隈が目立った。ぶかっこうな体が、暖房もない広いオフィスの机の向こうにへたり込んでいた」のだそうだ。

そんな時、パリからクルマで駆けつけたのが、古い友人のルイジ・キネッティだった。キネッティはトレント・エ・トリエステ通りに面して、戦争直後のモデナの瓦礫に囲まれたくたびれた二階建ての中で、すぐフェラーリを見つけた。そしてフェラーリが自虐的な愚痴をこぼしつつボロボロになっているのも見抜いた。フェラーリは呻《うめ》くように、困難だった日々や再出発と挫折、そして次への挑戦のことを語った。

キネッティはすでに125のことは聞き及んでいたが、それはともかくとして、まずアメリカでの経験を語って聞かせた。あの国では莫大な軍需品が生産された結果、大量生産と近代化の手法が確立している。それにくらべればイタリアなど時代遅れの笑い物でしかない。彼は直接的で現実的だった。彼はフェラーリのことをフェラーリとしか呼ばなかった。コメンダトーレ（三等騎士勲章受勲者）でもなければカヴァリエーレ（騎士）でもなかった。彼はフェラーリに、もしクルマを作るなら、アメリカで売ってやると言った。そんなことはフェラーリにとって幻のようなものだったが、魅力たっぷりでもあった。とにかく今はフラストレーションでずたずただった。さらに悪いことには、マセラティ兄弟が工場の前のアベトーネの路上にクルマを持ち出して試運転を始め、時にはその響きがスクデリア・フェラーリの窓ガラスをびりびり震わせたりしていた。

フェラーリにとって我慢ならなかったのは、コロンボが失業中で経験も豊富ではないエンジニアのジュゼッペ・ブッソを紹介してきた段階で、125の開発が大幅に遅れていることだった。さっそく彼を監禁同様にして仕事を急かし、ブッソもおおいに頑張ったが、いかんせん荷が重すぎた。そこでフェラーリは息抜きのため、妻ラウラともどもアパートでの夕食にブッソを招き、友情と忠誠を約束したくなるに充分すぎるほどの雰囲気でもてなした。

「ディーノのことを口にするたびに、彼が心配で涙するのを見ているうちに、フェラーリのためならと思うようになってしまったのかもしれない」と、ブッソは当時を振り返っている。それでも仕事量の過大さは変わらなかったので、能率を上げるため、フェラーリは技術部門の副責任者としてアウレリオ・ランプレーディも採用した。これがブッソとの衝突を生みもしたが、仕事は進むようになった。

1946年12月、エンゾは報道陣を集めて記者会見を開き、新しいフェラーリ車の登場が近づいたことを明らかにした。これは、こういうやり方のはしりでもあった。ただしキネッティの訪問を受けたことは、まだ彼の胸中にしまってあった。それにしてもドラマチックな毎日ではあった。まだクルマが形にもなっていない段階のころ、フェラーリがあまりにも威張りちらして辛く当たるのに腹を立てたランプレーディが辞表を叩きつけ、その後フェラーリの懇願に負けて復帰するという一幕もあった。そして1947年3月12日、いよいよ125のプロトタイプ第一号車がテストドライブに漕ぎ着ける段取りとなった。

そのころまだ体つきもいかつかったフェラーリは、中庭の敷石に停められたクルマに、なんとか自分を押し込んだ。長年彼の下でパワーユニット組み立てを受け持ってきた技師ルイジ・バッツィの合図でエンジンに火が入ると、フェラーリは進路をマラネロから北に取り、並木で縁取られたアベトーネ通りの長い直線を辿って行った。南に向かってアペニン山脈のワインディングロードをめざす代わりにここで初テストしたのは、彼が操縦性よりまずとにかくパワーを味わいたかったからだ。これは、その後二世代にもわたって彼のクルマに染みつくことになる特質だった。彼自身、モデナでの謎めいたライフスタイルを貫き通しながら、これに関してだけは声を大にして叫び続けたのだった。

125は1947年5月11日、ピアチェンザの市街地での60マイル・レースで実戦デビューを果たした。このレースでフランコ・コルテーゼが乗る125は、あと3周を残すところで燃料ポンプが壊れてリタイアしたが、それまでは後続を25秒も引き離してトップを快走してみせた。後でフェラーリはバッツィに「前向きのリタイアだったな」と言ったそうだ。さあ、これで火が点いた。2週間後、ローマでカラカラ浴場を巡るレースに出たコルテーゼは、メーカーとしてのフェラーリの社史に初めての勝利をもたらした。けれども、この時は相手があまりにも弱すぎて、それほど重要なレースとも思われていなかったので、喜びも半ばにすぎなかった。

翌年、フェラーリは初めてグランプリに公式参戦する。1948年5月16日のモナコGP、ドライバーはプリンス・イゴール・トルーベツコイ、クルマはフェラーリ166だった。歴史は歩み始めた。そしてその年の後半、トリノのヴァレンティノ公園で開かれたスポーツカー・レースにレイモン・ソマーが勝った時、フェラーリは1918年の懐しい情景を思い出したという。

「あれはとても寒い冬で、粗末な服では街角に立っているだけで凍りついてしまいそうだった。そんなある日ヴァレンティノ公園を通りかかった私は、ベンチの雪を払って腰をおろした。独りぼっちだった。父も兄も、もういない。孤独と絶望に押しつぶされて、つい泣いてしまった。ずっと後の1947年、戦後初のトリノGPにソマーが12気筒フェラーリで勝ってから、私はあの時と同じベンチに座ってみた。まったく違う理由によるものだったけれど、また涙にくれてしまったね」

この時期アルファ・ロメオが参戦していなかったのも、フェラーリにとっては幸運だった。1949年、彼はそんなチャンスを最大限に活用した。125とその後継モデルは、特にアルベルト・アスカリとルイジ・ヴィロレージの操縦でそこらじゅうのイベントに勝ちまくった。しかし1950年、新しいワールドチャンピオンシップが制定されるとアルファも方針を変更してグランプリに復帰、続けざまにフェラーリを打ち負かし始めた。フェラーリが初優勝を遂げるには、1951年のイギリスGPまで待たなければならなかった。ここで「パンパスの猛牛」の異名を取るフロイラン・ゴンザレスの駆る4・5ℓ・V12搭載のフェラーリ375が、並みいるアルフェッタをとうとう下したのだった。このエンジンの採用を提案したのは、スクデリアに復帰したアウレリオ・ランプレーディだった。この歴史的快挙のご褒美として、ゴンザレスにはスポーツカーが一台プレゼントされている。続いてニュルブルクリングで開かれたドイツGPではアスカリが優勝し、おまけにミッレミリアにも勝ったことで、着々とフェラーリ伝説が築きあげられようとしていた。ただし、アスカリが観客席に突っ込んで医者を死亡させた一件でチームまで訴えられるなど、良いことばかりでもなかった。ともあれ、この年アルファを駆ったファンジオがチャンピオンになれたのは、まったくの幸運の結果でしかなかった。

フェラーリはまた、リスクを分散させるとともにビジネスとしての観点から、スポーツカー・レースにも参戦し続けた。これは当時の情勢では妥当な判断だった。伝えられるところによれば、この1948年の経験こそ、エンゾがドライバーと心の底から真摯に向き合った最後の例ではないかと言われている。当時すでに健康を害していたヌヴォラーリがミッレミリアにエントリーした時のことだ。有名な優勝シーンに何回も登場したことで、これはフェラーリお気に入りのレースでもあった。

最初ヌヴォラーリはチシタリアに乗ることになっていたが、どうしてもクルマの完成が間に合わない。そこでイゴール・トルーベツコイ用に準備されていたフェラーリ166Cオープンカーに乗り換えることになった。彼は何かに取り憑かれたように飛ばしに飛ばし、経由地ラヴェンナをトップで通過した。その間エンジンフードが脱落し、シートも壊れたが、何もかまわず攻め続けた。シートの代わりにはオレンジの袋を詰め込んで走った。そして最終区間のコントロールポイントに駆け込んで来たヌヴォラーリを見て、フェラーリはもはやこれまでだと悟った。もう体がもちそうもなかった。そんなヌヴォラーリにフェラーリは、もう止めてくれと目に涙をためて懇願した。しかしヌヴォラーリは聞き入れず、とうとうレッジオ・エミーリアでスプリングが折れてリタイアした時には、クルマから担ぎ出されなければならなかったという。

ここまで初期のフェラーリ史を振り返ってみると、どのようにレースを闘いつつ彼のチームが成長してきたか、いかにして彼の人となりがそれに合わせて形成されてきたか、理解しやすいと思う。しかし彼は、1950年代の初めのうちに達成したこんなにも大きな成功に不吉な影が忍び寄っていることを、すぐには見抜けずにいた。完璧な競争力を具えたティーポ500は、2ℓ規定のF2で続けざまにタイトルを独占していた。F1では、アスカリが連続して52年と53年のチャンピオンになっていた。アスカリは52年には出走した6回のレースすべてに勝ち、53年には8戦して5勝の好成績だった。しかし彼はランチアF1チームへの移籍後、フェラーリ・スポーツカーのテスト中に事故を起こして世を去ることになる。たった1週間前、モナコGPでクルマごと海に転落しながら生還したばかりのことだった。

1952年にアスカリが出走しなかったたった1回のレースでは、ピエロ・タルフィが勝った。1953年にはフランスとドイツの両GPに出なかったが、その時はスクデリア・フェラーリの新鋭たちが穴を埋めた。いつもグリーンのジャケットと蝶ネクタイをまとっていたマイク・ホーソーンがフランスで、そしてドイツではジュゼッペ・ファリーナが優勝したのだ。同時にF2でもほとんど無敵だった。だからこそ、1953年のモンザでファンジオのマセラティに後れを取ったことが、とてつもない衝撃になった。

アスカリの死がもたらした悲嘆が和らげられたのが、フィアットの差し金によって、ランチアのクルマなど機材と設計者ヴィットリオ・ヤーノがフェラーリに引き渡されたことによるのは疑いようがない。もちろん彼はレースを続け、さらにはジョヴァンニ・バティスタ・ピニンファリーナと組んでグラントゥリズモも開発し、ルマンをはじめとする耐久レースで成功した。これらの勝利によって、フェラーリと彼のクルマの名は世界に知れ渡る。しかしスポーツカーとF1の両分野でトップの座を占め続けるには、チームの体力も限界に近づいていた。

1954年、F1は新たに2・5ℓレギュレーションに移行する。そこでフェラーリも、ティーポ500の2ℓエンジンを2・5ℓに拡大し、ティーポ625に搭載した。しかしこれではライバルに対抗すべくもなく、この時期フェラーリのプライドを傷つけずにすんだのは、活動を休止したランチアから引き継いだクルマと、移籍してきたヤーノのおかげだった。ヤーノは当初1・5ℓのF2用に開発したV6エンジンを、1957年の末にはF1用に使える2・4ℓにまで拡大した。これが1958年から60年までディーノ246と256に積まれることになる。この車名は、1956年の夏、4年間にわたる筋ジストロフィとの闘いの末に腎炎の併発によって夭逝した息子ディーノを偲んで付けられた。ディーノの死に父エンゾが激しく打ちのめされていたのは言うまでもない。

後にエンゾは、こう回想を記している。

「いろいろなことがあった人生を送ってきたあげく、ポツンと取り残されてしまった私には、まるで生き残ったこと自体が罪であるかのように思えたものだ。そして、こんなに渇ききった私の心に希望の葉を繁らせてくれたのは、息子の愛があったからこそだとも」

1956年6月30日にディーノを失ったその翌日、ランスでのフランスGPに参加したフェラーリ・チームの面々、ファンジオ、ピーター・コリンズ、エウジェニオ・カステロッティ、アルフォンゾ・デ・ポルタゴ、オリヴィエ・ジャンドビアンらは、そろって黒い喪章を着けていた。そしてエンゾに特に気に入られていたコリンズが優勝した。

マイク・ホーソーンがディーノを駆ってドライバーズ・チャンピオンになった1958年は、「ブリティッシュ・キットカー」たちが首位戦線に躍進する前の、最後のシーズンでもあった。ホーソーンをはじめコリンズやファンジオの快走で勝利をおさめ続けてはいたフェラーリだが、敵勢力も明らかに力を具えはじめていた。彼らは賢明で強力で、数も多かった。特にイギリス勢は自力でエンジンを開発せず、空力を中心としたシャシー作りに力を集中していた。これは、パワーこそすべてと信じてきたフェラーリの弱点でもあった。

マラネロのスクデリア・フェラーリ内部でも、この変革期を迎えて対立や論争が持ち上がり、それは1960年代の初期まで尾を引いた。その間技術部門ではヤーノが現役を退き、後任としてアルファ・ロメオからカルロ・キティが移って来た。フェラーリは長い目で見て、彼に新しい120度V6のエンジン設計を任せることにした。それはまず1960年のF2用1・5ℓだったが、61年からF1が1・5ℓに規則改正されるのに合わせた準備でもあった。それと同時に、キティを補佐してレース活動を行わせるべく採用されたのが、後にフェラーリの歴史で最も創造力豊かな設計者として特筆すべき存在となるマウロ・フォルギエーリだった。そして1961年の末、派手な「宮廷革命」に敗れたキティが去ると、すぐさまフォルギエーリが後任に抜擢され、同僚から気違いとも天才とも呼ばれながら一世代を築くことになる。

そのころBRMとコヴェントリー・クライマックスから1・5ℓのV8が仕上がって来るのを待つのみだったイギリス・チームを尻目に、新しいV6で武装したフェラーリは快進撃を続け、フィル・ヒルが1960年のドライバーズ・タイトルを勝ち取る。しかし、それはチームメイトだったウォルフガング・フォン・トリップスの死で締めくくられた、考え得る最も悲劇的な状況の産物だった。

「あのころのフェラーリでは、シーズン前半はハンディ付きだった」と言うのは、1964年にフェラーリでチャンピオンになったジョン・サーティースだ。

「毎年ルマンが終わるまでは、どんなに必要なことでも、F1は二の次にされてたんだ」

たしかに60年代の終わりまではフェラーリにとってルマンは重要かつ特別なイベントであり続け、そこで勝ち続けるために、無理を承知で二正面作戦を採らずにいられなかったのだ。さらに悪いことには、1956年に息子を亡くすという悲劇に直面して以来、フェラーリは立ち直っていなかった。あれが人生の分かれ目だったという声も多い。そんな心持ちの彼がふたたびグランプリの現場に姿を見せることは、きわめて稀だった。

『Mon Ami Mate, The Bright Brief Lives of Mike Hawthorn and Peter Collins（わが友マイク・ホーソーンとピーター・コリンズの、輝かしくも短かった生涯）』なる名著をものしたクリス・ニクソンは、コリンズがモデナに来て、フェラーリのあったトレント・トリエステ通り11番地からほど近いレアーレ・ホテルに滞在していた時のことも書き留めている。彼の記憶によれば、コリンズはチャーミングで話もおもしろく、マラネロの工場の筋向かいに開店したばかりのリストランテ・カヴァリーノでスタッフと飯を食うなど、みるみる現場の雰囲気に融け込んでいった。エンゾとラウラのフェラーリ夫妻ともとても親しくなったという。

そのころディーノの病状はすでに末期的だったが、年齢も近かったせいかコリンズは足しげく見舞いに訪れ、見たがっていた映画を代わりに観てきては、その内容を話して聞かせたりしていた。だからディーノが亡くなると、フェラーリには身代わりに見えたのだろう、カヴァリーノの二階の部屋に住んだらどうかと勧めたりもした。そこはかつてディーノが使ったこともある部屋だった。朝飯や、時には洗濯の面倒まで見てやったともいう。そんな具合だからコリンズの結婚が気に食わず、それ以降は関係も冷えてしまった。

ファンジオは、コリンズがクルマを明け渡してくれたおかげでチャンピオンになれはしたものの、1956年シーズンの出来に納得できず、チームを離れて行った。翌1957年は最悪だった。ミッレミリアでデ・ポルタゴのフェラーリが観衆に突っ込んで12人を死亡させるという事故が起き、フェラーリ自身も殺人罪で告発された。ホーソーン、コリンズ、ルイジ・ムッソらが走ったF1でも、ファンジオのマセラティの活躍とイギリス勢の抬頭に阻まれて、とうとうフェラーリは1勝もできなかった。

さらにその翌年にはムッソがフランスGPで、コリンズがニュルブルクリングで命を落とす。ホーソーンはチャンピオンになれたがそのまま引退、そしてそれから数カ月後、ロブ・ウォーカーの見ている前で起きた路上の事故で不帰の人となった。それでもフェラーリは闘いを続行し、トニー・ブルックス、ジャン・ベーラ、フィル・ヒル、ダン・ガーニーなど必要と思ったドライバーを起用し尻を叩いた。

そして迎えた1961年、シャークノーズとあだ名された156によるドライバーズタイトル争いはウォルフガング・フォン・トリップスとフィル・ヒルの一騎討ちになり、アメリカ人が王冠を獲得し、ドイツ人はモンザの観客席に飛び込んで、彼自身だけでなく14人の見物人の命を奪うという結果に終わった。このようにフェラーリの栄光の裏には常に多くの犠牲がつきまとい、あまりにも多くの血が流された。フェラーリにとって、闘いの場に踏みとどまるのは、これが限界かにも見えた。

それでもV6エンジンは、1964年に登場する新型V8がジョン・サーティースにチャンピオンシップをもたらすまで走り続けた。その前年と翌年は、ロータス・クライマックスを駆るジム・クラークのものだった。そして1966年、新しい3ℓルールが発足する。昔からこの手のエンジンを手がけ、経験も豊富だったフェラーリにとっては願ったり叶ったりだった。しかしいくら軍資金があってこれぞと突進したとしても、かならず成功が保証されているわけではなかった。彼らの方法論によるV12ではもはや通用せず、はるかに低出力のレプコ・ブラバムV8が、ジャック・ブラバムの操縦によってチャンピオンシップを掠め取ってしまった。

サーティースはスクデリアの内部でのきりがない政争に幻滅し、1966年ベルギーGPでの優勝を置き土産として、シーズン半ばに辞職してしまう。彼を失ったこととV12の開発失敗が、フェラーリにとって失望の時代の始まりでもあった。上手くいくことがあっても、散発的なものにすぎなかった。1967年にはクリス・エイモンがしばしば優勝まで至近距離に迫ったが、いつもメカニカルトラブルか不運に災いされて届かなかった。そんなエイモンの記憶によれば、エンゾは彼のドライバーたちがクルマの中でやることより、レース前夜にベッドで何をしているかの方に興味を示すことが多かったという。

1968年にはジャッキー・イクスが、雨のルーアンで開催されたフランスGPに優勝し、カナダGPのプラクティス中の事故で脚を骨折するまでの間、ドライバーズタイトルへの望みをつないだ。1969年になると、重いV12を積んだフェラーリは競争力を失い、コスワースV8で走るライバルたちに煮え湯を呑まされ続けるほど時代遅れになっていた。おまけに古いエンジンの改善作業に見切りをつけ、社内テストで「ボクサー」12気筒が唸りを挙げたのを尻目に、クリス・エイモンはさっさとフェラーリを辞めることにしてしまった。その第一印象に呆れ果て、感情的になっていたのだ。しかし結果としては、彼は判断を誤った。1970年代を迎えると、フォルギエーリによって開発が始められたこの水平対向12気筒は評価も定まり、レースに勝てる水準にまでなった。もっとも、1973年の新しい安全規定によって衝撃吸収構造体が義務付けられたのに合わせて設計変更を受けた312Bは、まったく戦闘力を失ってしまったが。

そこで何戦か休んだフェラーリは、1974年にはニキ・ラウダとクレイ・レガッツォーニという、それまでで最強の陣容で復帰する。このコンビを起用したのは新しいチーム監督のルカ・ディ・モンテゼモロだった。彼の名はフェラーリのみならずイタリアン・スポーツの同義語として、今に至るまで鳴り響いている。モンテゼモロはロンドンで秘密裡にラウダと会って契約した。それぞれウィーンとミラノから飛んで、物見高いカメラマンや詮索好きのイタリアの記者の目に触れないようにしたのだ。

あの年ラウダがチャンピオンになれなかったのは単なる不運によるもので、その証拠に翌年には312Tでしっかり王冠を奪い取り、1977年にもそれをくり返してみせた。1976年にはニュルブルクリングでの身の毛もよだつような炎上事故から生還するだけで精一杯で、雨に濡れそぼった富士スピードウェイでリタイアを決意したことによって、タイトルはジェイムス・ハントに引き渡さなければならなかった。１９７７年に勝ったことは、フェラーリにとっても3年連続のコンストラクターズ・チャンピオンシップを意味し、企業としてのスクデリアの拡大をもたらしもした。それはフィアットからの資本参加を受け入れたことによるもので、一人の人間とそのエゴだけで取り仕切られてきたそれまでの姿とは、何かしら違うものになりつつあった。１９７3年に着任したルカ・ディ・モンテゼモロは3年を経ずして辞任し、１９９１年に社長として戻って来るのだが、そもそもの経営戦略の基本を描いたのも彼だった。これによってフェラーリだけでなくＦ１への資金流入も大きくなった。それでも情念と誇りは、まだ確実にフェラーリの社風の一部を成していた。

それがはっきりしたのは１９７６年シーズンの末のことだ。この時天の底が抜けたような富士スピードウェイの日本ＧＰでラウダがクルマを停め、レースから下りたことで、ハントがチャンピオンになった。たしかにＦ１史上に類を見ないほどの悪天候ではあったが、一方ラウダは誰より勇敢なドライバーとしても知られていたので、エンゾ・フェラーリがこのリタイアを歓迎も理解もしないであろうことはわかっていた。実際ラウダが東京の空港から電話してみたら、ご機嫌斜めなのがすぐ感じ取れた。その1週間後にフェラーリは、彼の行ったものの中でもとりわけ混乱をきわめた有名な記者会見を開き、ヨーロッパ中から報道陣が馳せ参じた。

事の顛末をイェイツはこう記録している。

「ある時はコメンダトーレ（騎士＝三等騎士勲章受勲章者）などと書き立てられたこともあるが、それにフェラーリは雷を落とした。

『見ろ、私は騎士なんかじゃない。ちゃんとフェラーリと呼ばれたいんだ。もし床屋でコメンダトーレさんと呼ばれたんだったら、客商売の彼らにとってコメンダトーレさんなんかたくさんいるんだから、べつに気にもせん。でもフェラーリさんと呼ばれたら私のことだから、話は別だ。わかるだろ。だから、もし君たちが私をエンゾと呼びたければ、私は目をつむって、そこに美しい女性がいると想像して幸せな気分になれるというものだ』

この話は、こういう会合の最初に出る話題として知られているはずなのに、正確に伝えられたことがない。会見の初めの質問は、富士でラウダがリタイアした事情を理解しているかという内容だった。

『ドライバーとしては理解できたよ』と、彼は考え考え答えた。

『そのドライバーの名前はエンゾ・フェラーリと言ったんだ。君たちはまだ若いから知らないだろうが、昔リヨンGPに出た時のことだ。あの時はチームの4台目のクルマに乗ってた。当時の私は神経衰弱に罹っていて、こう自分に言い聞かせたもんだ。もう充分に頑張ったじゃないか、止めて家に帰っちゃおうぜって。実際にはそうできなかったがね。その病気が治ってすぐレースに復帰したのは1924年のことだった。考えてもみてくれ、私は1898年の生まれだが、1918年には2回も胸を手術してるんだ。ひどい状態だったが、それでも神はお見捨てにならなかった。ラウダがそうしたように、私も自問したもんだ。息子のディーノが生まれた時、それでもレースに復帰できるかどうか。そこで私は乗るのを止めた。あんな事故の後でも、ラウダは乗り続けることを選んだ。私としては、それがフェラーリのイメージを損なうと思える場合でも、彼との約束は守らなければならないだろう』

こんなに感情が交錯し、実像がはっきりせず、何もかも意味不明のままの会見だったのに、集まった記者たちは、クルマを停めたラウダの決定をフェラーリが支持したと解釈することにした。しかし、彼の本心はどうだったか……」

1969年までに、フェラーリの財政状況はますます深刻の度を増していた。エンゾにももはや創業当時の若さと活力は望むべくもなく、フィアットへの株の譲渡を受け入れざるを得なくなっていた。その結果、フィアットが市販車部門を支配することになった。フェラーリ自身はわずかの株を手元に残し、レース部門を統括する立場に留まれたが、いずれにしても資金を握るのはフィアットだった。こうして新しい時代の幕が上がった。F1戦線でも、コーリン・チャプマンとロータスがもたらした急激な技術革新に対抗するための奮闘努力が始まった。その成果の現れが、モンテゼモロとフォルギエーリの指揮下で1970年代の半ばにラウダが3年間で2回もチャンピオンになったことであり、1979年のジョディ・シェクターによるタイトル奪取だった。

以降、エンジンのパワーとサウンドの陰で、フェラーリでは伝統と現実との折り合いをどう付けるかがせめぎ合っていた。伝統を体現するのは老いた独裁者だったが、彼の価値観は、もはやチームを最前線に留めるには古すぎた。たしかに強力なエンジンがクルマの心臓だったとはいえ、それを積むシャシーは時代遅れだった。それが解決に向かいだすには、1981年の夏にマラネロに迎えられたハーヴェイ・ポスルズウェイトがカーボンモノコックに手を染めるまで待たなければならなかった。

マーチ、ウルフ、フィッティパルディ、そしてヘスケスと渡り歩いてきたポスルズウェイトは、サスペンションも空力もカーボンも経験してきた。彼の就任によって、空力的効率、ダウンフォース、ロードホールディング、ハンドリング、ブレーキングといった各分野に新しい「イギリス式」がもたらされると同時に、フォルギエーリはエンジンにだけ集中できるようになった。これで「オールド・マン」も体裁が整ったかのようだった。しかし旧体制と新技術とが織りなす軋みは、けっして進歩の助けにはならなかった。

「物事が裏で決まっているのが、すぐわかったよ」と、ポスルズウェイトは当時を振り返る。

「あの『オールド・マン』の周辺から漏れてきたんだ。正式の会議じゃ、ほとんど議論とか批判とかできる空気じゃないんだよ。フェラーリ自身、市販車の仕事に関しちゃ、影響力がなかった以上に興味がなかったね。実際、彼のクルマを買う人たちを軽蔑してた。『馬鹿だ』って言ってたもの。彼らのおかげでレースできてるっていうのに。もっとも私はフィアットから給料をもらってたんで、フェラーリからじゃなかったけどね。それに彼は空力とかブレーキとか、フェラーリのシャシーにも興味なかった。過去にのみ生きてる感じで、ほかの何よりパワーに気を取られてたんだ」

そのことがマラネロでのドラマや摩擦を大きくもした。フェラーリがあるエンジンの開発を指示した時など、それがポスルズウェイトの推奨するものとは逆方向のものだったので、結局フォルギエーリと対立する羽目に陥ってしまった。これだけでは足りず、1982年にはもっと重要で下品で救いようのない結末を招いてしまったジル・ヴィルヌーヴとディディエ・ピローニの事件まで起きた。片やドライビングスタイルも人間性もフェラーリにいたく気に入られており、もう一方はシェクターの後釜としてチーム入りした新鋭だった。亡きディーノ・フェラーリに因んだ名前を持つサーキットで開かれたサンマリノGP（FOCA加盟のチームはボイコットしていた）で、最終ラップにはチームメイトに仕掛けてはならないというフェラーリの不文律を侵し、ヴィルヌーヴを抜いてピローニが勝ってしまったのだ。これが次のゾルダーでの悲劇につながる。ベルギー

GPの予選中、ピットインしようと減速したヨッヘン・マスのマーチに激しく追突したヴィルヌーヴは宙天高く舞い上がってコースを飛び出し、クルマが四散するという悲惨な事故を起こして死んでしまう。

まったくツイてなく、罪の意識に苛まれていそうなピローニの相棒として、ヴィルヌーヴの代わりに指名されたのはパトリック・タンベイだった。地元のマスコミはイタリア人が採用されなかったことに不満たらたらだったが、ともあれここはフランス人コンビがイタリアの栄光を担う真紅のクルマのステアリングを握ることになった。そしてヴィルヌーヴの死に責任ありと指弾されていたピローニが、今度はホッケンハイムのドイツGPで、ほとんど命を失いかけるほどの事故に遇う。濃い霧の中でアラン・プロストのルノーに追突し、これも宙に飛び上がったのだ。ヴィルヌーヴとは違い、彼はテールから壁に激突して停まったので生命は助かったものの、両脚をひどく折ってしまった。これで彼のF1は終わった。そして彼は後に1987年、ワイト島でのパワーボートの転覆事故で、今度は本当に生涯の幕を下ろすことになる。エンゾはドイツでのピローニの事故を知らされた時、たった二つの単語だけを呟いたという。「アデュー・モンディアル」――さらばワールドチャンピオンシップよ、と。

チームには、それからも大物のドライバーが来ては去り、有名で評判の高い設計者も出入りした。その一人にジョン・バーナードがいた。マクラーレンの黄金時代を築いた腕利きだ。契約交渉は1985年に始まり翌年決まった。そのころチーム内ではピエロ・ラルディ・フェラーリとフォルギエーリの軋轢が日常化しており、それを尻目にマクラーレンTAGが我が世の春を謳歌していた。300万ドルとも噂されたホンダの資金を背景に、まさにあらゆるサーキットを独り占めする勢いだった。そこにバーナードが登場するわけだが、本当に「来た」とは言い難い。彼はあくまでイギリスのGTO（ギルドフォード・テクニカル・オフィス）を拠点に仕事を行い、わざわざ出かけて来ることは稀だったし、それもほとんどレースの現場に顔を出すだけだった。イタリアで働く気などこれっぽっちもなかった。これにはポスルズウェイトも困惑したし、フォルギエーリは辞職してランボルギーニに移ってしまった。そして当時フェラーリに乗り、どうにか1985年のカナダとドイツに勝っていたミケーレ・アルボレートは、ポスルズウェイトの指示に従うべきか、イギリスを仕事場にし「電話で手術する脳外科医」のようなエンジニアの言葉に耳を傾けるべきか、決めかねていた。

バーナードがフェラーリ特有のやり方に対して提示した「改善案」なるものも、状況を好転させるとはとても思えなかった。たとえば彼は、レースの週末にチームスタッフの間で習慣化していたランブルスコ（ワイン）付きの昼食も禁止した。彼はまたイタリアのマスコミの重圧にも気付いていて、「この業界のPR的な側面」としながらも、「必要性は認めるが、くそったれた苦痛以外の何物でもない」と悲鳴をあげていた。ニール・リンドンが聞いたところでは、マクラーレン時代にもプレスを避けたり、ほかにも厄介な問題が起きないようにすることに、ずいぶん時間を割かなければならなかったそうだ。

「私にとって、ロン・デニス（マクラーレン代表）は爆発寸前の手榴弾みたいに思えたもんだ。いつ爆発するかわかんなかったし、そうなったら大変だったんだよ。だから、いつも安全ピンを抜かないように気を配ってなきゃなんなかったんだ」

1987年の夏までに、フェラーリの息子ピエロは、ポスルズウェイトによるところのいわゆる宮廷クーデターに巻き込まれることになる。間近に見たフェラーリ・ウォッチャーによれば、それは不思議でも何でもなかった。とにかく、風聞と陰謀と憶測が付き物の会社だったのだから。バーナードはその背景に横たわる政治的な風土がわかっていて、こんな見解を示している。

「ハーヴェイはあそこに6、7年いるうちに、フェラーリ式に染まっちゃったんだな」とリンドンに語った。

「あのチームではほとんど全員、学校を出てからフェラーリ一筋なんだ。よそのことは何も知らないし、外国にでも行かないかぎり、ほかの場所を知りもしない。最悪なのは、もし誰かがミスをやらかすとレース部門を追い出されて、市販車の工場に回されるってこと。もし私がそれまでのやり方を変えて、完全に自分流を押し通してたら、何人追い出さなきゃなんないか、わかんないぐらいだよ。そういうわけで、私自身もそんな立場になりかねないのを承知のうえで、徐々に現場に接することにしたんだ」

そういえばバーナードは、同じようにひどい状況の犠牲になったことがある。BMWの仕事をしていた当時のニキ・ラウダから、新しく結成するF1チームの責任者になったから来てくれないかと声がかかった時のことだ。ほかにも二人の有名ドライバーを誘ったり、いろいろ計画を語ったりしたあげく、実はまだBMW経営陣の承諾は得てないのに先走りすぎていたことがわかったのだった。

それはともかく1986年の末までにははっきりしたテコ入れの必要性が明らかになり、もうバーナードの立場まで危うくなってきた。エンゾと彼のチームの本心の一端は、モンザでのイタリアGPを控えた9月半ばに御大に招待された、イギリスの報道関係者との懇談に現れている。エンゾとともに出席したのは、司会役を兼ねた通訳であり、F1界で最も当たりの柔らかい外交官でもあるマルコ・ピッチニーニと、当年とって41歳を迎えたピエロ・ラルディ・フェラーリだった。その席でナイジェル・ローバックから、これからもレースへの情熱に変わりがないか尋ねられたエンゾは、「私は1919年からレースをやって来たし、これからも生涯やり続けるつもりだ。人間には常に新しい野心が必要なものだよ」と答えた。

ローバックの記事によれば、その時点で彼はフェラーリ株の49%を保有しており、残りはフィアットが40%、息子ピエロが10%、そしてピニンファリーナが1%という比率だったという。

その会見でフェラーリはアイルトン・セナを称賛し、ロータスで業績を上げた後に招聘することも考えていると語った。

「ああ、セナねえ。でも、うちのドライバーの給料を面倒みてくれているマールボロに、先にこっちで勝手に名前を決めてから金をもらいに行くのは、ちょっとうまくない気もするねえ。言わせてもらえば、とりあえず『想像』するだけかな」

余談だが、その後本社の筋向かいのカヴァリーノで昼食を摂りながら、ローバックはチームの者から聞いたクリス・エイモンの一件も思い出していた。

エイモンはこう語っていたという。

「毎日午前中はモデナでテストして、それから『オールド・マン』と昼飯ってことがよくあった。いつもワインとパスタだったな。最初に気が付いたのは、ランブルスコが一人に1本ずつあったことだよ。まあ飲めない量じゃないけど。そしたらフェラーリが言うんだ、『よろしい、午後はもっと速く走れるぞ』ってね。信じてくれるかどうか知らないが、本当にそうなったんだな」

その会合の終わりに、フェラーリは軽く手を振りながら、集まったイギリスの記者たちに言った。

「イギリスは偉大な国だ。1923年にブルックランズに行ってからずっと、そう思ってるよ。すばらしい民主主義の歴史を誇るし、それをチャーチルなんていう独裁者に委ねたこともあったし。今も強力な女性独裁者（サッチャー首相のこと）の下で民主主義を満喫していられるじゃないか。ま、長続きを祈っておくよ。私自身は国のことには興味あるが、政党などは知っちゃいないんだけどね」

翌1987年、アラン・プロストを陣頭に押し立てたマクラーレン・ホンダは、ネルソン・ピケとナイジェル・マンセルが騎乗するウィリアムズ・ホンダを相手にチャンピオンシップを争っていた。そのころフェラーリでは空力専門のフランス人ジャン－フランソワ・ミジョーを採用した。でも当時オートマチック・ギアボックスの開発に没頭していたジョン・バーナードに会った途端、もうフェラーリはミジョーに対する興味が冷めてしまった。これではポスルズウェイトも居場所がない。主役交代だ。その結果ポスルズウェィトは辞職し、ミジョーもそれに従った。

その年末、パリの会議でターボを退場させ、3・5ℓの自然吸気一本に絞る規則改正案が決まった。FOCAの中には、すでにターボの開発に莫大な投資をしてしまったことから反対するチームもあり、またまた議論が白熱しそうだった。そのためにパリで開かれた会合にもフェラーリは代表を送ったが、同時に自家用テストコースのあるフィオラノの農家風の建物にバーニー・エクレストンとジャン－マリー・バレストルを迎えて話し合ってもいた。この時「北イタリアの法王」と呼ばれる男の支持を得て合意が成立した結果、パリで話し合われたことなど、ほとんど空疎な言葉の羅列にすぎなくなってしまったと、イェイツは記している。これは、意味を持つものとしては、フェラーリが取った最後の行動だった。

その直後の2月、カヴァリーノ・レストランとマラネロの工場では、エンゾの誕生日を祝う盛大なパーティーが開かれた。招待客は1750人を越え、食卓はすべてモデナ・イエローのテーブルクロスで覆われ、ご馳走の後にはフェラーリのエンブレムをあしらった大きなケーキが12個も出て来た。しかし、それから始まったシーズンは、こんなにカラフルとはいかなかった。赤白のマクラーレンによる破竹の進撃を見せつけられたのに加え、病気と寄る年波で弱り切っていた彼は、せっかく法王ヨハネ・パウロ二世の訪問を受けても、ろくに対応すらできなかった。もっとも、後になってから電話を通じて告解を行ったと言われているが。

そして1988年8月14日、一代の煽動家を自ら任じてきたエンゾ・フェラーリは、90歳の生涯を閉じた。パイオニアとして、またある時は金権主義者としての最後の雄叫びも、彼とともに去った。そしてわずか二日後にはもうフィアットが乗り込んで来て、フェラーリの株の残り40%の取得を宣言した（創業者の家族にも10%だけ残した）。スクデリア・フェラーリも、モータースポーツ界のその名前を留めるのみとなり、巨大な企業グループの一員に組み込まれることになった。守られたチームの伝統もあった反面、フェラーリの進歩には新しい方針も必要とされていた。それは、それまで以上の監督と設計者とドライバーを確保することだった。だから1990年代の半ば、フェラーリなる惑星に「チーム・シューマッハー」が生まれたのはそんな新方針の成果だが、それが『オールド・マン』の存在や夢とまったく相容れるものでなかったのは言うまでもない。

とにかくエンゾ・フェラーリは卓越した人物だった。50年以上もの長きにわたってレースに関わったばかりか、その世界全体に影響を及ぼし続けた巨人でもあった。レースのあるところ、かならず彼のクルマがいた。彼のフェラーリはイタリアをはじめイギリス、ドイツ、フランス、フロリダ、ブラジル、オーストラリア、そしてモンテカルロで勝利をおさめた。アフリカやメキシコでもそうだった。耐久レースでもスプリントでも速く、グランプリでもスポーツカーでも勝った。ドライバーズタイトルも獲ればコンストラクターのチャンピオンにもなった。生、レース、そして死のすべてにおいて、フェラーリと、その血筋を引くクルマの名声には匹敵し得るレーシングカー・メーカーなどない。1953年のアルゼンチン、1957年のミッレミリア、1958年のキューバ、1961年のモンザ……、どこでも観客の命まで奪った。ドライバーたちも、最も高名なクルマのステアリングを握ったまま人生を終えた。

エンゾ・フェラーリという男は、縁のない者にとってだけでなく、実際に接して人間性やユーモアに触れることのできた者にとっても、最後まで謎めいた存在だった。レースを愛しながら、サーキットに赴くことはほとんどなかった。広く解釈されているところによると、彼は公衆の面前に曝されるより、気心の知れた友人と土曜日の昼食を楽しむ方が良かった。彼は配下のドライバーの事故死に強烈な衝撃を受けながらも、新たな死線に彼らを送り込み続けた。友人はごく少なく、一般からは近づき難く厳格で荒っぽいと思われていた。同席する時でも、彼が座るまでは立っていなければならなかった。多くの人々からコメンダトーレ（騎士）と呼ばれたのは、戦前レースにおける活躍でイタリアに貢献したと、当時の国王から三等騎士勲章を贈られていたことによる。１９６０年代の半ばまでに、彼も彼のクルマも神格化されていた。１９６2年のクリスマスに記者や自動車評論家を招いた席で、彼は翌年の生産予定ぶんがすでに完売状態であることを明らかにした。あのころフェラーリでは３００人の従業員が年間６００台の高級スポーツカーを作っていた。もちろんレーシングカーもＦ１カーもだった。

べつに博愛主義者ではなかったが、あまり出費にはこだわらなかった。こだわったのはレースであり、クルマが目標通りきちんと仕上がっているかどうかであり、闘いのスリルであり、勝利だった。独裁者であり気難し屋だったせいで、誰も逆らえないという風評も立てられていた。ハリー・シェルも以前「とてもいっしょに働くなんてできない男だよ」と語っていた。１年か2年以上もった従業員などわずかなものだ。だから身辺の内輪もめも、彼の人生の一部のようなものだった。

そして、これぞ彼とは切っても切れない関係だったのが、生涯を通じての何ものにも勝るパワーへの傾倒だった。技術者ではなかったものの、エンジンには詳しかった。エンジンに関する自分の意見を、技術者に実行させた。あるいは、させようとした。だからクルマにも、彼なりの流儀を押し通した。いつも言っていたのは「うちのクルマは美しくあらねばならない」だった。

「そしてそれより大切なのは、サーキットで停まってしまわないことだ」とも。

「きっとみんなに『見た目はいいけど、だらしねえな』と言わるに決まってるからな」

名誉ある敗者になることぐらい、ごくたまには受け入れられたが、名誉あるリタイアなどもってのほかだった。そのせいで、ドライバーたちからはライバルより安全なクルマだと思われたこともある。

アメリカのジャーナリスト、ロバート・デイリーは歴史的な名著『The Cruel Sport（むごいスポーツ）』の中で、フェラーリの生涯を貫く軸は死そのものだったと書いている。

「しかし、それはドライバーの死という意味ではない。それは１９５６年、ディーノと愛称される息子のアルフレードが白血病（本当は重い筋ジストロフィだった）で25歳の若さで死んでしまったことを意味する。彼は16歳のころから大半を病床で過ごしてきた。気持ちが昂った時など、なぜ僕はこんなに体が弱いのかと父親に聞きたがり、生きていたいと言い続けた。それに答えることは、フェラーリにはできなかった。彼はずいぶん多くの死を目の当たりにしてはきたが、こんなにも身近な出来事としてなど、その時までは捉えてもいなかった」

彼はディーノを技術者に育てたかった。しかしそんな夢も、息子の病身の中でどんどんしぼんでいった。そして彼は、息子の死を受け入れるのがどんなに難しいかにも気付いていた。だから彼はいつまでも思い出を抱き続け、毎日モデナの墓を訪れた。そこで物思いに耽り、ドライバーが事故死した時にも、かならずここに来た。こんな悲しみの感情が新たな力の素となる傾向は、なにもフェラーリに限ったことではなく、ほかのピラニア・クラブのメンバーにも見受けられる。友人や家族を失ったことが、しゃかりきに働きまくりさらなる成果を達成するための動機になることがあるからだ。

フェラーリは多い日には15時間も、そして時には日曜まるまるをつぶしてまで工場にいた。それでも仕事の全部ではなかった。後に彼はデイリーに「楽しみなんかいらなかった。そんなものは仕事の気を散らすだけだ。やるべきことがあれば、それで充分なんだ」と語っている。華々しい富もほとんど眼中になかった。最近のピラニア・クラブの誰かさんたちとは違って、ヨットもパワーボートも欲しくなかったし、ロンドンにもモンテカルロにもマラガにも住みたいなどと思っていなかった。彼は地元育ちで、そこで働くモデナ男だった。オフィスの飾りめいたものといえば、ディーノの写真が壁に掛けられ、俳優のポール・ニューマンから贈られた黒いガラスの跳ね馬がデスクに置いてあるだけだった。

彼はまた、手強い経営者でもあった。ドライバーとは交渉などしなかった。言う通りにするか辞めるかのどちらかしかなかった。あるシーズンが終わってフィル・ヒルとダン・ガーニーが賃上げを申し入れたら、ガーニーはその場でクビを言い渡された。ヒルに関しては、まだすぐには追い出したくなかったので、翌月に母国で行われるアメリカGPに出させず、レースから引退させてやると脅した。

「つまり、フェラーリは最後のチャンスをくれたわけだ」とヒル。「もちろん、それに乗ったよ」

そこでヒルはレースには出られたが、昇給が見送られたのは言うまでもない。その結果、多くのドライバーがフェラーリに乗って挑戦したのはスリルに対してであって、金目当てではないということになった。彼らは、フェラーリと彼ら自身に対して、何事かを証明したかったのだ。だから速く走れはしても、精神的にはぎりぎりだった。ある意味ではやけくそ気味に走っていたとも言える。それもこれもフェラーリならではのことだった。

ほぼ20年もの間、エンゾの秘書をつとめたのは、ロンドン南部のクロイドンから来たブレンダ・ヴァーナーというイギリス女性だった。交換留学生としてペルージアを訪れた彼女はマイク・パークスと恋に陥ち、その結果、地球上で最も有名なレースとスポーツカーの会社に身を置くことになったのだった。彼女の思い出は、1960年代から20世紀末までモデナとマラネロで過ごした、生き生きとした色彩で満たされている。彼女が『フォーミュラワン・マガジン』のジェーン・ノッテージに語ったところでは、パークスと熱い関係だったころに喧嘩をしたことがあるという。それはパークスの死の直前で、その死後、彼女は働き始めた。

「あの時、誰にも行き先を言わずイギリスに帰ったのよ。そしたら二日後に郵便が届いたの。ミスター・フェラーリからの手書き（いつもフェラーリは紫のインクを使っていた）の速達で、こう書いてあったわ。『私はドライバーがうちひしがれているところを見たくありません。すぐ戻って来てください』って。それでそうしたんだけど、どうやって私を見つけたのかは、とうとうわからなかったわね」

そしてパークスがひどい雨の中で大型トラックにぶつけられるという事故で命を落とすと、フェラーリはヴァーナーに仕事を提案した。

「ミスター・フェラーリはいつも、もしマイクが私といっしょでなかったら秘書に採用したいと思ってたって言ってたわ。それで、マイクが死ぬと面接に呼ばれたの。私は彼が怖かったから、はっきりお断りしようと思ってたんだけど、その場になると尊敬の気持ちが強くなってしまって、やってみることにしたのよ」

ヴァーナーが見たところでは、フェラーリは噛みつくより吠える方だったそうだ。

「女性に対しては、ちょっと臆病だったんじゃないかしら。彼が真剣に耳を傾ける女性といえば、お母さんだけね。まるで直立不動みたいに言うことを聞いて、『はい、お母さん、いいえ、お母さん』みたいな調子だったのよ。彼女は小柄な方だったけど、信じられないほど強い個性の持ち主だったわ。でも、いつも私たちは冗談の種にして笑ってたけどね。それから、彼はいつも私の体重ばかり話題にしてたわね。『ちょっと太ったかな』

とか『痩せたんじゃないか』とかね。からかうのが好きだったのよ。私が先週何を着てたか聞かれても、ちゃんと答えられたでしょうね。何でもよく見ていて、記憶力も抜群だったわ。でも、女性は揉め事の種になるからって、どうしても工場へは入らせなかったのよ。そんなわけで、あのころはレース部門の190人の中で、女性といえば私だけだったの。幸い私には兄が3人いたから、男だけの中でも上手くやっていけたけど。ちっとも窮屈なんかじゃなかったわ」

そして彼女は、彼が口喧しくて厳格な経営者であることもわかったという。

「手紙を代筆すると、いつでもかならず手直しが入るんですもの。コンマとかピリオドとか、そんなことでも。ま、せいぜいそんなところですけどね。彼は英語じゃなくて、かならずイタリア語で手紙を書いたから、それに私が英語訳を付けて発送しなきゃならなかったのよ」

そして彼は疲れを知らず、几帳面だったとも言う。

「会社の隅々まで口出ししてたのよ。きっちり日課も決まってたわね。毎日かならず床屋に行ってから、奥さんと息子さんのお墓参りをすませて出社するの。みんなに『おはよう』って言ってね。工場に着かないうちから、みんな『大将が来たぞ』って囁きあってたわ。お昼はだいたい1時か1時15分ごろで、マラネロに来たお客さんといっしょのこともあったわね。それから8時まで働いて、家に帰って食事して寝るのよ」

厳格で真剣な人間として、彼はだれにでも、レースに対してもチームに対しても厳格で真剣に接することを求めた。ヴァーナーは、日曜でも急な仕事ができると自宅から電話で呼び出されたことを覚えている。

「日曜日に家事をやってると、こんな電話が来たりするのよ。『エクレストン氏と話す必要が生じたんだ。電話をかけてくれないか』。そこで『わかりました。じゃあ、ここからかけてみます』って答えると、『いや、会社まで来てくれ』ですって。そうなると何もかもほっぽりだして、着替えて駆けつけなきゃならないわけ。でもミスター・フェラーリのためなら、苦にならなかったわね。それが喜びでもあり名誉でもあったのよ。工場でも、みんな午後5時まで仕事して、翌朝はちゃんと8時に出勤してましたもの。誰もが家族の一人みたいな気がしてたの。もし週末も仕事させられたとしたら、月曜に出勤してみると、机に小さなプレゼントが置いてあって、『心からの挨拶として――フェラーリより』ってメモが付いてたりするのよ。独裁者ではあったけど、傲慢ではなかったわね」

フェラーリ自身と世界のグランプリ・レースの中心のすぐそばに身を置いた者の特権として、ヴァーナーはピラニア・クラブの初めのころの人々について、とてもよく知っている。ノッテージが書いているところでは、彼女はフェラーリについてこうも語っている。

「従業員の面倒見も良かったわね。彼のそんな側面を、関係者以外は知らないでしょう。でも、休暇を取る人のことは忌み嫌ってたわ。なんでそんなことが必要なのか理解できなかったみたい。それ以外はほとんど普通の人と変わらなかったけど。貧しい育ちだったから、そういう人たちのことはわかってたわね。何が足りないかも知っていて、そんなことが彼と従業員を結び付ける絆にもなってたのよ。そこが謎めいたところなのかしら。一握りの特権階級のために高級車を作ってるのに、あんなに大衆的な人気があったなんて。でも時代は変わったわね。もう工場を歩いても、あのころみたいな笑顔がありませんもの」

ヴァーナーはまた、フェラーリがバーニー・エクレストンと彼の業績にも一目置いていたことをノッテージに語っている。彼はF1界の立場を確立し、1970年代の終わりから1980年代の初めにかけて、チームの権利のために奮闘した。特にFOCA傘下のチームが、旧来からのFISAに率いられる既成勢力や、ルノー、アルファ・ロメオ、フェラーリといったメーカーと肩を並べてルール作成に関われるようにした功績は大だった。

「バーニーのことは尊敬してます」と彼女は言う。

「ミスター・フェラーリと同じように、ゼロから出発して帝国を築いたんですもの。でも、彼らの間でずいぶんやり取りも多かったけど、ミスター・フェラーリの方が狡賢かったかしらね。あの方は役者よ。自分の力もわかってたし。フェラーリがなければF1もないはずでしょ。だからバーニーに合わせてお芝居してただけ。議論が衝突すると、ミスター・フェラーリは言うのよ、『よかろう、では我輩はF1界を辞するであろう』って。グスタフ・ブルナーが採用されたのもそのころだけど、命じられたのはインディ・カーの設計だったのよ。そんなことにならないのは見抜いていたんですけどね。実際、バーニーが降参して、彼は欲しいものを手に入れたし。とにかくミスター・フェラーリは役割を完全に演じきってたわね。今(2001年)、インディ・カーは博物館に置いてあるわ」

それはそれとして、エンゾの死の後もフェラーリで働き続けることになった事情も、ヴァーナーはノッテージに語っている。しかし今度はもちろん「オールド・マン」のためではなく、株の10%を保有して名目上ファミリーを代表することになった息子のピエロ・ラルディ・フェラーリの仕事をするためだ。

「ピエロはお父さんにとてもよく似てるわ」と彼女は言う。「姿形がミスター・フェラーリに似ているだけじゃなくて、性格もそっくりなのよ。怒りっぽいけどすぐ機嫌を直して元通りになるの。物事を根に持ったりもしないわね」

ピエロ・ラルディ・フェラーリの存在が父親によって公にされたのは1975年、ニュースリリースの中で「私にきわめて近い関係にある若者」と書かれたのが最初だった。1978年1月27日に正妻ラウラが亡くなるより3年前で、もはやそのころ庶子の存在を隠しておく必要もなくなったのだろう。ラウラの死後、彼はピエロの母親に約束していた通り正式に認知し、ファミリービジネスに参加させるはこびとなった。

ラウラの死もまた、エンゾの人生にとって悲しみ深い出来事だった。結婚生活は55年に及んだが、彼らの結びつきは、それも愛情の一つの形というべきなのか、打算とビジネス・センスによるものだった。すでに広く語られ書かれてもきたことだが、たいていの場合、フェラーリは彼女のノイローゼが悪化しても、ほとんど気を遣うことがなかった。それで長い結婚生活を全うできたのは不思議議だが、ラウラ・ドメニカ・ガレッロ・フェラーリは、夫の帝国と世評の陰で生き、そして死んだ。彼女はできるだけ夫の側を離れ、特にアドリア海を見下ろす別荘で過ごすことが多かった。彼女が78歳で世を去ったのはエンゾの80歳の誕生日のすぐ前だったが、その病状も、根拠薄弱で公正さを欠く執拗な噂の標的にされた。フェラーリにとってラウラは、病魔によって人間性も変わってしまい、彼の生き方まで難しくしてしまった女性でもあった。

こんなに憶測や噂が乱れ飛び、悲しみに閉ざされた混乱の極にあっても、そしてサーキットの内外での勝利と悲劇に彩られながらも、フェラーリは図抜けた手腕で男たちや出来事を操り続けていた。そんな中でマラネロのレース部門に吹き荒れた政争の嵐のため、1970年代の終わりにまだ決着を見ていなかったFISA－FOCA戦争への対処も遅れ、決着への見通しもあやふやな渦中に、忠実な使者マルコ・ピッチニーニを送り込むしかなかった。

当時エクレストンはFOCAチームの代表として、F1界での利権の平等化を要求するとともに、商業的な側面での主導権を確立すべく、尊大なフランス人ジャン－マリー・バレストルと対立していた。そんな彼をヨーロッパのマスコミはよくおちょくったもので、特にイタリアでは、わざわざナチの軍服を着せた合成写真が掲載されたりもしていた。これが問題になって、じゃあバレストルは第二次世界大戦中のレジスタンスのスパイなのかという議論にまで発展したこともある。片や新興勢力のFOCA、もう一方は伝統を墨守したいFISAのお歴歴といった闘いの傍らで、フェラーリには自らの価値と占めるべき場所と最良の戦略がわかっていた。そしてフェラーリなしではF1の人気がかなり落ちることもわかっていた。たしかにナイジェル・ローバックも、1980年代初めのイギリスの週刊『オートスポーツ』で、観衆の30%はフェラーリを見るためにだけF1に詰めかけると書いている。

そんなわけで、フェラーリは各地の興行主にとってだけでなく、この争いの当事者双方にとっても決定的な存在だった。だから、たとえば可変式のサスペンションとかグラウンドエフェクト、空力トンネル、水冷ブレーキ、それにターボなどについて彼らが言い争いをくり広げても、たいていの場合はエクレストンが音頭を取って、適当なところで折り合いを付けるしかなかった。ピッチニーニも打ち続く論争の中心近くに、彼自身もフェラーリもFISA側の一員として位置しながら、反対意見に耳を傾けていた。だから「大司教」などと呼ばれたりもしていたが、実のところエンゾに負けず劣らず狡猾でもあった。この時の争い事を間近に観察できる立場だったイェイツは、「あれは尋常ではなかった。とにかくピッチニーニは誰とでも同時に友達になれたのだから。みんなそれぞれの側にいたのに、ピッチニーニとフェラーリは両側にいた」と記している。もちろんフェラーリは、この状況を最大限に利用した。つまるところ彼は器用な政治家であり、執念深く誰かを憎み続けるような人間ではなかった。

だから1979年の10月、サンカタルド聖堂の地下室から息子ディーノ・フェラーリの遺体が盗まれかけるという事件が起きた時の、犯人たちに対するエンゾの感情も、世間が考えたようなものではなかった。イェイツは「異常なまでに堕落した連中」の仕業だったと書いているが、まったくその通りだった。彼らの本当の狙いは金属製の柩そのもので、遺留品の中にビニール袋もあったことから、遺体は身代金の種にするつもりだったと推測された。その後犯人たちの手掛かりはなく逮捕もされていないが、フェラーリが取った措置といえば、墓地に模様入りの鋳鉄の門扉を取り付けたぐらいだった。その3年後、最後の回想の中で、エンゾはこう述べている。

「これまでの生涯で、ことあるごとに受けて来た悪評がどんな代償に値するのかなど、想像したこともなかった。26年前に息子のディーノを葬った墓が荒らされたのも、その一つだったのだろう。あまりにも多くのことを経験してきた後で私は孤独だし、生き残っていること自体が罪なのではないかという気さえしている。そんなふうに存在の儚さに直面していると、こういう腹立たしい出来事ぐらいしか、現実に引き戻してくれるものはないと思うことが時々ある」

こんな言葉が書かれたりしている時、もちろんフェラーリ自身も、もう駄目かと思われては回復するということをくり返しながら、だんだん老いていった。そこに襲いかかったさらなる衝撃が、1978年の夏に起きたカルロ・ブッシの行方不明事件だった。休暇でサルディニア島を訪れていた彼が、忽然と消えてしまったのだ。最初はテロか誘拐の標的にされたと思われたものだが、その後何の消息もなく、謎は解明されないまま過ぎている。

その一方で「オールド・マン」はしかし、フェラーリに乗りたいドライバーたちの熾烈な争いを楽しんでもいた。レースに出るチャンスのために彼らを争わせ、いかにして自分に印象付けようとするかを見るのが好きだったのだ。この種の意地悪を楽しんでいたという声もある。フィル・ヒルは、フェラーリのドライバーたちの間には、自分のすべてを投げ出す不思議な伝統があったと信じている。彼は1961年のドライバーズタイトルを獲得したが、それを争った相手のチームメイト、ウォルフガンク・フォン・トリップスはモンザのイタリアGPで命を落としている。そこで翌年、彼はそこそこ余裕で走ることにした。そのあたりを彼自身は「あっちとしちゃ、たとえクルマの性能が劣ってても全身全霊で走って、フェラーリの名誉と栄光のための犠牲になるのが当然だと思ってたんだ。でも、もう犠牲者なんか充分あったんで、私までそうなるつもりはなかった。生贄なんか御免だったね」と語っている。

「オールド・マン」自身が仕切っていたころのフェラーリで走った多くの元ドライバーと同じく、ヒルもまた、魔法の国スクデリアで過ごした日々に、いろいろ入り交じった感情を抱いていた。しかし、そういう経験を通しても、彼が変わったわけではない。1979年にドライバーズタイトルを獲得したジョディ・シェクターもそうだ。あれは2000年にシューマッハーが勝つまでは、チームにとって最後のドライバーズタイトルだった。あの年、彼はウォルター・ウルフのプライベートチームから、タフで信じられないほどあけっぴろげで、独立心が旺盛で、些細なことにとらわれないプロフェッショナルドライバーだという評判を引き連れて移籍して来た。イェイツによると、彼も以前のラウダのようにフェラーリの「秘密工作員」の接触を受け、アウトストラーダの出口で落ち合って、忍び足でマラネロに連れ込まれ、裏門のある小路に案内された。

機先を制したのはエンゾ・フェラーリだった。

「いくら欲しいんだ？」細かい話は最初からなしだった。

「僕は、金の話をするには若すぎるんでね」と、まずシェクターはマルコ・ピッチニーニに答えた。フェラーリの右腕でありチーム監督であり、その時は通訳としても同席していたのだ。予期せぬ反応に一瞬たじろいだフェラーリは、それから滔々《とうとう》と長広舌をふるいだしたが、要するに安く買いたいということだった。シェクターが考えていたのとフェラーリの値踏みとの間には大きな差があった。シェクターはほかのチームの相場から考えて契約金として6桁の数字を示し、さらに賞金の20％を要求した。それに対してフェラーリが提示したのは賞金の10％だけだった。イェイツによれば、こうなる。

「オールド・マンはＦ１界の相場を熟知していて、20％も取っているドライバーなどいないのはわかっていた。だから10％なら手を打とうと考えていた。そこにフェラーリは奥の手を用意してあった。シェクターが支払いはドルでと言ったのに対し、わかった、カナダ・ドルにしようと応じたのだ。これならリラ換算で米ドルより20％はレートが低い。これにはシェクターも一瞬ウッと詰まったが、フェラーリの方はさも負けたように振る舞って、取り引きがまとまってしまった」

あの年、シェクターは今や伝説の人となったジル・ヴィルヌーヴと走った。どちらも偉大なドライバーで共通点も多かったが、違いもまた大きかった。たとえばヴィルヌーヴはイタリアではなくモンテカルロに住みたがった。しかしシェクターは、イェイツにこう語っている。

「イタリア人も、その生き方も好きさ。女房と私はモデナにアパートを借りてるんだが、イタリア語は話せなくても、とてもアットホームな気分だったよ。チャンピオンになると家族同様に思ってくれるんだ。それに、本当の話、たとえばレストランに行ったとするだろ、そこの客がみんな大拍手で迎えてくれるんだから。みんな、どれぐらいＦ１が好きか、わかるだろう」

その代わり、マラネロではフェラーリの方針に逆らえないことも、彼は指摘している。

「フォルギエーリのやることは正気の沙汰じゃないこともあっ

たけれど、すばらしいエンジニアだったんで、数えきれないほど議論したもんだ。オールド・マン自身が病気がちだったことについちゃ、こっちが助けになることはなかったけど。私は非常にプロフェッショナルであろうとしていた。勝つためにそこにいたんだから、ほかのことはどうでもよかったんだ。たぶん、そこが私とジルの違いじゃなかったかと思うね。彼はただただ速く走ることしか頭になかった。フェラーリに関して言えば、彼はクルマの問題点、特にエンジンに関する批判は聞きたがらなかったな。こんなことがあったんだ。あるレースの後で、報告に行ったのさ。そこで、サーキットの特定の部分じゃコスワースの方がうちのエンジンよりパワフルだって付け加えたんだよ。そしたら通訳してたピッチニーニが『駄目だよ、そんなこと言っちゃ。コスワースの方がパワーがあるなんて、もってのほかだ』って言うんだ。でもエンゾ・フェラーリって、凄い人物だった。みんな彼のことは、彼がやったことで知ってるだけだろうけどね。彼にとっちゃ、ドライバーも仕事の一部だったのかな。私が覚えてるのは、チャンピオンになった時のことだけど、何のお言葉もいただけないのさ。手紙も来なきゃ電話もなし。それから何週間かしてフィオラノで出会った時も目の前を素通りだよ。でもその時、短く挨拶して、耳元でこう言ったんだ、『ヘイ、チャンピオン』って。タイトルについて声をかけてもらったのはあれだけだったね。あのシーズンの終わりには恒例の宴会があって、メカニックもテストドライバーもエンジニアも、私たちこぞって集まって、記念のトロフィーなんかもらったんだ。私のは小さな木の台座付きの跳ね馬だったけど、脚が一本折れたのをつないであったね」

エンゾ・フェラーリは今でも跳ね馬のエンブレムの中に生き続け、どちらもF1界に誰よりも長く深く係わってきたブランドそのものと同義語になっている。情け容赦もないビジネスマンとして、独裁者として、専制君主として、働く者の力を最大限に引き出し、あまねき強さを確立する達人として彼が遺したものは、野望あふれるピラニア・クラブの面々にとって、一途に追うべき標とされている。彼のクルマは官能的で感情に訴える一方、極度の緊張を強いるとも評された。彼はまた、女性的なものに対する冷淡さや、感情的な行動、家庭や社会を顧みなかったことによって批判されることも多かった。しかし彼自身をよく知る立場から見ると、その多くは真実ではないという。

スポーツ紙『ラ・ガゼッタ・デロ・スポルト』の記者ピノ・アリエヴィによると、彼が必要に迫られて強硬な態度を取ることはあっても、基本的にはユーモラスで、世界の出来事にも好奇心満々だったそうだ。友達付き合いも欠かさず、可能なかぎり土曜の昼食はいっしょにした。その中にはスカリエッティ、ベンツィ、ゴツィなどのほか、スウェーデンのグスタフ国王まで含まれていたという。長いことプジョーを乗り回しては、本来のサポーターであるフィアットの連中をやきもきさせて楽しんでもいた。気前も良くて、来客にネクタイやスカーフといった小物を持たせることも多かった。驚くほど多くの新聞に目を通し、ひっきりなしにテレビのニュースも見ていた。いろいろな知らせや意見にも耳を傾けた。アリエヴィに言わせれば、出かけて誰かと会う代わりに、家にいて客を迎えることで世界と接する方を好んだだけだった。タフで要求も厳しかった反面、誠実で太っ腹でもあった。

アリエヴィの回想によれば、ある日フェラーリから電話で、記事に文句を付けて来たという。長い口論の最後は「もう君とは話したくない」の一語で切れた。しかしそれから1時間もしないうちにまた電話で、ちょっと考え直したので仲直りしたいと言う。それから昼食に招き、友人の奥さんに頼んで作ってもらったトルテリーニでもてなしてくれた。しかし、わざわざ芝居がかった仕種でアリエヴィが言うには、それが二人分しかなかったので、女房連れだった彼は、そのぶんを分けてやらなければならなかった。ともあれ、何年もたってからまだアリエヴィに微笑みを浮かべさせるほど、あの電話は効果があったというわけだ。フェラーリは、ユニークな説得力と着想力の持ち主だったのだ。

「彼はロン・デニスともフランク・ウィリアムズとも違っていた」ともアリエヴィは言う。「彼はチーム監督なんかじゃなく、乗ってレースをするためのクルマを作ってたんだ。彼はオーナーだったんだよ」

バーニー・エクレストンもまた、エンゾ・フェラーリとの思い出を今でも楽しんでいる一人で、フェラーリほど強烈な印象を残せるチームオーナーはF1界でも稀だと言う。

「偉大なだけでなく、どこから見ても非常に印象深い人物だった。すばらしいビジネスマンで、交渉相手としても申し分なかった。そして賢明な指導者であり、みんなを奮い立たせる人物でもあった」

エンゾ・フェラーリはレースの伝説をうち立て、そしてレースの遺産を残したのだった。

第3章　昔は良かった

その著書『Chasing the Title, Memorable Moments from 50 years of Formula One（栄冠を求めて——F１の50年に見る記念すべき瞬間）』の中で、ナイジェル・ローバックは、本当の富裕階級による最後のプライベート・チームについて特に1章を設けている。「ロブ・ウォーカー、職業・紳士」という。ここで彼は8ページを割いて、かくもすばらしい人物を上品に紹介しながら、時は流れ時代が変わったことを読者に思い起こさせてもいる。つまるところ、昔のF１は今とは違う国にあったのだ。そこでは違う流儀で物事が進められていた。中でも、ワールドチャンピオンのかかったレースでワークスチームを破った初めてのプライベート・エントラントだったウォーカーは特別なやり方をした。しかし、それは１９５０年代と１９６０年代には、誰もがやったことでもあった。

幸運にもウィスキーで知られたジョニー・ウォーカーの一族に生まれ、熱心な愛好家としてその資産をクルマとレースに対する情熱のために注ぐことができた彼は、真の意味でのジェントルマン・ドライバーでありジェントルマン・チームオーナーだった。その立場で成功もおさめた。１９５８年から１９６８年までの間、彼の手によるプライベート・チームが並みいるファクトリー勢を向こうに回して9回も勝利を挙げたのだ。F１パドックでの評判も良く、確固たる立場も与えられていた。ずっと初期のことだが、今で言うところのフォーミュラワン・コンストラクターズ・アソシエーションの議長的な役目をつとめていたのも彼だった。しかし、それは今とは似ても似つかぬ世界だった。まだピラニアの脅威を気に病むことなどなかったのだから。

あのころは、命というものについての考え方も今とは違っていた。楽しむ機会もたくさんあった代わりに、危険も毎日そこにあった。特にF１はほかの何よりもそうだった。それがグランプリという極度のお祭り騒ぎとしてあるかぎり、その一員となる喜びと引き換えに危険も存在し、誰かがその代価を支払わなければならないという恐ろしい決め事さえ当然と思われていた。「そういうことは誰の身の上にも起きるもんだと思っていたし、いつも起きたんだ」と、終始自らのイニシャルR・R・C・ウォーカーをクルマに付けて参戦していたウォーカーも言っている。

「昔は、モナコが終わればみんなで握手して『グッドバイ』を言って、次の週にはザントフールトとかそういう別の場所でまた『やあやあ』と顔を合わせて握手するもんだった。いつもそうだった。本当に全員が知り合いで友好的だった。今が違うとは、私は思わんが。でも、あのころの人は、もうほとんどいないねえ……」

2001年の初め、ウォーカーは妻ベティとともにサマセット州フローム郊外にある自宅ナニー・コートに住んでいた。1940年の5月に結婚して以来50年以上にわたり、グランプリの成長を目の当たりにしながら、共に各地を旅してきた。早春のある日、そんな彼らを訪問するというのは、時計の針を戻し、一枚一枚ページをめくりながら、すでにモノクローム、いやセピアに変色した思い出を辿ることでもあった。しかし子細に観察すると、今どきのテクニカラーでは及ばないほど色彩と陰影の純度が高いのがわかる。ロブもベティも、その中にいる。その世界は取るに足らぬほど小さくもなければ、途方もなく巨大というわけでもなかった。金儲けの場所でもなく、ましてやそれで大富豪になれるというものでもない。彼らにとって、あるいはチームや関係者のほとんどにとって、それは生き方そのものであり、揺れ動きながらもハッピーなロードショーであり、そこには危険も付きまとい、笑いもあれば永遠に続きそうな歓びもあった。

ロブ・ウォーカーは、1990年にジェラルド・ドナルドソンが書いた『Grand Prix People』の中で、こう語っている。

「あのサーカスの中で実に人生のほとんどを過ごしたのも、私なりの生き方だったのだよ。思うに、一つ歳を取れば、いろんなことに対する情熱も1年ぶんずつ冷めていって、それまで通りとはいかないもんだ。でも、今こんなに仕事が来てるんだ」

その事情は、10年以上たっても変わっていない。それまでに彼はアメリカの雑誌『ロード&トラック』のF1リポーターの仕事を辞めて（それは以前、元F1ドライバーのイネス・アイルランドから引き継いだものだった）、フリーのジャーナリストになっていた。すでに83歳とはいえ、必要に応じては寄稿して語ってくれる彼なりの教訓や経験は、それ自体非常におもしろかった。もう人の口の端にのぼることも稀になった時代やそのスタイルを取り上げているので、読者の評判もなかなかのものだった。ウォーカーが現役として活躍した時代にはレースが参加者自身とサポーターである民衆のものだったことを、それは示している。エンゾ・フェラーリのように優勝しか眼中にない者は少数派だったし、三百代言や股座膏薬《またぐらごうやく》どもは、まだパドック近辺のどこにもいなかった。

すでに知られているように、ロブことロバート・ラムゼイ・キャンベル・ウォーカーは1917年8月14日に生まれた時、すでに貴族的な背景と特権と富を与えられていた。彼には自信と喜びをもってどんな人生をも推し進められるだけの資産があった。リックマンウォースのスコッツリッジ・ハウスで、後にウィルトシャー州の豪勢なジョージ王朝風の邸宅サットン・ヴェニーで幸福な子供時代を過ごし、シャーボーン校からケンブリッジ大学に進み、海軍航空隊の戦闘機パイロットになり、戦争の終結とともにプライベート・エントラントとして、また熱心な愛好家としてレースとの関わりを深め、そして後にジャーナリストになった。その間ちょっとした寄り道もあって、まだ学生だったころ初めてのドラエを買ってルマンに出たりもしていた。

チームの総帥として、彼が走らせたドライバーはトニー・ロルト、レグ・パーネル、ピーター・コリンズ、トニー・ブルックス、ジャック・ブラバム、ジョー・ボニエ、グレアム・ヒル、ヨッヘン・リント、ジョー・シフェール、それにスターリング・モスなど枚挙に暇がない。長身で信念に満ち物静かな彼は物事を自分流に進め、それによって愛されてもいた。だから21世紀を迎えようというのに、彼のもとにはどのワールドチャンピオン戦にも通用する年間パスが、ちゃんとバーニー・エクレストンから届けられている。たぶんウォーカーの現役時代には「ピラニア・クラブ」などというものはなかったか、あったとしてもまだ実力を発揮できる状態ではなく、彼なりの身のこなしでF1界を遊泳できたのだろう。たとえそれが気に食わなくても、あえて噛みつくほどの魚はいなかったのだ。だからこそ、彼は物語の主人公のような英雄として、その足跡が神話にまで高まったのだ。

しかし、単にチームオーナーとしてF1界で存在を認められただけでなく、彼はその立場で全体の発展のためにも大きく貢献している。その中には、後にF1を代表する名前にまでなったクーパーとロータスの初勝利も含まれる。どちらも、ワークスチームほどの機材も持たないR・R・C・ウォーカー・レーシングの手で達成されたものだ。そしてどちらも、ファン－マヌエル・ファンジオに比肩し得るとまで言われた史上きっての偉大なドライバーの一人、スターリング・モスの操縦によるものだった。ウォーカーにとってモスが特別な存在なのは疑いようもないことで、この名高いイギリス人ドライバーとの関係にこそ、あの時代の特色がよく表れている。

「スターリングをドライバーとして使えたのは、私にとっては凄いことだった」とウォーカーは、彼特有の非常にゆっくりした口調に、トーストのバターの上を流れる蜂蜜のような響きを交えて語る。

「あんなにすばらしいドライバーだったというだけではなく、友人としても本当に素敵だった。だから親友として、いつもいっしょだった。いっしょにやっている間、契約なんてしたこともなかったんだよ。毎年シーズンの初めにいっしょにやることを決めると、ただ握手しただけだった。もちろん、あのころスターリングがとても人気者だったのも大切なところだった。当時はエントラント全員のために交渉してくれるFOCAなんかなかったからね、チームごとに何でもやらなければならなかったんだ。賞金もスターティングマネーも、まあ出ればもらえるんだが、どっちも安かったしね。でも、どんな主催者でも、ほかのドライバーを差し置いて、スターリングにだけは出て欲しかったのだよ」

ローバックの見るところでは、ウォーカーは絶滅に瀕した世代に属する紳士だった。彼はウォーカーが口にしたジョークや、ビーフイーター（辛口のジン）にも似たユーモアのセンスや、思い出話や、世界の隅々まで張り巡らされた人脈のことなども覚えている。ウォーカーがロングビーチGPを訪れ、カリフォルニアの港に係留されてホテルになっていたクィーン・メリー号に部屋を予約した時のことも、ローバックは記事にしている。手厚い出迎えを受けて「乗船」した彼は、こう告げられたそうだ「お目にかかれて光栄に存じます、ウォーカー様。以前お使いだったスイートルームをご用意いたしましたので、お喜びいただけるかと」。そこでウォーカーは、以前この船の常連として大西洋横断旅行をしていたころのことを思い出した。

「いやあ、あれは本当にツイていたねえ。実はカナード・ホワイトスター船会社の社長は、学校時代の同級生だったんだ」

彼は出版社から回想録を出すようさんざん声をかけられたが謝絶していた。彼の記憶によると、「マクミランからも話があったけれど、それからすぐ亡くなってしまったんだ」。

　また後に彼が語ったところでは、ある年のフランスGPに行かなかったのは、ほかに仕事があったからで、「ああ、あの週末は忙しかったね。ジンジャー・ロジャーズをウィンブルドンに連れて行ったりして」。これは本当の話だ。彼は人生を、クルマを、そしてお楽しみの類をどれもエンジョイしていた。まだ若い学生だったころも、高価な高性能車を何台も持っていて、ケンブリッジからロンドンのホテル・リッツまで夕食のために駆けつけるのを習慣にしていたほどだ。自分のクルマで趣味としてレースにも出て、やがてアマチュアとしてはかなり知られるようになった。

「いつも言ってるんだよ。モーターレーシングしかやって来なかったねって」と彼は言う。「ああ、それから戦争もか」

　戦前、1939年のルマンに彼は自分のドラエで出場し、8位でフィニッシュした。その大半は自らステアリングを握ったという。それ以前、プラクティスの合間にけっこういい順位にいるのを知って、彼自身かなり驚いた。そんな彼はまずピンストライプのスーツでスタートし、朝を迎えるころにはスポーツジャケットに着替え、ピットストップのたびにシャンパンを嗜んでリフレッシュしたそうだ。こんな痛快な冒険譚も、戦争前の富裕層であったればこそだ。その後レース界も激変し、20世紀の終わりには巨大資本による自動車戦争の様相を呈するようになって、あんな天真爛漫な時代は押し流されてしまった。

　戦争が始まるとウォーカーも召集され、パイロットのライセンスも再発行された。それは本来なら一生ずっと取り上げられたままになるはずのライセンスだった。というのも、ある時コッテナム・ナショナル・ハンティングの集まりで、昼食の景気付けにと、タイガー・モスで柵すれすれの超低空飛行をやってしまったためだった。「まずいことに警官に機体番号を見られて、航空省に通知されてしまったのだよ」と、彼はのんびり語る。それは今のF1についてパドックでコメントする時と、とても似た調子だ。

　戦争は、ほかにもウォーカーに大きな転機をもたらした。妻のベティに、これっきり自分でレースに出るのを止めると約束させられてしまったのだ。まあ、単独で走るヒルクライムとスピードトライアルだけは許してもらえたが。もちろん、彼のクルマに誰かを乗せて走らせるぶんにはかまわなかった。フランスで夏休みを過ごした7歳のころブローニュGPの観戦に連れて行かれて以来、ずっと彼を魅了し続けてきた世界の、これが到達点だった。

そのころを振り返って、彼はこう語る。
「見るもの聞くもの、何もかも私を魅了した。シトロエンのタクシーでコースを見に連れて行ってもらったら、運転手がすっかりやる気になってしまったものだから、母は怖がってたな。私は私で、飛ばせるだけ飛ばすように彼にせがんだものだよ。彼は、この木にぶつかってドライバーが死んだとか、あそこでどうだとか、そんな話を嬉しそうにするんだ。その後、まだ年端もいかないうちに母がクルマを買ってくれたんで、ずいぶん遠くまで行ったねえ。自分でタイムを計ってみたり、そのうちチューニングもするようになったんだな。あんまり夢中でやってたものだから、母がもう一人運転手を雇って、私の作業を手伝ったり、いろいろ面倒を見させるようにしてくれたものだよ。もちろん、まだ免許など取れる年齢になる前のことさ。でも敷地が広かったから、まったく問題などなかったね」

いったん夢中になるとどこまでものめり込むウォーカーは、ほとんどクルマの虜だった。ケンブリッジにいた1938年には、強力なメルセデスとアウトウニオンの活躍を見るために、ドニントン・パークまで出かけている。その年の後半のこと、ロンドンのパークレーンを散策していた彼は、程度極上のドラエ・タイプ135S 3・5ℓをショールームに発見した。元プリンス・ビラの持ち物だった。

「もう矢も楯もたまらなかったねえ。でも所持金が足りなかったので、身分を名乗って後払いにしてもらって、その場で決めてしまったのだよ。母にも誰にも言う前にね。そのクルマでブルックランズのレースにエントリーしたんだ。あれが1938年で、その次の年には、戦前最後のルマンに出た」

そんなレースを無事に切り抜けたのは良かったが、その後海軍航空隊に従軍してのシシリー上陸作戦では、恐ろしい体験から逃れるわけにはいかなかった。

「私たち260人の中で、生きて帰れたのは25人だけだった。だから迷わず言ったよ、『戦争が終わったら、もうレースなんかやらない』ってね。レースを見もしなければ、ましてや運転なんかする気にはなれなかった」

しかし、復員したウォーカーはエントラントとなり、少なからぬ私財を投じて優勢を誇るイタリア・チームの独占体制に闘いを挑むことになる。

「まだドラエは持っていて、イギリスで最速のロードカーだったのに、自分ではレースに出るわけにはいかないときているだろう。だから、誰か乗せるべきドライバーを探す必要があったのだよ。それが私にとってエントラントになるきっかけで、トニー・ロルトと出会ったわけだ。彼は本当に傑出したドライバーで、その後ジャガーでルマンにも優勝するし、うちのシングルシーターにも乗るようになるんだ。で、まずドラージュを手に入れて、それからコノートへと進んだわけだ。彼が引退してからはピーター・コリンズ、トニー・ブルックスと来て、その次がジャック・ブラバム。私のチームが1年通してF1に参戦したのは、彼の時だった。そしてそれからスターリング・モスを採用して、すばらしい関係が5年間続くことになるのだよ」

そんなすばらしい時代のずっと後のことだが、ウォーカーはチームがより高度に組織化される時代への変化の、最初の兆候に出会うことになる。ウォーカーは、バーニー・エクレストンがチームの間を駆け回って相談をまとめながら、やがてFOCAとなるべき組織の予備的な会議を開こうとしていた当時のことを覚えている。

「初めてバーニー・エクレストンに出会ったのは、飛行機の中だった。たいていの場合、私たちはみんなで飛行機をチャーターしていた。そうじゃない時でも、中をぶらついてお喋りなんかするのが普通だったかな。その時の飛行機は、客室の後ろに大きなスペースがあって、飲み物なんか置いてあった。とにかくそのへんをぶらついている小柄な男がいたので、そばにいた者に、あれは誰だって尋ねたのさ。『ああ、バーニー・エクレストンといって、５００ccのF3に乗ってたことがあるんです』というのが答だったね。私が覚えているかぎり、彼を見かけたのはそれが最初だった」

その次の出会いについては、ウォーカーは鮮明に記憶している。１９７０年、モンザでヨッヘン・リントが事故死した時のことだ。

「彼がヨッヘンのヘルメットを抱えて、ピットを歩いて戻って来たのを覚えているよ。その時までに、私の存在は広く知られていた。なにしろF1で優勝した初めてのプライベート・エントラントだったのだからね。クーパーとコヴェントリー・クライマックスを初優勝させたのも、ロータスの最初の4勝も私のチームだったし。実際のところ、私がFOCAの初代会長になったのも、ほかのチームが烏合の衆だったからさ。彼らには代表者が必要だった。そんなわけで、彼らが自分たちの団体を作ることになる直前に、私にも声がかかったというわけだ」

そんなにまとまりのなかった連中が、いつの間にか近代的な「ピラニア・クラブ」に成長して、世界でも最高と言えるほど手際よくプロフェッショナルに運営されるようになったのを思って、彼は話の区切りを付けるように笑って言った。

「いずれにしても、私がFOCAのメンバーだったことはないんだ。まあ、客員といったところだったかな。最初は断ったよ。彼らは愚者の集まりで、自分のやっていることもわかってないと思ったからね。でも、そこに付け込むべき隙も見つけたんだ。今の彼らがやっているようにだね。そこで入会しようとしたら、今度は違うことを言うじゃないか。私は単なる個人でコンストラクターではないから、いっしょにやっていきたい種類の人物ではないって。だから『わかった、じゃあ、いいよ』って言ってやった。私としては、連中の誰より長くレース界を生きてきたし、多くの点で彼らが軌道に乗れるように導いてやりたいと思ってたんだがね。でも、いちいちそんなことを言うより、笑わされてばかりだった。まあ、おもしろい連中だったよ」

しかしウォーカーにとっては、そんなにおもしろかったり順調だったりばかりでもなかった。チームオーナーとして、エントラントとして過ごす間には、レース関係者、特にイギリスとヨーロッパ大陸の間をしょっちゅう行き来する者にとってよく頭痛の種になるトラブルや悲劇といったものもある。たとえばマイケル・クーパー－エヴァンスによって編纂された自伝『ロブ・ウォーカー』の中にも、「ドラエ事件」と呼ばれた1949年の出来事が登場する。ドライバーのガイ・ジェイソン－ヘンリーがニューヘイヴンから入国しようとして逮捕されたのだ。燃料タンクに見せかけた箱に隠して3000個の時計を密輸入しようとした嫌疑によるものだった。ウォーカーを狼狽させたのは、その偽造タンクが彼のドラエに取り付けられていたことだった。さらに悪いことには、いつの時代でもこういうことはあらゆる新聞の一面にでかでかと載ってしまう。しかしウォーカーにとっては幸いなことに、彼自身はいかなる形でも事件との関係を問われなかったことだった。そして解決後に面倒くさい交渉を重ねた末、ちゃんとクルマも取り戻すことができた。

それにしても、その後とくらべてみれば、当時は紳士の時代だった。彼の下で走った初期のドライバーたちについてウォーカーが述べるところでも、それがよくわかる。

「トニー・ロルトこそはジェントルマン・ドライバーだった。運転も紳士的だった。もし明らかに自分より速いドライバーが追いついてきて、抜きたいそぶりを見せたら、かならず道を譲ってやったものだ。だがピーター・コリンズは正反対だったなあ。私のところで走った初めてのプロドライバーだったと言うべきかな。とにかく闘うドライビングとはこういうものかと、目から鱗が落ちる思いだったよ。クリスタル・パレスでのレースを覚えているがね。あれは10ラップを2回やる2ヒート制だったんだが、第1ヒートではホーレス・グッドがクーパー・ブリストルで最初から飛び出して、ずっとピーターをブロックし続けたんだ。そしたらインターバルの間にピーターが『おいホーレス、今度やったらコースから押し出してやるからな』とか言ってるのが耳に入ったな。で、ホーレスはまたやって、それをピーターは弾き飛ばして優勝したわけさ。とにかくピーターの勝利への執念ときたら異常なほどだったね」

そこでクーパー－エヴァンスは、それがコリンズがエンゾ・フェラーリに気に入られたポイントであり、１９５８年のドイツGPで命を落とす原因にもなったと締めくくっている。

あのようなアマチュア全盛の時代にいちはやくプロを雇ったことは、ロブ・ウォーカーがただ金にあかして楽しみを追い求めるだけのプライベティアではなく、真剣な勝負師であったことの証拠とも言える。やる気のあるチームオーナーなら、もちろん誰でもそれは欲しい。それはドライバーがクルマの性能を向上させ、オーナーがチームの戦闘力を増そうといろいろ努力していることからも明らかだろう。ウォーカーはまた１９５６年に、彼の経歴でも最も重要な二つの決定を下したことによって、その才能を見せた。

「私はジョンにF２クーパー・クライマックスを発注した最初の客だったんだ。それから急いでアルフに連絡して、うちのチームに誘った。アルフ・フランシスは有名なメカニックだったが、当時はスターリング・モスと仲違いしたばかりだったんだよ」

どちらもウォーカー・チームの前途のためには正解だった。この結果、歴史上でも名高く記念すべき成功が訪れたのは、１９５７年のモナコGPだった。ここでクーパー・クライマックスを駆ったのはジャック・ブラバムだった。ここに、２００１年の初めにウォーカー自身が記した、生き生きとした思い出がある。

「１９５６年、ジョン・クーパーはコヴェントリー・クライマックスに、その1・5ℓエンジンを可能なかぎり拡大するよう頼むことにした。それをF１に使いたかったからだ。実際には１９９６ccがやっとで、F１規定の2・5ℓよりはだいぶ小さかったが。それでもコヴェントリー・クライマックスは、開発費をジョン・クーパーが負担するかぎりはやってみる気になった。当時はスエズ危機も深刻で、ひょっとしたら１９５７年のモータースポーツは石油不足でできないかもしれないと言われていた。ジョンにしても金があり余っていたわけではないから、F1エンジン開発に投資したままレースが行われなかったら、会社も危ないところだった」

「この重大な事態に直面した私は、最初のエンジンとシャシーを引き取るために支払える範囲でなら、開発コストを肩代わりすると申し出ることにした。それで話がまとまって、クライマックスはエンジン作りを、クーパーはシャシー作りを進めることができた。さらにジョンと私は話し合って、彼の2号車のドライバーにはロイ・サルヴァドーリを起用し、私の1号車にはオーストラリアから出て来たばかりのジャック・ブラバムを乗せることに決めた。実際のところ、彼はうちのドライバーだっただけでなく、私が彼の住まいの大家だった」

特徴的な紺色に白いストライプをあしらったウォーカー・チームのクルマで、ブラバムが初めて出走したのは、3月のシラクサGPだった。彼はハリー・シェルと連れ立ってローマからイタリア半島の爪先にあるレッジオ・ディ・カラブリアの港町に向け出発したが、夜中に場所もわからないところで列車が故障してしまった。そこで線路に飛び下りて最寄りの駅まで何マイルも走り、タクシーを叩き起こして、最終のメッシーナ行きフェリーぎりぎりに波止場に辿り着いたのだった。彼らは船長に袖の下を渡して可能な限り飛ばさせたが、実際にシシリーに着いた時には、もう明るくなっていた。そこでぼろ屑同然のフィアットを借り出したシェルは、相棒にも信じられないほどの猛ペースでサーキットに駆けつけたものの、その時とっくにプラクティスは始まってしまっていた。それでも諦めきれないブラバムはヘルメットとレーシングスーツをひっつかむと、一目散にピットめがけて駆けだした。そしてあまたの警官やオフィシャルの壁を潜り抜けてウォーカーのガレージに駆け込んだ時には、顔は真っ赤で汗びっしょり、息も切れ切れだったが、物も言わずにクーパーのコクピットに飛び込むと、なんとどのF2をも上回る予選タイムを叩き出してみせた。レースでも彼は6位に食い込んだだけでなく、同じウォーカー・チームのピーター・ウォーカーが乗るコノートF1をラップ遅れにまでしてしまった。幸先が良いどころか、途方もない第一歩ではあった。ロブ・ウォーカーは例の穏やかな口調で、あの実戦適応力など、その後時がたつにつれてブラバムが発揮した進化の、ほんの小さなかけらにすぎなかったと言う。

「ヨーロッパでの最初のチャンピオンシップ・イベントはモナコで、うちはジャック用に新車をおろすことにした。ジョン・

クーパーはエンジンの2号機が間に合わなかったのとロイ・サルヴァドーリのスケジュールが取れず、エントリーできなかった。その代わりレス・レストンをF２に乗せて出すことにしたんだ。あの年、うちとクーパーはクルマは同じでもチームとしては別々で、メカニックもそれぞれだった。で、うちのチーフにはアルフ・フランシスがいたんだ。もっとも、必要とあればチームどうし助け合ってはいたけどね」

「あのころベティと私は、グランプリごとにまるまる1週間以上は使ってたなあ。イギリスを月曜日にクルマで発つと、グランプリ開催地まで2日はかかるだろう。レースが終わったら火曜日にモナコを出るといった具合だったな。春たけなわなんていう季節には、とても楽しみだったものだよ。いつも旅行を楽しいものにするように、クルマ選びには気を遣った。あの年には買ったばかりのジェンセン４００があった。それからガルウィングのメルセデス３００ＳＬを何台か乗り継いで、次にそのドロップヘッドにして、それからファセル・ヴェガ、そしてフェラーリになった」

「ドーヴァーでフェリーに乗るのが午前10時。カレーに上陸したらお弁当を買って、新しくできたルレイ・ホテルのある古いきれいな田舎町まで、二級国道を流して行くのさ。あのホテルは部屋も食事も最高だった。二晩目はギャップでアルプスの牧場の近くに泊まるんだが、標高が高くて景色もきれいでね。朝はサヨナキドリの囀りで目覚めたもんだ。それから水仙やいろんな花が咲き乱れる原っぱを通ってニースまで下る。モンテカルロそのものにはホテルを取っていなかったけれど、まずメカニックを探して、連中が無事に到着したかどうかを確かめることにしてたんだ」

「後でわかったんだが、ジャックはヨーロッパが初めてだったものだから、まずレースの故郷といわれていたモデナに行ってみたかったんだな。うちのメカニックたちは、モンテカルロのサンレモ側にある、小さいけれど小奇麗なホテルに落ち着いていた。でも私たち夫婦は予約してなかったし、そこにはもう部屋もなかったから、そこらじゅう聞いて回ったものだよ」

「そして教えてもらったのが、エズ・スア・メールで開業したてのホテルだった。なんでも昔はロシアの皇太子の別荘だったとかで、海沿いの遊歩道の向こう側の庭も広かったな。で、そこに部屋を取ったのが始まりで、27年間ずっと通っているけれど、たぶんリヴィエラ一帯であれ以上の格式は望めないんじゃないかなあ。経営者のスクァルシアフィッチ一家もすばらしい人たちでね。プールも二つあったし、母屋のほかに崖から張り出したコテージもあったんだよ」

「そこでレース前の2日間、まさに至福の時を過ごすわけさ。それだけでも今とはずいぶん違うね。徹夜仕事のためのガレージをどこに借りるかも、チームごとにてんでんばらばらだった。そこからサーキットまでレーシングカーに乗って行くんだ。プラクティスは3日間あって、そのうち2日は朝の6時半からだったんだよ。最終予選だけ土曜の昼からで、その後で前座レースが始まることになっていた。うちはエズにガレージを借りることがあったんだが、そこにはヴァンウォールもいて、朝うんと早く、そこからサーキットまで8キロも、すごい爆音をたてて自走して行くのが聞こえたものだよ」

「もちろんこういう場合だから、私たちも全員6時半の走行開始までにピットに勢ぞろいしていた。ピットはコース沿いの松林にあって、あのころはまだ、走ってくるクルマとこっちを仕切るのは木製の壁だけだった。そこにスペアパーツも置けばかみさん連中も突っ立っているし、ストップウォッチを押すのもラップチャートをつけるのも、全部そこだった。後ろ側はピットロードで、まだ鋼鉄製のガードレールなんかなかったから、クルマがすっ飛んで来たら松の幹に隠れて、お祈りしながら身を守るしかなかった」

「で、プラクティスが始まって、ウォームアップも完了して、全員準備オーケーだったのに、ジャック・ブラバムの姿だけ見えないのだよ。これではクルマを走らせられないし、23台エントリーして16台しか決勝に進めないというのに、ジャックはモナコを見たことさえなかった。だから一刻一刻が決定的に大切だったんだ。そんなこんなでジャックが来ないままプラクティスが半分終わってしまったところで、仕方ないからピーター・コリンズを捕まえてきた。その時はフェラーリのワークスドライバーだったんだが、以前うちで乗ってたので、ちょっとだけでも走らせてみてくれと借りたわけさ。終わってから彼が言うには、クルマは問題ないけれど、全開で攻める気にはなれなかったそうだ。結局ジャックはプラクティスの終わりまでに間に合わず、さらに1時間も遅れてやって来た。なんでもモデナから来る途中で迷ってしまったとかで、私たちも丸1日を棒に振ってしまったわけさ」

「翌朝も6時半からで、今度はジャックもいた。彼はどんどん走り込んで、そこそこのタイムでコースにも慣れていった。そうこうするうちに、もっとフロントのブレーキを効かせたいと言ってピットインして、調整してからまた出て行ったんだが、カジノに向かって坂を登り切ったところでブレーキをロックさせて、そのままカジノの壁に突っ込んでしまった。ジャックに怪我はなかったが、シャシーは全損だったな。幸いエンジンは後ろにあったから無事だったけれど」

あのころの安全設備は20世紀の末とは大違いで、ブラバムがカジノ広場でブレーキをロックさせたあげくクルマを全損にした時も、まず電柱をなぎ倒し、さらにその向こうでカジノの入り口へと続く石造りの欄干に突っ込んで停まった。その結果、あのころ滅多にないことだったが、メカニック全員が徹夜態勢に追い込まれてしまった。

ふたたびウォーカーの回想による。

「あのレースにジョン・クーパーはF2を1台持って来て、レス・レストンを乗せて予選突破を狙っていた。でも、あのころのクーパーは、F2シャシーでもF1のエンジンが載るようにできていた。燃料タンクだけは、105周するだけの容量がなかったけどね。つまり給油ストップが必要ということさ。そこで私たちはそのF2を召し上げてF1のエンジンを積み込むことにしたんだ。うちのメカニックだけじゃなくクーパーも全員総出で、夜通しかかって『二個一』をやったんだが、仕事ぶりはすばらしかったね」

「次の日までにクルマは組み上がったが、とにかく予選が昼ごろからだったので助かったよ。そういうわけで出撃準備は完了したんだが、まだまともなタイムを出せてなかった。山は高かったね。でもジャックはどんどんサーキットに慣れて、それまでの予選通過車の最下位にじりじり近づいて行ったんだ。そしたら、何ということか、サン・ドヴォートでマステン・グレゴリーがエンジンを壊して、そこらじゅうにオイルをぶちまけてくれたんだ」

「これじゃもう誰もタイムなんか出せやしない。でも私は希望を捨てなかった。あれが起きたコーナーにいるオフィシャルはオテル・ド・パリのバーの主任で、私もよく知っている男だったんだ。そこであそこまで行って、オイルで危ないから予選を中断して清掃したいと言ってくれるように頼んだわけさ。彼も応じてくれて予選はストップ。で、コーナーのオイルはきれいに拭き取られて、ジャックは予選を通過しただけでなく、16台中の15位になってくれたんだ」

「決勝日は晴れ上がったけれど、グリッドの後ろに埋もれて、名も知らぬドライバーが乗ってるちっぽけなクーパーなんかに誰も見向きもしなかった。でも105周は長いからねえ。壊れるクルマもあったし、うちのも何台か抜いた。シケインで事故があって、モスもホーソーンもコリンズも消えていた。そんなわけで給油も上手くこなして、あと2周になったところで、なんとジャックはファンジオとブルックスを追って3位まで上がってたんだよ」

「でも、最終ラップの一つ前で、とんでもないことが起きた。ティーポ・モナの燃料ポンプが取り付け部分から落ちちゃったんだ。で、エンジンもステーション・ヘアピンでストップさ。そしたら、ジャックはそこから半ラップもクルマを押して、そういうことが当時は許されていたんだよ、へろへろになりながらも観衆の拍手に迎えられて、6位でゴールしたわけさ。ジャックの奥さんのベティもまだ小さかった息子のジェフリーも、グランドスタンドからあの超人的なシーンを見届けていた。ホテルに戻ってから、妻のベティに言ったんだ、『なあ、お前、信じられるかい。ワールドチャンピオンシップのかかったレースで、一時は3位を走ったんだよ』って。そしたら彼女は、『来年はもっと上になれるわよ』って切り返して来たんだ。本当にそうだったね。次の年、うちはモナコに勝ったのだから」

こんなに厳しくもおかしくて楽しい冒険（そして付け加えるなら、すばらしいホテルとか）ばかりが、当時のチームオーナーを囲んでいたわけではない。1950年代の後半のレースシーンには、困難も犠牲も苦しみもあった。

「あのころ、私たちはみんなとても親しかった。そう、本当に全員が。レースに付きものの危険というものが、私たちみんなを結び付けていたんだと思う。一つのレースでいっぺんに3人が亡くなるということも、あり得ないことではなかったから。いったんコースを外れたら、まず命はなかったね。怪我ですんでも、まあ酷いものだったよ」

たしかに過去の記録を一瞥するだけでも、ウォーカーの言うことは証明されている。タイトルのかかったF1関係だけでも、1953年から1960年までに8つのレースで死亡事故が起きている。誰も死なない年の方が少なかった。そんな状況は1960年代になっても続き、やっと1970年代を迎えようという時になって、ドライバーだけでなくオフィシャルや観客の安全を考えようという真剣な動きが、ジャッキー・スチュワートの音頭によって目立つようになってきた。しかしウォーカーの時代には、第二次世界大戦を経験してきた男たちにとって、危険も死も特別すぎる体験とは言えなかった。

彼は続けて言う。

「たしか1958年ごろのルマンだったと思うけれど、シェル石油のレース部門のマネジャーだった男がクーパーに乗っていて、いきなり後輪が外れるということがあったんだよ。ピットに飛び込んで来たホイールになぎ倒されて6人死んだ。そんなこと予想もしてなかった。その点なんだか戦争みたいだね」

そういった経験の蓄積もあり年齢もあって、今ウォーカーはF1のあれこれを、突き放した視線で振り返ることができるようになった。

「思うに、今や金と欲望の世界だね。私が現役だったころは、どこもかしこも仲間としての連帯感やら、スポーツする心、それにクルマに対する愛情もあれば、クルマも美しかった。で、最後は陽気で楽しいパーティーで締めくくったもんだけどね」

しかし、それが変化の兆しを見せはじめたころも、彼はF1界にいた。それ以前からのオリジナルメンバーであると同時に、変化の中での役割もあった。エクレストンが表舞台に登場し、チームを組織化して、やがてコンストラクターによる業界団体にまで発展させようと蠢き始めたころのことは、ウォーカーもよく覚えている。

「最初はいろいろな動きの一つにすぎず、まだFOCAという名前にもなっていなかった。あれは、私たちがアンドリュー・ファーガソンにクーパーを空輪させたのが始まりだったんじゃないかな。それまでは何でも船で運んでいたんだ。だから、うちの初めての優勝は、飛行機で運ばれたクルマによる最初の優勝ということにもなるね」

もちろん、そのレースとは1958年のアルゼンチンGPを指す。あの時はウォーカー・チームのクーパーに乗ったスターリング・モスが勝ったのだが、それは大規模なワークスチームを敵にまわしての、プライベート・チームによる初めての勝利でもあった。

「あれはアルコール燃料からガソリンに変わるころで、うちは1958年からはガソリンで走っていた」と彼は言う。

「BMWやヴァンウォールもそうだったが、あの切り替えに手間取ったチームも多かった。うちのチーフのアルフ・フランシスは、シーズンの終わりまでにクライマックス・エンジンをみごとにガソリンに適応させてくれたよ」

「あの年の初め、私はスイスにいたんだが、厭で厭でたまらなかった。母は家族ともどもオーストラリアへの避寒旅行中だったのに、妻のベティの一族ときたら大のスキー好きだったのだよ。で、そこにスターリング・モスから電報が来た。彼が乗っていたヴァンウォールがガソリンへの切り替えに難渋して解決できそうもないので、うちのクーパーに乗ってもいいと言うんだ。そこで『了解』と返電を打ったまではいいけれど、はてさて、どうやってブエノスアイレスのレースに間に合わせるかが難問だった。そしたら彼は、アルゼンチンの主催者が空輸代金の３０００ドルを持ってくれると保証したから問題ないって言うんだ。そこで大きなフェラーリたちの前にちっぽけなクーパーが姿を現して、こんな虫みたいなものに真っ青にさせられることになるわけだ。フェラーリもそうだが、ほかのチームはみんなクーパーなんか気にもしてなかったんだが、最初のプラクティスだけで、もう連中の顔から笑いをむしり取ってやったよ。スターリングが3番手だったんだからね。そしてもちろん、レースにも勝ってやった」

ついてないことに、ウォーカーはその場に居合わせることができなかった。2週間ものスイス旅行に強制的に付き合わされて、リギクルムで娘のドーヴェルニュを相手にクリケットをしていなければならなかったのだ。それもスキーの旗門をバット代わりに、雪の球を打つクリケットだった。いくら保養のためとはいえ、彼に言わせれば「おそろしい地獄」だった。おまけに息子のロビーがイートン校に入学したので、レースの直前に始まる学期に備えて、家にも帰ってやらなければならなかった。それに、彼自身が出向くよりメカニックを二人派遣する方が重要なのもわかっていたし、結果として正解だった。そしてこのエピソードには、翌年ヴァンウォールがレースから撤退し、モスがフルタイムでウォーカー・チームのために走れることになるという、願ってもない結末まで付いて来た。この組み合わせから、あの有名なモスによる１９６０年のモナコ制覇がもたらされる。これがＦ１におけるロータスの初勝利だったが、コーリン・チャプマンが率いるワークスチームが勝てるようになるまでには、まだ18カ月も待たなければならなかった。そして翌年には、ウォーカーとモスはドイツＧＰにも優勝する。そいうわけでブエノスアイレスに行かなかったことは、ウォーカーにとって最も重要な勝利の一つを見逃した結果となった。

そしてそのころ彼は、もっと違う状況にも出会いはじめていた。エンゾ・フェラーリがやたらとモスを欲しがりだしたのもそうだった。その一方では、ヨーロッパのメーカーチームから「修理屋」呼ばわりされ、眼中にも置かれていなかった「キットカー・コンストラクター」が頭角をあらわし、次世代のＦ１像を形成しつつあった。

後になってウォーカーは、初めてチームが会合を持った時のことを回想している。

「最初の会議はオーストリアでだった。コーリン・チャプマンもケン・ティレルもいたのを覚えている。クーパーがいたかどうかは記憶がないなあ。だから、彼らがF1から撤退した後のことだったに違いない。それにバーニーもいたのは確かだけれど、それを思い出したのは、ずっとずっと後になってからのことだよ。ともあれ、あそこで組織ができたわけで、フェラーリからも長年マネジャーをつとめてきたマルコ・ピッチニーニが顔を出してた。その後も彼はかならず出席してたな。要するに、その時点ではチームオーナーとマネジャーの会議だったわけだ。ピッチニーニという男は非常に鋭かったから、彼と話す時には用心しなければならなかった。でもあの時はまだ会長や議長がいたわけじゃない。すべてはその後のことだよ」

しかし、それまでにウォーカーもF1界も一つの儀式を終え、新たな領域へと足を踏み入れていた。ウォーカーにとっては、それまで慣れ親しんできた古き佳き日々ではあったが、そこを悲劇が直撃した。1959年1月22日、ギルドフォード・バイパスを飛ばしていたマイク・ホーソーンが事故死したのだ。ホーソーンにとっては、フェラーリでチャンピオンになりレースを引退してからわずか1カ月後の事故だった。ウォーカーの良き友であったという以上に悲劇的だったのは、事故が目の前で起き、現場に駆けつける最初の一人にならざるを得なかったという事実だった。あの雨の中で、300SLドロップヘッドに乗る彼の前を、ホーソーンは走っていた。そして大破したグリーンのジャガー・サルーンのリアシート付近に投げ出されたように倒れ、口から少量の血を流していた。

ウォーカーとスターリング・モスは親しい友人どうしであると当時に、チームオーナーとドライバーという関係にあったが、どちらが勝るかといえばもちろん前者、厚い友情だった。後の時代と比較してそこには深いものがあった。今では、F1のみならずモータースポーツのトップクラスでは、そんな打ち解けた人間関係に時間を割く者などほとんどいない。すべてビジネスだからだ。とはいえ、このスポーツの発展とビジネスは常に表裏一体でもあった。これは避けられないことでもあった。抜きんでたプライベティアとして知られたロブ・ウォーカーでさえ、優れたビジネス的手腕を必要としていた。これはまったくの偶然だが、ウォーカー自身も配下のドライバーにまつわる美味しいビジネスチャンスに恵まれたことがある。ドライバーの勇気と技量を、F1界に進出してきたエクレストンに、マネジャー兼代理人として委ねたのだ。その名をヨッヘン・リントといったが、それでもウォーカーのドライバーであることに変わりはなかった。そしてジョー・ボニエもいる。彼はそのまま経験を積めば、やがてモータースポーツ界のビジネス戦線で先頭に立つことができたかもしれない人材だった。これらは、そういう取り引きが行われるようになった、最も初期の例だが。

1964年、ボニエはスイスに住んでいた。6カ国語を流暢に操るスウェーデン人だったが、個人的な交際の範囲は非常に狭かった。だから冷淡で高慢だとも、近づき難いとも評されたりした。そんな彼はドライバーであると同時に、優れたビジネスマンとしての側面も具えていたので、ウォーカーはクルマに乗せるだけでなく、エージェントとしても引き立てていた。その語学力を駆使できたうえに、グランプリ・ドライバーズ・アソシエーション（GPDA）の会長としての立場を利して、彼はスターティングマネーの交渉などに当たっていた。

「彼はチームのためにスターティングマネーを引き上げるとなったら、与えられた肩書を振りかざして強引にねじ込むなど、平気の平左だったね」とウォーカーは言う。

「その背景に交渉で得た金の半分が自分のポケットに入るという、私との合意が働いていたのは疑いもないことだ」

ウォーカーの見立てによれば、後にエクレストンがF1界で振るうようになった才能を、ボニエも具えていた。もう一つの思い出も、彼の企業家的な手腕を示す好例と言えるだろう。ウォーカーはこう語っている。

「ジョーが美味いことを思いついたことがあるんだ。私たちがレースで行く先々の国ごとに、地元のドライバーに売り込んで、セカンドカーを有料で貸したらどうかと言うのさ。たとえばニュルブルクリングでは、ジョーがうちのブラバムBMWに乗って、クーパー・クライマックスの方をユーロピアン・ヒルクライム・チャンピオンのエドガー・バルトに貸してやるという寸法だよ。私の記憶だと、彼は予選でもおそろしく遅かったし、決勝では2周目でエンジンを壊してしまったんだけどね。だから、これで彼が納得できるほど儲かったとは思えないな」

「モンザでは、もっと具合の良くないことになってしまったね。『ジェキ』とかいう偽名で地元のヒーローになってたドライバーを乗せたんだが、プラクティスの最初からジョーのクルマに問題が出すぎて、かわいそうなジェキには、シート合わせすらろくに面倒を見てやれなかった。だから彼はてきめんに予選1日目が駄目で、予選2日目は雨だったから、もちろん通過の可能性はゼロさ。そこでイタリアの主催者はジェキには事前合意ぶんのスターティングマネーの支払いを拒否したんだ。それに対してジョーは、『彼のエントリーを認めたのはそっちで、予選の結果が良くなかったとか何とかもそっちの問題だ。こっちの知ったこっちゃない』と迫ったんだな。結局、先方は呆れて二の句も継げなくなって払ったよ」

しかし、こういうレンタカー商法のおかげで、ウォーカーはヨッヘン・リントと出会うことになる。ツェルトヴェークのオーストリアGPで、ボニエはF2で凄いと評判の若手にセカンドカーを貸し出すことにした。彼にとっては、これが初めてのF1レースだった。

「こんなチャンスに、彼はすごく興奮していたなあ。空港に着いて初めて会った時、私を探してうろうろしていたのを覚えてるよ。彼はあの通りチャーミングな若者で、一途で、F1に乗れるのを本当に喜んでいた。それに彼は、初めてF1に乗せてくれたのが私だということを、ずっと後になっても忘れずにいてくれた。何年かしてエステルライヒリングが新装された時、『新しいサーキットで初乗りさせてあげましょう』と言って、私をメルセデス500SELの隣に乗せて回ってくれたんだ。あれには感激したよ」

その後リントはクーパー・ワークスに加入し、エクレストンにマネジメントを任せるようになった。このように、レース界に長くいたおかげで、ウォーカーは誰とでもどこでもきわめて密接な関係を築くことになった。彼はフェラーリとも知り合いなら、モスやエクレストンをはじめグレアム・ヒル、チャプマンにジョン・サーティースともとても親しかった。彼らのことなら何でも知っていて、笑ってしまうようなエピソードにも事欠かない。モスとの特別な友情が翳ったのは、フェラーリとの一件があった時だけだった。1962年の初め、マラネロに来てフェラーリに会わないかという誘いを、モスが断りきれなくなってしまったのだった。それも「欲しいドライバー」として、「イル・インジェネーレ」（ザ・エンジニア）と称されている男からの招待だった。

モスは後にきちんとワークスで仕立てられたフェラーリで、それが紺色に白いストライプのウォーカーカラーに塗られ、現場のレース活動がウォーカー・チームに任されるという条件さえ整えば、乗ってもいいと思ったと語っている。驚いたことに、フェラーリはその条件を呑んだそうだ。しかし実際の段取りが整わないうちに、その年のグッドウッドでのイースターマンデー・レースでモスのロータスはひどくクラッシュしてしまう。以来、モスがトップレベルのレースに参加することは二度となかった。

「もちろん、それはショックだったよ」とウォーカーは語っている。「それでもチームとしては活動を続けることにして、今度はモーリス・トランティニアンを起用した。でも、モス並みとは行かなかったな。モスとなら、何でもできそうな気がしたものだよ。ほかの誰より圧倒的に上だった」

その後ウォーカー・チームは順調とはいえず、ゆっくりとではあるが下降線を辿ることになる。それでも1965年から5年の間は、ジョー・シフェールとともに幸せな時間を過ごすことができた。彼はシフェールを「セッピ」と呼んでかわいがり、1968年のイギリスGPでは優勝さえした。これがウォーカーとシフェールにとって最高の成績だった。チームの母国での勝利だったが、もっと重要なことは、ドライバーにとっての勝利というだけでなく、ウォーカー・チームによる勝利だったことだ。「妻も私も、セッピが大好きだった」と、彼は懐しんで言う。そして「すばらしい男だったよ。度胸があるだけでなく、ユーモアのセンスもすごかったし」と。

1971年のヴィクトリー・レース（ノンタイトル戦）でBRMに乗っていたシフェールの事故死は、ウォーカーにも深刻な打撃となった。事故、火災、不運、そしてそれにいろいろな難問が打ち続いた結果出費も嵩み、さすがのウォーカー・チームといえども持ち堪えるのが困難になってきた。最後に組んだのはグレアム・ヒルだったが、そのころは商業的なスポンサーシップがF1界でも大手を振って闊歩し始めていた。そこでウォーカーは、ジョン・サーティースのチームの一部に名前だけ付けたのを最後に独自の活動に終止符を打ち、ジャーナリストに転向することにした。ここまで、愛するスポーツに掛け値なしに打ち込んで来た末のことだった。そんな30年間を過ごしてきた彼は今、そびえ立つ巨大なモーターホームや広告看板があふれるパドックの光景を、まだ受け入れられずにいる。

第4章　イギリス新興勢力の抬頭

ロブ・ウォーカーは偉大な貴族的プライベート・エントラントとしては最後の人物で、少なくとも俗物でないことは確かだった。競争心や努力や、その他モータースポーツに必要なものを理解し、勇敢で財力にも恵まれていただけでなく、そのすべての背景としての優れたユーモアのセンスも持ち合わせていた。優れたクルマ作りにも、彼は関心を抱いていた。それがグランプリにおける「イギリス革命」を押し進める原動力になるからだった。これを別の言い方で表現するなら「キットカー・チームの勃興」であり、ヨーロッパのお偉方が見下しつつ言うところの「修理屋」でもある。その代表といえば、誰よりもジョン・クーパーとコーリン・チャプマンだろう。やり方は互いに異なっていたが、F1界での影響力の大きさはいい勝負だった。あれを真似たコンストラクターや、そのクルマを買ったチームによって新しいF1の歴史が作られ、次の世代に受け継がれてきたのだから。試しに時代ごとのエントリーリストをざっと振り返ってみても、いかに変化が大きかったかが明らかだ。

1955年の主なエントラントといえばフェラーリ、ゴルディーニ、ランチア、マセラティ、メルセデスといったところで、とりあえずヨーロッパ圏内とはいえ、国際色たっぷりだった。それが1960年までにはアストン・マーティン、BRM、クーパー、フェラーリ、ロータスという分布になる。そのほか短期間だけポルシェもいたが、いかにイギリス側の勢力が伸びたかわかるだろう。そして1965年になると、ブラバム、BRM、クーパー、フェラーリ、ホンダ、ロータス、そしてもちろんロブ・ウォーカー（クルマはブラバム）といった図式に発展する。ここで重要なのは、そもそもブラバムはウォーカーとクーパーによってF1界に入ったということだ。

1970年のエントリーリストは、ブラバム、ヤードレイBRM、フェラーリ、マクラーレン、ゴールドリーフ・チーム・ロータス、ウォーカー（ロータス）、エルフ・マーチ（ティレル・チーム）、STPマーチ（ワークス）、エルフ・マトラ、サーティース、デ・トマゾで構成されている。これほどまでに「キットカー・チーム」が増殖し、スポンサーシップも踏み込んで来ていた。そして5年後までには、これはさらに膨張する。そこに名前を連ねるのはマールボロ・テキサコ・マクラーレン、エルフ・ティレル、JPSロータス、マルティーニ・ブラバム、ベータ・マーチ、ラヴァッツァ・マーチ、フェラーリ、BRM、UOPシャドウ、サーティース、ウィリアムズ、エンバシー・ローラ、ヘスケス、パーネリ、ファーストナショナル・シティバンク・ペンスキー、コパスカという具合だ。そして、こんなに世界的な規模で、いろいろな基盤に立ついろいろなブランドが参入したのも、元はと言えばコーリン・チャプマンとバーニー・エクレストンに先見の明があったからにほかならない。

さらに続けて1980年のエントリーリストを覗いてみるとフェラーリ、キャンディ・ティレル、パルマラート・ブラバム、マールボロ・マクラーレン、ATS、エセックス・ロータス、ユニパート・エンサイン、エルフ・ルノー、スコール・フィッティパルディ、マールボロ・アルファ・ロメオ、ジタン・リジェ、サウディア・レイランド・ウィリアムズ、ヴァルシュタイナー・アロウズ、オゼッラと並ぶ。このころすでに未熟ながらピラニア・クラブが形作られていたのは明白だ。そしてもちろん、いわゆる「FOSA－FOCA戦争」の足音も遠くに聞こえはじめていた。それ以降のF1界の顔ぶれは、すでに読者諸兄もよく知っている通りだ。この流れこそジョン・クーパー、コーリン・チャプマン、そしてバーニー・エクレストンの存在の重要性を物語るものだ。これが1950年代と1960年代の古典的かつ趣味的な世界が1970年代にビジネスマンに乗っ取られ、その後さらに業界の巨頭によって牛耳られるようになった結果そのものなのだ。

ジョン・クーパーに陽気な精神と節度が同居していることは誰の目にもすぐわかった。彼は性格の中に、ピラニア・クラブのメンバーとして求められる要素など持ち合わせてはいなかった。彼にはドルより笑顔が似合ったし、敵より友人が多かった。そして、あの種の誰とも同じようにスピードとレースが大好きだった。ジョンと、共同経営者として彼を支えた父チャールズは、F1界で成功をおさめながらも、最も地味な存在だった。サービトンの、そして後にバイフリートに移った工場でじっくり静かに仕事をしながら、途方もない変革を実現したのだった。彼らには宣伝係もマネジャーもいなければ、ほとんど魔法も使わなかったけれど、いつも上手く行っていた。いうなれば彼らは自ら考え自らの手で作り、みんなと喜びを分かち合う、20世紀前半のイギリス式を受け継いでいた。だから名著『Man and Motor - The 20th Century Love Affair（人と車――20世紀の恋物語）』を編纂したデレック・ジュエルなどは、ジョン・クーパーをあの時代のベテラン映画俳優と比較したりしているほどだ。それによると「大柄なジョンは深くしわの刻まれた謹厳な顔つきという点でジャック・ホーキンスを思い起こさせる」という。「多くの勝者を後押しし、インディアナポリスからニュルブルクリングに至るまでクルマを送り込んだ彼の手は、ほとんど休むことがなかった」とも。

ジョン・ニュートン・クーパーの物語は、リアエンジン・レーシングカーの復活記でもある。ダークグリーンに白いストライプを2本配した、キュッと引き締まった彼のクルマの成功も人気も、サリー州にあったクーパー・カー・カンパニーの旧工場から始まった。彼と父チャールズは、モーターサイクル用のエンジンを後ろに積んだフォーミュラ500レーシングカーを初めて仕立てた時には、その方式がやがてF1界まで変えてしまうなどとは、まったく想像もしていなかった。ああいう設計にしたのは、それが現実的で安上がりだったからにすぎない。フロントにエンジンを置くより簡潔で作りやすく、そのぶん原価もかからなかったのだ。フォーミュラ500は現代のF3の先駆となったカテゴリーで、モーターサイクルのエンジンを利用した小さなクルマだったが、レースはスリル満点だった。ここで奮闘したドライバーたちからは、後にF1界の重鎮の多くが輩出している。たとえばケン・ティレルやバーニー・エクレストンもその例で、単なるお楽しみのためだけの廃物利用とは違ったのだ。

「最初に『500』のクルマを作ろうとしたとき、後ろにエンジンを載せてチェーンで駆動するほど簡単なことはなかったんだ」とジョン・クーパーは語っている。

「べつに理論的に新分野を切り拓くなんて、考えてたわけじゃない。うちのクーパー・ブリストルF2はフロントエンジンだっただろ。500ではリアエンジンの方が実際的だったまでさ。1950年代の半ばにリアエンジンでショートテールのスポーツカーを作ってみて、これ、イケるんじゃないかと思うようになったんだよ。超小型で軽量で、タイヤも楽できて、全体のバランスも良くて、おまけに金もかからなかったんだから」

自ら編み出した技術革新や、それがあんなに大成功をおさめたことに対しても、こんなに控えめに謙遜してしまうのがジョン・クーパーなのだ。大成功も大成功、なにしろフェラーリ、マセラティ、ヴァンウォールといった連中まで打ち負かしてしまったのだから、もうちょっとぐらいは自慢してもよさそうなものなのに。

彼らの最初の偉大なる勝利は、すでに前の章でも紹介した通り、1958年のアルゼンチンでのことだった。その時のクーパーはロブ・ウォーカー・チームからのエントリーでドライバーはスターリング・モス、エンジンは2・2ℓのコヴェントリー・クライマックスだった。あの時のモスはタイヤが磨耗しきってカンヴァスが露出しても、ノンストップで走りきったことで知られている。ベテランメカニックのアルフ・フランシスが敵の裏をかいて、さもピットストップが差し迫っているかのように見せかけたのがカギだった。しかし実際には停まらず、ウォーカー・チームのちっぽけなダークブルーのクルマが、威風堂堂たるフロントエンジンのフェラーリを駆るルイジ・ムッソを振り切って勝ってしまった。しかし実際にレースをやるまでは、小柄なクーパーなど嘲笑の的だったどころか、エントリーから締め出されかねないような存在だった。主催者としては、こんなクルマが出走するなどイベントに対する侮辱だという態度をあからさまにしていた。しかし今では、あの勝利はF1史上で最も記念すべき出来事の一つとされている。

ジョン・クーパーはまた、ただリアエンジンのレーシングカーを生き返らせただけでなく、F1に大きな可能性をもたらす働きもした。各部を調整式にしていろいろなセッティングを可能にし、ドライビングスタイルの多様さに対応できるようにしたことだ。

「ああなるまでは、イギリスのモータースポーツって、金持ちの昔話の種みたいなもんだったよね」とジョン・クーパーは、デイヴィッド・トレメインとのインタビューで語っている。それが出版される直前の2000年12月26日、彼は世を去った。

「でも、うちのクルマは安かったんで、まるっきり世代の違うドライバーに、違うことをさせてやれた。スターリング・モスとかロイ・サルヴァドーリなんかも出て来て、上手く行けば金になることがわかって、どんどんプロで出世してったんだ」

クーパーのアイディアから生まれたクルマは1950年代末期のF1を席巻し、1960年代にも非常に大きな役割を演じていた。その路線を追ったチャプマンのロータスがみるみる頭角をあらわして来たし、クーパーが若く野心あふれるロン・デニスをメカニックとして雇ったのもこのころだった。その後デニスは、右肩上がりのF1界で最も有力な存在の一員となったばかりか、ピラニア・クラブの中核をも成すまでになる。そのころクーパーは市販車のミニ・クーパーでも上手く行っていたが、逆にF1の方は衰退に向かい、デニスが超大物にまで出世するずっと前に、多くの功績を称賛されつつ、もはや羨ましがられることもなく撤退して行かねばならなかった。

そんなジョン・クーパーは、古き佳き時代の人物らしく、ほかにさまざまな出来事や話題でぎっしりの人生を謳歌していた。彼が笑いながら話してくれたことだが、クーパー・カーズ華やかなりしころ、ドライバーもオーナーマネジャーもいっしょくたに仕事を楽しんでいたころの悪ふざけに、こんなのがある。それは1958年7月5日、ランスでのフランスGP前夜のことだった。

「レースの前の晩だったけどね、みんなでバーに集まってたわけさ。そこの中庭に木が2本あったんだ。そしたら、ちょっと飲んでたマイク・ホーソーンとステュワート・ルイス－エヴァンスがだな、どっちが早くてっぺんまで登れるか賭けようって話になっちゃって、本当にひっちゃきに登りだしたんだ」

クーパーが亡くなった直後、「インサイドF1」のウェブに掲載されたトレメインのインタビューでは、ここにもう一人ドライバーが登場する。具体的には伏せられているが、有名なドライバーだそうだ。その木の下に立った彼は、すぐ何かおかしいことに気づく。

「水が落ちてきたんだってさ」とクーパー。

「で、上を見たらマイク・ホーソーンがしょんべんひっかけてたんだよ。『いつもお前にゃ、高いところからしょんべんかけてやりたいって思ってたんだ』って叫びながらね」

クーパーは笑いながらも、本当の話だと請け合った。その翌日ホーソーンはフェラーリでフランスGPに優勝し、ファステストラップも記録した。それはファン－マヌエル・ファンジオにとって最後のレースでもあった。そしてルイジ・ムッソが死んだレースでもあった。エクレストンの親友であり、前の晩ふざけていたルイス－エヴァンスもその年の後半、カサブランカで開かれたモロッコGPで死んだ。そして次の1月、マイク・ホーソーンもギルドフォード・バイパスで不帰の客になってしまった。

もちろんクーパーや彼と同時代を生きた人々はロブ・ウォーカーと同じく、サーキットでの死など珍しくもない日々のまっただ中にいた。それが人生の真実だった。だから誰もが人生なとはかないもので、おおいに楽しまなければ損だと思っていた。クーパーもチャプマンもそんな考え方の持ち主だったので、いつも最大限のユーモアを忘れなかった。ウォーカーの電話帳引き裂き術ほど凄くはないにせよ、クーパーの隠し芸がトンボ返りなのはよく知られていた。そこで彼は、彼のクルマとドライバーが優勝すると、ピットロードのアスファルトの上でもトンボ返りすることにしたのだが、結局はジャック・ブラバムやスターリング・モス、そしてブルース・マクラーレンなどによって、したたかに路面にずっこけさせられてしまうのが落ちだった。そんな中でブラバムは1959年と1960年の2年連続でドライバーズタイトルを勝ち取り、同時にクーパーもコンストラクターの王者になった。サービトンから始まった父子の共同事業が、とうとう大きなファクトリーチームを打ち破ったのだった。

しかしサービトンでは、べつにたいしたことは起きなかった。ジュエルが書いているところによると、地元の人々は、クーパー家の仕事が世界一になったからといって、特に提灯《ちょうちん》行列をするほどの反応も示さなかったという。さらに、

「どうですか、地元じゃ皆さん歌えや踊れなんでしょ」

「いや、税金が高くなっただけさ」

「まさか」

「それから、レース前に徹夜してると、大勢集まってわいわいがやがや見てるな」

「それだけですか」

「ああ、近所のパン屋からケーキが届いたっけな」

とにかくクーパーは豪放な大笑いで、どんな気取りも吹き飛ばしてしまう。まるで名声も落胆も眼中にないみたいだ。1960年代を迎え、世相が自由奔放になり、ポップな音楽やファッションの若者文化が花咲き、ライバルだったコーリン・チャプマンのロータスに設計思想で追い越されたことも、クーパーは気にしていなかった。ロータス・カーズもクーパー・カーズと同様に、ロンドン郊外の片隅で産声をあげた。それは最初サービトンとホーンゼイという住所の違いにすぎなかったのに、やがて世間の目はチャプマンの革新的なクルマ作りと、ジム・クラークの天才的なドライビングにのみ注がれることになる。結局サービトンはフェラーリと同じく、多くのドライバーをF1界に送り出したことと、ミニ・クーパーによって記憶される運命を辿る。

ところでミニ・クーパーも、ジョン・クーパーの人生がいつもそうだったように、友人関係が誕生の発端となったクルマだった。この場合はブリティッシュ・モーター・コーポレーション（BMC）の主任設計者でチーフエンジニアでもあったアレ

ック・イシゴニスがそうだった。

「アレックのことは昔から知ってた。1947年、私はレース経験まだ2回目だったんだが、そこで彼を負かしたんだ。それ以来の友達だよ。うんと初期の試作ミニにも乗せてもらったな。信じらんなかったね、あんなクルマ。すごく印象に残ったのは事実だ。モンザまで乗ってって、あのころフェラーリの設計主任してたランプレーディに見せたこともあるよ。試乗してから、奴さん、こう言ったもんだ。『いやはや、とんだクルマだ。思わず自分の頭を撃ち抜きたくなっちゃうね』って。で、発売されたらF1ドライバーやらその友達連中が片っ端からミニを買って、ちょっとしたチューニングを始めたわけさ。そこでイシゴニスに、そういう好き者向けに、いっちょう作ったらどうだって持ちかけてみた。うちでもエンジンを850ccから1ℓに大きくしたりディスクブレーキ付けたり、いろいろ飾りたてたのを作ってみたんだ。それが元で、うちとBMCが共同開発することになって、レースやラリーに出始めたのさ」

その結果1960年代の半ばまでにミニ・クーパーの生産は6万台を越え、山椒は小粒でぴりりと辛いの諺どおり世界のラリーを荒し回ったほか、イギリスとヨーロッパのツーリングカーレースでもチャンピオンになってしまった。これで小さなファミリービジネスも大儲けだったたが、それでもジョン・クーパーを有頂天にさせるに足りたわけではない。

ドライバーから後にクーパーの監督になったロイ・サルヴァドーリの回想によると、

「ことレーシングカーに関しちゃ、ジョン・クーパーほど熱くなる人間は見たことないね。本当にクルマに感情移入してたんだから。ピットでも、鉛筆を持ったまま急にそわそわしだすことがあるんだ。それからクルマの周りをうろうろ歩きはじめる。そうなると、もう質問の機関銃さ。あれはやったか、これはすませたかって具合。心配でしょうがないんだな。それからドライバーにも、いつももっと速く走れって言ってた。コースサイドで見てる時でも、ぶつぶつ文句言ってたよ、『なんかタイム落ちたぞ、このタイムじゃクルマの性能を引き出してないな』とか。極めつけを知ってるかい、シルヴァーストーンに行った時だけど、予選で『何もかも最高じゃないか、天気はいいし、クルマのハンドリングもオーケーだし、ブレーキは効くし、ギアボックスも問題ないし……、でもなあ、敵さんより2秒も遅いんだよなあ』ってのさ」

こんなジョン・クーパーの熱中癖が父親のチャールズ譲りだ

ったのも、モータースポーツ界ではよく知られている。世の父親というものは遺伝子を通じ、また毎日の暮らしを通じて、子供たちに情熱を移植していくことが多い。形としてはさまざまながら、こういった現象はほかの家庭、たとえばブラバム、チャプマン、ヒル、スチュワート、ティレルなどにも見受けられる。だからジョンの情熱とファミリーの成功の根源は、ひとえにチャールズにある。ネイピアの見習いに始まってケイ・ドンのチーフメカニックをつとめた彼は、１９３３年にサービトンのイーウェル・ロードに初めてのガレージを開業した。その後そこで自分用の超軽量機フライング・フリーを作ったりもしている。そして驚くべきことに、ジョンは8歳の時に父からクルマを与えられ、ブルックランズのパドックで乗り回していたそうだ。12歳でもらった2台目にはチューニング済みのオースティン・セヴン・エンジンが載っていて、オフィシャルに止められるまで、平均約１４０km／hでブルックランズを走り続けたという。

15歳でサービトンのグラマースクールを卒業したジョンは家業の手伝いを始め、レーシングドライバーになる夢を育んでいくことになる。しかし実際には修理工の道に進み、やがて戦争の勃発とともに一人乗り潜水艇の秘密計画に4年間従事し、その後は空軍で過ごした。

戦争が終わると彼はサービトンに帰り、父とともに修理屋を切り回しながら、その後の運命を切り拓いて行くことになる。そんな中で描いたオリジナルカーの素案がやがて世界の主流となり、その後の彼らの進路を示すことになるのだった。実際には苦し紛れに捻り出したようなアイディアだったが、目的は明快だった。要するに当時のフォーミュラ５００を走るための、安くて速くて楽しめるクルマを作りたかっただけなのだ。使われた部品といえばフィアット・トポリーノのサスペンション、フォードのユニバーサル・ジョイント、バイク用のクラッチとギアボックス、モリソンの防空壕用の部品のスクラップ（フレームの一部に流用）、それから５００ccのダートトラック用JAP単気筒エンジンなどだった。これらを組み合わせてできあがったクルマは軽量でトラクション性能に優れ、とにかくよく走った。

工場の床にチョークで描いた下図から始まったクルマは5週間で形になり、すぐさまスプリントレースやヒルクライムで活躍し始めた。ジョン・クーパー自身もステアリングを握って優勝を記録し、すっかりハマってしまった。そこで古くからの友人エリック・ブランドンのために2号車を作ったのだが、これもたちまち優勝戦線の常連になった。そうなると、たちまち注文殺到だ。予期せぬことだったが、古くさいクーパー修理工場がいっぱしのメーカーに変身するまで、ほとんどアッという間のことだった。とりあえず作ることが決まった最初の12台の客の中に、あのスターリング・モスもいた。当時はまだスピードにとり憑かれた十代の少年だった。そのほかにも、このちっぽけなクーパーからやがて大きく成長することになるピーター・コリンズ、マイク・ホーソーン、スチュワート・ルイス－エヴァンス、ハリー・シェル、ジャック・ブラバム、ロイ・サルヴァドーリ、レス・レストンたちが、続々とクーパーのステアリングを握ることになる。どれもみな速くて頼りになる連中ばかりだった。

「うちのクルマはね」とジョン・クーパーは言う。

「たとえクラッシュしても、ドライバーが五体無事で出て来るから、心配なく見てられたんだよ」

たしかに頑丈さで知られたクーパーは、よく「鍛冶屋のクルマ」などと呼ばれていたものだ。これは賛辞としてのニックネームで、たいていの場合、本当にそうだった。たとえばデレック・ジュエルが書いたものによると、ジョン・クーパー自身もベルリンのアーヴス・サーキットで、事故で停まっていた2台を避けようとして壁に接触してしまったが、そのまま150ヤードばかり押し戻して乗り込んだばかりでなく、記録破りの平均150km／hで優勝したことがあるという。

ともかくそんな具合にして、クーパーは着々と実績を積み重ねていった。彼らはまずフォーミュラ500を席巻し、スポーツカーを経て、やがてさらに大きく速く、依然として競争力のあるクルマを作り続けながらF2、そしてF1へと駒を進めることになる。まず1955年に演じてみせたブレイクスルーはスポーツカーだった。ボアアップにボアアップを重ねたコヴェントリー・クライマックス・エンジン（元はといえば消防の揚水ポンプ用だったのだが）にありきたりのギアボックスを組み合わせて搭載したのもユニークだったが、ボディの後ろがすっぱり切り落とされていたのも斬新で、すぐさまマンクス・テールなるあだ名を頂戴した。マン島の猫にはほとんど尻尾がないことから来たものだ。

このクルマのことをサルヴァドーリはこう回想している。

「時代を先取りしてたね。速くて安定してたし、空気の流れも完璧だった。テールを切り落としたおかげで、うまく気流がリアを抑えたんだろう。実際には、ジョンが後ろをちょん切ったのは、そうしないとトランスポーターに2台入らなかったせいなんだけどね。信じられるかい、実は私も確かめたわけじゃないんだ。聞いても冗談ではぐらかされちゃうんだ。そういうわけで、真相は謎のままなんだよ」

このスポーツカーが売れたおかげで、クーパーはますます純レーシングカーに投資できるようになった。その結果F2でも活躍して、さらに客も増える。中でも記憶に鮮やかなのがブエノスアイレスでの快走で、わずか3000ポンド相当のウォーカー・クーパーが、3万ポンドはするに違いないライバルを片っ端からやっつけて見せた。でも成功したからといって、台所はいつも火の車だった。だからクーパーのドライバーたちは、いつもリスクを冒さず事故を起こさず、エンジンも労るように指示されていた。クルマをつぶしたりエンジンを壊したりすると、たちまち財布が空っけつになるからだった。

「ジョンはいつも金の心配ばかりしてたな」とサルヴァドーリはデレック・ジュエルに語っている。

「誰かとぎりぎりで競り合うなんて、ほとんどなかった。私たちはもっと練習したかったんだが、彼が許してくれないんだよ。とにかくクラッシュを恐れてたね」

そして今でも伝説になっているが、F1への進出も、工場の床にチョークで描かれた簡単な図面から始まった。本当に伝えられる通りかどうかは眉唾ものだが、それを否定する声もほとんどない。「いつもクーパーって、普段の暮らしの一部分みたいにしてクルマを作っちゃうんだよ」と言うのは、ジョン・クーパー、ジャック・ブラバム、オーウェン・マドックたちが工場で車座になって1959年型の相談をしていた様子を見たレス・レストンだ。もっとも、それはあまり重要なことでもない。それで彼らは1959年に勝ちまくってしまったわけだし、競争相手が続々とミッドエンジンに宗旨替えして追いついてきた1960年にも、まったく新しい5速ギアボックスを投入して覇権を守ったのだから。ブラバムがザントフールト、スパ、ランス、シルヴァーストーン、オポルトと連戦連勝した時のことを、「あのギアボックスが効いたな」とジョン・クーパーは振り返っている。

彼らはまだ、その時そのものが頂点だとは気付く由もなかったが、クーパーのサクセスストーリーもそんなに長続きはしなかった。やがてブラバムが自らのチームを旗揚げするために去り、入れ代わりに起用されたブルース・マクラーレンは穴埋めになるほど強力でもなければ確実に勝てもしなかった。196

1年にはミニ・クーパーが発売されたが、1964年には長らく病床にあった父チャールズが世を去る。ジョン自身もキングストン・バイパスでミニをテスト中に160km／h以上で事故を起こし、あやうく命拾いするありさまだった。その一方ではコーリン・チャプマンのロータスが、まさに日の出の勢いでのして来ていた。その結果、ジョンはレースより商売に身を入れるようになって行く。

そんな経緯を、ジョン自身も率直に語っている。1965年のことだが、彼が言うには、

「1959年と1960年には、うちのクルマはよそより1年は先を行ってたと思う。でもそれからはみんな基本的に同じような部品の組み合わせになっちゃって、それにいいドライバーを乗せてきたんだ。ロータスなんか、うちよりずいぶん研究してたしね。それに向こうにはジム・クラークがいて、伸び盛りときたもんだ。コーリン・チャプマンも、うちが思いついたアイディアに、もっと科学的なメスを入れてたし。グランプリに勝つんだったら、三つ必要なんだ。いいシャシー、いいエンジン、いいドライバーだよ。あっちにはそれがそろってたってこと。いいドライバーがなきゃ、エンジンをオーバーホールのためにメーカーに送り返した時だって、それなりの仕事しかしてもらえないもんだ。そうなると、どうしようもない悪循環さ。それに勝てないことが続くと、チームの士気も下がりっぱなしになるしねえ」

彼とそのファミリーのやり方では、クーパーがそれなりの限界に到達してしまったことを認めないわけにはいかない。この時点でモータースポーツ界におけるイギリス技術のリーダーとしてのバトンはロンドン南部から北部へ、すなわちクーパーからロータスに手渡されたのだった。その移り変わりを目の当たりにしていた一人にスターリング・モスがいる。

「つまりレースというものが、単なる駆けっこからもっと科学的な考察の対象になったってことだよ。ロータスは科学的な知識を芸術的な境地にまで高めてクルマを作ったんだ。ジョンは叩き上げの、おそろしいほど腕利きの職人だった。もしちがう方法論で取り組んでいたら、ロータスと同じか、あれ以上の仕事をしたとは思うんだけどね」とモスは言っていた。

「コーリン・チャプマンが打ち立てたファッションをみんな追ったが、しょせんは模倣にすぎなかった。私はチャプマンをこそ20世紀で最も傑出したレーシングカー設計者でありエンジニアとして推したい。彼の才能は、路上を走る並みのクルマにさ

え恩恵をもたらした。そんな彼の死によって、明らかに一つの時代が終わった」（ルイス・スタンレイ。1982年、デイリー・エクスプレス紙上でのチャプマンに対する追悼の辞）

「私がコーリン・チャプマンを初めて知ったのは、1960年イタリアGPの予選でのことだった。ちょうど1500ccのF1開幕を目前に控えた時期のことで、ジョン・クーパーやフシユケ・フォン・ハンシュタインも交えた会合の席上だった。それを報道関係者は、ロータス、フェラーリ、クーパー、ポルシェによって開催された『F1サミット』と名付けて喜んでいたが」（エンゾ・フェラーリ。ジェラール・クロンバックの著書『Colin Chapman, The Man and His Cars』に寄せた序文で）

「コーリンはフェアな奴だった。それでも技術的な優位に立てそうなことがあると、どんなことでも実行せずにはおかなかった。もっとも、今じゃ事情も違うがね。私に対しては、彼は常にとても率直に接してくれたよ。私自身、これまで出会った人物、やって来たこと、すべてのチームを見渡してたった二人だけ尊敬すべき人物を挙げろと言われたら、エンゾ（フェラーリ）とコーリン（チャプマン）だ。それほどコーリンは偉大だった。スーパードライバーであり、スーパーエンジニアだった。ビジネスマンとしても有能だった。自分の持っているものを有効に活用してたね。知識でも名声でも、使えるものは総動員してたな。ほとんど限界だったと思うけど、彼自身はどこが限界で何が限界なのか、わかってなかったと思う。いずれにしても卓越した人物で、愛すべき奴でもあったよ」（バーニー・エクレストン。2001年6月、著者に対して語った中で）

アンソニー・コーリン・ブルース・チャプマンは1928年5月19日、スタンレイとメアリー夫妻の一人息子としてサリー州のリッチモンドに生まれた。一家はそこでオレンジツリーというパブを経営していた。その後、父スタンレイがホーンゼイのトッテナムレインにあるレイルウェイ・ホテルの支配人に就任したので一家も移り住み、コーリンもそこで幼少期を過ごした。F1界で指導的な地位に就いたほとんど全員がそうであるように、彼も幼いころからスピードの虜だった。同時に機械いじりにも熱中していた。そういう意味では、仕事の面だけでなく人生すべてをその方面に懸けることができて、幸福だったと言うべきだろう。彼は大学時代に飛行機の操縦も覚え、その時にレーシングカー設計にも通ずる「ミニマムを究める技術」に触れたと、一部では信じられている。目標に対する情熱と集中と野心も、この時代に養われたと見られる。彼はまた度外れたユーモアのセンスや限りないエネルギー、速いドライバー、腕利きのパイロット、射手、いけてるヨットマンという側面も持ち合わせていた。金儲けも巧かったが使う方も半端ではなかった。彼が自身の理想と情熱を注いで生み出したクルマとチームと会社の商標であるロータスが激しく浮き沈みしたのも、これと無関係ではなかった。

チーム・ロータスはチャプマンそのものだったから、1982年の12月16日に彼が死去した時、チームの精神もいっしょに死んだと言うしかない。現実にはチームはその後も行き詰まるまで10年にわたって活動を続けたが、もしチャプマンが健在のままこの事態を見たら、それはそれは深く悲しんだに違いない。ジャッキー・スチュワートによれば「チャプマンはモーターレーシングの歴史上、レーシングカーの設計において最も偉大かつ最も創造的な人物」だったし、エンゾ・フェラーリはジェラール・クロンバックのコーリン・チャプマンに関する著書の序文の中で、「私はいつも彼を尊敬していた。私の記憶にある彼は非常に明晰な夢想家であると同時に、技術に関する規則をどう解釈するかの術にも長けており、時流に先んじたアイディアをひねり出す才能にも恵まれていた」と記している。

またテレビ解説者のマーレイ・ウォーカーは、20世紀後半のF1におけるほとんどの人物を詳細に知っている立場だが、チャプマンについては「たぶん、自分自身にとっても周囲にとっても、才能があり余りすぎてたんだと思うね。いずれにしても、なし遂げたことが信じられないほどたくさんあって、それによって永遠に記憶される人物ではあるよ」と語っている。ウォーカーはまた、チャプマンは傷だらけの英雄であると同時に、ほかにないタイプの英雄だとも表現している。

「きわめて偉大な故コーリン・チャプマンの生涯が、かなり称賛すべきものではなかったとの見方もある。しかし、モータースポーツ界においてけっして長くなかった彼の存在が悲劇的に打ち切られたことによる強烈な衝撃が、彼の暗黒面を覆い隠してしまったとも言える。とにかく味気ないとか特徴に乏しいといった人物でなかったことだけは確かだね」

その一方で、彼はこうも言っている。

「チャプマンは、そう、きわめて強烈な光でもあって、ずっと才能の劣る連中にも道を照らしてやってたんだが、あまりにも明るすぎて、自分で燃え尽きちゃったとも言えるな」

「男らしくて力強くて、ハンサムで魅力あって、デザイナーとして天才的なだけじゃなく、精神的なリーダーであって親分としてもたいしたもんだったし、抜け目なく多才なビジネスマンでもあって、いつも周囲の連中よりモラルぎりぎりまで攻めてたね、チャプマンは」

こういう輪郭を知ると、なぜジョン・クーパーではなくコーリン・チャプマンが、あの時代のイギリス・レーシングカー界のパイオニアと言われるようになったかの説明もつきそうだ。誰でもあのころといえばチャプマン、ロータス、クラークを思い出し、そこにクーパーの名前はあまり出て来ない。そこには危険とか大胆さに対する距離感の差もある。魅惑的な技術革新にはリスクも付き物だからだ。結果としてロータスは1960年代という時代にマッチし、やがてチャプマンが彼自身とチームと会社だけでなくレース界全体にとってのリーダーとして、さらには先見の明ある支配者として祭り上げられるにつれて、その名前そのものも時代の記号になっていったのだった。

まだ十代の少年だったころ、彼はまあ普通の生活をしていた。しかしいつも力いっぱいで、夢もいっぱいだった。ロンドン北部やウィズベックで過ごしたそのころは第二次大戦の真っ只中で、彼もいろいろな恩典などほとんどなしに育たなければならなかった。だから後にともに働くようになった同時代人、たとえばバーニー・エクレストンなどと同様、どんなきっかけからも可能性の芽を見出す術を、すばやく身に付けていた。その伝で、後に結婚することになるヘイゼル・パトリシア・ウィリアムズと出会ったのも、1944年3月にホーンゼイ市役所で開かれた土曜の晩のダンスパーティーでのことだった。これは彼の父が、ある計画があって開催に参画していた催しでもあった。ナチによるロンドン空襲はやがて終わりそうだったが、依然として食料の配給は乏しかった。そんな中で運命の杖が振り下ろされた。お先真っ暗の世情の片隅で、チャプマンはそれからの人生をともに過ごすことになる絆を手に入れたのだった。

当時16歳だったチャプマンは流行にも無関心ではなく、だぶだぶのスポーツジャケットにだぶだぶのズボンを着用し、自転車で家路につきながら、世界と彼自身の未来が見えた気がしていた。それは金色に輝いていた。それより前の戦争初期のころ、彼はロンドンからケンブリッジ州のウィズベックに疎開し、ステイショナーズ・カンパニー・スクールに通っていたことがある。しかし1944年には首都に戻り、ロンドン大学に入るための準備を始めていた。そんな中で息抜きに出かけたのがホーンゼイ市役所でのダンスパーティーだった。そこでは父が主催者の一員としてケイタリングを受け持っていたので、チャプマンも無料で潜り込めた。そのころから、こういう時にどうすればいいかは心得ていたのだ。

当時のことを、後になってヘイゼルは、ジェラール・クロンバックにこう語っている。

「私、ものすごく内気だったのよ。コーリンは違ったわ。そんな彼に惹かれたのは、何でもよくできたからかな。あの歳にしては実行力もあったし。で、初めて会った後で『どこか特別なところがあるわね。彼、大物になるんじゃないかしら』って思ったのは覚えてるわ」

ヘイゼルとの関係は、彼の人生にとっていろいろな意味でたいへん重要な意味を持っていた。たとえば1952年にロータス・エンジニアリングを設立するに際して最初の25ポンドを出したとかいうことだけでなく、大きな精神的支柱としての存在だった。その後もチャプマンの事業が大きな転換点を迎えるたびに、彼女も重要な役割を演じてきた。最も初期のころから、チャプマンは設備や工作機械に非常にこだわった。彼女によれば1944年の暮れ、ドイツによるロンドン空襲のころ、すでにそんな傾向が見られたという。コーリンが父といっしょに、V1ロケットがどこに落下するか予測する機械を作ったのだ。

「それを屋根に載せて、飛んでるV1に照準を合わせると、近くに落ちそうかそうじゃないのかわかったのね」と、ヘイゼルはクロンバックに語っている。「だから、どの地区の人が防空壕に逃げ込まなきゃならないかもわかったのよ」

そんな彼女は早くから、エンジニアやビジネスマンとしてだけでなく、平気でリスクを冒すチャプマンの本質も見抜いていた。

「初めてコーリンに会った時は金色の自転車だったけど、すぐ350ccのパンサー・モータバイクに買い換えて、そりゃもちろん、いつだってすごい気迫と情熱で飛ばしまくってたわよ。うちの母は、あれを忌み嫌ってたわね。いつも私を後ろに乗せてたから。だからコーリンが私を呼び出しに来る時は、ちょっと向こうの道端にバイクを置いて、うちまで歩いて来たの。で、私もいっしょに歩いてバイクのところまで行ってたから、母には知られずにすんで、さあ、そこから二人乗りってわけ。でも、それから半年もしないうちに、コーリンはバイクで登校しようとして、タクシーとぶつかっちゃったのね。そのタクシーにはお婆さんが二人乗ってて、そりゃびっくりしたそうよ。それで私たちのバイク・デートもおしまいになりました。でも彼ったら、あの性格でしょ、すぐ病院を抜け出しちゃったの。探しに行ったら、両親の家のキッチンに、ちょっとがっかりした様子で座ってたわ。うちの母は、バイクの代わりに三輪車にしたらって言ってたけど、彼、本当にそうしたのね。でもそれは乗り回すためじゃなくて売るため。2、3日したら友達に売りつけて、少しは儲かったみたいよ」

1945年10月、チャプマンは学部に進み、機械工学を専攻することになる。学生として優秀だったわけではないが、本当に必要と彼自身が感じたことに関しては、どんどん講義を吸収していった。

「授業をすっぽかして、バイクでどこか行っちゃうこともあったわね。でも戻って来ても、何してたか言わないのよ。教科書を開いてるところも見たことないわ。そんなこと2、3日前にだいたい頭に入れて、ノート取ってたのかもしれないけど」

このころチャプマンは級友のコーリン・デアとつるんで、中古車を仕入れては化粧して転売するアルバイトに精を出していた。そのためにヘイゼルの父から資金を借りたことも何回かある。彼はチャプマンに週10シリングで扉付きの車庫も貸していた。「でも、そんなの払ったことないわ」とヘイゼルはクロンバックに言っている。彼女はまた、無料だというのに土曜のダンスパーティーに連れて行ってもらったこともほとんどないし、たまの映画でも出口から潜り込むありさまだったことを暴露している。

そんなチャプマンの心を占領していたのは自動車だった。しかし、仲間のデアが音を上げて手を引いてからも一人で中古車の売買を続けたあげく、ガソリンの配給が廃止されたころには、せっかくため込んだ500ポンドの利益もすっかり吐き出してしまっていた。このような政治の動きは、表面的にはマイナスだったが、結果としてみればプラスに作用することになる。これで中古車の相場が下落した結果、チャプマンも方向転換を強いられることになったからだ。そのころチャプマンの手元には、1930年型のオースティン・セヴン・サルーンが残されていた。同じころオールダーショットで見かけた四輪のトライアルに啓発されたチャプマンは、さっそくこのセヴンをトライアルカーに改造することを思い立つ。もともとの技術的な知識はもちろん、そこには大学の航空部で見てきた飛行機の設計や構造も盛り込まれることになった。

こうして、ヘイゼルの手助けも受けながら、古いオースティン・セヴンからロータス・マーク1が生まれることになる。古いシャシーにはアルミサンドイッチのベニアでできたボディがしっかり固定されて剛性を向上させ、しかもとても軽量に仕上がっていた。命名の由来がちゃんと説明されたことはないが、クルマ作りの苦闘のあげくに感ずる気だるさに、蓮の花の感じに通ずるものがあったからだとの説がある。少なくともチャップマンがロータスと名付けた理由を語ったことは一度もない。そして1948年に大学を卒業すると、1949年には空軍で1年間の兵役に就くが、そこでも興味の焦点はメカニズムと空気力学で、あいかわらず余暇にはヘイゼルの父から借りたままの車庫にこもり、ロータス・マークⅡの製作に余念がなかった。

今度はオースティン・セヴンの部品にフォードの1172ccエンジンを組み合わせたトライアルカーだった。これは、ステアリング機構ともどもグリルの奥にヘッドライトも装備していた。いよいよ細部に至るまでチャプマンらしい神経の行き届いたクルマになってきたと言える。クーパーが工場の床にチョークで略図を描いて作ったのに対し、チャプマンはすべてプロフエッショナルに、可能なかぎり洗練されたやり方で押し通したがっていた。だからトライアルでは、そんなに長く興味が続くわけもなく、案の定そうなった。そもそも車両ルールがいい加減すぎたし、その結果として得られるものも、たいていは当てにならなかった。そこでほかに何かないかと見回す彼の視線に飛び込んできたのがサーキットレースだった。特に目を引かれたのが750モータークラブの催しだった。オースティン・セヴンの750ccエンジンを積んだフォーミュラをやっていたからだ。

ロータス・マークⅢは軽くて速かった。ボックス断面のフレームに前輪独立懸架を備え、柔らかめのスプリングで担ったところが先進的だった。そして当然のように勝利を重ねるにつれて、さらに部品やクルマについてのアイディアがもりもりと湧いてくるのだった。そこでチャプマンは1952年1月1日、ロータス・エンジニアリング社を設立する。創立当初の工場は、父が支配人を務めていたレイルウェイ・ホテルの裏手の厩で、最初の従業員はヘイゼルに紹介された二人兄弟のうちのマイケル・アレン（もう一人はナイジェルといった）だった。本来は兄弟そろって歯科医志望だったが、マスウェル・ヒルの実家には完備した車庫も持っていた。そんなわけで好みが一致した彼らのコンビネーションは滑らかに発進し、マークⅢの組み立ても順調に進んだ。ただし、そんな中でアレン兄弟は、それぞれ自分用のレーシングカーを手がけているつもりだったのに、チャプマンが自分用を優先して足りない部品を召し上げてしまうので、どうも希望通りに行かないという食い違いはあった。

実際にはナイジェルは歯科医の勉強に集中することになり、一方のマイケルはチャプマンにとって初めてのフルタイム社員として残ることになった。そしてチャプマン自身はまだブリティッシュ・アルミニウム社での強度計算エンジニアとしての仕事があったので、自分の会社にはパートタイムとしてしか関わることができなかった。資金調達のため、勤めを辞めることができなかったのだ。だからロータスに顔を出せるのは夜と週末だけだった。

　商品としての最初のロータスは、マイク・ローソンの注文によって製作されたマークⅣで、トライアルにもオートクロスにも参加できて、なおかつ路上も走れる仕様だった。以前のクルマと同様、オースティンとフォードの部品を流用したそのクルマは、やはり同様に勝てるクルマでもあった。しかしアレン兄弟とのパートナーシップは１９５２年の後半、予期せぬ一連の出来事の末に終わりを告げる。事の発端は、8月のバンク・ホリデー・マンデー（8月の最終月曜日のこと。年に4回だけ月曜日に銀行が休業することを許されたのが起源）にエセックス州のボーラム飛行場で開催されたインターナショナル・デイリーメイル１００マイル・スポーツカーレースに、ナイジェル・アレンがエントリーしたことだった。クルマはフォード・コンサルのエンジンを積んだマークⅤ－１だったが、これで彼は予選で4回もスピンし、コース脇のドラム缶も数本道連れにしてしまった。当然ホーンゼイまで修理に戻ることになる。

　そして翌朝、修復されたロータスでレースに向かうナイジェル・アレンの目の前に、横道からいきなり牛乳を積んだ馬車が出てきたため、避ける余裕もなく突っ込んでしまう。幸いドライバーは無事だったが、隣にいたガールフレンド（後に結婚する）のポーリン・グーチは脛を怪我してしまい、もちろんクルマも壊れた。ただしドライバーより幸運だったことに、この事故はすべて保険が利いたため、ロータス・エンジニアリングも窮地に陥らずにすんだ。

　そのころチャプマンが『モータースポーツ』誌に出していた広告によれば、顧客からの積立金が８００ポンドに達したら、シャシーの改造やスペアパーツの相談に応ずるとなっていた。しかし、それがマイケル・アレンとの縁の切れ目にもなった。彼らはパートナーでありながら同床異夢でもあり、結局アレンはマークⅤ－１の残骸を手切れ金代わりとして、この仕事から手を引くことになった。そしてチャプマンは、これからは一人でやると決めた。

　そのころまでに、ロータス・エンジニアリングの名前はチャプマンのものとして確立されていたが、１９５３年に保険金が入ったのをしおに、新たにロータス・エンジニアリング・カンパニー・リミテッドとして登記することになる。これにヘイゼルも25ポンドだけ出資した。経営者はA・C・B・チャプマン自身とH・P・ウィリアムズすなわち後のチャプマン夫人で、緑と黄色で彩られたレターヘッドに書かれた定款には、「自動車と部品の製造、レーシングカーなど競技用車両の設計と開発……ロータスのシャシーフレーム製造業者」とある。住所はロンドン市N8地区ホーンズレイのトッテナム通り7番地、電話番号はマウントビュー8353。こうして仕事が始まった。

ヘイゼルからの融資はロータスにとっては大きな出来事として知られているが、実はチャプマンによってすぐ返済されている。そのころ彼女の一家はハートフォード州のカフレイに移ることになり、それは会える機会が少なくなることをも意味していた。そこでチャプマンはすぐさま行動を起こし、まず25ポンドを返すとともに、マスウェル・ヒルで彼女の母親が経営していた毛糸店に通うのに便利なように、オースティン・セヴン・チャミイを1台買い与えた。このクルマはその後チームの機材運搬車としても大活躍し、さらに御用済になってからは、ロータスの若いメカニックの一人によって買い取られた。そのメカニックの名をグレアム・ヒルという。ただし、この取り引きには条件が一つだけあった。年に1回、ヘイゼルがローサム・カップのトライアルに出る時だけ、ヒルがクルマを返すという内容だった。その結果、3人が3人ともコンペティションを楽しむことができたが、この場合はヘイゼルがドライバーであり、チャプマンもヒルもパセンジャーとしての参加だった。

この話ほどチャプマン流を雄弁に物語るものはない。ロン・デニスやエクレストン、あるいはフェラーリやフランク・ウィリアムズたちと同じように、彼は凡人にはわからない人それぞれの特質を見抜く鋭い眼力を具えていた。そのうえで、いろいろな局面で誰とでも打ち解ける能力を持っていた。状況ごとにどんな機会にどんな才能が出会うべきかも心得ていた。毎日ドライバーとだけでなく、ごく普通の人々とも接していた。そんな出会いの中にフレッド・ブッシェルもいた。その後長くロータスの経営実務を司った人物で、パリからノーフォークに帰った途端にチャプマンが急死した最後の出張にも同行していた。そのブッシェルはクロンバックの取材に、こう語っている

「トッテナム通りの工場の前は、よく夜遅く通りかかったもんだよ。いつも電気が点きっぱなしだったな。あのすぐそばには男性用トイレがあったんだ。そこのパブの客用だったんだが、私もちょいちょい利用させてもらってた。ある晩、偶然コーリンもそこで用を足してたんだな。そこで誰でもするように、並

んだまま少し言葉を交わしたんだが、そしたら、ちょっと寄って工場を見てかないかって言うんだ。入ってみたら、ちっぽけなレーシングカーのまわりに人がたかって、何かやってるのさ。その前で彼は例の熱っぽい調子で、何やってるのか説明するわけ。で、いきなり私に、仕事は何だって聞くんだよ。経理係だって言ったら、ちょっと来いって、小さな部屋に連れてかれてね。ビールケースの上に板を置いてテーブルにしてあって、その上に書類が山積みになってんのさ。開封された封筒ばかりで、やたら数字が並んでて、彼は経理の悩みを説明して、なんとかならんかって言うんだ。それで翌週また会うことになってね」

そこから歴史が始まった。

「それまでの彼のやり方を見て、私なりにクラブを本式のビジネスに切り換えることにしたんだ」

ブッシェルが最初にやった大きな仕事は、レースのための仕事は別会社にするようチャプマンに助言したことだ。これが1954年のチーム・ロータス発足につながる。これによってロータスの市販車部門はレースの費用を負担せずにすむようになり、業績も順調な伸びを示し始めた。

ロータス・マークVは究極のオースティン・セヴン・スペシャルともいうべきクルマだったが、実際には1953年にマークVIが完成してしまったため、商品としては製作されずに終わった。ともあれマークVIを発表したことで、ロータスも零細規模ながら本物の自動車メーカーの体裁を取ることが可能になった。マークVIには多鋼管スペースフレームが用いられ、そこに強度メンバーとしてのアルミ製フロアとサイドパネルが固定される形だった。フロントサスペンションは独立で、全体に軽く剛性が高いのも特徴だった。ただし販売は完成車ではなくキット形式で、搭載するエンジンは客の好みによって選ぶことができた。それに続くマークVIIは初めて流線型ボディをまとったロータスで、このデザインには航空機の空力専門家フランク・コスティンが加わっている。マークVIIIではさらに流線型が洗練され、1954年のシーズンで最も戦闘力あるイギリス製レーシングスポーツという評価を得た。フランク・コスティンが弟のマイクをチャプマンに引き合わせたのもそのころのことだ。彼はそれ以前にハットフィールドのデ・ハヴィランド社の同僚からロータスのことを聞かされて興味津々だったという。そこではチャプマンが戦時中に勤労奉仕したことがあり、いっしょに働いていたピーター・ロスやマック・マッキントッシュたちから、そのことが伝わっていたのだ。

マイク・コスティンは当時を振り返って、こう語っている。

「コーリンには晩になってから、どこかパブで会ったんだ。そこで彼は、次の1月からパートタイムでいいから仕事しないかって誘ってきた。あの時彼が考えていたのは、まずマークⅥを7台売って、その上がりで作った8台目で、代わりばんこにレースに出ようってことだった」

マークⅧは、チャプマンがレーシングドライバーとしても優秀なことを示すチャンスをくれた点でも、記念すべきクルマだった。1954年7月17日、シルヴァーストーンで開かれたイギリスGPの前座にマークⅧで出た彼は、なんとハンス・ヘルマンの乗るワークス・ポルシェ550を打ち破ってしまったのだ。そして、こんなのがほんの一例にすぎないほど、あの年のチャプマンは大車輪で駆け回った。それも国内だけでなくヨーロッパ各国まで遠征しての話だ。いつものように金曜の晩まで会社で仕事をこなしてからクルマで出発し、夜のうちにフェリーで英仏海峡を渡り、また走り続けて土曜の予選をこなし、その晩はエンジンを整備して日曜の決勝に出るといった生活だった。そんな中でヘイゼルと結婚式をあげる時間をどうやって捻り出したのかは謎だが、それも1954年の10月16日にやってのけ、マヨルカ島でのハネムーンへと旅立って行った。

マイク・コスティンもかつてのチャプマンと同じくブリティッシュ・アルミニウムで働いていたが、才能あふれるとともに現実も忘れないエンジニアとして1955年1月1日からロータスに専従するために退職した。本来の彼はグライダーが大好きで、それほどクルマに興味を持っていたわけではないが、コスティンの言葉によれば「ロータスの連中の熱気に押されて」引きずり込まれてしまったのだ。それからは、彼らは常にトッテナム通りの工場で二人三脚で奮闘することになる。兄のフランクはチャプマンに対する顧問的な立場にとどまって、やがて名車の誉れも高いロータス・イレヴンの開発を手助けする。あれは1950年代を代表する古典とさえ称されたスポーツカーで、驚くほど美しく効率的だっただけでなく、軽量で速かった。まさにチャプマンのめざしたものの、これ以上ない結実でもあった。

こうしてロータス・イレヴンでスポーツカーの分野では大成功をおさめたものの、それだけではより高く広い彼らの野望を満たすには充分ではなかった。その結果として、彼らは1956年に初めてのシングルシーター・レーシングカーを生み出すことになる。ちょうどチャプマンがヴァンウォールの改良作業を依頼されていた時でもあった。チーム監督のデイヴィッド・ヨークによれば、1955年のヴァンウォールはクーパーから大きな影響を受けたクルマだった。しかしその後、チームのトラック運転手デレック・ウートンからチャプマンを紹介されたトニー・ヴァンダーヴェルは、次第にクーパー式の梯子型鋼管フレームからロータス式のスペースフレームに興味を移すようになっていた。

当時のことをヨークは「うちのレーシングショップはアクトンにあったんだが、そこに来たコーリンは、すぐ手書きのラフスケッチをエンジニア連中に見せて、利点とか何とかを説明してたな」と振り返る。その時チャプマンは、流線型ボディの設計のためにフランク・コスティンの起用も推薦していた。そしてそれは、その年のヴァンウォールの活躍に大きく寄与することになる。それにしてもあの年の7月1日、私たちはすんでのところでF1フランスGPをヴァンウォールで走るコーリン・チャプマンを目にするところではあった。しかし練習中のブレーキトラブルから、チャプマンはマイク・ホーソーンのクルマに追突してしまい、とうとう見果てぬ夢を叶えられないまま終わる。同士討ちした2台のヴァンウォールのうち修理が間に合いそうなのは1台で、当然それはホーソーン用だったのだから。ともあれ、こうしてヴァンウォールを生き返らせたチャプマンの手腕はたちまちF1界に広く知れ渡ることになり、今度はBRMから、同じような改良作業を頼まれることになった。その時の報酬は、レイモンド・メイズ特別仕様のフォード・ゼファーの現物だったという。

さて、1957年に登場したロータス12は、基本的には可能性の高さを見せることができたが、実戦ではギアボックス・トラブルに災いされて後方を走るのが常だった。そこで事の重大性を理解したチャプマンは、そのころマークV-1に乗っていた顧客で技術系の学生でもあり、暇な時間にロータスでアルバイトをしていたキース・ダックワースに改良作業をさせてみることにした。やがてロータスにおいてのみならず、F1界すべてにおいて燦然と輝くことになる、あのキース・ダックワースだ。彼の初めての仕事らしい仕事の場は、ホーンゼイのトッテナム通りにある裏庭の小屋だった。その後彼はマイク・コスティンと意気投合し、1958年に共同でコスワース・エンジニアリングを旗揚げすることになる。彼らはいずれも、山のような仕事量やチャプマンからのプレッシャーに辟易していた。そんなダックワースが去り、まだコスティンは残っていた短い期間のある日のことだが、チャプマンが断るに断れない話を持ち出して来た。典型的なチャプマンのやり方だった。生き生きと語られるイメージや情熱、そして人間としての魅力などが、周囲の才能ある若者たちを舞い上がらせてしまうのだ。その多くはその後長く活躍することになるが、チャプマンの人心掌握術そのものが、彼が信奉していた近代的な技術思想と対極にあったのも事実である。

チャプマンが、彼のドライバーを失うという経験に初めて直面したのも1957年のことだった。ランスで開催されたF2レースに1500ccのロータスX－1で出たマック・フレイザーが、クラッシュして死んでしまったのだ。クロンバックが記したところによると、その週末はチャプマンにとって何もかも最悪のことばかり重なってしまった。ほかのドライバーの中でも、スポーツカーの12時間レースに出るはずだったクリフ・アリスンは交通事故を起こして相手を怪我させたことで留置場にぶち込まれていたし、ジェイ・チェンバレンも予選で負傷していた。さらにチャプマン自身、競技長トト・ロシュの不興を買って、レース後に激しい口論を展開するというおまけまで付いていた。

これがロータスにとって初めての暗黒の日だった。特に受け容れ難かったのはフレイザーの死だ。こんな出来事のほんの数週間前、特製の1100ccロータスを駆った彼はルマンでクラス優勝したばかりだったのだ。その晩パリに舞い戻ったみんなはジョルジュ・サンクのクレイジー・ホースで祝杯に酔いしれたものだ。まあ、あのころレースに死は付き物で、チャプマンもほかの多くの関係者と同じく、それを乗り越えて歩み続ける強さを具えてはいたが。そんなことは、その後もジム・クラーク、ヨッヘン・リント、ロニー・ペターソンといったドライバーの身の上にも降りかかる事態だった。彼らはみな、チャプマンが可能な限り技術の限界を押し広げずにいられないのと同じように、ドライバーとしての野望と情熱を語りつつ、この世を去って行った。

1958年、いよいよチャプマンはF2仕様のロータス12をひっさげて、モータースポーツのトップレベルに挑戦することになる。最初の檜舞台はモナコGP、ドライバーはクリフ・アリソンと、メカニックの中から抜擢されたグレアム・ヒルだった。レースそのものはロブ・ウォーカーのクーパー・クライマックスに乗ったモーリス・トランティニアンの優勝に終わったが、アリソンやヒルはもちろん、チャプマンにもロータスにとっても、これがグランプリへの初挑戦という意味で記念すべきイベントだった。このレースでアリソンは6位に入賞したが、ヒルは6番手を走っていた71周目にエンジントラブルでリタイアしている。ともあれこれはチャプマンのみならず、ドライバーやチームスタッフにとっても称賛すべき結果ではあった。

その当時のことを、後にチャプマンがダグ・ナイに語ったところによると、こうなる。

「あのころはF2とスポーツカーと、それに市販車のエリートで頭がいっぱいで、F1に進出したいなんて、ちっとも思ってなかったんだ。そんな準備もできてなかったしね。でもドライバー連中がやる気になっちゃったんで、まあ、行ったわけさ」

そしてその年の後半、フランスGPに向けてロータス16が生まれたことによって、彼等のF1への冒険の旅は、腰の重かったチャプマンが好むと好まざるとにかかわらず、着実に進みだすことになる。そんなデビューシーズンの終わりまでに、ヒルは無得点だったが、アリソンは3ポイントを稼いでみせた。クロンバックによれば、その間ずっとマイク・コスティンは、あまりにも軽く作ったシャシーやサスペンションにひび割れが生じていないか、点検に忙殺されていたという。

ところでクロンバックの記述によれば、常にパワー・ウェイト・レシオしか念頭になかったチャプマンにしてみれば、それをシングルシーター・レーシングの世界で活かすのが非常に困難だったのも当然だという。それもそのはず、彼の信念であった軽量化など、あの世界ではとっくに当然すぎることだったからだ。

そして、今度はクーパーの成功に触発されて、1960年にミッドエンジンのロータス18が登場する。くらべて見ると、クーパーが熟達したクラフトマンシップの製品だとすれば、対するロータスは、美しいが壊れやすい試作品と同義語だった。ほかのチャプマン作のクルマと同様、これも人々のイマジネーションをかき立て、騒ぎを起こさせる要素に満ちていた。

このロータス18に初めての勝利をもたらしたのは、1959年からクリフ・アリソン（フェラーリに移籍）の後任として起用されていたイネス・アイルランドだった。舞台はオウルトンパークでのF2レース。そして続くイースターマンデーにグッドウッドで開かれたF2とノンタイトルF1レースでは、クーパーを駆るスターリング・モスをさえ打ち負かしてしまった。これに強く印象付けられたモスは、次のワールドチャンピオンシップ・イベントであるモナコGPまでにロータスを1台買ってくれるよう、チームボスのロブ・ウォーカーにかけあった。その新車に乗ったモスは1960年のモナコGPで、はるかに重武装のフェラーリ勢を敵にまわしながら優勝をかっさらう。歴史に残る大手柄だ。しかし、こんな出来事をもってしても、その後スパ・フランコルシャンでの悲劇を引き起こすことになったロータス18の脆さを覆い隠すわけにはいかなかった。

あの時の予選では、いずれもプライベート・エントリーのロータスに乗っていたスターリング・モスとマイケル・テイラーがそろってクラッシュした。モスの場合はリアハブが不良品だったのが原因で、おかげで彼は脚に2個所の裂傷を負ってしまう。テイラーの方はステアリングコラムが折れたことによるもので、後に彼はロータスの過失として訴えを起こし、調停に持ち込まれるという事態に至っている。チャプマンにとってさらに悪いことには、右の脛から下が義足だったドライバーのアラン・ステイシーにまで、予選でステアリング・ギアボックスのボルトが折れるという事故が起きていたことだ。そればかりか決勝レースでは顔面を鳥に直撃されたのが原因でコントロールを失い、ステイシーが事故死してしまう。これがロータスのワークスカーによる二人目の死だった。ともあれ、その年の末、怪我から回復したモスはコクピットに復帰し、リヴァーサイドで開かれたUS－GPに優勝している。

しかし、当時すでにエンジニア兼ビジネスマンとして多彩な顔を持っていたチャプマンは、ただグランプリにだけうつつを抜かしていたわけではなかった。レースで戦績を挙げるかたわら、世間にはエリートとして知られているタイプ14によって、スポーツカー界に新たな基準を樹ち立てていたのだ。それは世界で初めての総FRP製モノコックボディを持つ、きわめて先進的かつ魅力あふれるスポーツカーだった。軽量で全輪独立懸架に支えられ、すばらしいコヴェントリー・クライマックス・エンジンを積んだエリートは熱烈な歓迎と支持を受け、レースでも華々しく活躍した。しかし実務面では1台売るたびにおよそ100ポンドの赤字を生むクルマでもあり、そのままなら会社は倒産の危機にさらされる計算だった。もっとも、その一方ではセヴンに対する注文がひきもきらず（後に1973年になってケイターハム社に製造権を譲渡する）、エリートも長く売れそうな見通しだったので、1959年6月、ロータスは創業の地ホーンゼイを離れ、チェサントのデラメア通りの専用工場への移転を実現するはこびとなる。

それと同時に企業形態としてはロータス・グループが形成された。構成メンバーは市販ロードカーのメーカーとしてのロータス・カーズと、市販レーシングカーの製造とユーザーサービスを業とするロータス・コンポーネンツの二社。レーシングチームは、その後も一貫してそうだったように、チャプマン家の所有物としてグループからは独立した形を保つことになっていた。この形は1968年10月、さらなる発展のための資金調達を目的としてロータスの株がロンドン証券市場に上場されるまで続く。その時点で52％を自分の所有とし、残り48％を公開したチャプマンは、少なくとも紙の上の計算では大金持ちになった。

ところでチェサントへの移転の陰には、コーリンの父スタンレイの力尽くしもあったことを見逃せない。工場に適した土地を見つけて来たのが彼だったのだ。そのあたりの状況を事務屋のフレッド・ブッシェルは、クロンバックにこう説明している。

「スタン（スタンレイ）が息子のコーリンをとても自慢に思ってたのは、誰の目にも明らかだったよ。息子のやることにゃ、何でも応援するって感じだったね。コーリンも、実業界の知識が広いって点で、とても親父さんを尊敬してた。でも、ちょっとお互いにコミュニケーションは上手くいってなかったんじゃないかな。仕事の進め方なんか、考えも違ってたみたいだし。まあ、今風に言えば、さしずめ『ジェネレーション・ギャップ』ってやつだったんだろうけど」

ロータスの陣容が部門ごとに再編成された1959年には、ほかにも変わったことがある。まずフレッド・ブッシェルが市販車部門の総責任者に就任した。コーリンとヘイゼルがハドレイ・ウッドに引っ越したのも同じころだ。その前の冬には、ジェーンに続いて二人目の娘となるサラも生まれている。悪い方の出来事としては、グレアム・ヒルの離脱がある。どうしようもない状況に喘いでいた彼は、クルマの信頼性のなさに嫌気がさしたと言って、イタリアGPが終わったところで辞職を申し出た。そしてその足でBRMに鞍替えしたことがチャプマンの逆鱗に触れた。そこでチャプマンは、ヒルとBRMの契約無効を主張する訴訟を起こしたが、あえなく敗訴に終わっている。

そしてそれからも、チャプマンは野望に駆られてあらゆる方面に戦線を拡大して行った。そんな中で、ジム・クラークがグッドウッドでアストン・マーティンF1のテストに参加するとマイク・コスティンから聞いたのは、1960年の初めのことだった。スコットランドはファイフの裕福な農家の息子であるクラークは、1958年にブランズハッチで開かれたボクシングデーのイベントでロータス・エリートに乗り、同じく出走していたチャプマンの向こうを張ったドライバーだった。その彼がグッドウッドに着いてみると、ロータス18も来ているのに気が付いた。この時は前年のボクシングデー・イベントでデビューした時と同じフォーミュラ・ジュニア仕様のままだった。そこに搭載されていた997ccのフォード・エンジンはまだ開発段階のもので、チャプマンがダックワースと緊密な連携の下に、このクラスに最適のパワーユニットとなるよう、煮詰めている最中だった。テストの結果、クラークはF1に関してはアストン・マーティンと契約することになったものの、F2やF・ジュニアについては何の制約もなかった。そこでコスティンが、クラークにロータスもテストさせてみたいと、アストンの監督レグ・パーネルに持ちかけた。あのチャプマンさんのクルマに乗れるというのは、ドライバーにとってたいへんな名誉でもある。この瞬間、F1史で最も偉大なパートナーシップが歩みだした。

自叙伝『At the Wheel』の中で、クラークはこう書いている。

「まったく何というクルマだ。とにかくロータスは比較しようもないほど素晴らしかった。こんなロードホールディングのクルマなんて、とても他にあるとは思えなかった。とにかく地面に貼りついて走るのだった」

それからほどなく、アストンは出だしから躓いたあげくF1撤退を決め、クラークはロータスに移籍を果たし、チャプマンのF1とF2に乗れるようになる。特にF2ではおそろしいほど速く強く、そのせいでロータス18にも注文が殺到した。長らくロータスで二つの職務を同時にこなしてきたピーター・ウォアは、クロンバックにこう述懐している。

「まったく、最初から出れば優勝だったからねえ。そりゃ、ロータス18は注文書の山さ。それまでレーシングカーのシリーズ生産っていえばX－1が中心だったんだけど、もう全部切り換え。つまり会社もスポーツカーからシングルシーターに全面的にシフトしたんだ。1960年だけでフォーミュラ・ジュニアを165台は売ったよ。問題っていえば、職工が60人しかいないんで、注文を全部さばくまでに4カ月以上もかかっちゃったことかな」

その翌年、チャプマンはF1界を操る怪しげな政治の力と、初めて遭遇することになる。F1の排気量が2・5ℓから1・5ℓに縮小された時のことだ。この一件は、当時の国際スポーツ委員会（CSI）の委員長だったフランス出身のオーギュスタン・プルーズがエンゾ・フェラーリと謀って、ヨーロッパ系のチームをイギリス系より優位に立たせようとして決めたと言われている。20年後には様相が異なって、ルール策定側が独断で事を進めようとしても、チャプマンやエクレストンをはじめとする面々が容易には従わず、FISA－FOCA戦争のような事態に至ってしまうが、1961年のころには、チーム側は反撃するだけの組織力を備えていなかった。

　そこでチャプマンは政治に関わり合う代わりにクルマ作りに専心することにした。そんな彼がすべてを集中した成果がロータス21だった。有名な葉巻型で、ドライバーが大きく寝そべった姿勢で乗る点でも初めてのクルマだった。これにすぐ適応できるドライバーはほとんどいなかったが、チャプマンは頑として聞き入れようとしない連中を相手に、これこそ克服すべきチャレンジなのを納得させようと、気の遠くなるほどの仕事をこなして行った。ある時などシルヴァーストーンのテストで、自らドライバーとしての技量を発揮しただけでなく、本当の乗り方はこうやるもんだとイネス・アイルランドに見せつけるという、彼一流の辛辣なウィットも展開して見せた。その時の顛末をクロンバックは、ディック・スキャメルから聞いた話として書き留めている。

「イネスがクルマに文句ばかりたれてるもんだから、コーリンが自分で何周かするって言いだしたんだ。腕まくりしてヘルメットかぶってね。まあ2周目まではすごく遅かったけど、3周目になるとイネス並みのタイムになって、4周目には抜いちゃったんだよ。それで彼がピットインしてきて、イネスが『ちゃんとブレーキ踏めたんですか』って聞いたら、コーリンは言ったね、『そんなハードブレーキングなんて、するわけないだろ。だって俺はレーシングドライバーじゃないんだからさ、違うかね』って」

　1961年、チャプマンは元クーパーにいたアンドリュー・ファーガソンをチーム監督として採用した。これは重要なターニングポイントだった。ファーガソンはヨーロッパでF2やF1を闘った経験が豊富で、各地のコースも知っていれば運搬業務にも精通していたし、経理にも明るかったからだ。そして、フォーミュラワン・コンストラクターズ・アソシエーションを立ち上げる時期に、非常に重要な、いや、最高の人材でもあった。その組織は最初F1CAと名乗り、後にFOCAとなるのだが、いずれにしても現代のピラニア・クラブの最も初期的な形である。事の発端は1963年、フランスの自動車連盟がF2のシリーズ戦を企画し、イギリスのチームにも継続参加の確約を求めてきたことにある。もちろんロータスもその対象になっていたのだが、そこでファーガソンはチャプマンの後押しを得て、F2アソシエーションなる団体を作るための中心人物として動くことになる。この団体は各チームを代表して、賞金の配分や、チームごとの実績に対応したスターティングマネーの決定などについてフランス側と掛け合った。簡単に言えば、これが後のF1界の青写真になった。そこでのファーガソンの役割は、ブラバム、クーパー、ロータスなどを束ねる代表者だった。そして各チームも、この方式を上級レースにも当てはめることによって、正当な取り引きができる可能性を見出していた。そこでBRMにも声をかけて結成されたフォーミュラワン・コンストラクターズ・アソシエーションが各グランプリのプロモーターと交渉することによって、現地までの運搬経費や旅費など、チーム側の負担を軽減することが可能になったのだった。もっとも、アイヴァン・レンドールの著書『The Power Game』には、これだけの仕事の対価としてファーガソンに支払われたのは、年額わずか15ポンドにすぎなかったと書かれている。

もちろんファーガソンは、ロータスにおいても重要な役割を負っていた。そんなある日、チャプマンの太っ腹な一面をあらわす出来事があった。1961年、フランス南西部のポーで開催されたノンタイトル戦でのことだ。チームのメカニックが二人、チャプマンのレンタカーを勝手に持ち出して夜遊びに出かける途中、ひどい事故を起こしてしまった。睡眠薬を服用して熟睡していたチャプマンを叩き起こして病院に連れて行くのはファーガソンの役目だった。そこにはメカニックの一人が頭蓋骨骨折で収容されていて、チャプマンもファーガソンも、検査の間ずっと患者を押さえていなければならなかった。チャプマンがブリーフケースを取り戻しに事故車のところに行ったのは、そんな一幕にけりが付いてからだった。その後チェサントに帰ってから呼び出されたファーガソンとの間にはこんなやり取りがあったと、クロンバックは書いている。

チャプマン「今度の一件、どうしたもんか、わかってるだろうな」

ファーガソン「ええ、奴をクビにします（彼自身、クーパーから同じ目に遇わされているのだが）」

チャプマン「そうじゃないだろ、奴は今最悪の状態なんだから、お袋さんがすぐ現地に行けるように手配してやれ」

これはチャプマンが親分肌を見せた例だ。同じ動機から、親分肌の見せ方を間違えることがあるのも、チャプマンの典型的な一面だった。たとえばその年のモンザで行われたイタリアGPで、ジム・クラークのロータスがヴォルフガンク・フォン・トリップスのフェラーリとパラボリカでからんだ時がそうだった。観客席に飛び込んだフェラーリによってフォン・トリップス自身と観客14人が命を落とす大事故になったのだが、この時チャプマンがクラークに対して示した愛情と気配りはたいへんなものだった。クラーク自身は無事だったが非常に強いショックを受けており、クルマも地元警察に押収された。そんな騒動の中でチャプマンは、自分のパイパー・コマンチ自家用機にクラークを乗せ、警察が事情聴取に来る前に、さっさと帰国させてしまった。これが当局の心証をひどく害し、クラークが晴れて青天白日の身になるまで、結果としては2年も要することになったのだった。

こんな理解し難いチャプマンの行動癖は、1961年にワトキンズ・グレンで行われたUS－GPの時にも発揮されている。前のイタリアGPでフォン・トリップスを失い、同時にフィル・ヒルによってチャンピオンシップを獲得していたフェラーリは、このレースには参加しなかった。そこでイネス・アイルランドが快走のあげく、ロータスにとって初めてのF1での優勝をもぎ取る結果となった。同時に、クライマックス・エンジン搭載車としてはクーパーより優位にあることも立証された。これに狂喜したチャプマンは、フィニッシュの瞬間にかぶっていた帽子を宙天高く放り上げた。その後ずっと彼のトレードマークになったアクションである。ジョン・クーパーの宙返りほどドラマチックでなかったとはいえ、盛り上げの効果は満点だった。

レースの後、クーパーを同乗させて自家用機でニューヨークに向かい、ちょうどエンパイアステート・ビルの真上に差しかかった時、急にエンジンが咳き込んで停まってしまった。その時チャプマンは顔色ひとつ変えず、左右のフロントシートの間に屈み込むと燃料ポンプのスイッチを指で弾き、何事もなかったかのようにエンジンを生き返らせたという。この飛行機にはクラークも乗っていたが、アイルランドは別便だった。それが何かを示していたことがわかったのは、その年の10月に開かれたロンドン自動車ショーでのことだった。ここでチャプマンは、アイルランドの仕事熱心さと才能は高く買いながらも、1962年にはチームのドライバーとして起用しないことを言明したのだった。

それにしても、あれほど必死に努力したあげくF1での初勝利をもたらしてくれた人材をかくも簡単に解雇してしまうとはまったく血も涙もない所業だが、そんな冷酷さや無慈悲ぶりも、往々にしてチャプマンの魅力の陰に隠れてしまうのだった。アイルランドは1993年の10月に世を去るが、あの時は本当にうちひしがれていた。

彼がクロンバックに語ったところでは、状況はこうだった。

「あの時は何も知らされてなかったし、なぜクビにならなきゃならなかったのか、今でもわからないんだよ。あれこれ推測するしかないんだ。まあ一つには、コーリンとしては二人のドライバーの両方を、完全にワークス待遇にするつもりがなかったってことなんだろうな。私にとっちゃ仕事は仕事だから、最初はスターティングマネーの25%をもらってたけど、それを三分の一にしてもらい、1961年にはチームと山分けというふうに増やしてもらってたんだ。いつもコーリンとは信頼し合ってたと思うよ」

「少なくとも私は、コーリンにも彼の設計の才能にも、全幅の信頼を置いていたつもりだ。たとえ彼が天才じゃなかったとしても、そこまで紙一重だったね。だから私は、私自身のためにレースを闘ったことなんかない。いつだってロータスのためだったんだ。最初のころなんか、ロータスのことを記事に書いてくれるジャーナリストなんか、一人もいなかったんだぜ。すっかり負け犬扱いだったコーリンは、私に『いつか見てろ、俺とお前で奴らに一泡吹かせてやるんだから』って言ってたよ。それで1961年になって、やっと暗い梢から最初の光が射して来たってわけさ。それより前の1959年の末に、グレアム・ヒルといっしょにBRMにも誘われたけど、私は行かなかった。みんなは『おいおい、ロータスなんか辞めとけよ。いくつ命があっても足りないぞ』とか言ってたけどね」

「知ってると思うけど、ブレーキがイカれたことが、1959年だけで5回もあった。ルーアンの時なんか、おかげで崖から150フィートも落っこったんだぜ。それでも、もしコーリンを置き去りにして出て行ったら、誰も代わりがいないと思ったし、とにかく彼といっしょに結果を出そうって燃える気持ちもあったんだ。本当だよ。彼の設計が凄すぎるのはわかってたしね。だからこそ、解雇って事態には打ちのめされたよ。それまで信じてたものすべてが、どんどん色褪せてしまったもんさ。わかるかい、あんなに動転したのも初めてだったよ。自分自身の2回の離婚より、ずっと心の痛手になってるほどだよ」

アイルランドと同様にスターリング・モスも、ロータスの信頼性の低さにはひどい目に遇わされている。その時のクルマ、ロータス18のシャシーナンバー21は、ロブ・ウォーカーからの依頼によって、ブリティッシュ・レーシング・パートナーシップ（BRP）のメカニックが整備したものだった。ウォーカー・チームの本来のメカニックたちは、同じ日にポーで開催されたF2レースで優勝したモーリス・トランティニアンの面倒を見なければならなかったからだ。そういう中で1962年4月23

日のイースターマンデーにグッドウッドでのレースに出たモスがクラッシュしてしまった。7万5000人の観衆の目の前で、時速170km／h近くで引き起こされた事故の光景は凄まじいものだった。モスは頭蓋骨をひどく損傷しただけでなく、脚の裂傷などあちこちを負傷し、この瞬間、レーシングドライバーとしての経歴にも、事実上の終止符を打つことになる。事故の原因は明らかにされなかったが、せっかくウォーカーがモスのために用意していた、フェラーリ156を駆ってのワールドチャンピオンシップ戦への挑戦も水泡に帰してしまった。

そのあたりをモスは、こう語っている。

「コーリン・チャプマンがすばらしい設計者だとは思うよ。でも私に言わせれば、全開で攻めた時に出そうな問題点に対して、ちゃんと考えてはいなかったんじゃないかな。もしロータスを全開で走らせたら、そりゃレースだからしょっちゅうあることだけど、ホイールが取れちゃうかもしれないし、私自身も実際そんな目に何回か遇ってるんだ。いちいち私の耳には入って来なかったけど、ロブ・ウォーカーはレースごとにドライブシャフトを新品に換えさせてたんだってさ。だって強度が足りなかったんだから」

もちろんチャプマンも、アイルランドをすんなり解雇することの難しさには気付いていた。そこで彼はモーターショーでアイルランドと出会った時、しぶしぶながらそれを切り出した。アイルランドによれば、話しながらもけっして視線を合わせようとはしなかったという。そうしながら、これが止むを得ない措置であることを告げようとしていた。結局のところ、この件にはジム・クラークの存在が深く関わっていることが、アイルランドには見て取れた。クラークはほかのどんなドライバーとも異なる経緯でチャプマンの信頼を勝ち取り、そしてもちろん、結果も彼を有利に導いていた。

それからの4年間、すなわち1962年から1965年まで、ロータスは39回のF1レースに出走し、クラークはそのうち19回で優勝している。その間ワールドチャンピオンにも2回なった。残りの2回も、最終戦までリードしながら、惜しいところでトラブルのため落としただけだった。クラークこそが、チャプマンの蓮の花を咲かせたのだった。それゆえにこそ、彼の死によってチャプマンはそれまでにもまして一途になり、レース観も変わったばかりか、何かに追われるように成功への情念を燃やすことになる。チャプマンは優れたシャシーの作り方も、優れたエンジンの見つけ方も心得ていた。それに加えて、ジョン・クーパー言うところの三要素の最後のコマである優れたドライバーとしてクラークを発掘し、完璧なウィニングチームにまで仕上げたのだった。しかしクラークの死によって、すべては四散してしまった。

そもそもの最初から、チャプマンは野望と不屈の決意に満ち、腕が立って頭脳も明晰な男たちを周囲に配していた。彼らの間を埋めるのが、チャプマンの想像力とエネルギーと、強烈な動機付けだった。そんな彼の人となりは彼自身の人生のみならず、周囲の者たちにも浸透していた。だから事業の協力者も友人たちも従業員も、チャプマンの熱情に目をくらまされてしまい、複雑な人格のもう一つの面であるマキャベリスト的な部分には気付かずに過ごすことになる。

「とにかく凄い人物だよ」と言うのは、チャプマンのアメリカにおけるレース活動の一翼を、ドライバーとして担ったことのあるダン・ガーニーだ。彼が指しているのは、ずっと技術的に停滞していたインディアナポリス５００に新風を吹き込んでビジネスとしても利益を挙げた点だ。

「彼は本質的にはレーシングドライバーなんだろうね。いっしょに仕事すれば、彼が本当に技術の限界ぎりぎりのところを追求してるのがわかる。これほど燃えることって、ないじゃないか。そうだろ」

当時アメリカでは、まず１９６３年に初めてインディ５００に参戦したクラークが優勝すれすれまで行き、１９６４年にはリタイアしたがそれまでトップを走り、そして１９６５年には堂々と優勝を飾っている。

チャプマンとクラークはまた友人でもあった。これはチャプマンや彼の仕事上の関係者にとっては、まったく異例のことだった。実際チャプマンは、ほかの誰もがレースにおける経歴の過程で受けたこともないほどクラークを大切にしていた。クラークの死から10年ほど後、ナイジェル・ローバックとのインタビューの中で、チャプマンはこう語っている。

「私の見るところ、ジミーは空前絶後のドライバーだった。ほかの誰かもそう言ったり、みんなが褒めちぎったりするかもしれないが、私ほどそれを知り抜いている者はいないよ。とにかく、あんなドライバーはいない。最近はグランプリ・ドライバーといえば、それだけの存在でしかない。だって、それしかやってないんだからね。まあ、レース界がそうなってしまったってことなんだろうが。その点ジミーは、あらゆる方面で傑出してた。Ｆ１に関してだけ言えば、ダン・ガーニーならジミーにとって本当のライバルになれただろう。でもインディ５００とか、ちっぽけなロータス23で挑んだニュルブルクリングのスポーツカー・レースとか、ロータス・コーティナで走ったサルーンカー・レースとか、F2とかいろいろあるけど、すべてにおいて誰も比肩し得ないドライバーだったんだ」

「そんなジミーが引退を考えたことが二回ほどあったんだが、私としては複雑だったね。一つには、彼なしでレースを続けるなんて考えられもしなかった。その一方で、私は彼を人間として愛していたから、怪我なんかされたくなかったということもある。ほかの誰よりも、私に深く影響を与えた人間だったんだよ。仮に彼のレーシングドライバーとしての能力を度外視したとしよう。ロータスとの関係もなかったとしてみよう。彼がなし遂げたことも忘れてみよう。それでもジミーほど素晴らしい青年はいないね。知性豊かで、とてつもなく率直で、謙虚で、あの人となりを見ても仕事ぶりを見ても、まだまだ成長の長い道のりの途中にいたんだ。彼の死からずいぶんになるけれど、まだ信じられないぐらいだよ。もちろん私は今でもレースを愛しているとはいえ、1968年より後は、それ以前と完全に同じ気持ちとは言えないね」

これはまったく意外なことではない。あれはチャプマンにとって胸が張り裂けるような年であり、それと同時に勝利の年でもあった。ロータス社は3000台を売って73万ポンドもの利益を挙げ、チャプマンも世間の注目を浴びただけでなく、株式の公開もあって億万長者になった。レースでも、空力の先駆者となったロータス49Bが勝利をおさめた。これに乗ったグレアム・ヒルがドライバーのチャンピオンになるとともに、ロータスもコンストラクターズの王者になった。他方、彼にとってはジム・クラークを永遠に失った年でもあった。

その2年前の1966年のこと、ちょうど3ℓ規定のF1が発足した時、チャプマンは判断を誤ってBRMエンジンを使うことにしてしまい、シーズンの途中で堪忍袋の尾が切れてクライマックスV8に積み換えた。これは規定よりはるかに小さい2ℓだったが、その代わりクライマックスは32バルブ仕様に仕立ててくれた。その一方では、適切なパワーユニット探しの混乱の裏で、チャプマンの発想も加えた新しい動きも始まっていた。やがてはF1界を根底から支配することになる、1967年シーズン用のコスワースDFVエンジンの誕生である。これはエンジンをモノコックの延長として全面的に強度メンバーに使った初めての例であるロータス49用に開発されたもので、6月4日、ザントフールトで開かれたオランダGPでデビュー・ウィンを飾る。チャプマンの示唆とフォードからの10万ポンドに及ぶ援助でコスワース・エンジニアリングが開発したDFVは、最終的にはF1の歴史で最も高名かつ最も成功したエンジンにまで成長する。

これもまた典型的なチャプマン式の先進発想だった。たとえばロータス21から最初のモノコック構造であるロータス25への変身もそうだった。このクルマでジム・クラークは1962年に3勝し、1963年にはドライバーズ・タイトルを獲得するなど、全部で7勝を挙げている。彼自身の技量もさることながら、チャプマンならではの眩いばかりの設計感覚とそれを具体化する指導力、そして卓越した先見の明なしには実現し得ないクルマだった。このロータス25は考えに考え抜いた結果ではなく、チャプマン一流の閃きから生まれた。発端は1961年の末、チェサントからほど近いウォルサム・クロスの食堂で、マイク・コスティンたちと昼食を摂っている時のことだった。その時チャプマンは、初めてのモノコック・レーシングカーを設計するに当たり、燃料タンクをどう配置するかで悩み、紙ナプキンにいろいろスケッチを描いていた。

「なーんだ、燃料タンクを2本ならべて、その前にフロントサスペンションを付けて、後ろにエンジンを固定すればいいんじゃないか」と閃いたと、後になってチャプマンは語っている。

「そこで、落書きした紙ナプキンを握りしめて家に飛んで帰って、もう徹夜で図面を引いたんだ。それから実際に作る段取りを決めて、事が動き始めるまで、1週間もかからなかったな」

それ以来というもの、あらゆるレーシングカーがチャプマン式のモノコック構造を追うことになる。そして67年のロータス49は、エンジンを車体強度メンバーの一部に使っていた。1970年のロータス72ではウェッジ・シェイプを実用化し、1978年のロータス79は空力にグラウンドエフェクトの考えを導入した。競争相手にとっては、いつもチャプマン方式を真似るか、ただ敗退するかのどちらかしかなかった。チャプマンは先頭を切ってリスクも負い、壊れやすいクルマの限界に挑戦し、そして勝者を生み出して行った。ほかは追従するだけだった。

まさにチャプマンは万華鏡のごとき人物で、いろいろ詰まった才能がそれぞれ異なる色彩で輝き、次から次へと強烈な光線を四方八方に照射していた。彼は気まぐれであると同時に成功への追求には献身的であり、あらゆることに関して機を見るに敏でもあった。技術者であるだけでなく商売人でもあり、強面の企業家でもあった。その点で彼と肩を並べ、同じように物を見ることのできる者はほとんどいなかった。だからエッソが1967年限りでモータースポーツ界全体の大パトロンであることを取り止め、それに応じてＣＳＩが車体への広告禁止を解除した途端、新しい可能性を嗅ぎつけたチャプマンは機敏に儲けに走った。元ロータスでチーフメカニックをつとめていた男から昔のガールフレンドまで広く人脈を駆使した結果、彼はインペリアル・タバコからチーム・ロータスに対するスポンサーシップを引き出すことに成功する。ゴールドリーフ・チーム・ロータスはここに第一歩を踏み出した。

これの影響は甚大だった。あのころ喫煙はどこにでもある習慣だったが、それから30年後の20世紀末に至っても、煙草資本はとんでもない論争の渦中にありながら、Ｆ1界を支える太い柱であり続けている。まったくＦ1界のニコチン中毒ぶりときたら、毎日20本は喫う愛煙家みたいなものだ。ともあれチャプマンとインペリアル・タバコの連携は後にスマートな黒とゴールドの「ジョン・プレイヤー・スペシャル」へと姿を変え、ここからＦ1界の様相が確実に変わってきた。

もちろんチャプマン自身には、彼のクルマを愛国的とも言えるブリティッシュ・レーシンググリーンから煙草のパッケージデザインに変えることに、何のためらいもなかった。むしろ煙草会社がスポンサーになってくれたことは、彼とチームの長年にわたる労苦に対する報酬と考えていた。それはまた彼らのイメージ、才能、他とくらぶべくもないほどの没頭ぶりなどに対する支援でもあった。そして彼はこれによって、次のステップに踏み出すこともできるようになった。チームの組織を整備し、彼ら自身の商業的な価値を認識することにもなった。それはバーニー・エクレストンが力を付けはじめた時期でもあった。しかしチャプマン自身はクルマを作って闘うために用いるべき才能や、業務上の指示や、遂行すべき計画や、果たさなければならない責任などがあまりにも多すぎて、とてもではないが業界のことに手を出したり時間を割いたりするゆとりがなかった。その結果バーニーが、やがてＦＩＳＡとの戦争に勝利をおさめることになるＦＯＣＡの主導権を握ることになる。

そんなチャプマンの名声は、ドライバーたちからものすごく憧れられていたことにもよる。実際、チャプマンのクルマに乗ったおかげで勝てたというドライバーは非常に多かったのに、ドライバーのおかげでチャプマンのクルマが勝てたという例は稀だった。そんなことがあるとすれば、それはジム・クラークに決まっていた。チャプマンとクラークという二つの名前は、Ｆ1の歴史の中ではもはや同義語にすらなっている。まあ、片やずば抜けた技術者であると同時に世知に長けたセールスマンでありロンドン出身、もう一方は無口で内気な農家の倅でスコットランド出身と、とても妙な組み合わせではあったが、どちらもスピードという絆でしっかり結ばれていた。ともにレースを愛し、互いの長所も短所もわかり合っていた。クラークと契約した時、チャプマンはチーム体制の強化にも取り組んだ。その結果は、彼ら自身が語らなくても明らかすぎる。1960年のオランダGPから、ロータス48を駆ってのホッケンハイムでのF2で世を去る1968年までの間、クラークはロータスで72回のグランプリに出走し、フロントロウに着くこと48回、ポールポジション33回、そして優勝25回という記録を残している。ファステストラップも28回出しただけでなく、ドライバーズ・ワールド・チャンピオンシップも2回にわたって制した（1963年と1965年）。

だから、200km／h以上で濡れたコースを逸れ、立木に激突したクラークが死んだことで、チャプマンが打ちひしがれてしまったのも当然だろう。その後でグレアム・ヒルがチャンピオンシップを獲得してくれたとしても、たいした慰めにはならなかったに違いない。「エンジンもギアボックスも、リアホイールといっしょになったまま、本体から20メートル近く吹っ飛んでたね」と、後になってルイス・スタンレイは、フォードの責任者ウォルター・ヘイズから聞かされたと言う。スタンレイはインターナショナル・グランプリ・メディカル・サービスを創設したことでモータースポーツ界のナイチンゲールと呼ばれた人物だ。その功績によってグランプリ・ドライバーズ・アソシエーションの名誉幹事兼出納部長に推挙されたこともある。事故の報せに接したスタンレイはクラーク家の弁護士を伴ってリア・ジェットでドイツに急行し、調査に当たった。

「ラジエターもちぎれ飛んでた。ノーズセクションはまた別の樹に突っ込んでたな。ステアリングコラムも折れてたし、ステアリングダンパーもブレーキオイルのリザーバーももぎ取れてた。タコメーターは7200rpmで停まってて、ギアから計算すると200km／h以上は出てたことになる。スロットルは全開のままだった。ケーブルが引っ張りきられてたし、燃料噴射系のリンケージからも押されてたからね。事故の前に何か壊れていたとか、ジム・クラークがミスを犯したという証拠はない。こういう構造面に関しては、今のレーシングカーは改善されてるんだけどねえ。ホッケンハイムの場合、あそこにガードレールがあったら、クルマが森の中まで飛び込まずにすんだかもしれないし、そしたらクラークも軽傷だけで脱出できた可能性はあるんだが、1960年代のCSIときたら、安全規定に関しちゃ、まるで消極的だったんだ。その報いが、最も偉大なドライバーの命だったわけだ」

これに対して、チャプマンから分析を依頼されたRACの技術委員ピーター・ジョーウィットは、異なる見解を示している。彼は「右のリアタイヤに変な切り傷があった。ズバッと深い傷だったんだが、車体のどこを見ても、その原因になりそうなものが発見できなかったんだ」と言う。そのジョーウィットは、当時チャプマンとの人間関係が「武装による均衡」だったことも認めている。車検委員として多くのロータスにいちゃもんを付け、出走を認めなかったことがあるからだ。

「ジミー・クラークみたいな才能の持ち主なんて、滅多にいるもんじゃない。それにしても、私はコーリン・チャプマンを見直さなきゃならないね。調べたところでいい知らせなんか期待できそうもなかったのに、たとえ自分が傷つくことになっても、本当のところを知りたがったんだ。けっして世間で言われてるような、図々しいだけの親父じゃないんだよ。私の見たところ、彼は自分の落ち度のために、チームリーダー以上の存在として大切にしていた人材を死に追いやったんじゃないかという自責の念にかられてたみたいだね。私も普段はこんなこと言わないんだが、そう感じたんだよ。率直に言わせてもらえば、もし何かクルマに欠陥があって、それが事故の原因だったことが判明したら、彼はレースから足を洗ったんじゃないかって思う。ともあれ彼は調査の結果を公表しないように望んでいたし、私もそうするつもりはなかった。その結果、素っ気ない声明が出されただけだったけど、あれがコーリンのやり方だったんだ。ずっと後になって、ロータスのためにヨッヘン・リントの事故調査をやったのも私だ。正直なところ、こっちの場合は状況が違って、チャプマンがイタリアの法律で殺人罪に問われるかもしれなかったんだけどね」

このジョーウィットによる調査結果は、グレアム・ゴールドが書いた『Jim Clark Remembered（ジム・クラークの思い出）』の中で、初めて一般の目に触れることになった。

このクラークの死にまつわる一連の出来事にはおまけもあった。フランクフルトからチャーター機で遺体を送り返した時のことだ。サンモリッツで家族とスキーを楽しんでいるところに事故の一報を受け、急遽駆けつけたチャプマンは、そのまま柩に付き添ってチャーター機に乗り込んだ。しかし離陸から30分ほどしたころ、突然操縦席のガラスが割れるというアクシデントが起きる。スタンレイが説明するところによると、すぐさま飛行機は高度を下げ、フランクフルトに舞い戻らなければならなかったという。そこでは、当世きっての偉大なドライバーを尊厳を保って帰国させるための非常手段が、すぐさま講じられることになった。

事故は、これだけではおさまらなかった。とかく論議の的になったウィングが前後サスペンションのアップライトに直接取り付けられ、しかもどんどん高くなっていった1969年のこと、モンジュイックで開かれたスペインGPに出たグレアム・ヒルとヨッヘン・リントのロータスも、それを装備していた。あのレースでクラッシュして頭を怪我し、病院に運ばれたリントは、ロータスが使っていたウィングに対する批判的な自筆の声明を発表した。これにはチャプマンも怒り狂った。F1というのは危険を承知で新しい技術を開発する舞台だというのが、彼の信念だったからだ。しかし次のモナコGPで、来あわせたCSIの幹部が会合を開いた結果、可動式の大型ウィングの禁止が決定されてしまう。この経緯もその後のFISA－FOCA戦争の一因とはなった。このころ、結果としては実を結ばずに諦めたのだが、チャプマンは4WDのF1も実験している。

あの年の事故といえば、グレアム・ヒルもワトキンズ・グレンでパンクからクラッシュし、脚を骨折してしまった。

その翌年、チャプマンにはモンザの予選でリントが事故死するという悲劇が重ねて襲いかかった。このころリントのマネジメントを受け持っていたのはエクレストンだった。その時すでにチャンピオンシップ・ポイントで大きくリードしていたリントは、そのおかげで結果としてはF1史上初めての死せるチャンピオンになる。事故が起きたのは予選最終セッションで、パラボリカに向けてブレーキングした時だった。いきなりクルマがふらついたかと思うと左に向きを変え、ガードレールの支柱を押し上げて潜り込むように激突してしまったのだ。これもチャプマンにとっては衝撃的な出来事だった。というのも、あの時のクルマはウィングなしでも、リントの操縦なら高速で行けるはずだったからだ。そこでチームメイトのジョン・マイルズにも、本人の意向に関係なく、リントのようにしろと迫っていたほどだった。事故の一報がロータスのピットに舞い込むや否や、エクレストンは現場に駆けつけたが、もはや手のほどこしようもなかった。リントは即死だったが、彼が残骸から引き出され病院に運ばれるまで、警察はその事実を発表しなかった。

この時の模様を、ピーター・ウォアはジェラール・クロンバックにこう語っている。

「ステアリングホイールはメーター盤を破って持ち上がっていて、フロントのバルクヘッドまで千切る形になってた。ヨッヘンは股ベルトを締めるのを嫌がってたんで、衝突の瞬間コクピットの前の下に、ペダルの方に押し込まれる形になって、ベルトで喉を切られちゃったんだ」

ここでふたたびルイス・スタンレイの回想を引用すると、一見無傷のように見えたリントは、ミラノの病院に搬送された後、手術室で死亡が確認されたという。しかしウォアによれば、彼はウィングなしのロータス72がコントロールを失ってクラッシュした瞬間に命を落としていた。

「私が手術室から出てくると、廊下ではコーリンがヨッヘンの奥さんのニナやバーニー・エクレストンといっしょに待っていた。そこでヨッヘンが亡くなったことを告げられた奥さんは、まるで感情が抜け落ちてしまったみたいに冷静に見えた。コーリンは打ちのめされてた。クラークの悲劇以来、レースに対する彼の接し方には、けっこう抑制が効いてたように思う。そこへリントまで死んだわけで、こんな仕事に関わっていることの後ろめたさっていうのかな、それをさらにひしひしと感じてしまったわけさ。まあ、時が流れれば感情も和らぐもんだけど、前と同じにはならないよね。たとえエマーソン・フィッティパルディがチャンピオンになってくれたとしてもね。私たちは、いつもそういうジレンマに直面してるのさ」

事故後チャプマンはすぐ、未亡人となったニナをジュネーヴの自宅に送る手筈をととのえた。ロータス車は全部レースへの出走を取りやめ、その中にはロブ・ウォーカー・チームの72に乗るグレアム・ヒルも含まれていた。間もなく始まった審問は、それから数年も続く。クラークの死と、その後任に起用したマイク・スペンスの死（インディのテスト中の事故だった）から2年ほどの間も、あまりにも悲惨な状況に気の滅入る毎日だった。そしてイタリアでは、こういうことが起きた場合は、かならず殺人罪で告発される。最終的には、チャプマン自身が事故を起こさせたわけではないとして責任は問われなかったが、それとは別に、ブレーキシャフト（ロータス72は前後ともインボードブレーキを装着していた）が折れたのではないかという疑いでの捜査も受けなければならなかった。もっとも、これが事故の原因になったとは証明されなかったが。その中でジョン・マイルズのように、ただ状況に流されるだけの者もいた。

「リントの事故があって、私も辞めてからだよ、やっとロータス72が良くなってきたのは。それにしても、何もかもやり切れない日々ではあったね。チャプマンのチームにいた間、自分の目標に向かって進んでいるとは思えなかったもの。エランとかタイプ47に乗ってたころは、うまく行ってたんだよ。誰も振り向かなかった4WDのF1（タイプ63）だってオーケーだった。でも72に乗り換えた途端、何もかも駄目になっちゃったんだ。クルマが欠点だらけだったこともあるし、チャプマンが暴君みたいにチームを切り回してたせいもあってね」

この専制的なチーム運営に関しては、支持する声もある。とりわけクラークの死の後でチームに所属していた者たちの間には、それが多い。たとえばジャッキー・オリヴァーは、クラークの死の前と後とで二人のチャプマンがいたのではないかと、クロンバックに語っている。ちなみにオリヴァーはその後アロウズのチームオーナーになり、長くピラニア・クラブのメンバーとしても活躍した人物である。

「ジミーの死が、コーリンをすごく頑なな人物にしたんだと思うよ。だからジミーが生きてたころのチャプマンを旧型だとすれば、あの後は新型で、方向性も完全に違うんだ」

オリヴァーは1967年と1968年に9回ばかりロータスでF1に出たが、あのころのチャプマンは独占欲が強かったうえ、訳もなく怒りっぽかったという。

「公平に見て、私はほかのロータス・ドライバーほどには、チャンピオン争いのできる器じゃないと思われてただろうね。でも仕事はちゃんとできたから、彼が私を必要としているのははっきりしてたよ。でも、BRMに行かせたくなかったくせに、具体的な待遇の話もないんだ。で、私が辞めたら激怒したそうだけど、まあ、ああいう人だったから。ロータスでは、最初は4年間ってことだったのに、そのうち成績の要求レベルが上がっちゃって、もうF1には乗せられないとか、そういう話になるんだ。それでも私がおとなしく言うことを聞くと思ってたんだな。だいたいにおいては親しみやすかったし、冗談は言っても嘘はつかない人だったとは思うけど。たとえば私がクルマをぶつけたとするだろ、すると彼に横っ腹をどやされて、『今度やったら、よそで仕事を探す羽目になるぞ、わっはっは』ってなことになるんだよ。いつも彼の冗談には、裏の意味がくっついてた。チームオーナーとして新人を発掘するって意味では、たぶんケン・ティレルが最高だっただろうね。で、最低がコーリンさ。あんまりせっかちなんで、他人が困ってたり問題を抱えてたりすることを考える余裕がなかったんだ。その反面、彼は成功のための三大要件を兼ね備えた唯一のチームオーナーだった。まず、資金を作ることができた。クルマも設計できた。チームの経営もできた。この三つが一人の中に同居しているなんて、すごく例外的なことだよ」

1972年には、72Dに乗るエマーソン・フィッティパルディがチャンピオンになり、ロータスにもコンストラクターズ・カップをもたらした。彼らは翌年もこれを獲った（ドライバーズ・タイトルはジャッキー・スチュワートだったが）。その後は１９７８年にマリオ・アンドレッティが、物議をかもしたスカート付きのロータス79で、ドライバーとコンストラクター両部門のチャンピオンシップを獲得している。しかしここでも、またもや成功に対する祝福を、死の影が覆い隠してしまった。これもモンザでの出来事だった。イタリアＧＰのスタート直後、今度はロニー・ペターソンが、炎上する残骸の中で命を落とす。スタートが混乱した結果多重衝突が起き、あおりを食らったペターソンのクルマがガードレールに突っ込んだのだ。混乱をよそにフェラーリがオープニングラップをリードしたことで、大観衆は喜び勇んでいた。そんな中で脚を2個所折ったペターソンの救出には20分かかり、その晩合併症のためもあり手術室で息を引き取った。彼のリタイアと、そして死が、チームメイトのアンドレッティにタイトルをもたらす結果ともなった。そういえば前のシーズン、誰よりも多く首位を走ったアンドレッティは、そのロータス78のロードホールディングの秀逸さゆえ、「まるで路面にクルマの絵を描いたみたいだ」などと揶揄されたりしていたものだ。ペターソンは予選で79をクラッシュさせてしまったため、スペアの78で決勝に臨んで、運命の午後に遭遇してしまった。チャプマンにとってみれば、限りない罪の意識と悲嘆のくり返しであり、新たな重荷を背負い、涙の種が増えてしまった。そして彼はそれまでと同じく、さらに仕事に打ち込むことによって事態に対処しようとした。

１９８０年にインペリアル・タバコからのスポンサーシップ契約が終了するころには、実はチャプマンの気持ちはいろいろな方面に拡散していて（たとえばボートの建造などもそうだ）、Ｆ１への集中心も薄まるままに任せられていた。そのころモータースポーツ界のスポンサーとしてのしてきたのはエセックス石油だったが、その社長デイヴィッド・シームはとかくの噂もある人物で、とにかく贅沢きわまるライフスタイルで知られていた。それがチャプマンにも伝染した。彼らの出会いはモンテカルロでのスポンサーズ・ディナーの席でのことだった。チャプマンはアメリカ式の石油商人にいたく興味を惹かれ、上手く付き合うことでスポンサーシップも得ることができた。エセックスはチームのメインスポンサーとなり、１９８０年2月、さっそく彼らなりのスタイルを現しはじめた。新しいエスプリ・ターボの発表会が、エセックスの支援によりロンドンのロイヤル・アルバート・ホールで執り行われたのだ。あの会場すべてがダイニングルームに変身し、ドライアイスの霧がたちこめる中に、その年に走る予定のF1とインディ・カーも展示されていた。料理長はロジェ・ヴェルジュで、給仕のスタッフはドーチェスター・ホテルからの派遣だった。千人を超える招待客の中にはマーガレット・サッチャー首相（チャプマンにとっての偉大なヒロイン）もいた。余興のためにはシャーリー・バッシーが呼ばれていた。この催しのためには、たぶん100万ドルは費やされていただろう。翌年のここでのイベントには、今度はレイ・チャールズが出演していた。

こうしてデイヴィット・シームが気前よく金をばらまいてパーティー三昧に耽っているころ、地平線の彼方からは、やがて訪れるFISA－FOCA戦争の足音がだんだんと近づいていた。1978年10月、ジャン－マリー・バレストルがFISAの会長に選出されたのが始まりだった。彼は就任宣言の中で、FOCAのエクレストン会長の影響力を排した支配形態の再構築を訴えていた。この戦争なるものは、ルール策定に関する論争が続いたため、F1界が長期的に安定して運営されないことに端を発していた。特に1970年代の後半、ターボ・エンジンが登場してから、その傾向が強まっていた。バレストルは資金力のあるメーカーチーム、すなわちフェラーリ、ルノー、アルファ・ロメオの支持を背景に、イギリスのFOCA系チームとの対決色を強めていった。FOCA側がターボの禁止を要求すれば、FISA側はスカートの禁止を持ち出した。もっとも、スカートの禁止によるコーナリングスピードの低下より、ターボとのパワー差をなくすことの方が、FOCAチームにとっては得策だったが。そんな争いの渦中で、優れた技術者であり設計者として創造の可能性にあふれたチャプマンはカギを握る存在でもあったので、両陣営と上手く接触を保っていた。エクレストンは彼をFOCAの重要な一員として見ていたが、それでもバレストルの介入を食い止める防壁にはならなかった。

そんな中で1980年、バレストルとの密議を注意深く反芻したチャプマンが、FOCAの主導権を握ろうと試みたこともある。このクーデター計画はバレストルによって後押しされた形になった。その裏には一連のルール問題、特にスカート禁止に関するやり取りがあった。このスカートシステムが生み出すグラウンドエフェクトは、元はと言えばチャプマンが思いついて開発したもので、マドリード郊外のハラマでFOCAチームだけで開催されたノンタイトルのスペインGPで最高潮に達し、一方、FOCA側がボイコットしたフランスGPでは絶滅状態になっていた。そんな応酬の過程でバレストルはモナコとベルギーで、新たに決められたレース前のＦＩＳＡ主催によるブリーフィングに欠席した18人のドライバーに罰金を課した。そしてそれが支払われないと見るや、今度はライセンス停止処分を発表した。そこでエクレストンはＦＯＣＡを代表して、罰金が撤回されないかぎりレースには参加しない旨を表明した。これに対してバレストルが立場を軟化させなかったためイベントも中止に追い込まれざるを得なかった。これを見たスペイン自動車連盟（ＦＥＡ）は、ＦＩＡのルールに従い、ＦＩＳＡ系チームだけでグランプリを開催することに決めた。しかしフェラーリもルノーもアルファ・ロメオもこれを辞退して帰国してしまった。

この成り行きがバレストルを怒らせた。モータースポーツ全般、特にＦ１に関する全権が行使できない状態には我慢がならなかった。その後ローザンヌで開かれた会議で妥協が成立しても、バレストルはこれを認めなかった。そこでエクレストンは、バレストルが翻意しなければＦＯＣＡチームは従来の枠組みから脱退し、彼らだけのシリーズを組むことを宣言した。これでますます怒り心頭に発したバレストルは、ＦＯＣＡにおけるエクレストンの指導力を奪うべく、最も可能性の高そうな「共犯者」としてチャプマンに目をつけた。そこでデイヴィッド・シームの客として１９６２年以来初めてルマン24時間を訪れていたチャプマンに接近し、ＦＩＳＡのモーターホームへと誘い込むことに成功する。ここでバレストルが持ちかけ、チャプマンが頷いた内容とは、エクレストンを排除する見返りとしてスカートの禁止を１９８１年からに延期し、さらに予選専用タイヤを禁止してやるというものだった。これに先立ってバレストルはイタリアを訪れ、エンゾ・フェラーリの意向も確かめてあった。バレストルにすれば、こうすることで内戦は丸くおさまり、Ｆ１分裂の危機が回避できるという読みもあった。

一方、胸に一物を秘めたチャプマンは、何食わぬ顔でバレストルの提案を聞き終えるとイギリスに戻り、実際にはエクレストン排斥を実行しないことに決めたうえで、ＦＯＣＡの弁護士であり交渉役でもあったマックス・モズレイをともなってマラネロにエンゾ・フェラーリを訪ねることにした。その結果が、ヒースロー空港を舞台としたチームオーナーや代表者による長長とした会議になった。そこでエクレストンは、予選専用タイヤを禁止する代わりにスカートの禁止を見送り、問題の罰金もＦＩＳＡに支払うことを提案した。これで当面フランスＧＰは開催の見通しが立ち、チャプマンによるエクレストン追放劇の可能性もなくなったが、だからといってＦＩＳＡ－ＦＯＣＡ戦争が終わったわけではなかった。そしてこの結末によって、チャプマンがきわめて重要で影響力のある人物であることが再認識されることにもなった。

そして次なる争いの種は「ツインシャシー」カーによって蒔かれた。グラウンドエフェクト・スカートや可動式空力付加物の禁止と罰金と怒りの声明に続く、これまた議論だった。その時点でロータスは低迷しており、1978年に8勝を挙げたのを最後に、1982年のオーストリアGPまで丸々3年も優勝から見放されたままだった。ツェルトヴェークで開かれたこのレースでは、エリオ・デ・アンジェリスのロータスがケケ・ロスベルクのウィリアムズをほんの鼻の差で下し、チャプマンもやっと帽子を高々を放り上げることができたのだった。このころには、心なしか持ち前の威勢の良さも影をひそめ、F1をはじめとする仕事のあちこちにも影が差しはじめていた。もちろん彼はまだ勝利への欲求に満ち、競争力を保ってはいたものの、F1をめぐる政治の渦の中で創造力がすり減り、情熱に翳りが見られたのも事実だった。それでもまだ敵としては恐ろしい存在であると同時に、先を読む目も曇ってはいなかった。あらゆる点でチャプマンを好敵手として認めていたエンゾ・フェラーリは、こう回想している。

「ここモデナで行われたFOCAの会合で、彼とは出会った。話しただけで頭脳の明晰さとやる気が伝わってきたものだよ。最後に会ったのは1981年の1月だった。F1を統括するコンコルド協定を発表した時のことだ」

こうしてコーリン・チャプマンを紹介してみると、やはり技術的な視野や成功の足跡に対する称賛になってしまう。クルマが壊れやすかったとか、人間関係において情け容赦もなかったとか、その反面、必要とあらば魅力たっぷりで太っ腹に振る舞ったとかの評判を勘定に入れてもだ。彼の下には最高の才能に恵まれたドライバーたちが馳せ参じた。ジム・クラーク、グレアム・ヒル、ヨッヘン・リント、エマーソン・フィッティパルディ、ロニー・ペターソン、マリオ・アンドレッティ、ナイジェル・マンセルらは、こぞってチャプマンに勝利を献上した。スターリング・モスの存在も忘れてはならない。1960年のモナコGPにロブ・ウォーカー・チームから出走した彼が、プライベートとはいえ、ロータスに初めてのF1ウィンをもたらしたのだから。アイルトン・セナが勝ったのはチャプマンの死後のことだが、あのころはまだチームにも彼の魔力が残っていたのかもしれない。

さて、チャプマン帝国の版図が拡大するにつれ、彼自身の野心と目標もどんどん大きくなっていった。まず1966年にはロータス・カーズをチェサントからノーフォークのワイモンダムに移し、一家もイースト・カールトン近郊に邸宅をかまえた。そのあまりの突進ぶりに、誰もがチャプマンを止まるところを知らない仕事中毒者と呼んだ。魅力的でエネルギッシュで、夢想家でもあり、情熱的で野望を抱く彼は、いつも次のステップ、次の商売、次のクルマのことしか頭になかった。その誇大な運命の流れには、誰も足を踏み入れることができなかった。彼はまた、どんなチャンスも無駄にしなかった。これらすべてがチーム・ロータスの原動力になり、彼自身チームオーナーとして大きな成果を残した。まだ芽生えたばかりの「クラブ」の指導的な人物としてF1界に大規模なスポンサーシップを導入し、エクレストンやその組織の仕事を支え、それがやがてはデローリアンの崩壊へとつながることにもなる。見方によっては、これは彼の死と無関係でもなさそうだ。

英雄伝説がスキャンダルへと変わったきっかけは、さびれたベルファストに流れついたジョン・デローリアンがステンレス製スーパーカーの生産計画をぶち上げ、それにイギリス政府が5400万ポンドにものぼる融資を決定したことだった。この計画には、ロータス・グループもコンサルタントとして加わっていた。それからの事の顛末はわかりやすい。口さがない世間や調査担当者によれば、これほど巨額の融資とくれば関係者を惑わさずにおくわけがない。伝えられるところによると、結局はデローリアン自身をはじめチャプマンなどのポケットに山分けされて入ってしまったという。関係者の中にはロータスのフレッド・ブッシェルも含まれていた。裁判はブッシェルに関した部分から進められたが、実際にはデローリアン事件の全容が明らかにされる前に、チャプマンが急死してしまった。司法筋の観測によれば、もしチャプマンが存命で裁判にかけられていたら、悪質かつ巨額の詐欺により、おそらく禁固10年は言い渡されただろうと言われている。

働きすぎがチャプマンの寿命を縮めたと、誰でも思っている。まだ54歳の若さだっただけにまったく予想外だったが、ひどい心臓発作のために、仕事も、彼を中心に築き上げた多彩な生活も、置き去りになってしまった。驚き打ちひしがれた家族も、世界で一番すてきなクルマを生んだ先進的な会社も、ロータスに宿る技術の伝統も、後世まで語り伝えられるべき技術の閃きも、F1界にもたらした衝撃も、すべて彼は置き去りにしてしまった。マイナス面では、経済的な混乱と負債、違法行為や危ない橋を渡った話題、気ままな振る舞いに見え隠れする弱さ、怒りっぽさ、やりすぎもあった経営姿勢なども、そっくり残して逝った。それでも、彼の下で仕事をし、忠誠を誓い称賛の気持ちを忘れていない人々の間には、今でも「チャプマン台風」はいたるところに刻み込まれたままになっている。

チャプマン台風といえば、こんなこともあった。ある年のザントフールトでのこと、もうオランダGPがスタート間近というところでグリッドに向かおうとしたチャプマンが、排除しようとした警官と悶着を起こしてしまった。それはすぐ掴み合いに発展し、コース脇の藁束に押し倒されたチャプマンは、立ち直るや否や逆襲に転じ、目の前の警官に正確なパンチをお見舞いする。それでもさすがにまずいと悟った彼は、それ以上やらずにピットに引き上げたが、時すでに遅し。やがてロータスの優勝を見届けた彼のところにまた警官がやって来て、署まで連行しようとし、またも揉み合いになったあげく、シャツもびりびりになってしまった。その場に居合わせたヘイゼル・チャプマンも巻き添えでパンチを食らっている。そこへやっとメカニックが割って入って、あとは口論になったが、何を思ったか手足が自由になったチャプマンはいきなりコントロールタワーに向かって駆け出し、そこで逮捕されてしまった。しかし留置場入りを頑として拒んだため、結局はハールレムの裁判所の待合室で一夜を明かす羽目になる。最終的には25ポンドの罰金を言い渡され、警察に指紋を取られて一件落着となったが、これぞ典型的なチャプマン台風ではあった。

長らくチャプマンの右腕としてチーム・ロータスを切り回し、没後はジェラール・ドゥカルージュをテクニカルディレクターとして招聘したピーター・ウォアは、「霊感と直感に富むエンジニアだったんだよ」と評している。

「不可能なことなんか、何もなかった。クルマだけでなく、飛行機からあらゆるものの膨大な知識と理解力を駆使してたね。やろうとしたことができないと、我慢ならなかったんだ。そういう点にかけちゃ、ほとんど唯我独尊だった。意見が合わないと、相手がどんなに有名な技術者でも噛みつかずにおかなかったね。彼の凄いところは、考えたことを実現することが一つ、そしてみんなをやる気にさせて可能性を信じさせるだけじゃなく、思ってたより半分の時間で実現させて、しかも想像を超えた結果を出させたことだよ。だから奇跡を起こすなんて言われたんだ」

その典型例が、不慮の死を遂げたその時、まさにロータスによって開発テスト中だったアクティブ・サスペンションだ。結果としては、これがチャプマンによる最後の技術革新になってしまったのだが、まだまだ発展途上で、本当の成功をおさめるまでには、まだ10年の月日が必要だった。それが実現したのはナイジェル・マンセルが「アクティブ」ウィリアムズを駆ってチャンピオンの座を射止めた１９９２年のことである。

１９６９年と１９７０年にロータスで12レースに出走し、少しはいい思いをしたこともあるジョン・マイルズによれば、

「彼は、行けると睨んだら、とてもハイレベルな理論と強烈な本能を融かし合わせる芸当ができたんだよ。機を見るに敏というか、すかさず勘どころを捕まえるんだな。まあ、グラウンドエフェクトなんかは、すぐには結果が出ずに苦しんだけどね。個人的には、ほかのドライバーもたいていそうだったけど、彼とは社会人として付き合いたいとは思わない。彼とは生まれ育った環境が違いすぎるんで、クルマのこと以外は、ことごとく見解が違ったし。私は今やってる技術の仕事に関して認められたいだけなんだけどね。そっち方面ではもっと活躍できそうだし。それにしてもロータスをクビになった時は、何がなんだか訳がわからなかったよ。できることならピーター・ウォアからじゃなく、チャプマン自身から聞きたかったんだけどねえ。でも、それが彼のやり方だったんだ。自分じゃ、そういうことはやらないってのがね。そういう点に関しちゃ、ちょっと臆病だったんじゃないかと思うよ」

イネス・アイルランドは、ワークスであるチーム・ロータスに初めてのＦ１ウィンをもたらした後で解雇された。その彼もチャプマンを概説するとなると、いろいろな面があると言う。たとえばピラニア・クラブのごく初期に影響を及ぼしたチャプマンのエネルギーもそうだ。

「彼は設計にかけちゃ天才的だったけど、実際に物を作るに当たっての倫理観というか、それには大きなものが欠けてたんじゃないかな。機械加工とか、クルマの細部の作りまで神経を配ってたかどうかってことだけど。言わせてもらえば、きちんと仕上げる技術はなかったね。私はロールスロイスの見習い工だったこともあるから、ほかの者よりそういうことがわかるんだ。いつも私は、自分自身のためと同じぐらい、ロータスのために走ってた。いや、それ以上かもしれないな。だからクビになった時の驚きってのは半端じゃなかったね。まるで人間性まで否定されたような気がしたもんだ。あれからＦ１にはたいして興味が持てなくなっちゃったんだよ」

コーリン・チャプマンの死は、ロータスの死というわけではなかった。１９６０年代と１９７０年代に革新技術によって成

功をおさめたチーム・ロータスは、1980年代に入って影が薄くなったが、その半ばには、途方もない才能に恵まれた若手のアイルトン・セナを得て一度は復活した。しかし1990年代を迎えると、度重なる経営難に翻弄されることになる。セナは雨のエストリルで行われた1985年ポルトガルGPでナイジェル・マンセルを追い上げて自身のF1初勝利を、そして1987年のデトロイトでアクティブ・サスペンション付きの98Tを駆って、ロータスにとって最後のF1優勝を記録したのだった。

チャプマンの後を受けてチームの代表となった何人かは、誰もが報われない困難な時期を経験しなければならなかった。まず最初はピーター・ウォア（82年から89年）、続いてトニー・ラッド（89年から90年）、その次がピーター・コリンズ（91年から94年）といった具合で、1991年からの2年間は、コリンズとともにホルスト・シーベルも陣頭に立った。しかし、どの場合も荷が勝ちすぎた。そのころF1界は急速な変化の渦中にあり、世界規模の産業へと成長し続けていた。そんな中では最大規模で、かつ大企業と組むことのできたチームでなければ生き残れない。チャプマンは卓越した、スリル満点の才能と展望に恵まれた人物で、その全盛期には技術的なすばらしさやビジネスの才を思うさま振り回すことができた。

そしてロータスは、正しい後継者も適切な企業体質も得られないまま終わってしまった。たしかに、チーフエンジニアやテクニカルディレクターに就任した人材の多くは優秀だった。しかし、ロータスには単なる優秀さ以上の資質が欠かせなかった。チャプマンには輝きも魅力も鋭い先見性も、企業規模のエネルギーで次世代をめざす力も、それを現実のものにする世知もすべて具わっていた。モーリス・フィリップ（70年から75年）、ラルフ・ベラミー（74年と76年から78年）、マーティン・オジルヴィー（78年から83年）、ピーター・ライト（80年から82年）たちはみな、生前のチャプマンの下で働いた設計者たちだ。その後はジェラール・ドゥカルージュ（83年から88年）、マイク・コフラン（89年）、フランク・ダーニー（89年から90年）、エンリケ・スカラブローニ（91年）、フランク・コパック（91年）、ふたたびピーター・ライトにクリス・マーフィー（ともに92年から94年）と続いている。

この設計者たちが、チャプマンの水準に達していないなどと批判するつもりはない。それどころか、1990年代に至ってチームを翻弄した経済的な混乱は彼らの責任ではないし、重いバトンを受け継いできたチーム代表者のせいでもない。デローリアン事件がもたらした混乱や、エセックス石油と関係を持ったことがマイナスに働き、チーム・ロータスとして本当に必要な国際企業からのスポンサーシップを得られるだけのイメージを持てなくなってしまったのが本当の原因だ。だから周囲の状況が激動を始めたまさにその時、緊急信号を発している彼らに救いの手は差し伸べられず、そのまま世間から忘れられるようにぶくぶく沈んで行かなければならなかった。

ルイス・T・スタンレイは、著書『Strictly Off the Record（完全オフレコ集）』の中で、チャプマンを評して「ワンマン伝説」としている。けだし適切かつ正確な表現ではある。

「発足当時はささやかな存在だったが、やがてロータス・グループとして発展するにつれ、超近代的な工場群をはじめ、テストコース、自家用機のための滑走路、モーターボートの製造工場、そしてケタリンガム・ホールまで、ありとあらゆるものを備えるようになった。中でもケタリンガム・ホールときたら田園の中のすばらしい邸宅で、それにふさわしい領地の奥にそびえ、後期のF1活動はすべてここを拠点として行われた。そのようにずいぶん多くの仕事を手がけたチャプマンだが、ことにチーム・ロータスに関しては、すでに社会的な存在となったロータス・グループから、資本面でも独立したものにしておくことに、非常にこだわり続けていた。それほどまでの執念も、F1チャンピオン戦で72勝し、ドライバーのチャンピオンシップを5回、コンストラクターズタイトルを6回獲得し、インディ500にも優勝したことで正当化されよう。世の中の常識で考えれば、これは充分以上の成果だが、それでもコーリンを満足させることはできなかった。精神的にも肉体的にも休むことを知らなかった彼は、さらなるイノベーションをめざして試み続けることを止めなかった。いつも限界ぎりぎりまで働いた。そして結局、過労がツケを取り立てに来たわけだ。パリでのF1委員会に出席した彼は、その晩のうちに自家用機でノリッジの家に帰って来た。強烈な心臓発作に襲われたのは、それから間もない明け方のことだった。クルマの開発の陣頭に立ち、F1チームの監督もつとめ、競争激甚なマーケットを相手に会社を経営し、さらにデローリアンの計画にまで手を出すなど、一人の人間にできる限界を超えていることの証明でもあった。享年54歳。働きすぎて、燃え尽きた。まあ、誰かほかの者が助けてやろうとしても、それはコーリンの望むところではなかったろうが」

さて、ここでジョン・クーパーとコーリン・チャプマンのクルマ、チーム、それらが生きた時代などを振り返ってみると、互いに重複している部分もあり、どちらも重要には違いない。しかし歩んだ道も、F1の革新への貢献の形も、ずいぶん異なっている。どちらもF1界にイギリス方式の影響を及ぼした点では共通している。しかし片や芯からのメカニックであり、もう一方はエンジニアだった。一人は純粋のレーサーであると同時に、常識的に付き合える人物だった。もう一人は複雑な人格の持ち主であり、設計のアイディアや技術革新への興味のおもむくまま、多岐にわたるビジネスを展開し、そしてレーサーでもあった。一人は政治にほとんど関わることがなかったが、一人はあらゆる仕組みの企てから逃れることができなかった。一人はテムズの南で仕事を始め、一人は北で始めた。一人は潮時をわきまえて脚光を浴びる場所から退いたが、一人は常により高い境地をめざし、その重荷によって死を迎えるまで働き続けた。

クーパーは1965年4月、レース活動を続けるため25万ポンドの融資を受けて、マークス&スペンサー百貨店チェーンの御曹司ジョナサン・シーフが経営するチップステッド・モーターー・グループと合併した。そのシーフが1960年のルマンでロータスに乗り、大怪我をしたことがあるというのは皮肉な話だ。あの時彼が乗ったエリートはユノディエールのストレートでとてつもないクラッシュ劇を演じていた。その瞬間クルマから投げ出された彼は、フェンスの向こうの庭園まで吹き飛んで行ったという。メカニックが間違えてレース用ではない普通のチューブを組み込んでしまったため後輪がパンクしたのが原因だった。

「あのころ、コストも嵩みすぎるようになって、そろそろレースも限界かなと思ってたんだ」とクーパーは語っていた。「だからジョナサン・シーフからの申し出には、本当に助けられたよ。だって彼には金があったからね。だから手を結ぶことにしたんだ」

こうしてクーパーは生きのこりを果たし、社長としてのジョン・クーパーもレース監督のロイ・サルヴァドーリも仕事を続けることができた。レース部門がバイフリートに移ることになったのは、その直後のことだった。それまでの拠点だったサービトンの工場は、今でもミニ・クーパーの整備を受け持っている。そんな記念碑的な建物とはいえ、あまりにも普通の見かけなので、誰もが気付くことなく通りすぎているが。そんなクーパーがいい思いをできたのも1960年代の半ばまでで、それからはチャプマンとロータスがまさに日の出の勢いでのして行った。もはやクーパーには、モータースポーツでもF1でもナンバーワンであることを示す場所は残されていなかった。

「何もかも、昔と違っちゃったと思わないか」と、彼はデレック・ジュエルに語りかけている。

「ファンジオを見ろよ。あれこそ運転ってもんだ。タイヤスモークをあげて、コーナーじゃカウンター切って、しかもちゃんと自分のケツに乗っかってるもんな。でも今のジム・クラークときたらクルマの中に寝そべっちゃって、半分しか攻めてないように見えるだろ。それぐらいスムーズってことだけどな。これじゃ飛行機を操縦してるみたいなもんだ。きちっと回転合わせてコーナーに入って、きちっと合わせて出て来るだけさ。さしずめ科学的なドライビングって言うんだろう。そりゃ理屈には合ってんだろうけど、おもしろくないよな。あれはレースじゃなくて、自分を相手にゲームやってるようなもんじゃないか。ああ、昔は良かったなあ。みんな好きで走ってたんだから。今じゃただの仕事。そういうこった」

これは、時代の新旧を問わずピラニア・クラブの面々からも聞かれる感想かもしれない。もっとプロフェッショナルに振舞って、チームも主催者も潤うように努力し続けてきたという意味では、モータースポーツはもともと常にビジネスだったのだ。設備を改善したり、宣伝したり、賞金を引き上げたりしてきたのもその一環と言える。道こそ違え、クーパーもチャプマンもその中で役割を演じてきた。1966年に至っても、クーパーは彼のクルマの安全性をまだ誇っていることができたし、ロータスのようにルールを拡大解釈することなく、それなりに科学的な方法で対抗できることを立証しようとしていた。

あのシーズンの開幕前、クーパーは「見てろよ、どんなことがあっても、うちのクルマはコースから飛び出してドライバーを殺したりしないから」と公言していた。その時まで、たしかにワークス・クーパーで命を落としたドライバーがいないという記録は続いていた。特に彼の脳裡に深く刻まれているのは、1958年のモナコGPだった。あの時グリッドに並んだ16人のうち、その後7人が事故で命を落とし、3人が再起不能の重傷を負った。しかし優勝したモーリス・トランティニアンをはじめ、その中にはクーパーのドライバーは一人も含まれていない。

第5章　バーニーの王朝

　彼をサーカスの主役にたとえる者もいる。さもなければ単にミスターＥだ。彼がＦ１の君主としてマスコミに登場しない日はない。ある者は畏敬の念をこめて、彼の力量と業績を語る。しかしたいていは彼の登場とともに口をつぐむ。彼はきっちり冷やしたドライマティーニのごときユーモアのセンスを具え、その言葉は寸鉄人を刺す。パドックに君臨する彼の灰色のモーターホームをクレムリンと呼ぶ者もいるが、そうでない人々にとっては、そこは笑い声に満たされた楽しい空間だ。彼はとことん常識人であると同時に、桁外れの富豪でもある。誰とでも直接に対等な口をきける。彼は太っ腹で、信頼できる友人は裏切らないが、やはり敵には回したくない。彼の過去は推測するしかないが、その多くは噂や伝聞以上のものではない。でもとにかく彼はとんでもないことをやり遂げている。彼は彼の世界の王様であり、その彼の世界とはＦ１にほかならない。そう、誰でもたいてい知っているその名は、バーニーという。

　彼の携帯電話が鳴ったとしたら、誰からの可能性もある。彼は有名人、実業家、メーカー、金融業者、政治家、代議士、総理大臣、大統領、それに皇族の誰とも知り合いで、誰を相手にでも仕事をしている。彼は誰にでも同じように接する。無から有を生み、夢のような話も彼自身の現実に転化できる。取り巻きの連中には彼ほどの能力はないが、ちゃんとお裾分けにあずかることもできる。

　コーリン・チャプマンが彼の企業王国とレーシングチームを守るべく、居並ぶ敵を相手に多方面作戦を展開しているのを、エクレストンはルールブックの解釈をめぐる論争の範囲を超えて乱れ飛ぶ法律論や政治的な攻撃の弾幕の向こうから、冷やかに横目で眺めるだけだった。彼には、また異なる未来が見えていたのだ。20世紀の終わりには、Ｆ１の輪はテレビを通じて世界に広がり、何百万人もを惹きつける存在になることによって、国際的な企業をスポンサーとして呼び込むことになり、さらには自動車産業も参入してくると、彼は読んでいた。

彼のビジョンは個人的な野望や金銭欲からではなく、レースに対する深い願望と、それを活性化させたいという思いから発したものだった。それを実現するにはそれなりのやり方と、そのための組織がなければならないのが、彼にはわかっていた。だから、とりあえず最初からゴールが見えていたわけではないが、まずちょっとした抜け目のない仕事から次へとステップアップする中で利益を生み、富を蓄え、さらなる挑戦へと備えてきた。段取りを付け、情報を集め、実績を積んで人生の目標に突っ走ることに関しては飽くことを知らず、わずかなエネルギーも惜しまず注ぎ込んだ。持ち前の好奇心も武器になれば、小柄であることの肉体的な不利も明晰な頭脳でカバーして、ところかまわず突き進んだ。人が体を鍛えるのと同じように、彼は世界中に網をかけたビジネス王国を築いたのだった。

彼のめざましい頭脳と、天性の商才と、賢明な交渉能力と、生まれつきの駆け引きの能力は誰も及ばないところで、それあってこそスイスフランもフランスフランも米ドルもポンドも、こんなにF1界に流れ込むようになったのだ。もし彼が敬語を用いて人に接する習慣を持っていたとしても、そうする対象はエンゾ・フェラーリとコーリン・チャプマンしかいなかった。彼にとって尊敬すべき水準とは、そういうものだった。しかしエクレストンは、実際にはそんな格式張ったことはしなかった。そのくせ彼自身の習慣や信念には古くさい部分もたくさんあって、たとえば取り引きというものは握手をもって成立するという考え方もそうだった。そんな彼のボキャブラリーの中では、道義心というのも立派な意味を持った言葉であり、そのおかげで多くの友人に恵まれている。たいていは無名の人たちなので、あまり誰も気付いていないが。彼はまた、紳士録に名前を記載することも辞退している。住所も電話番号も公にされていない。彼のオフィスに電話をしても、テープに録音された声が電話番号の末尾を繰り返すだけだ。そういえば、彼は肩書も欲しがらない。ただ存在するのみというわけだ。

彼のことを横暴な独裁者と見る向きは多い。しかし一方では慈悲深い専制君主とも言われている。真実はその中間のどこかにある、あるいは、あった。時の経過とともにピラニア・クラブも若いメンバーを迎え入れるようになり、たとえば大企業を背景に持つ裕福な元ドライバー、世界最大級の自動車メーカーの経営者や切れ者の重役などが幅をきかせる反面、彼の役割は少しずつ小さくなって、F1に対する支配力にも緩みが出てきた。世紀の変わり目を過ぎた今、いみじくもトーマス・オキーフが喝破したように、彼はもはや「F1の交差点に配置された、交通整理の小さなお巡りさん」ではなくなった。彼の周囲にいるのは、もう油じみたツナギの連中ではなく、ぱりっとしたスーツと磨き上げた靴のビジネスマンたちなのだ。元ドライバーだけあって、彼はドライバーたちと密接な関わりを持ち続けることにより、この世界をコントロールする大物になってきた。しかし心の中では、彼がめざしてきたF1がモンスターにまで育った結果、かつて1950年代に初めて愛した、古き佳き放蕩的世界を破壊していることもわかっている。

1971年にブラバム・チームを買い取ってからの長いF1生活でずっと表面に立ちながら、彼はほかの誰よりもずっといろいろなことをなし遂げてきた。それによってF1は、世界のモータースポーツの最高峰に位置する近代的なビジネスとして富み潤ってきた。しかし、彼の無遠慮な率直さや理想の高さが摩擦の原因になったり、トラブルを起こしたりしたこともある。たとえば1993年、エストリルで開かれたポルトガルGPでアラン・プロストが、4回目のワールドチャンピオンシップを獲得したら引退すると表明した時もそうだ。F1への影響を心配したエクレストンは、プロストが気軽に言葉を弄んだことを激しく非難した。そして、過去に去って行ったドライバーも含めて、そんなものは自然淘汰だと切って捨てた。後で説明を求められたエクレストンは、たとえ偉大なドライバーやチャンピオンが辞めようと残ろうと、それまでと同じようにF1は生き延びなければならないのだということを強調した。もっともプロストにしてみれば、もし現役を続けた場合、ウィリアムズにおける翌年のチームメイトがデイモン・ヒルではなくアイルトン・セナになるという不愉快な情報を聞き込んでいたから、放り出したくなるのも当然ではあった。その前年には、やはりウィリアムズでチャンピオンになったナイジェル・マンセルが、まったく同じ理由でF1から去っている。彼の場合はプロストがチームに来ると聞かされたからだった。どちらの場合にも、エクレストンはまったく同じ姿勢で対応した。

このことを、エクレストン自身はこう語っている。

「私としては、プロストが辞めようと辞めまいと、たいした影響はないと思っていた。だって1991年の末に彼が1年間休養を決めたら、誰にも思い出されなくなってたからね。それは本当のことだ。みんなの興味がほかに残っているドライバーに移るだけさ。毎年一人か二人は死ぬのが当たり前だった時代から取材しているジャーナリストとも、そう話したものだよ。ありがたいことに、クルマの安全性がものすごく進歩したから、もうああいう心配はせずにすむようになった。でも私が指摘したいのは、そういうことがあってもF1は続いて行くということなんだ。だから最初の質問に戻るけれど、ドライバーの引退に対しても同じさ。F1は生き残る。それ自体に命があるごとくにね。何より大切なのはF1そのものなんだ。これは個人より大きな存在なんだから」

ところで、引退していくドライバーのことを「自然淘汰」と表現したといわれるエクレストンだが、後になってこれを否定している。

「敗者ではないのだから、そんな呼び方をするのはフェアではない。彼らが事故で命を落とすより、去って行くのを見送る方がいいからね」

しかし、それから半年あまりしかたたないのに、エクレストンもF1界も、最近では例のないほど暗黒の週末を経験することになる。1994年、イモラで開催されたサンマリノGPで、ロラント・ラッツェンバーガーとアイルトン・セナが、続けて事故死してしまったのだ。ポルトガルでエクレストンが言い放ったことが胸にひっかかっていた者にとって、この出来事は荒涼たる真実を突きつけられたようなものだった。エクレストンが言うところの淘汰が正しかったにせよ、そうでなかったにせよ、たしかにそういうこともあるのだと、意味深く受け取られたのは事実だ。この二重の悲劇が世界にもたらした衝撃と重苦しい悲しみが、彼の言葉を雄弁に証明してしまったのも事実だった。たとえ、クルマの安全性が高まっていることを強調したにしても、こういうことが起きてしまったのだ。この事態に際して国際自動車連盟（FIA）の会長マックス・モズレイも普段のスタンスから大きく踏み出し、安全性の向上への最大限の努力を強く働きかけた。これは現代社会の目を意識した政治的な判断でもあり、モズレイの動きは今までになく精力的だった。

もちろんエクレストンにとって、サーキットでの死は初めての経験ではなく、それによって友人を亡くすのも初めてではなかった。セナもF1のパドックにおけるほかの多くの面々と同じく、この小柄なエクレストンと近しい存在になってきたところだった。小柄といえば、エクレストンは身長160センチそこそこしかないが、たいていは濃いサングラスで目元を隠し、ぱりっと糊のきいた白いシャツと濃い色のズボンに身を固めていた。謎に包まれた彼の本拠は、ハイドパークを見下ろす近代的な9階建てのオフィスビル（死の商人として知られるアドナン・カシオギから700万ポンドで買い取った）のどこかか、あるいはパドックに置かれたスチールグレーのモーターホームにあって、そこでは古典的な握手によって商談が進められている。それはともかく、エクレストンとセナはいろいろな面で好みが一致していたから、互いに会うのを楽しみにする仲だった。普段のエクレストンは昔の経験から、必要以上にドライバーと親しくするのは避けていたが、セナは別だった。なにしろ3回もワールドチャンピオンになった当代きっての偉大なドライバーであり、魅力あふれるラテンアメリカ人だったのだから。

ずっと昔のことだが、エクレストンは親友スチュアート・ルイス－エヴァンスの死で深く傷ついた経験がある。1930年生まれの、華奢で控えめな彼は、1957年から1958年にかけてコノートとヴァンウォールでグランプリに14回出走し、なかなかいいところを見せていたが、1958年にカサブランカでのモロッコGPでクラッシュ、ひどい火傷がもとで命を落とす。ルイス－エヴァンスとは仕事のうえでもマネジャーとして付き合ってきたエクレストンは、この事故を機にいったんレースから遠ざかるが、やがて活力に満ちたオーストリア人ヨッヘン・リントを伴って現場に復帰したと思ったら、今度は1970年、イタリアGPの予選中に事故に遇い、F1史上初の死せるチャンピオンになるという事態に直面してしまった。その一部始終をエクレストンは見ていた。リントはフルハーネスの股ベルトを締めていなかったので、衝突の瞬間にコクピットの奥に押し込まれる形になった結果、ショルダーベルトが喉に食い込んでしまったのだった。

彼はまた、これもブラジル出身のカルロス・パーチェとも親しかった。彼はエクレストンがブラバムのボスをつとめていた1970年代にそのクルマに乗っていたのだが、1976年に飛行機事故で世を去る。同様に親しかったペドロ・ロドリゲスも、1971年にノリスリング（ドイツ）でのスポーツカーレースで事故死してしまった。そのほかにも、あのころ彼の周囲では死の恐怖など珍しくもなかった。たとえばロジャー・ウィリアムソン、フランソワ・セヴェール、マーク・ダナヒュー、トム・プライス、ロニー・ペターソン、パトリック・ドゥパイエ、ジル・ヴィルヌーヴ、リカルド・パレッティ、エリオ・デ・アンジェリスなど、事故で命を落としたドライバーは枚挙に暇がない。さらにクレイ・レガッツォーニ、ニキ・ラウダ、ディディエ・ピローニ、フランク・ウィリアムズ、マーティン・ドネリーなども九死に一生を得る事故に遇っている（ピローニはその後パワーボートの事故で死去している）。そしてグレアム・ヒルとトニー・ブライズも、チームスタッフ5人といっしょに1975年、エルストリーでの飛行機事故で亡くなった。

簡単に言えば、エクレストンは近しい人々の死に囲まれて40

年間も過ごしてきたことになる。Ｆ１界でこんなにも安全性が叫ばれるようになったのはそれより後のことだ。彼はルイス・スタンレイやジャッキー・スチュワートをはじめとする多くの人々と手をたずさえて安全性の基準を継続的に高めるように働いてきた。これには後にシド・ワトキンズも加わる。

それとともに彼はＦ１界を代表する交渉力を持つ組織の編成にも力を入れた。これによって賞金だけでなく参加料も大幅に引き上げられたが、そんな努力の結果、１９９４年以降は各レースごとに全世界で20億人もがテレビに釘付けになるまでに成長した。１９６０年代まで大金持ちのきまぐれな娯楽にすぎなかったＦ１も、これで激変した。誰もが危険を受容し、ある程度の「淘汰」も当然と考えていたスポーツから、完成度の高いプロフェッショナルなビジネスに変身させた。あらゆる点でほかのメジャースポーツより高い基準を設けた結果、巨万の富を手にする者も増えた。エクレストンはこれらのことを自らのビジョンに従い、卓越したビジネスセンスと信じられないほどのハードワークによって達成したのだった。

それにしても、１９９４年のイモラでの一件を目撃し、地獄の淵を覗いた多くの人々が、Ｆ１やそれの主宰者に対して理屈抜きの非難を浴びせたとしても、それは以前にも増して安全性の基準を引き上げるための刺激にはなった。そんな中で抜け目なく立ち回るエクレストンは、この機を利して彼自身によるデジタルテレビの組織を立ち上げ、ビジネスの規模拡大を狙っていた。もちろん資金的なリスクは自分持ちだったし、各チームにもＦ１界そのものにも、投資を上回る収入を持ちかけることは忘れなかったが。

彼はけっして、立ち尽くしたり眺めたりしていることがなかった。かつてカサブランカでもモンザでも味わったのと同じ悲劇の衝撃と戸惑いにさっさとけりを付けたら最後、セナの葬儀が執り行われたサンパウロで待ち構えている非難の嵐などものともせずに乗り越え、Ｆ１界に新たな安全性と組織力と人気を導き入れるべく行動した。エクレストンに関しては、いつでも「卓越」こそがキーワードだ。とにかく彼は成功を味わいたい。だから勝者、チャンピオン、指導者といったものにことさら関心が深い。どこかのチーム、あるいは誰か一人だけが圧倒的な優位に立つことによってＦ１の迫力が薄れ退屈になったとしても、そんなことは意にも介さない。

「テニスが人気絶頂だったころって、ボルグばかり勝ってたじゃないか。ボクシングが騒がれた時はアリが勝ちまくりだった。誰だって、それを見たいのだよ。ひいきが勝つかどうかなんて問題じゃないんだ。最強の者が敗れるかもしれない瞬間も見たいんだな。みんな何か出来事を期待して見物に行くんで、それはF1でも同じことなんだ」

そんな彼の見解は簡潔でわかりやすい。また彼はシンプルな生活スタイルを好み、食事だってたいていはサンドイッチで充分だという。それも年齢とともにスモークサーモンを好むようになり、また1999年に心臓バイパス手術を受けた関係からだろう、レーズン入りのプディングも摂るようになったという。

また彼はいろいろな点に関して非常に保守的で伝統にも忠実だが、果断な決定を下す能力も持ち合わせている。友人を大切にし、必要とされれば仲間や仕事の協力者への援助も惜しまない。とかく金のかかるF1界で窮地に陥りながら、彼に助けられたチームオーナーやメカニックは数知れない。そういえばF1界でまだ日が浅く、FOCAの会長だったころ、彼の耳に直接聞こえないところでは、しばしばこんな噂が囁かれたりしていた。それは、1963年にイギリスで起きた有名な大列車強盗事件の一味と関係があるのではないかというものだった。まったく笑い飛ばすしかない与太話のかけらにすぎないが、それにしてはしつこくくり返されていた。こういう根拠のない話題を取り上げた本や雑誌を、エクレストンは訴えたこともある。

「私は列車なんか襲ったこともなければ、そんな連中など知りもしない」とエクレストンは、なぜそんな噂が絶えないのか聞かれて、こう説明している。それによれば、彼と同時代のレーシングドライバーで、後にギャングの一味にまで落ちぶれてしまったロイ・(ザ・ウィーゼル)・ジェイムスという男がいて、それが獄中からグレアム・ヒルに手紙をよこしたのだそうだ。そのころヒルはエクレストンのチームで走っていた。手紙の中でジェイムスは、レースに復帰を希望しているのだが、懲役12年の後では望みがないとエクレストンに宣告されたと書いていた。しかしジェイムスが腕利きの銀細工師であることを知ったエクレストンは、その後出所してからトロフィー作りの仕事を回してやったことがある。コーリン・チャプマンと同様、エクレストンも場合によっては思いやりのある人物であることを見せることができたわけだ。

彼はまた、辛抱強く時機を待つ能力も具えている。もうずいぶん長いこと、BBCラジオの忠実なリスナーでもあったそうだ。あの局は1953年からF1を放送している。しかし1997年、いざ時が至ったと見るや、瞬きする間もなく、テレビ放映権をBBCからITVに移してしまった。この時は5年契約の放映権料が700万ポンドから7000万ポンドにはね上がったという。エクレストンによる即断即決の取り引きだった。

「それがバーニー・エクレストンのやり方なのさ」と、ＩＴＶ側の代理人として交渉に当たったアンドリュー・チャウンズは言う。「彼のことは、そんなに前から知ってたわけじゃないが、とにかく決断力のある人物なのはすぐわかったね」

そのあまりの素早さに、ＢＢＣはただあっけにとられ、地団駄を踏むばかりだった。ＢＢＣスポーツ番組の上級責任者が電話して、こちら側の条件を提示する余裕すら与えられなかったことを抗議したら、エクレストンはこう答えた。「悪かったね。でも私の見たところ、とてもお宅じゃ払えそうもないと思ったんだよ」と。エクレストンはあくまで自分流にビジネスを進めることに価値を見出していた。物々交換のようなやり取りは、彼の辞書にはない。

こういう金勘定において、エクレストンが及び腰になることはない。彼はその中に棲息し、毎日そんなことをやっているのだから。しかし、こうして大金持ちになったからといって、けっしてそんな素振りは見せない。彼の手元には古いレーシングカーのコレクションもあるらしいが、普段は地元チェルシーのスーパーマーケットに、家族とともにアウディのワゴンをあたかもスーパーカーのように運転して現れるという。彼は家事をこなすことを好み、皿洗いもするし、妻のスラヴィカと過ごすのを何より楽しみにしている。身長１９０センチ近くもあるすらりとしたスラヴィカはクロアチアのリエカの出身でエクレストンより30歳若く、以前はジョルジオ・アルマーニのモデルをしていた。二人の間にはタマラとペトラという娘がいる。

ジョン・ドレイトンの記事を読むと、スラヴィカ・マリックに求婚したことが、エクレストンが我々に見せた最もソフトな面らしい。事の発端は１９８１年、モンザでのイタリアＧＰにスラヴィカが現れたことだった。彼女はその時レジャーウェアのプロモーションのためのモデルだったのだが、ピットウォールにいたエクレストンは、ほとんどうろたえたように見つめていたという。そして彼女に声をかけてモーターホームに招き、冷たいコーラをすすめた。まだ彼女は英語を話せず、彼はイタリア語を知らなかった。そこで居合わせたスラヴィカの友人が通訳を買って出た。帰り際、彼女は電話番号のメモを残したが、後でエクレストンがかけてみたら、使われていない番号だったという。ドレイトンによると、エクレストンはイタリアの警察にまで電話して手伝ってもらおうとしたが、断られたそうだ。

それからほどなく、スラヴィカはあるイタリア人のカメラマンに、モンザで出会ったイギリス人のことを話し、もらった名刺を見せた。見せられた方はエクレストンが何者かを知っていたので、すぐさま連絡してきた。そこでエクレストンはラスヴェガスGPへの招待を申し出、スラヴィカは受け入れ、彼らはニューヨークで落ち合い、J・F・ケネディ空港から連れ立ってラスヴェガスに向かった。スラヴィカが言うには、このフライトでちょっとしたことがあって彼らは恋に落ちた。それでもスラヴィカは1985年までイタリアでモデルの仕事をすることが決まっていたので、エクレストンはミラノの英会話学校の特急コースに彼女を入学させ、月謝を払った。1985年、チェルシーの戸籍役場に婚姻を届け出てから行われた披露宴は、現代のF1をプレッシャーでがんじがらめにしてしまった男の業績と同じほど幸せで成功裏に終始した。

スラヴィカは、エクレストンの周囲にいて彼のために何かを決めたり、何をすべきか助言したりできる、ごく少数の一人でもある。外国、特にイタリアでは、レストランで彼のために注文することもある。エクレストンはサンデータイムズのインタビューに応じて、冗談まじりに「私はイタリア語もほかの外国語もわからないからね。英語を解さない人間とは話す必要がないと思ってるんで」と語っている。しかしスラヴィカは、エクレストンにとっては妻以上の存在でもある。彼の資産は彼女と共同名義で信託管理されているのだ。つまり彼女の持ち分だけでも2億ポンド以上もあり、疑いもなくイギリスで最も裕福な女性の一人ということになる。エクレストンに言わせると「3、4年前、スラヴィカに全部渡しちゃったんだ。幸運な女性かもしれん。まあ、彼女は新しい帽子を欲しがってたし、私の方は、これ以上は女房を持つ気もないんでね」

こんな軽口の中にも一定の真実は宿る。彼が望んでいるのは妻と娘たちに将来も快適で豪奢な生活を保証することで、もし彼が死んでも巨額の税金を取り立てられないようにする必要があった。彼女自身は事業や金やF1に対して、夫ほどは興味を持っているわけではないし、マスコミに取り上げられたいとも思わないと言う。

「実業家になりたいなんて、思ったこともないわ。もしいつかクロアチアに帰ることがあるんなら、小さい島で暮らして、ボートで小魚でも釣れれば幸せよ。ましてやF1の舵取りなんて」

そして彼女がサンデータイムズに語ったところでは、クロアチアの新聞は許せないと言う。

「まったく、私の国の新聞が書くことったら！　私がユーゴのスパイで、色仕掛けでバーニーに接近したって言うのよ。ばかばかしいったら、ありゃしない」

エクレストンと出会うまでは、彼女も金のために必死に働いていた。7歳のころ、消防士だった父が母と離婚してしまったためだ。つまり、どちらも世界の裕福な夫婦と同じく、それなりに世情にも通じているというわけだ。

「私は金儲けをしているわけじゃない。取り引きをしているんだ」とエクレストンは言う。言葉で言えばそういうことだろうが、それにはいろいろ裏の意味もある。ちょうど彼のパスポートの職業欄に会社経営とだけ書いてあるのと同じことだ。一口に取り引きといっても、ごく小さい事柄から巨大なものまで、あらゆるものが彼の標的になり得る。

ある時、メルボルンのアルバート・パークで開催されたオーストラリアGPでのことだが、日曜の朝現場に到着した彼は、ピット前が濡れて滑りやすいのに気付いた。このままではピットストップに際して予期せぬ事態が持ち上がり、深刻な事故の危険もあると見た彼は、いろいろなVIPを引き連れて案内している最中だったにもかかわらず、大きなガムテープの束を買って来させた。黒とか白とかグレーだけでなく、買える限りの色を持って来るよう、使いの者に言い添えるのも忘れなかった。そして、それらがピット前の路面に貼られたのを見ると、ちゃんとフェラーリは赤、ウィリアムズは青というように色分けされているのだった。それもエクレストン自身が大きな鋏を振り回してテープを切り、位置を合わせ、どう貼るかまで這いつくばってやって見せていた。こういう細部に至る気配りも、彼の典型的な一面と言える。

セナの死を受けて、ほんの何レースかでいいからデイモン・ヒルのチームメイトとしてF1で走らないかとナイジェル・マンセルに持ちかけたのもエクレストンだった。彗星のごとく登場したミハエル・シューマッハーを、無理やりジョーダンからベネトンに鞍替えさせたのもエクレストンだった。彼はまた1995年の夏には、ジャック・ヴィルヌーヴをインディカー・レースからF1のウィリアムズ・チームに移籍させることを働きかけ、その他の異動も円滑に糸を引き、タイミングよくトラブルが起きないように片づけた。同時に1億5000万ポンドにものぼるF1利権がらみの債券発行も計画している。これはドイツで登記されたエクレストンのファミリー企業、SLEC（スラヴィカ・エクレストンの頭文字を合成）を通じて発行されることになっていた。この会社の傘下にはフォーミュラワン・ホールディングス社もあり、全体を眺め渡すとわかりやすいのだが、F1におけるエクレストンの利権はすべてここを通過している。

これにマックス・モズレイも肩入れしていたことが、1990年代の後半にヨーロッパ委員会から目を付けられるきっかけになった。F1のルールを策定し管理運営すべき国際自動車連盟（FIA）が、それに関連する権利を長期的に保有している企業、すなわちSLECを経由したエクレストンと一体で行動しているのが独禁法に触れるのではないかという申し立てがあったからだ。この件はその後調査が開始された。

それに類することが、1997年10月16日にもあった。この日、エクレストンとモズレイは連れ立ってダウニング街十番地（イギリスの首相官邸）を訪問している。これは1996年、シルヴァーストーンのイギリスGPにトニー・ブレア首相一家がモズレイの賓客として招待されたことに対する答礼の茶会だった。この時は例のバーニー・バスで観戦を楽しんだほか、デイモン・ヒルの運転でサーキットを一周するというプレゼントまで付いていた。それから半年後には、エクレストンから与党労働党に対して100万ポンドの寄付も行われている。しかしこの件は一般には伏せられていた。それが明らかになったのは、ブレア内閣がフランク・ドブソン保険相の公約、すなわち煙草の広告や煙草会社によるスポンサーシップの全面禁止を支持しない態度を明らかにしてからだった。F1に対しては、煙草会社からのスポンサーシップを断念するまで、特例として8年間の猶予を与えるというのが首相の方針とされていた。

その後この寄付が暴露されると大騒ぎになり、議会規律監視委員会のニール卿にまで出番が回ってきてしまった。その結果金は返されて、首相はテレビを通じて国民に陳謝する羽目になった。エクレストンは返金を受け取りはしたものの、それから4カ月もの間、銀行にも預けずに放置していた。どうでもいい程度の金だったからかといえばイエス、わざと放置したとか、何か意図があったかといえばノーだ。この点については1997年12月18日、著者とのインタビューに応じて、エクレストンはこう述べている。

「あの時は猛烈に忙しかったんだ。会計士には言っとかなきゃならなかったはずだが。でも、実際にはいつ送金されてきたか知らなかったし、たぶんクリスマス明けには銀行に持って行くと思うんだがね」

また彼は、ダウニング街での会話など、取るに足らないものだったと言う。それに、ブレア首相にはがっかりしたとも。

「招待されて会った時、要求がましいことなんか、これっぽっちも言ってないよ。まあ世間的なお喋りをしただけさ。話の内容を控えてないから覚えてないけど、いずれにせよ、たいして内容のあるもんじゃなかった。少なくとも私にとって重要なものはなかったね。あの時はモズレイもいっしょで、ほとんど彼が喋ってたし。何か頼むような状況でもなかったんだよ」

これは口先だけのことではなさそうだ。これまでもエクレストンは、政治家や政府の政策決定者ともいろいろ仕事をして来ている。たとえばバルセロナ近郊のカタルーニャ・サーキットでスペインGPが開かれた時、彼が1億ポンドも投資して立ち上げた新しいデジタルテレビの放送設備のある所で報道陣に取り囲まれたエクレストンは、携帯電話によってインタビューを遮られた。そこで電話を取り上げた彼はごく短く「どちら？オーケー、オーケー、じゃあ先方にはちょっと待つようにって。10分ほどで行くから」と言っただけだで、すぐ普段のウィットあふれるスタイルに戻り、報道陣の質問に答え始めた。そこで誰かが、今の電話が誰からだったのか尋ねたところ、彼はこう言ったものだ。「ああ、カルロスだよ、カルロス国王。いや、いいんだ、待っててくれるから。それより君たちの方が大切だからね。あっちは掛けなおせばすむし」

休みなく働き、ほとんど中毒みたいに見える彼も、たまには休暇を取る。ある時スイスへ妻を連れてスキー旅行した時には、ちょっと飽きたと言って、滞在しているホテルを買い取って模様替えすることなどを考えることで気分転換を図ったという。そんな財力にはいろいろな推測が付き物だが、すべて彼自身の働きで得たものには違いない。ある時にはリア・ジェットを2機持っていたこともあれば、ビギン・ヒルも買い取って住み、グスタードでは絵本のような宿屋を買ったほか自宅もかまえ、ロンドンのチェルシー広場にも、その他のいろいろな場所にも家がある。1995年の報道によれば、彼は世界で最も高給取りの経営者で、個人年収は5000万ポンド以上にものぼったと言われている。

SLECの資産まで計算に含めると、エクレストンと妻のスラヴィカの個人資産の合計は、『サンデータイムズ』の推定では、2001年4月現在で3億ポンドに相当する。なのに彼は、自分は無一文だと言い張っている。いずれにせよ、彼ら夫妻はウェストミンスター公（4億4000万ポンド）と食品包装材料で財を成したハンス・ラウシック（4億2000万ポンド）に次いで、全英第3位の大金持ちには違いない。だからエクレストンは、ルチアーノ・ベネトン、シルヴィオ・ベルルスコーニ、エリック・クラプトン、マーク・ノップラー、ジョージ・ハリソン、マイケル・ダグラスといった華やかな面々と、近しく楽しく交際できるわけだ。ロンドン空襲をかいくぐりながら学校に通った少年時代から見れば、ずいぶんな出世と言うべきだろう。そんな彼は『ウォール・ストリート・ジャーナル』の取材に対し、まともな男というものには、口にすべきでない二つの話題があると答えている。それは「金の話と昨夜の出来事だ」と。こういう話をあれこれ集めてみると、無表情で控えめに見える奥から、エクレストン像のいろいろな面が見えてくる。何事も短いジョークで片づけるその下には、深く思考する賢明な実像が潜んでいるのだ。

そんなエクレストンを、同時代人であり同じ舞台にいたこともあるスターリング・モスはこう評している。

「桁外れの能力の持ち主だね。F1のすべてを牛耳るだけのことはあるよ。レーシングドライバーとしてはトップになれなかったけど、一般人にくらべりゃ、ものすごく速いのも事実だし。とにかく支配欲は人一倍だね。戦争に勝つ将軍も支配欲の塊なんだろうけど、そいう連中がこの世界を作ってるんだし」

エクレストン自身も、彼なりのやり方で物事が進められるのが好きなのは認めている。そのうえでことさら細部にもこだわりたいと言う。F1のトップクラスにある程度共通する性向だが、とにかく細かいことまで揺るがせにできない性格なのだ。

「もし君の家を訪ねたとして、壁の絵が曲がってたりずれてたりしたら、どうしても直さなきゃいられないんだよ。そういうのが、ちゃんとなってるのが好きなんだ。だから仕事も、すべからくきちんとやってきたつもりだよ。とにかく我ながら仕事人間だとは思う。誰も騙したことはない。取り引きするにも、紙にメモなんか取らないね。後にも引かない。それはみんな知ってる」

1990年代の末ごろ、目を見張るような世界規模のF1利権について、彼はけっこう率直に答えている。

「これを話すのはヤバいんだがね。でも、仮に君が些細なことと思ってるような事柄でも、セナを失ってからこっち、いきなり大事になることがあるんだ。なにしろ世界中の目がいきなりF1に向いちゃったんだからね。たしかに、あれは悲劇だったけど、その結果仕事が増えたのも事実なんだよ。特に日本じゃ、F1といえばセナだったからね。おかげでゴーカートまで流行ったぐらいなんだから。とにかく誰もがセナのファンだったわけだ。で、そのセナが亡くなったんで、みんなF1熱が冷めちゃったんだ。だから私たちは今、新しい英雄を探さなくちゃならないんだよ」

セナの死は、最近のＦ１にどのような形にせよ関わっている誰にとっても、関係せずにはいられない事件だった。エクレストンの場合、ブラジルにはことのほか愛着が深かった。セナの故郷サンパウロから名誉市民の称号を与えられていたせいでもある。それが最悪の幕切れを迎えてしまった。１９９４年の５月、セナの葬儀に参列するために、エクレストンはサンパウロに飛んだ。セナには、アンゴラ・ドス・レイスにある実家の別荘にも招待してもらったことがある。しかし彼は、葬儀への参列を拒否されてしまった。セナの死亡事故に関してイモラで口にした言葉が誤解されて伝わった結果、セナの親族をいたく動揺させてしまったのが原因だった。仕方なくエクレストンはホテルの部屋のテレビで葬儀の模様を眺めていた。スラヴィカにはサンパウロ市長が付き添ってくれた。彼は「初めてセナとＦ１の契約を交わしたのは私なんだ。実際には当時のブラバムに乗せてやることができなかったけど」と言う。そのころＢＢＣテレビの追悼番組の画面には、娘のタマラ・エクレストンがブラジルの浜辺で、セナとジェットスキーを楽しんでいる光景が放映されていた。タマラとペトラにとって、セナはほとんど叔父さんのような存在だった。

最も信頼できる情報源によると、イモラでセナが事故死したという一報が無線で飛び込んできた瞬間、エクレストンは林檎を食べているところだった。兄のレオナルドらセナの家族は、ほとんど狂乱状態だった。そこでエクレストンはカメラの砲列や記者の質問から守るために、彼らを自分のモーターホームに保護し、そこで正確な情報を伝えることにした。彼らとともにモーターホームに歩いて行く途中で、エクレストンは手にあった林檎の芯を垣根越しに投げ捨てたのだが、それがセナ・ファミリーの神経を逆撫でしてしまった。

さらにモーターホームにおさまってからも、混乱は続いた。まずエクレストンの口からセナの死が報告された直後、今度は生きているという情報が舞い込んできた。さきほどデッドと聞こえたのはヘッドのことだというのだ。そこで死去の報せを訂正しなければならなかったのだが、もはや家族はエクレストンを理解しても信じてもいなかった。そして、いずれにしても事実としてセナは死亡していた。こうなると、悪意に満ちたものも含めて、あらゆる非難が彼に降りかかってきた。

「もしセナが、自分が死んだ後で起きたことを知ったら、吐き気をもよおしただろうよ」とエクレストンは、１９９６年にマイク・ドッドソンに語っている。

「特に家族には愛想を尽かしたんじゃないかな。彼らがやったことにも、あちこちで言ったことにもね。彼は紳士だったし、現実を見る目もあったから」

つまり、ここでもエクレストンはエクレストンでしかない。

「大衆の人気を得るために何かやるなんて、私の柄じゃない。政治家だったら、みんなを喜ばせる約束なんかするだろうし、歓迎されないことは口にしないだろう。私は実務家なんだ。ビジネスはきちんと公平にやりたい。F1で私と仕事をした誰でもいいから聞いてみてくれ、私がやってる限りF1は安泰だってことがわかるから。私は断じて不正に稼いだりしてないよ」

もしかすると、彼にとって最大の心配事といえば自分の死などではなく、ここまで粉骨砕身して築いてきたF1が、それにふさわしくない者の手にわたることかもしれない。1997年、彼が『インターナショナル・ヘラルド・トリビューン』の取材に対して語ったところでは、こうだ。

「やり方がまずければ、一気に水の泡さ。チームごとに好きなようにさせたりしたらぶち壊しだよ。意見が合わないったら、ありゃせんのだから。金の分け方だってわからないんだからね。連中は自分たちでやれると思ってるんだろうが、無理だね」

そんなピラニア・クラブの運営がおぼつかなくなって将来が危ぶまれた出来事といえば、1999年の夏にエクレストンが、友人でありF1の医務担当責任者でもあるシド・ワトキンズ教授の勧めに従って、3回にわたる心臓バイパス手術を受けた時のことだろう。その時のFIAの発表からは、バーニーが余計な心配を打ち消そうとしているのが読み取れる。

その内容は、「バーニー・エクレストンFIA副会長の心臓冠状動脈バイパス手術は、ロンドンのチェスト病院において、心臓病の権威ジョン・ライト医師の指揮の下、成功裡に行われた。そして本日退院するに際してバーニーはライト医師から『手術は簡単なものだった』との説明を受けた。さらに同医師は『バーニーは2週間以内に全面的に仕事に戻れるだろう』と付け加えている」（1999年7月16日、ジュネーヴ）となっていた。

バーニーに手術を受けることを強く勧めたのはFIAの医務部門を司るワトキンズ教授だけでなく、妻のスラヴィカもそうだった。彼らはF1イベントの時にエクレストンに異変が起き、医務室に担ぎ込まれる事態を心配していたのだ。現在FIAの名誉会長であり評議会議長であるジャン－マリー・バレストルも、1986年に同様の治療を受けている。その後、低脂肪のダイエット食に縛られる生活に入ったエクレストンは、それでも目玉焼きとバターと、クリームたっぷりの飲み物が欲しくてたまらないのを白状している。

ともあれ、エクレストンがF1界に近代的なビジネスの形を打ち立てたことを否定する者はいない。ピラニア・クラブの内部でも、誰がリーダーなのかはわかっている。この世界をここまで育てたのが誰なのかも弁《わきま》えている。そして彼らには、これを続けて行くために必要な人物もわかっている。それはすべてに目を配り、仕事の内容に精通して取り引きに次ぐ取り引きをまとめ、ピラニア・クラブ全体を把握できる人物のことだ。彼はこれまでピラニア・クラブの内部でも、数限りない権力抗争を生き抜いてきた。

そういえば、こんなこともしばしばあった。各チームの代表が集まって代表権が話題になったような時、彼はすっと退席してしまう。そしてしばらくしてから戻ってみると、連中はエアコンが暑いの寒いのとか、そんな議論に時間を費やしていただけで、代わりの代表など決める算段さえ取れなかったのを確認することになるのだ。すなわち、明らかにエクレストンの後を受け継ぐことのできる人材などいないということだ。この道の支配者として、バーニーが抜けた穴をきちんと埋め、彼以上のスケールで仕事に打ち込むなど、できるわけがない。どの角度から誰とどう比較してみたところで、F1をビジネスとしてここまで育てあげてきたのは彼にほかならなかった。

バーナード・チャールズ・エクレストンは1930年10月28日にサフォーク州のセント・ピーターズで生まれた。トロール船の船長だった父は、息子が技術方面に興味を示したことを喜んでくれた。一家がロンドン東南のケント州ベクスレイ・ヒースに引っ越したのは1939年のことだった。そこでエクレストンは15歳まで学校に通ったが普通の進学はせず、父の転職先だった地元のガス会社で、研究所の助手として働く道を選んだ。その傍らウールリッチ工芸学校で化学技術を学んでいる。モーターサイクルとスピードに取り憑かれ、正式の運転免許を取れる年齢になる前からレースをやるようになったのも、この時代のことだ。しかし、そのへんの詳細ははっきりしない。もともとインタビュー嫌いなのに加えて、個人的なことは思い出したくもないと言い張るからだ。

こうしてガス会社で働きながら、中古モーターサイクルや部品の売買にもいそしんでいた彼は、やがて二輪より四輪レースの方が安全だという結論に達した結果、中古車の取り扱いに転向した。15歳からブランズハッチでヴェロセットに乗っていた彼は、「信じられないかもしれないが、ハッと気付くと病院のべッドの上ってことが何回かあったのに、実際にはどこも怪我してなかったんだ」と言う。その後彼はコンプトン＆エクレストンという名でやっていた商売の権利をパートナーから買い取って転売し、大戦直後に流行していたクーパー５００ccで四輪レース界にデビューする。１９５０年には、シルヴァーストーンで行われた初のＦ１レースであるイギリスＧＰの前座５００ccＦ３に、スターリング・モスとともに出走したこともある。

「すごいドライバーでもなかったけど、まあ悪くなかったんじゃないかな」と、モスは当時を思い出して言う。エクレストン自身は、「たいていのレースでトップを走ってたもんだよ。スピンしたりクルマが壊れたりしなきゃ、勝ってたんだから」と言っているが。どちらにしても、結果として現在のワールドチャンピオンシップ制度のそもそもの始まりから、Ｆ１界の一角にいたことは間違いない。

商才と経営感覚の点で、彼は学生時代から目立つ存在だった。エクレストンが力を伸ばす過程を根気よく追ってきた尊敬すべきジャーナリスト、マイク・ドッドソンによれば、その初歩は学校で身に付けたという。地元のベーカリーからパンとケーキをありったけ仕入れ、それを同級生に売りつけてかなり儲けたのだ。それからロンドンのペティコート・レーンで時計やペンを商うことに週末を費やすようになり、やがてモーターサイクルやクルマの売買に興味を抱くようになる。

「21歳のころは、もうバイクやクルマの商売を手広くやってたよ。そこから、しこしこ仕事の輪を広げていったんだ」

もっとも、こんなことをしていては勤め先に居づらくなるのも当然で、その結果自分の世界を求めての独立が早まることにもなった。まず手始めにロンドン東部に中古バイクのショールームを開いたが、写真で見ると、そこにはすでに今の彼の人となりがよく現れている。すべてのバイクが一糸乱れずきちんと整列しているのだ。クルマに転向してからも、売り物に花とばかり、すべてホイールキャップは新品にし、バンパーもメッキし直していた。ジョン・サーティースも、そのころエクレストンの店で中古車を買った一人だった。

こうして中古車業を繁盛させた当時のエクレストンに関しては、いろいろな話が乱れ飛んでいる。その中には客の鼻毛を読むのが巧みだったというような類のものもあるが、それよりは意志の堅固さとか野望、それに方向性を見定める感覚などに関するものが多い。細部へのこだわりもそうだ。特に、何事もきちっと揃えることへのこだわりは、今のＦ１パドックでも同じように見られる。彼が管轄するデジタルテレビの機材は、26台のトランスポーターによってヨーロッパ各地のサーキットに運び込まれるのだが、いつも完璧に磨き上げられているばかりか、ちゃんとナンバープレートの数字の順に駐車させられるのだ。そして彼は各チームのモーターホームについても、サイズやスケールばかりか置き方に至るまで、事細かく口を挟む。

そんな彼は、早い段階でコクピットでの運転よりビジネスに集中しようと決めた。

「人生の残りをベッドに横たわって、天井を眺めて過ごすなんてまっぴらだと思ったからね。11の歳から、思ったようにやって来たんだ。万年筆を仕入れちゃ売り、それから自転車とか、そういったことさ。それからバイクでクルマで不動産でって具合。売り買いできるものなら何でもだよ」(『デイリー・テレグラフ』のロバート・チェシャーとのインタビューより)

20歳代のうちに、彼はイギリスで2番目に大きいモーターサイクル販売業者にまで成長していた。ジョン・ドレイトンによると、当時彼が住んでいたテイト・ギャラリーの向かいの１９５０番地にあるペントハウスは、後にアーチャー卿が移って来たほどの物件だった。彼はまた若くして結婚し、一女をもうけている。しかし彼は、世間に見せる派手な面から、この結婚を完全に隔離していた。その結果、最初の妻の名は個人的な事柄として伏せられたままになっている。

他方１９５０年代には、中古車ビジネスをウィークエンド・カー・オークションにまで育てることに成功していた。そういえば、あの時代の自動車販売業者にとってエクレストンの名は、取り引きで損をしない最も腕利きだった代表として、半ば伝説化されてもいる。その商売は１９７１年にブリティッシュ・カー・オークションに営業譲渡されたが、彼流の乾いた冗談風に言うと、イギリス政府のためにいちいち物品税を取り扱うのにくたびれてしまったためだという。この税金は今では付加価値税(ＶＡＴ)となっている。そして、それとほとんど同時に、彼はブラバムＦ1チームを買収した。

しかし、ジャック・ブラバムが設立したチームを使っての殴り込みは、彼にとって初めてのＦ１経験というわけではなかった。１９５７年、相変わらずの忙しさであれこれ奮闘しているころ、ロンドンを舞台にクーパーとロータスの闘いも激化していれば、ケン・ティレルもレースの魅力に取り憑かれていた。もっと若いフランク・ウィリアムズもそんな夢を見ていた。そんな中でエクレストンはさすがの先読みの才を発揮し、儲けた金を動員してコノートの資産を買い取っていた。もう一度コノートにトップクラスの戦闘力を取り戻させ、彼自身の名前でグランプリにエントリーするためだった。そしてそれは形だけは実現したものの、思ったような水準にはとうてい届かずに終わった。１９５８年のモナコＧＰに2台のコノートを参加させ、そのうち1台のステアリングを自ら握ったのが、この方面でのエクレストンの頂点だった。

ドッドソンによれば、起用したドライバーが予選落ちするという不甲斐なさに業を煮やしたエクレストンが自分で乗ると言いだしたのだが、結果はさらに悪かったという。こんなことは、その年のシルヴァーストーンでも起きている。

そのシーズンの閉幕後、エクレストンは2台のコノートを友人でありドライバーであるスチュアート・ルイス－エヴァンスとロイ・サルヴァドーリに託して、ニュージーランドで行われたタスマン・シリーズに送り込んだ。その時の彼らに対する指示は、レースを楽しんで、しかもクルマを連れて帰るなというものだった。つまり売って来いという任務を与えられた彼らは、不安いっぱいで南半球に向かった。エクレストンの記憶によれば、それを受け持ったのはルイス－エヴァンスということになっているが、大方の証言ではサルヴァドーリがやったという。何をやったかというと、レーシングカーと豪華な切手蒐集帳の交換だった。ニュージーランド出身のジャーナリスト、ヨーイン・ヤングによれば、サルヴァドーリといっしょにいた席で、そんな取り引きの話が持ち上がったそうだ。そこでヤングはサルヴァドーリに、イギリスのエクレストンに取り引きが上手く行きそうだと電話した方がいいと言った。

「電話がすんだ時のサルヴァドーリは顔面蒼白だったよ。相当こっぴどくどやされたんだって、見てすぐわかったよ。考えてみろよ、バーニーのクルマが、古い切手の山になっちゃうんだぜ。もちろん取り引きはパアになったけどね」

悲しいことに、１９５８年の10月25日、ルイス－エヴァンスはひどい火傷が原因で死去した。カサブランカのモロッコＧＰでクラッシュしてから6日後のことだった。これはエクレストンにとってまったく受け入れ難い衝撃だった。彼は親友だっただけでなくエクレストンの仕事上のマネジャーでもあり、Ｆ１への道を拓いてくれた存在でもあった。だから、その後しばらく彼はレース界を離れ、ほかにたくさん手がけていた事業に打ち込むことにした。

そして１９６０年代の半ば、彼はふたたびＦ１界に姿を見せる。今度はクーパーのチーム監督になっていたサルヴァドーリから紹介されてヨッヘン・リントと出会ったのがきっかけだった。ちょうどクーパーやブラバムでの活動を経た後、チャプマンのロータスとともにリントの経歴が急上昇しそうなところだったので、エクレストンは彼のマネジメントを引き受けることにした。これはF1界のすべてを学び、後に彼自身がチームオーナーとしての事業を立ち上げることになるための、またとない機会でもあった。

そのリントが1970年、モンザでのイタリアGPで命を落としたことで、またもエクレストンは強烈な打撃にさいなまれたが、今度はこの世界に背を向けようとはしなかった。それどころかモーターレーシング・ディヴェロップメンツ(MRD)を買収することにした。MRDはブラバムのブランドを持つ名門だったが、創始者ジャック・ブラバムの引退後は低迷をかこち、その当時はブラバムと同郷のロン・トーラナックに経営が委ねられていた。それに対してエクレストンは20万ポンドを提示したと言われている。すべてを引き取ったのは1971年の11月で、それから彼はチームの建て直しに取りかかった。

ブラバムのチームオーナーとしての彼は、まさに天啓であり成功の象徴だった。まずマクラーレンからラルフ・ベラミーを引き抜き、彼がロータスに移籍すると、今度はゴードン・マーレイを、設計と開発の責任者として抜擢した。長身で長髪で流行りの服を着た彼を、エクレストンは例の皮肉な表現で「工場の隅っこでくすぶってたのを拾ってやったんだ」と言っている。そのマーレイは見事なウィニングカーを連発した。彼の設計したクルマによって、ネルソン・ピケがドライバーズ・タイトルを2回勝ち取っている。それはイギリス系のいわゆるキットカー・チームが、ルールの条文の抜け穴をさがして勝利をかすめ取るようになった、ごく初期の代表的な仕事だった。

しかしエクレストンが周囲の誰とも違っていたのは、そんな勝利よりほかの面を注視していたことだ。ブラバム・チームを買い取ったのも、それによってFOCAのメンバーシップを獲得するだけでなく、単なる同業者の親睦団体から世界規模のスポーツでも最強クラスの特別な力を持った組織にすべく改革を行うためだった。彼がめざした枢密院こそ、ピラニア・クラブだったのだ。

そういう意味では1970年こそ転換の時だった。シーズン開幕の時点でエントリーしていた主要チームとしては、グレアム・ヒルを擁してロータスを走らせるロブ・ウォーカーをはじめ、ジャック自身が乗るブラバム、ジョン自身が乗るサーティース、ブルース自身が乗るマクラーレンなどが居並んでいた。ところが翌年、エクレストンがブラバムの実権を握ったころには、ヒルもウォーカーから移ってきてティム・シェンケンとともにブラバムのステアリングを握り、ジャック・ブラバムは引退し、ブルース・マクラーレンはグッドウッドでカンナム・カーのテスト中に事故死してしまっていた。サーティースだけはかろうじて現場に踏みとどまっていたものの、ウォーカー・チームも姿を消した。そこにはイギリス・レース界の新しい波が押し寄せていた。完全に自前のチームを立ち上げてから2年目のティレルはまさに日の出の勢いだったし、新興コンストラクターとしてのマーチも2シーズン目を迎えていた。そして後に一世を風靡することになるウィリアムズ・チームの胎動も聞こえはじめていた。F1の守護者が交代し、エクレストンの世代が舵を握ったのだ。

このころイギリスでは、ほかにもいろいろな変化があった。揺れ動く1960年代は、さらに華やかな1970年代に道を譲った。英国式の規範が緩み、髪の長さも思い思いなら、権威には唾がかけられ、既成の支配階級は嘲笑の種にされた。ロックとフリーセックスとヒッピーが幅をきかせ、F1もそのすべてを受け容れた。もはやネクタイを締め、ブレザーとフランネルのズボンで身をかためた紳士たちの世界ではなくなった。F1文化そのものの潮流が変わったのだった。その結果、エンジンの響きと華やかな色彩とスピードによって世界規模のテレビを惹きつけるようになり、それに備えてチームを糾合し、プロのサーカスとして編成し直すべき時でもあった。それを敏感に読み取ったエクレストンではあったが、その時はまだ、変化の行く末で何が彼を待ち受けているかまでは知る由もなかった。

1972年のシーズンが始まるまでに、エクレストンはFOCAの運営を任される立場に就いた。もっとも、彼自身によれば会長より、事務局長か管理人という方がふさわしいということだったが（今に至るまで、いつも彼はたいそうな肩書を避けたがる傾向がある）。さらに6年後の1978年、いい加減な交渉窓口にすぎなかった団体をチームのためのしっかりした組織にまで再編したことによって、今度は正式に会長に就任した。

この時からFOCAはチームの正式な代表権を代行してレースの主催者と交渉する権限を持ち、やがて世界転戦における商業面の権利やテレビ放映権収入のすべてをコントロールする立場へと踏み込んで行く。これを彼は、全チームの全レース出走など、高い水準にこだわった厳格な規律を設けることによって達成した。そんな目から見て、仕事の根幹にかかわる部分に緩みがあることが、彼には我慢ならなかった。そんな場合はチームだろうと主催者だろうと、あるいは観客やFISAだろうと、誰彼かまわず食ってかかった。そういえば彼は、当時のブラバムに半端なスポンサーを取らなかったのは、その程度のステッカーでクルマを汚したくなかったからだと語ったことがある。それぐらいなら、真っ白のまま走らせた方がましだと思っていた。もっとも、その結果予算不足からパーツが間に合わなかったこともある。

「あれはベルギーでのことだったが、シャシーは5台持って行ったのにエンジンが4基しかなくて、タイヤも12本だけだったんだよ。どうやってやりくりを付けたもんだか、未だにわからないんだがね」

あのころエクレストンは、細部に至るまで漏れなく目を光らせながら、ブラバムのオーナーとしてチャンピオンシップへの挑戦を楽しむ傍ら、ＦＩＳＡとジャン－マリー・バレストル会長を敵にまわしての長い権力闘争のためにも、ほとんど休みなく活動していた。おかげで１９７０年代から１９８０年代にかけては重圧そのものの毎日だった。でも、そのころ、やはり同じように膨大な仕事量と責任を背負い込んだチャプマンが重圧にのたうちまわっていたのとは逆に、エクレストンはずばずば突き進むばかりだった。レースの方ではピケが１９８１年と１９８３年のチャンピオンになったばかりか、さらにチームとしての競争力を伸ばせそうだったが、やがてレースのコストも急騰し、優勝戦線に留まるための負担が過大になってきたので、１９８８年にはチームを売却して「仕事」に専念することに決めた。それ以来というもの、彼は一貫してピラニア・クラブを束ねる存在であり続けている。

ブラバムのチームオーナーとして、エクレストンはものすごい成功をおさめている。目端が利き、野望に満ち、しかも厳しいボスであった彼は、何事も自分の好み通りに行われることを望んだ。それは絶対だった。ゴードン・マーレイにチャンスを与えたのも、一瞬の閃きのなせる業だった。エクレストンの中にチャプマン的傾向を見抜いたマーレイは、Ｆ１ルールブックを熟読玩味して抜け穴を見つけ、それを利用してネルソン・ピケにタイトルを2回取らせることに成功した。惜しくもコンストラクターズ・タイトルには手が届かなかったが、それでもウェイブリッジを本拠とするモーター・レーシング・ディヴェロップメンツ社（ＭＲＤ）は、独特の個性に彩られた伝説的な存在になった。

ところで、エクレストンの想像を絶するほどの行動力は、いつもパドックでは噂の種だが、もちろん当たっているものもあれば嘘もある。よく知られているのは、１９６９年から70年にかけての冬、ブラバムを買収した直後のエピソードと言われているものだ。メカニックの一人(不運な彼の名前は知られていない)が何かの拍子に癇癪をおこし、座っていた椅子をスパナーで叩いた。たまたまそれがエクレストンの目に入ったのが災難だった。何食わぬ顔でハンマーを握ったエクレストンは、そのメカニックのクルマを殴りつけ、「私の財産をぶっ叩いてくれたお返しだ」と言い放ったのだとか。これは今ではF1界の伝説にすらなっている。似たような話はまだある。ある日工場に顔を出したエクレストンは、あまりに散らかったままなのを見て激怒し、思わず電話線を壁からひっこ抜いてしまった。そして全員を召集し、あの目付きで睨みつけて、今度またこんな状態に出っ食わしたら職場を閉鎖すると申し渡したという。

1985年の末、ピケがチームを去ったのが、ブラバムにおけるエクレストンの栄光の日々も去る印になった。そして1986年、ポールリカールでのテスト中にエリオ・デ・アンジェリスが事故で命を落としたことが、そんな雰囲気に拍車をかけた。ノーズの両側に小型のラジエターを配した名作BT44をはじめBT45や、異例のファン・カーゆえ1レースに勝っただけで禁止されてしまったBT46B、そしてピケに勝利をもたらしたBT52などを設計したゴードン・マーレイも辞めた。そこでエクレストンもブラバムによって頂点を争うことを断念し、MRDの株をアルファ・ロメオに売却することにした。それによってもう一つの念願だったシルエット・フォーミュラに勝てるクルマを作らせようとしたのだが、あと少しのところで実現には漕ぎ着けられずに終わってしまう。

そして1988年、アルファの親会社であるフィアットは、ブラバムの名跡とチームをスイスの金融業者ヨアヒム・ルティに譲り渡すが、ジャッド・エンジンを搭載してのF1復帰計画も、新オーナー自身が脱税で投獄されたことで頓挫してしまった。そこで今度は日本のミドルブリッジ・グループがブラバムを引き受けることになったが、結果は落胆すべきものだった。生き残りを賭けた最後のチャンスとなった1992年、まず女流ドライバーのジョヴァンナ・アマティにお鉢が回ってきたが、すぐデイモン・ヒルに取って代わられ、おそろしく出来の悪いBT60Bでなんとかシルヴァーストーンとブダペストの予選だけは通過することができた。しかし、このハンガリーGPが、F1のグリッドでブラバムの姿を見る最後の機会になってしまった。エクレストンの手を離れてから、要するにブラバムは消滅への道を歩んだだけだったのである。

ところで、エクレストンが1992年に語ったところによると、「モータースポーツ界で起きた最良の出来事といえば、FOCAの誕生だよ。1970年代の昔から1980年代、1990年代と、どうしようもない素人集団のレース主催者のケツを蹴飛ばすのがFOCAの仕事だったんだ。蹴飛ばされ続けたからこそ、連中もプロフェッショナルになって効率的な開催ができて、私たちに払うだけの金を稼ぐこともできたんだ。うちが高い賞金を要求したのは、べつに金が必要だったからじゃないんだよ。チームにしてみりゃ、レースの結果でもらう金なんか、全体の予算のほんの一部にしかならないんだから。それより、そのために主催者どもを真剣に働かせて、いいレースにするのが目的だったんだ」と言う。

エクレストンが追求した変革の中には、パドック施設の全面的な改善もある。今とはかけ離れた1960年代のF1界の常識で見れば、こんなインフラ整備の水準など理解し難いかもしれない。マレーシアGPの舞台となるクアラルンプールのセパン・サーキットなど、現代最高水準の設備を見れば、昔のF1コースとは別世界だ。しかしエクレストンが近代化に向けて変えれば変えるほど、特に一般大衆からの不満の声に直面しなければならなかったのも事実だ。それによって彼らは、ドライバーにもチームにも以前ほど簡単には近づけなくなってしまったのだから。

「サッカー見物に行ったたって、べつにピッチまで入れるわけじゃないだろう。私だって、ウィンブルドンにテニスを観に行って、コートを歩けるなんて思っちゃいないさ。もしそんなことができたとしても、最悪テニスボールを頭に食らうのが関の山だろうしね。だから、大衆をパドックに入れちゃならんのだ。あそこは仕事の場なんだから。入門章なしに自動車工場には立ち入れないのと同じだ。パドックは私たちの工場なんだよ」

パドック通行証について彼が語ったことは、1992年当時はまだ時期尚早の気味もあったが、ほどなく現実のものになった。そういう面での見通しの鋭さには驚くべきものがある。

『オートスポーツ』誌が伝えたところによると、1993年に彼が経営していた企業はイギリスで最も収益性が良く、なんと1800万ポンドの総売り上げから1500万ポンドの利益を上げたという。1990年からは電子管理式のゲートがどのグランプリでも設置され、パドックへの出入りが完璧に把握されるようになった。報道関係者はもちろん、すべてのチームスタッフもドライバーもマネジャーも、その他の要員もクレジットカードほどのプラスチックのパスを発給してもらい、それをゲートのスリットに読み取らせないと入場できない。これによって、エクレストンは誰がF1を仕切っているかを見せつけることができ、また彼らしいユーモアのセンスも満たすことができた。たとえば、あるジャーナリストが年間パスを持ちながら、開幕戦のブラジルGPに欠席したとしよう。すると彼は、次に取材に訪れたサーキットの入り口で、パスが機能していないことを発見する羽目になる。カードそのものは有効なはずなのに、機械の方が、全レース出席でないことを理由に拒否するようプログラミングされているのだ。そこで怒りのあまり現場のオフィシャルと押し問答を展開したあげく、これがエクレストンによって仕組まれた質の悪い冗談であることを知らされるというわけだ。そういえばエクレストンは、チームオーナーの誕生日に、妙なひねりの入ったメッセージを届けてくることもある。

彼自身の説明によると、それはこういうわけだ。

「私にとっては、自己鍛練が非常に重要なのだよ。なにしろ完全主義者なもんでね。でも、そのせいで疲れてしまうこともあるんだ。それにもう一つの性格もあるんだ。馬鹿な奴を見ると我慢できず爆発しちゃうんだな。でも行き過ぎがあったら謝って、5分後には忘れることにしてる。そういうわけで、F1界の仕事もあまり長いことごちゃごちゃ話し合わずに進むようにしてるんだ。何か解決しなきゃならんことがあって、それをやれば上手く行くなら、やるしかない。少なくとも、片づける前にプレスに話すなんて、絶対ないね。F1界には、失敗したり待ったりする余裕なんかないんだ。すぐやるか、お釈迦になるか、どっちかさ」

それはともかく、F1界におけるバーニー・エクレストンの経歴の中で最も特筆すべき出来事といえば、おそらく1979年から81年にかけてくり広げられた、いわゆる「FISA－FOCA戦争」だろう。もはや過去の思い出になりかけているが、当事者にとっては消耗戦そのものだった。誰がその後のF1を支配すべきか、それがどのような組織であるべきかが争われていた。それはヨーロッパを基盤とするグランプリの上流階級や守旧派と、イギリス系のコンストラクターの対立だった。守旧派にはアルファ・ロメオ、フェラーリ、ルノーなどが属し、空力設計よりターボなど高出力エンジンに頼る姿勢を見せていた。彼らが頼りとするのは、1979年の選挙でFISA（国際自動車スポーツ連盟）の会長となった、尊大で不愉快なジャン－マリー・バレストルだった。一方、お偉方から「修理屋」呼ばわりされたコンストラクター側には、コーリン・チャプマンのロータスをはじめマクラーレン、ティレル、ウィリアムズ、そしてエクレストンのブラバムなどがいて、巧みなシャシー設計によって、はるかに資金力もあり強力なエンジンを積んだ敵勢力をしばしば脅かしていた。さらにイギリス側には、新興コンストラクターとしてのマーチも加わっていた。

そのオーナーの一人、機知に富んだマックス・モズレイは、1930年代に論客として鳴らした政治家オズワルド・モズレイと、作家ナンシー・ミットフォードの妹ダイアナ・ミットフォードの間に生まれた息子だった。普通なら、オックスフォード大学で物理学を修め、さらに法廷弁護士の資格まで持つモズレイが、ロンドン南部の中古車屋風情と席を同じくするなど考えられないことだったが、この時はモータースポーツの歴史だけでなく、20世紀の後半のあらゆる出来事でも例を見ないほど強力なタッグを組んで事に当たった。

エクレストンと同じように、モズレイ自身もレースに出た経験があった。F2に乗ったこともあり、レーシングカーの理論や実際面への造詣も深かった。ジム・クラークが事故死した1968年のホッケンハイムでもグリッドに並んでいた。その後1969年にロビン・ハード、アラン・リース、グレアム・コーカーといった友人とともにマーチを興した彼は、コーリン・チャプマンやエクレストンと同じように、古い体質の国際スポーツ委員会（CSI）がモータースポーツ界を牛耳っていることに不満を抱いていた。それに対して1964年、ロータスのマネジャーだったアンドリュー・ファーガソンを表面に立て、チーム（特にイギリスの「キットカー・チーム」）の利益を代弁するものとして結成されたのがF1CAだった。ロブ・ウォーカーによれば、F1CA（もちろん後のFOCAだ）は、旅費の支給や宿泊条件などをプロモーター側と交渉して改善を勝ち取ったこともあったという。

しかし1970年代になってエクレストンが主導権を握るまでは、そういったことが夢としてしか語られない、いい加減な団体でもあった。だから、バーニーが考えを述べても、「そうかい、バーニー、だったら、やったらいいじゃないか」ぐらいにしか、ヨーロッパ系のいわゆるメーカー・チームは反応しなかった。そんな中で彼は、1978年までに全開催コースにおけるF1の救急態勢を格段に強化するのに貢献した（1979年には、それまでの救急委員を「FOCAの外科医」に位置付けた）だけでなく、空力的なスカートを禁じようという動きに反対するチャプマンへの支持を表明した。そして1979年、CSIが改組されてFISAになり、ジャン－マリー・バレストルが会長に就任したのと同時に、エクレストンもＦＯＣＡの会長になり、法律面と戦術面の顧問としてモズレイを右腕に据えた。

あの戦争の絶頂（あるいは、見方によってはどん底）は１９８０年に訪れた。車両規則の適用をめぐってチャンピオンシップ・シリーズが混乱をきわめ、中止に追い込まれたレースもあれば、ＦＩＳＡが主催したりＦＯＣＡによって開催されたりというありさまだった。それぞれのレースには、それぞれの側だけのチームが出走した。どちらの陣営にもタイヤを供給する立場から深く係わっていたグッドイヤーは、こんな状態が続くなら撤退すると警告を発していた。Ｆ１の行く末は不透明で、どうしようもなさそうに見えた。そんな状態は、呪われた１９８２年シーズンまで尾を引くことになる。

そんな中で何に対して、どういう理由でどう闘ってきたのかを正確に弁えているのは、おそらくエクレストンとモズレイだけだろう。チャプマンもほかのチームオーナーたちも、それより自分のことで手一杯だった。いや、チャプマンだけは政治力学の渦にも片足を突っ込んでいて、すんでのところでバレストルに乗せられて、エクレストンからＦＯＣＡの実権を奪うべくクーデターを起こし、紛争にけりを付けようとしたことがあるにはある。

しかし一晩考えたチャプマンがその企みを諦めたため、エクレストンが引き続きフランス側のはったりと対決するポジションを守ることになった。その結果１９８１年の1月、モータースポーツ世界連盟が結成され、新しいチャンピオンシップが発足するはこびになる。これは注意深く時機を見計らい計算され尽くした動きだったので、いかにバレストルとしても、エクレストンとモズレイがお膳立てした交渉の席に着いて、妥協への道を探らないわけには行かなくなった。

そこで締結されたのがコンコルド協定の名で知られているものである。これは、それまでにも多くの交渉の舞台となったＦＩＳＡの、パリにおける所在地コンコルド広場にちなんで命名されたものだが、それ以降、状況に応じて細かい修正を加えられながらも、チームと統括団体との間で、Ｆ１を管理運営するうえでの基本的なルールとして取り扱われて来ている。ともあれ、ものすごい難産の末の協定ではあった。

もちろん、何もかも単純に決まったわけではない。１９８１年1月19日に行われた交渉は、実に13時間にも及んだという。その結果についての記者会見もすぐにパリで開かれたわけではなく、マラネロのフェラーリ本社に席を移し、議長役のエンゾにエクレストンとバレストルが陪席する形が取られた。ヨーロッパ系のいわゆる名門チームにとっては、バレストルが引き続きFISAによってF1を統括し、規則の決定権を保持したことによって、勝利を得た形ではあった。しかしエクレストン側から見れば、それは戦争全体における一つの戦闘にすぎなかった。テレビ放映権を含むF1の商業面はFOCAの手中にあった。その収益の分配もこちら側に決める権利があった。これこそが彼の経歴と、その後のビジネスの展開における鍵になった。

しかし、ずっと後になって露見したことだが、これはマラネロやコンコルド広場で行われたものではなく、その何日か前、とあるナイトクラブで決まったことだった。エクレストンによれば、こういうことだ。

「あれは、人目につかないナイトクラブだったな。そこでジャン－マリーやフィリップ・モリスのお偉方と会ったんだ。ジャン－マリーは取り引きがまとまったことでご機嫌だったが、とりあえず世間には伏せとくことにしたんだよ。まだほかには誰も知らないことだったしね」

それから1カ月ちょっと後、コンコルド広場で弁護士たちも交えての重苦しい交渉がかさねられてから、最初の合意に署名が行われ、封印が施された。その内容は秘密だった。関係する団体や、FOCAのメンバーであることを通じてこの協定に加わることになった大半のチームオーナーたちに対しても、どんな些細な質問にも答えないよう指示が出されていた。しかし総合的に判断して、収入の分配に関する問題が、最も揉めたところだろう。賞金の分け前についても厳重に箝口令が敷かれているが、それについては世間が勘繰っているほどのことはなく、全収入のほんの一部にすぎないとされている。

その翌年、また別の事件が勃発した。キャラミでの開幕戦南アフリカGPの前夜、今度はドライバーたちがストライキに突入したのだ。音頭を取ったのは、彼らの中で指導的な立場にいたニキ・ラウダと、GPDA（グランプリ・ドライバーズ・アソシエーション）の会長をつとめていたディディエ・ピローニだった。余談ながらピローニは当時フェラーリにおけるジル・ヴィルヌーヴのチームメイトだったが、不文律を無視してサンマリノGPで優勝を横取りしてしまったことが、後にヴィルヌーヴの事故死の伏線となったと言われている。それはともかくドライバーたちは、チームからの管理を強めるような内容の契約に抗議して、そろってバスでサーキットから出て行ってしまった。そこでエクレストンはチーム側の意見を取りまとめてからピローニと会談し、なんとかその場は事なきを得て、とりあえずレースは実施できた。こうしてエクレストンは、手早く話し合いをまとめて事態を収拾する能力を示し、それからのＦ１をリードする人物としての評価を確立した。しかし、彼の行く手は平坦ではなく、まだまだ嵐が待ち構えていた。

エクレストンのやって来たことは、現代のＦ１の発展において大きなマイルストーンではあった。テレビを抱き込んだことも、レースやその他の露出に向けてチームをまとめ上げたことも、プロモーターやスポンサーとしっかりした関係を築いたことも、とても言葉では言い表せないほどの功績だ。そのようにしてモータースポーツ界に50年以上も身を置き、その半分以上をＦ１で過ごしながら、まだ謎めいて底知れぬものを思わせる存在でもある。その習慣、人間的な弱さ、いっぷう変わった行動様式までもが、賞賛と畏怖の的になっている。そして仕事上の決断にいっさい人情を差し挟まないことによって、恨みや憤激を買っている面もある。

たとえばオーストラリアGPをアデレードからメルボルンに移した時もそうだった。アデレードでも上手く行っていただけに、それをビクトリア州に横取りされることに憤った南部オーストラリアのファンからは、エクレストンのもとに抗議や暗殺予告まで舞い込んだ。一方メルボルンで新しい舞台となったアルバート・パークでは、コース建設のための樹木の伐採に反対するグループもいた。そういえば、メルボルンのプロモーターであるメイジャー・イベント社が満を持して作ったコース案を初めて見せた時、実はエクレストンの視力がものすごく落ちていることに驚かされたという。

伝えられるところによると、彼は図面に屈み込んだだけでなく、鼻や眼鏡をくっつけるようにしながら、公園の地図に書き込まれたコースを指でなぞっていたそうだ。かしこまっていた先方のお偉方も、これには呆然としたらしい。なにもエクレストンは冗談でそうしたわけではなく、普段から目が悪かったのが出てしまっただけだった。しかし、これこそ嘘も隠しもないエクレストンであって、メルボルンでのＦ１開催に向けて、それを立案したロン・ウォーカーや、州知事に就任したばかりのジュディス・グリッグスのために全面的に協力しようとした結果、そうしてしまったにすぎない。元々はアデレードの出身であるグリッグスは、弁護士としてロンドンでエクレストンの仕事を扱ったこともあり、今度はエクレストンが一肌脱ごうというわけだった。彼はグリッグスが、アルバート・パークの樹を守れというイエローリボン・プロテスターからの抗議や脅迫にさらされている間も頑として支持を続けたばかりか、いかにも彼らしい直接的なスタイルで信念をブルドーザーにぶち込み、樹木も土地も動かして立派なサーキットを作ってしまった。工事が終わって公園の一部が世界で最も美しいサーキットに姿を変えた時、それまでグリッグスが示した忍耐力に敬意と謝意を表して、エクレストンはいかにも彼流のプレゼントを用意していた。それはフットボールほどの大きさの、銀むくのコンクリートミキサーで、「アースムーバー・オブ・ザ・イヤーのジュディへ」という銘板が付いていた。

　こんな誠実さとユーモアにも、エクレストンの一面がよく現れている。とにかく付け入る隙がない。だから『インターナショナル・ヘラルド・トリビューン』のブラッド・スパージョンからピラニア・クラブの後継者について尋ねられた時も、こう答えている。

「Ｆ１はポップコンサートの大舞台みたいなもので、入れかわり立ちかわりスターが登場するように、何年もの間には、いろいろなチームが来ては去って行くもんだ。エルヴィスが死んでもコンサートは続く。だからいつか私がいなくなっても同じことさ。Ｆ１は続いて行くんだよ」

　そして彼のこれから、たとえば引退するとか生涯の終わりとかについて聞かれると、かなり鋭い答が返ってくる。１９９７年の12月、ロンドンで会った時には、こう言っていた。

「女房のスラヴィカが何って言ったか、知ってるか。私をバスに乗せて、どこかＦ１のパドックにでっかい穴を掘って、バスごと埋葬するんだってさ。だから女房に言ってやったんだよ、これから20年働いたら引退するって。今67歳だから、20年足してごらん。つまり87歳になったら、うちで週末を過ごせるようになるってわけだ」

第6章　骨の髄までのレース屋

「関係者として何をすべきかは、我々がコンコルド協定を取りまとめた時点で、きっちりと承認されているはずだ。つまりＦＩＳＡとチームが歩調を合わせてこそ、本当の意味でのルールが作れるということだ。そこで決まったことを守らせるのがＦＩＳＡの仕事だということは私たちも認めている。しかしそれは何かがあった時のことで、無条件に権力を与えたわけではない。そして将来どんなことが起きそうか、チームより知っている者はいない。それを弁えていないから不都合が……いや、事はそう単純ではない。しかし、来年の計画を胸に秘めている者にとって、今それを言えといわれても困るだろう。わかっているのは、この先どう進むにしても、新しい事態が訪れるということだ。とにかく今からマックスと仲良くしておくことだな。彼がＦＩＳＡの会長になったら、これまで何年も内輪の秘密にされていたことを暴けることになるんだから。そうなれば、仕事のやり方も今までとは変わってしまうかもしれん。彼がスポーティング・レギュレーションもテクニカル・レギュレーションも精査し直したら、これまで不正があった部分も明らかにして、何らかの行動を起こすことになるだろうし」

１９９３年7月、ピラニア・クラブの会合を終えたバーニー・エクレストンは、ホッケンハイムの記者会見でこう語った。そして次の質問（あなたは規則すべてを今改正すべきだと思いますか）に対しては、こう答えている。

「プロペラ機時代にできた規則でジェット機を飛ばすわけには行かないだろう。やはり時代に合わせてもらわなければ」

いつもエクレストンのコメントは皮肉な言い回しで的確に核心を突きながら、おもしろい砂糖をまぶしてあるので、聞き手は内容を理解する前に楽しまされてしまう。要するに彼としては、１９９１年の選挙運動が上手くいってマックス・モズレイがＦＩＳＡの会長に選出されたことが、Ｆ１全体、特にチームにとって好都合だと言いたかったのだ。それと同時に、彼がそのころ論争の種になっていた、いわゆる「電子的ドライバー・

エイド装置」、すなわちアクティブ・サスペンション、トラクション・コントロール、アンチロック・ブレーキなどの禁止に乗り出そうとしているのも明らかだった。高度の教育を受け、洗練された都会派の法律家であり、代々世間の尊敬を集める環境で育ってきたモズレイは、1991年10月にFISAの会長に選出されるや、コンコルド広場を拠点とするこの団体の中で、すかさず主導権を握ることに成功していた。彼がトップに就任したことは、ナンセンスな事態に対する常識の勝利として、F1界では歓迎されていた。それは、モズレイとエクレストンという腕利きの二人組が、守旧派の巣窟に殴り込んで指導的な地位を確保することをも意味していた。

すでに1991年までに、エクレストンがこの業界の商業的側面をしっかり把握していたことはよく知られている。それと同時にF1はスポーツというより興行としての色合いを強め、20世紀の終わりに向けて成長を続けてきた自動車産業にとっても、世界に向けて存在を発信するための絶好のショーケースになってきた。1970年のころは、ピットレーンを眺めわたしても、本当の意味でビッグチームと呼べるのはフェラーリとBRMぐらいのものだった。しかし1990年代の終わりを迎えてみると、BMW、メルセデス・ベンツ、フォード、ホンダ、フィアット、プジョー、ルノー、トヨタ（準備中）といった面面がずらっと顔を並べている。1950年代から1960年代にかけて、粋なブレザー姿の陽気な紳士連中が仕切っていたF1は、誰もが想像もしなかったほどの成長を遂げてしまった。エクレストンが、サッカーのワールドカップとオリンピックに次いで3番目のテレビ視聴者数を擁するスポーツビジネスに育てあげたのだ。当然その中からは人気者も現れる。そして、ある者は生き永らえ、ある者は消え去って行った。

中には刑務所に入る羽目に陥った者もいる。マックス・モズレイもオーナーの一人だったマーチを買い取った赤城明は、その後詐欺容疑で司直の手にかかった。ブラバムを買収したヨアヒム・ルティも同じ運命を辿っている。長くコーリン・チャプマンの右腕として活躍したフレッド・ブッシェルも、デローリアン・スキャンダルの一翼を担った咎で投獄された。ブラバムとロータスに無益な救済を試みたテッド・ボールも、不正な金銭のやり取りが発覚して3年の刑を言い渡されている。彼が経営していたランドハースト・リーシング社には、イングランドのサッカー・コーチだったテリー・ヴィーナブルズもトッテナム・ホットスパー時代に、金の件で盛んに出入りしていた。彼はチーム再浮上のために相当注ぎ込んだらしいが、ランドハースト・リーシング自体が4400万ポンドにのぼる債務を背負い込んだあげく破産管財人の指揮下に入ったことで、チームも彼自身も前途が閉ざされることになった。1990年代の初めというのは、活動を続けるためのコストが急騰に急騰を続け、資金の手当ても思うにまかせなかったため、チームにとっては辛く厳しい時代だった。

1992年、スパ－フランコルシャンでのベルギーGPの会期中には、アンドレア・モーダのオーナーであるアンドレア・サセッティが文書偽造の容疑で逮捕投獄された。自称アナーキストのベルギー人ジャン－ピエール・ヴァン・ロッセムは、風呂にも入らなければ歯も磨かず、髪の手入れもしないことで知られていたが、オニックス・チームの買収に当たって不正な小切手を発行したことで罪に問われた。ただし何らかの政治的な思惑が働いたのか、有罪判決は受けずにすんでいる。こんな連中の中には愛すべき人物もいなかったわけではないが、たいていはいやな奴か暴漢だった。

「あのころ私たちは、民主主義的すぎたんだろう」とエクレストンは言っている。

「誰かの人となりを詳しくチェックするなんてせず、『やりたきゃ、やってみたら』みたいな感じだったんだ。そしたらあんなことになったんだけどね。見りゃわかるけど、フーリガンみたいなのもいた。実際はそうじゃなかったんだが」

F1ビジネスが成長し、エクレストンとモズレイが全体を舵取りする地位に就いたことによって、それまでのいかがわしい部分は整理されていった。しかし、FISA－FOCA戦争の後始末をつけて、チームが主導権を取って組織全体を立て直しきるにはそれなりの時間も必要だったし、その過程でいろいろな出来事も持ち上がっていた。テレビの番組と同じで、見た目は問題なく楽しくても、一皮めくるととんでもない実像があったのだ。たとえばルティとか、そういった連中のことが話題にのぼると、「なんだか変な奴だったよ」とエクレストンは笑う。

「ブラバムがらみの一件だったし、まだ私が経営者だったから、ルティのことは、知ってたよ。まあ、ほかの誰かより深く知ってたってわけじゃないがね。最初から悪党だったとは思わないな。通貨市場で何かやろうとしたんだけど、上手く行かなかったんじゃないかな。ヴァン・ロッセム？　私をないがしろにしたまま何でもやってしまう誰かさんだとか聞いたことはあるけどね。グランドスタンドに座ってた彼を指して『こいつ、誰だ』とか聞いたことはあったな。その時『私はバーニー・エクレストンだ。お前さんは知らんだろうがね。私の頭越しに何かやろうって魂胆らしいが、けっこうだ、やってみるがいい』って言ったとか伝わってるらしい。でも違うな。私は何も言ってないし、もし口をきいたとしても、そんな内容じゃなかったはずだ。とどのつまり、彼は金塊みたいなもので、その点じゃオーケーで問題なかった。テッド・ボールかい、まあ、似たようなもんだな。ちょっとばかり首を突っ込んだだけで、何かできそうだなんて、図々しくも思ったんだろう。ただこの連中も、そのことに関して最初から悪意や犯意があったわけじゃないと思うんだ。私の考えじゃ、本当に悪い奴は、そういう風に見えないんじゃないのかな。わかるだろ、言ってる意味が。物を盗もうと思ったら泥棒になって、他人様の家に忍び込まなくちゃならないんだよ。でも、普通は思うだけで、やらないよな。でもあの連中は、そういうことをやって上手く行くと思っちゃったんだろう。勝てるはずだったバクチ打ちが、勝ちたい気持ちのあまりいかさまに走るようなもんさ。で、結局上手く行かなかったんだ」

このころのピラニア・クラブの発展を理解するには、もう一度1970年代の後半に立ち戻ってみる必要がある。そこではコーリン・チャプマンのロータスが急成長を遂げ、バーニー・エクレストンを筆頭にフランク・ウィリアムズ、ロン・デニス、ケン・ティレルといった面々の野望が渦巻いていた。それがF1を今のようにしてきた原動力だったのだ。彼らはみな創造力と即応力と敢闘精神を武器に、チーム経営者として歴史を築いてきた。しかし当時は、それと異なる要素も存在した。彼らはFISAの会長に就任したジャン＝マリー・バレストルと、その取り巻きたるこの世界の「貴族」たちに面と向かわなければならなかった。

今でも語り種となっているそんな対立の構図は1979年に始まって1980年、1981年と続き、1982年にやっと一応の決着を見た。きっちり団結した非常に賢明な集団が、彼らのチームと企業と、そしてF1全体の隆盛という共通の目的のために闘って、その結果として未曾有かつ継続的な成長をものにしたのだった。それ以来というもの、彼らは互いにドライバーだけでなくスタッフやアイディアやスポンサーを内輪で奪い合ってきているが、いったん外部の敵からの脅威にさらされると、すかさず団結して事に当たることになっている。これはチャプマンが望んでいた形だから、もし健在だったらとても喜んだに違いない。1981年、リオデジャネイロでのブラジルGPで、ツインシャシーのロータス88が出走を禁じられた時、彼が出した声明には、このことがチーム間に不協和音をもたらすだけでなく、将来に向けて深く禍根を残すことになろうと記されていた。

「我々はグランプリ・レーシングにもたらされた変化を目の当たりにしてきた。そしてまた不運にも、パワー競争に翻弄されるスポーツマンと、政治的な策略との軋轢も目の当たりにすることになった。政治的な策略とは、この世界に対する貢献度より多く、この世界から利益を得ようとしている勢力の間で行われていることを意味する。この事態が改善されることなく放置されるなら、F1は、スポーツの意義など何物とも思わない者どもによって行われる、盗人猛々しくごまかしに満ちて枝葉末節にとらわれた規則の解釈ごっこの泥沼の中で終焉を迎えることになろう」

こうして注意を喚起したままチャプマンは世を去ったが、バレストルの野望の向こうを張ってこのような状態を一掃することこそチームの任務だった。そんな中でエクレストンは着々とビジネスの土台を築き上げていった。またこの時期になると、それぞれのチーム名は立派なブランドとして、世間に認知されるようにもなっていた。時こそ至れり。チームが確固たる基盤に根を張って、自らの行動規範を築くべきは今だった。それはモズレイにとっても、それとなく自分の存在を際立たせ、スマートに影響力を強めつつ、F1にとって長期的に貢献できる政治家および外交官になるチャンスだった。そんなイメージアップ作戦が功を奏してバレストルからFISA会長の座を奪い取った彼は、やがてFIAの支配権も握ると組織を大幅に変革することによって自らの影響力も拡大させ、F1も時代にふさわしいものに仕立て直すことになる。その結果、チームの代表者側から見れば、FOCA側だったモズレイがFIAの中枢に座り、チームの商業的な権利の管理をエクレストンに任せることによって保護してくれることは、まるで密猟者が猟場の管理人に変身したようなものだった。

詮索好きで大声で、いろいろな性格を同居させていて、いつも各方面から揶揄の的にされてきたジャン＝マリー・バレストルは1921年4月9日に生まれた。第二次大戦中にはフランスのナチSSの指揮下にあったといわれる青年同盟に参加し、その裏でレジスタンス運動にかかわった容疑をかけられて、1944年にはドイツ側に逮捕されている。その結果、フランスの監獄で2年間を過ごすことになった。もっとも、あのころの彼の行動についてはいろいろ議論が分かれていて、その後も論争や推測の種にされ続けている。そして1952年には出版社を設立して雑誌『ロトジュルナール』を創刊し、同時にＦＦＳＡ（フランス自動車スポーツ連盟）の創立メンバーにも名を連ねた。その後もモータースポーツ界の運営に携わった結果、１９７８年にはＣＳＩの委員長にもなっている。それをＦＩＳＡに改組したのも彼だ。その立場からチーム側の連合体との対決姿勢を深め、その結果がエクレストンとモズレイを敵にまわしてのＦＩＳＡ－ＦＯＣＡ戦争にまでなった。１９８６年、彼はＦＩＡの会長も兼務することになり、それから５年間、１９９１年にモズレイが対立候補として立つまでの間、権勢をふるうことになる。

　１９９１年のスペインＧＰでのこと、バルセロナの北西の後背地に建設された近代的なカタロニア・サーキットでの記者会見に臨んだバレストルは、明らかに不機嫌だった。その態度や言葉遣いから、とても狼狽しているのも見て取れた。13年間もＦＩＳＡとＦＩＡに帝王として君臨し、幾多の敵と対決してきた彼にとって、こんなことは初めてだった。５年前に大きな心臓手術を受けた70歳の老人にとって、本当は選挙運動などまったく願い下げだった。対立候補のマックス・モズレイが明敏で教養に富み、タフで仕事もできるタイプなのはよくわかっていた。そしてまたモズレイが、ドライバー、チームオーナー、チーム監督、そしてレース運営サイドなど、次のポストに向けて完璧な経歴を持っているのも承知していた。

　バレストルはできる限りにこやかに振る舞い、平静を保つべく努めていた。彼が会見室に入ってくると、大部分は皮肉の意味をこめた喝采が起こり、後ろの方の席からは「フランス万歳」の野次も飛んだ。それに対してモータースポーツ界のドゴール将軍は机を飾る花を引き抜いて、集まった記者たちに投げた。いかにも芝居がかって見え透いた、薄っぺらな人気取りの演技で、その後の展開に似つかわしくなかった。バレストルはまずマイク係に、それから通訳に何か囁いた。すると地元の放送技術者が機械を調整するそばを、通訳が退席して行った。せっかく新築のサーキットで初めてのＦ１を開催するというのに、地元出身の通訳はひどく傷ついていた。そしてバレストルは、長長と喋りだした。

　後に質疑応答の時間帯になると、パリにおける彼の独裁権力に関する質問が飛んだ。それに対して彼は『ボスは私だ。ボスというのがどういうものか、みんなわかっているはずだ。ボスはボスだから、ボスなんだ』と答えた。そして彼が、自動車にかかわる三つの組織を運営する仕事をクロケットの試合にたとえた時には、会場は笑いに包まれた。この程度の冗談が、彼としては精一杯だった。その場を冷静に眺めていた者はほとんどいなかったが、そんな目には、これがモータースポーツの主要三機関におけるボスであり続けるための選挙演説に聞こえた。それこそ、まさに数カ月の後、モズレイが彼の排除を目標とすることになるポイントだった。それ以前にも、これもイギリス人のバージル・タイがバレストル排斥を訴えて立候補したことがあるが、モズレイの場合ははるかに綿密に計画され、成功度も高かった。9月に開催された総会で、モズレイは非公式な声明を配付し、その中でバレストルが独裁的な権限を行使している点を指摘し、疑問を呈してみせた。

マックス・モズレイはイギリスの政治家サー・オズワルド・モズレイとダイアナ・ミットフォードの次男として、1940年4月13日に生を享けた。子供のころから少年時代にかけては、イングランドだけでなくアイルランド、フランス、ドイツなど各国の学校に入れられている。彼は父から政治的な手法を受け継ぎ、母からは人間的な魅力と冒険精神を受け継いだ。彼女は有名なミットフォード六姉妹の一人で、動乱の1920年代にはヨーロッパの社交界でも際立つ存在だった。後にダイアナと姉のユニティは、アドルフ・ヒトラーとも非常に親しい友人関係になっている。そんな環境だったためモズレイは数カ国語を流暢に操れるので、フランスでバレストルの後釜を狙うにも不利はなかった。人となりはバレストルとは対照的であり、それまでの経緯に鑑みてF1内部の対立関係を解消したいと望む人人にとっては、魅力ある後継者だった。

彼はオックスフォード大学のクライストチャーチ校で学び、物理学の学位も取得していた。その後はオックスフォード・ユニオンの事務局で働きながらロンドンの法学院でも勉強して法廷弁護士の資格も取り、1964年から5年間は司法修習生も経験し、特許関係の専門知識も身に付けた。政治にも関心はあったが、父が1930年代にイギリス・ファシスト党に関係したのを理由に収容所に抑留されたという経歴があるため、その道に進むのは得策ではなかった（彼は幼いころ、刑務所の父に面会に行った記憶も持っている）。その代わりといってはおかしいが、たまたま1960年代の初めに旅行の途中で立ち寄ったシルヴァーストーンで、彼はたちまちモータースポーツと恋に落ちてしまう。

手始めはクラブレーシングで、やがてF2にまで駒を進めた。クリス・ランバートと共にロンドン・レーシングチームを結成するが、1968年の8月、ザントフールトのレースでクレイ・

レガッツォーニとからんだランバートが事故死したのを機に、フランク・ウィリアムズのF2チームに、ピアース・カレッジのチームメイトとして加入することになった。あの年の活動範囲は広く、1968年の4月にジム・クラークが命を落とすことになったホッケンハイムのレースにも出ていたし、その後もグレアム・ヒル、ジャッキー・スチュワート、ヨッヘン・リントといった強力なドライバーにまじって走っていた。

(こういった点を、選挙運動の中でバレストルはくり返し指摘していた。すなわちモズレイは生まれながらにして銀の匙をくわえていたので、労せずして特権も手の中にあった。それに対して自分は本当の意味で叩き上げの身だというのだ。)

当時のモズレイは怖いもの知らずで、痛快なことや冒険を求めていたから、けっこう喧嘩にも手を出している。1962年に反モズレイ派のデモ隊とやり合った時は脅迫の容疑で逮捕され、オールドストリート・マジストレイツ裁判所での審理に召喚されたこともある。そこでは彼は、ただ父親を守ろうとしただけだと主張している。また彼は国防義勇軍にも加わっており、落下傘降下の訓練も受けている。こういったいろいろな点で、ロブ・ウォーカーの再来的でもあるが、実際の立場は異なっている。

1969年になると、自分がトップクラスのドライバーでないことを悟ったモズレイはコクピットから降り、マーチのMになることを選んだ。車名を構成するほかの文字は、それぞれアラン・リースのAR、グレアム・コーカーのC、ロビン・ハードのHから来ている。ハードは輝かしい未来を約束された若手のエンジニア兼設計者で、まさにやる気満々の状態だった。リースが加わっていたのは、ちょっとした運命のねじれだったかもしれない。バーニー・エクレストンのチームにいた彼は、ヨッヘン・リントを擁して自らのチームを立ち上げたいという希望も抱いていた。ハードとモズレイはオックスフォードの同窓生だった。

それにしても、モズレイとエクレストンの足跡がずっと昔に交差していたのはおもしろいことだ。当時はまだ互いに目指すものは違っていたが。そうやって発足したマーチは市販レーシングカーのメーカーとしては初期から上手く行って多くのチャンピオンシップを獲得したが、F1だけはなかなか思うように行かなかった。1970年のスペインGPでケン・ティレルのチームから出走したジャッキー・スチュワートが勝利をおさめたほかは、ワークスカーが2回優勝しただけで、進歩のなさに意欲が薄れたモズレイは、だんだんエクレストンのFOCAを手伝う方に興味が赴いてしまい、１９７７年にマーチを辞職する。そしてＦＯＣＡの法律アドバイザーに就任してからはＦＩＳＡ－ＦＯＣＡ戦争で主動的な役割を演じ、１９８６年にはマニュファクチュアラーズ委員会の初代委員長に指名され、さらにはその任務の延長として世界モータースポーツ評議会にも席を獲得する。それからはたちまち国際モータースポーツを統括する中で欠かせない人材として頭角をあらわして行った。それと同時に１９８９年には、マーチで働いていた23歳の若手エンジニア、ニック・ワースが設立したシムテックに出資者として参加している。後にＦＩＳＡの会長に選出された時、モズレイの持ち分のシムテック株はワースに譲渡された。

これが、１９９１年にモズレイがバレストルに対抗してＦＩＳＡ会長選挙に立候補するに至った背景だ。その年に配付した声明で、彼はバレストルがモータースポーツの鍵となる三つのポストを独占している点を非難している。それには、こう記されてあった。

「これらの職務には、それぞれ活力に満ちた有能な人材がフルタイムで従事する必要がある。いかに能力と可能性があろうとも、同一の人間が同時に兼務するのが不可能なのは明白である。そのような試みは重大な問題を招くことになる。優柔不断、過誤、朝令暮改、責任者の不在、混乱、検討不足などなどが考えられる。さらに、この三種類の職務は互いに矛盾点も抱えている」

そして彼はまた、一人の人間にこれほど権力が集中しているだけでなく、その状態が17年間も妨げられることなく続いてきたのは、どう考えても長すぎると指摘している。それについてはこう述べている。

「私はこれまでＦ１世界選手権をプロモートする団体の一員として、5年以上にわたり多くの国々を訪れて働いてきた。また、コンコルド協定の妥結に至るまでの交渉にも参加した経験を持つ。さらにはＦＩＳＡマニュファクチュアラーズ委員会の長として、過去5年間のＦＩＡ総会において、各国の自動車メーカーを代表してきた。その結果、ラリーやツーリングカー・レースにおいても何が求められているかを理解するに至った」

その論旨はきわめて明快であり、彼としては圧勝の手応えも掴んでいた。そこでさらに付け加えてこうも主張した。

「私が言わんとするところは、バージル・タイの立候補が支持されずに終わって以来というもの、誰一人としてバレストルに対抗し、より良い実績を挙げようとして来なかった理由である。正しいにせよ正しくないにせよ、そのような試みの結果として悪い立場に追い込まれるのではないかという恐怖を、誰もが考えた結果であろう。そのような態度は完全に誤りである。もし私が当選した場合、結果として落選した対立候補とも、共に働いて行きたいと考えている。またその逆の場合も、私は彼らと共に仕事を続けられるように望む。ほかのどのようなクラブとも同様に、このことはオープンでなければならない。FISAが特定の個人の持ち物であるならば、その会長に取って代わろうとする行為は、家やクルマを奪うのと同じ侵略者の行為になってしまう。FISAはそういう性質の組織ではないのだから、非常に広範囲の改革が必要なのである」

これに対してバレストルも代議員に対し、会長であると同時に友人である旨の署名をした6ページに及ぶ書簡を送って反撃に出た。その中で彼は年来の主張をくり返すとともに、「見え透いた、事実と異なる声明」が流布されているとの反論も展開している。彼はさらに「モズレイの弁護士が、私の年齢や健康状態に関して非良心的な攻撃を加えた」と非難、「嘘の情報を反復することによって、声明を読んだ者を洗脳しようとしている」とも付け加えた。その大袈裟ぶり自体が見ものでもあった。そこで、では後継者としてはどんな人物が好ましいかと尋ねられたバレストルはこう答えている。

「いろいろ会ったが、あえて言わせてもらうなら、重要人物たちが、私こそベストだと言っていたのを聞いて、とても喜んでいるよ。本当にベストかどうか、私自身が判断できるわけじゃないが、無遠慮なイギリス人を退けることのできる、きわめて稀なフランス人の一人であることを誇りに思う。これはフランス人にはなかなかできないことなんだよ。そこが私としては重要なポイントだ。私は権限を与えられた会長であって、この職に可能な限り長く留まりたいと思っている。もしそうでなくなったら、途端に死んでしまうだろうよ。会長でなくなったら、酸素がなくなるのと同じだからね」

それはともかく、入念に練られ実行に移された選挙運動のおかげで、たとえ家族とともに休暇を過ごすイタリアから電話で話すだけだった場合でも、状況はモズレイに有利に展開した。「彼にではなく私に投票してくれる自動車クラブを、世界のどこでもいいから確保しなきゃならなかったんだ」とモズレイは当時を振り返る。

「だからずいぶんあちこちに話はしたんだが、そう決めててくれたところとか、それだけの度胸のあるところとか、充分あったわけじゃないんだよ。だって、もし私が負けたら、私に投票した彼らにも死が待っているだけだからね。無記名投票とはいっても安心できないし。私に投票するのは、長年権力を握ってきて恐れられているバレストルのような人物が支配する砦の上から、外部の者に合図を送るような行為だったろう。それでも最後には、ニュージーランドも私の側に回ってくれることになった。それまでの体制の中でいい思いのできる立場だったのにね」

そして結局モズレイは、得票43票対29票で選挙に勝った。そして就任早々、1年後の辞任を予告した。彼のさらなる努力を実らせるべく行われる選挙が翌年に控えていたからだ。そして1992年、彼はもう一つの闘いにも勝利して4年間の任期を獲得し、すぐさま懸案の実現に取りかかり、FISAをFIAに吸収合併させた。さらに1993年10月にはFIAの会長にも就任、1997年には再選も果たしている。それに続いては国際ツーリング協会（AIT）とFIAの密接な関係を仕上げ、自ら主宰する強力な圧力団体を構成した。これによって政治的な立場はさらに強化された。その一方ではエクレストンとも連携を保ちつつ、世界のモータースポーツの商業的な側面、政治面、そしてスポーツ本来の機能を一手にコントロールする立場に自らを置いた。

ところでエクレストンとの関係については、モズレイはこう説明している。

「みんな、私たちが二人三脚だと思ってるようだね。私としては、バーニーとは親友の間柄と考えているんだ。もちろん、彼の影響を受けないという意味じゃないよ。バーニーも私も、1971年にF1チームの利益代表に選ばれてるしね。それからずっとFOCAを代表してきたんだから、仕事がいっしょだったのも当然だろう。でも1983年に話し合った結果、それまでみたいにはべったりくっつかないことにしたんだ。それに、何でもかんでも無条件に意見が同じってわけじゃないよ」

モズレイが公約したのは、静かな革命だった。しかし実際に仕事を初めてみると、とてもそんなことでは追いつかないのもわかってきた。

「どの委員会も、膨大な改革の必要に迫られていたんだ。すぐ根本的な改革を推し進めるために、それ専門の委員会を一つか二つ作らなきゃならないこともわかった。全体的に見て、本来の目的を果しているのはF1委員会だけだったんだよ。その時点で最もエネルギーを使っているのもF1委員会だった。これは見込み違いだったね」

彼はまた、FISAの会長がレフェリーよろしく隅々まで鼻を突っ込む必要もないと考えた。これに関しては、1989年に鈴鹿で開かれた日本GPでのアイルトン・セナとアラン・プロストの接触事故にまで、ジャン－マリー・バレストルがいろいろ口を挟んだことから、論議の対象にはなっていた。

とにかくモズレイは就任してからというもの、彼なりのやり方で静かに改革を深めて行った。しかし、その方法論を吹き込んだり守ったりするために、実際に自ら手を下さなければならないケースも無数にあった。たとえば1995年のイモラでのサンマリノGPもそうだ。ロラント・ラッツェンバーガーとアイルトン・セナの事故死から満1年を迎え、ピット前で執り行われた陰鬱な追悼の儀式で、彼が訴えたのは誠実さと職業意識だった。あの事故からいろいろ論議が沸き返った1年を経て、F1に対する世界の関心がスポーツとしてでなく、まるで深夜のホラー映画を見るようになってしまっているのを指摘したのだ。あの前の年には二人のドライバーが命を落としただけでなく、ほかにも深刻な事故があった。それ以外にもベネトン・ルノーが違法に燃料フィルターを取り外したり、イギリスGPでミハエル・シューマッハーがフォーメーションラップ中にデイモン・ヒルを追い越して黒旗を出され、レース出走停止処分を受けたりという、スポーツとしても悪い話題が続いていた。その極めつけがアデレードで、シューマッハーがデイモン・ヒルにぶつかって両方ともリタイアした結果、シリーズタイトルを獲得するという妙な展開になってしまった。そして1995年シーズンも、ブラジルGPでベネトンとウィリアムズが違法な燃料を摘発され、レースでの得点を剥奪されるなど、多難なスタートを切っていた。

「誠実な大人の態度が要求されるんだということを、まず指摘しておきたい」とモズレイは切り出した。

「関係者すべて、チームもスポンサーも技術の専門家も、これがスポーツなんだということを胸の奥に刻み込んでおくべきだ。もちろん巨額の金もからんでいる。広告宣伝の効果が重要なのもわかっている。しかし、F1のトップクラスで闘う者が、スポーツとしての要素よりそっちを優先させたら、全部が駄目になってしまうんだ」

もちろんそんなモズレイも、彼から力を奪おうという試みを、何度となく潜り抜けてきた。一度は、1994年のあの悲劇に続いてバルセロナで開催されたスペインGPで、チームオーナーや代表者が会合を開いた時のことだった。イモラであんなことが起きた後、モズレイが大幅な安全性の向上を口にしたことで、コストの上昇を心配したチーム側は一様に腹を立てていた。そんな不平が高まる中で、もしチーム側の考えが受け入れられない場合はレースをボイコットしようという声が、いつしか高まっていた。そしてベネトンを代表して出席していたフラヴィオ・ブリアトーレとトム・ウォーキンショーは、モーターホームに戻るやこうコメントした。

「モズレイは終わった。もうこの世界の人間じゃない。これからはチームがイベントを運営する」

しかしストライキは実行されずクーデターも起きず、モズレイも指揮官であり続けることになった。その次に不穏な動きが出たのは2000年、この世界の古株であるロン・デニスとフランク・ウィリアムズが、FIAにおける抗議の手続きに不満を漏らしたのがきっかけだった。彼らはヨーロッパ委員会から、最近FIAとの間でテレビ放映権に関して議論したという話を聞き込んでいた。これに関してはエディ・ジョーダンも不満があったので、マクラーレンとウィリアムズの側に加わった。しかし、モズレイもしっかり対応を考えていた。そして9月6日、ヒースロー空港のターミナル4にあるヒルトン・ホテルでその件についての会合が開かれると、理論武装の向こう側から最初の砲火をぶっ放した。

それは前日ウィリアムズ宛てに送られ、すでにチームの間で回覧されていた書簡だった。これによって、モズレイは対抗陣営をほぼ完全に押さえ込んでしまっていた。そこには、こう書いてあった。

「もし貴兄が、真にFIA控訴裁判所の件に関わりを持つのであれば、当職としては、FIAに対する正規の手続きを経た申し入れが行われるべきであると信じます。その第一段階は、貴兄の抱く懸念とともに、改変への提言を記した書面であるべきでしょう。それによって、少なくとも一回の会議が開催されます。これは包括的な手続きであり、外部に代理人を求める前に、関係者が行うべきものです。実際のところ、まだ貴兄はこれらのことを行っていません。現在までに行われたのは散発的な不規則発言のみであり、事態に変化をもたらすための真剣な試みも行われていません」

そこでモズレイはウィリアムズに対し、コンコルド協定の最新版に署名したことによって、彼もまたこの手続きの規定に合意していることを想起させた。あの時はピラニア・クラブ内部の論争が長引いた結果、署名のタイミングはやや遅れたのだが。そして、書簡はこう続いている。

「すでに貴兄およびロン（デニス）もよくご承知のように、モータースポーツのシリーズを創設する道は誰の前にも開かれています。そのようなシリーズの主催者が商業的な権利のすべてとレース開催の運営権を有することは明白であり、彼らは安全性をはじめとする基本的な条件に関して国際スポーツ法典に従う義務を負うのみです。昨夜も私から貴兄にご説明申し上げた通り、もしロンが国際的なモータースポーツ・シリーズの運営を自ら行いたいのであれば、そうすべきです。このことは別の手紙でロンにも伝えてあります。その場合ロンは、ほかのチームとともにコンコルド協定によって保護されたFIAのF1ワールドチャンピオンシップにおいては、何の役割もなくなるだけです。しかし不運にも、彼はこのことを完全には理解してくれていないようです」

こうした鋭い反語的表現や気の利いた理由付けを公にすることによって、ヒースローでの会談で「反逆者」の足元を掘り返し、そのほかにもちょっとした砲撃を加えた結果、モズレイは抗争に完勝した。クーデターの試みは、そんなことがあったと世間に知られる前に芽を摘まれてしまった。チーム代表もオーナーもモズレイに一蹴された形だったが、後でその一人が述懐したところでは、いくら口裏を合わせて挑んでも、モズレイの逆襲に遇うとひとたまりもなかったという。この件について、後にモズレイはこう言っている。

「ロンは、何らかの形で彼自身がF1界の舵取りをしたくなって、個人的にバックアップしてくれる味方を探してるように見えたね。でもFIAのF1ワールドチャンピオンシップっていうのは120以上の加盟国のもので、1950年に始まってるんだってことを理解してるようじゃなかったよ」

これは、どういう政治的な構造がF1を支え発展させてきたかを、最も古典的に示すエピソードの一つだ。かつてエクレストンとモズレイが率いる業界団体に属することによって成長してきたチームも、今やれっきとした企業になり、さらに巨大なメーカーや企業との結びつきを深めてきている。彼らは純粋なイメージとともに、スポーツビジネスの中で規模が拡大すればするほど、一般社会に向けて開かれ、理解されやすい行動形態をも必要とするようになった。モズレイも彼なりの方法論によって、その方向にビジネスやチームを導いて来てはいるが、ロン・デニスが指摘するところによれば、そのために都合いいように、勝手にルールをいじくっているともいう。それに対してモズレイは「いや、みんなも知ってるように、いつだって何かやるべしと言われたら、きっちり反対のことをやりたくなったりするものなんだよ」と言っている。

もうずいぶん長いことモータースポーツの世界、特にF1界で生きてきたことで、マックス・モズレイ、バーニー・エクレストン、ロン・デニス、フランク・ウィリアムズやその他の面面（1999年に引退するまではケン・ティレルも）が緊密な仲間意識で結びついていることは、たいして不思議ではない。大袈裟に言えば秘密組織のようでもある。あんなに緊密に手を組んでいるだけで、何か秘密めいて見える。どちらもこんなに有名になる前、モズレイはウィリアムズのチームからF2に出走していた。これはウィリアムズにとっても好都合だった。金に困らないモズレイは完全に自己資金で走っていたのだから。そういえばFIAの会長というのも無給のポストではある。

ロン・デニスはクーパー・チームにメカニックとして就職し、ヨッヘン・リントのクルマを担当していた後、リントを追ってブラバムに移った。そのリントのマネジャーがエクレストンだった。ティレルはクーパーF2チームの監督もやっていた。まるで人生の迷路みたいだが、モータースポーツの世界では、このような人脈は珍しいことではない。結局彼らはピラニア・クラブのベテランメンバーとして緊密な付き合いを保ち、時にはいろいろな連合を組みながらここまで来た。その間にはさまざまな政治的状況の変化とか、車両規則やレース規則による利害の食い違いが生ずることもあり、彼らが二派に分かれて論争を展開することもあったが、それでも互いの間には敬意が保たれていた。彼らはF1の中でも特別なサークルで、なぜそうなのかもわかりやすかった。彼ら全員が出席した会合などでは、結局その声が他を圧倒して、全体の流れがそちらに行ってしまうことが多い。もしモズレイが欠席した場合には、場をまとめるのはエクレストンの役目だ。

きちんと記録を取るとか時刻を厳守するとかは、もう何年もの間、FOCAの会合で奨励されたことがないと言われている。伝えられるところでは、統制が取れていないだけでなく、場合によっては馬鹿げてさえいるそうだ。パドックで有名なエピソードにも、こんなのがある。本当かどうか保証の限りではないが、元ロータスのマネジャーだったピーター・ウォアが、会議を記録しておけと言われて、臨時の書記をつとめた時のこと、終わってみたらノートには、始まった時刻と終わった時刻の2行しか書いてなかった。もっとも、これはいささか手垢のついた風評というものだろう。実際には、誰もがどの議題についてもいい加減な発言も半端な理解もしていないという。抜け目のないビジネスマンもいれば、企業家でありレーシングドライバーでもあり、一発屋であり、口やかましい親方であり、気難しかったり夢見がちだったり血の気が多かったりいろいろでも、とにかく余計なことで時間を無駄にするなんてもってのほかという人間ばかりなのだ。

そんなピラニア・クラブの中にも、いわば上級委員会とも言うべき別のクラブが存在して、本当の方針はそこで決まる。大きい方のグループには、まだ経験が浅く学ぶべきことが多い、その他大勢のチーム代表などが含まれていて、大事なことには口を差し挟めない。2001年にこのクラブに加わっていたのは、フェラーリ（親会社はフィアットだが、普段会合に出席するのは社長のルカ・ディ・モンテゼモロではなく監督のジャン・トッド）、マクラーレン（代表かつ共同オーナーとしてロン・デニスが出席）、ウィリアムズ（オーナー兼代表のフランク・ウィリアムズが出席）、ベネトン（オーナーはルノー、出席するのは代表のフラヴィオ・ブリアトーレ）、ブリティッシュ・アメリカン・レーシング（オーナーはブリティッシュ・アメリカン・タバコで、代表のクレイグ・ポロックが出席）、ジョーダン（オーナー兼代表のエディ・ジョーダンが出席）、アロウズ（オーナー兼代表のトム・ウォーキンショーが出席）、ザウバー（オーナー兼代表のペーター・ザウバーが出席）、ジャガー（オーナーはフォード、代表者ボビー・レイホールが出席）、ミナルディ（オーナー兼代表としてポール・ストッダートが出席）、プロスト（オーナー兼代表としてアラン・プロストが出席）といった面々だった。これらのうち大学卒はポロックとレイホールの二人だけだが、そんなことは重要ではない。それより、いかにして世間の荒波とモータースポーツ界の修羅場をかい潜ってきたか、それだけの力量のある者が多数派の世界なのだ。この中でグランプリ・ドライバーとして輝かしい実績を残しているのはプロストだけだが、ジョーダン、レイホール、ウォーキンショー、ウィリアムズなども、それぞれの分野でかなりのレベルにはあった。レイホールなど、F1には2レースしか出ていないが、アメリカのインディカー・レースではシリーズチャンピオンを獲得したこともある。

この中でもコアをなすインナーサークルを構成するのは、FOCAの創成期から名前を連ねているイギリス系の主要チームだ。特にウィリアムズとデニスが中心のようだが、最近ではポロック（後にリチャーズ）、ジョーダン、ウォーキンショー、レイホール（後にラウダ）、ブリアトーレたちも加わっているらしい。2001年、ヨーロッパ自動車メーカー協会（ACEA）に加盟しF1にも参戦しているメーカーが中心となって、まったく別のトップクラス・レースの構想をぶち上げ、F1の将来を脅かす動きに出た時も、これらイギリス系のチームは、オックスフォード州グレイトミルトンにある有名なホテルレストラン、ル・マノワ・オ・キャトルセゾンを会場として、毎月の例会を欠かさず開いていた。この会合でチーム代表者たちは最近の情勢や、ACEAとの折衝の模様について話し合っていた。これに関しては、メルセデス・ベンツおよびダイムラー・クライスラーと密接な関係にあるロン・デニスが全体を主導していた。そういった内容は明らかにされないのが流儀だが、やはりイギリス系のチームと、大陸のメーカー系チームとの間には、まだなにがしか埋めきれない溝が横たわっていると言われている。プロスト、ザウバー、トッドらはレース場で行われる会合や、都合がつけばF1委員会の開催に先立ってヒースロー空港で行われる会合には出席できる。それはそれで注目を浴びることではあり、もちろん議題を提案したりはできるが、会の政策決定に関わることは稀だし、ましてやル・マノワでの昼食会のメンバーになることはない。

ロン・デニスは1947年6月1日、サリー州ウォーキングで生まれた。以来ずっとこの町で育ち、16歳で学校を終えると、バイフリートのブルックランズ・レーシングコースにほど近いトムソン&テイラーという修理屋に見習いメカニックとして就職した。その傍ら、ギルドフォード技術大学の自動車工学コースにも受講生として通っていた。やがてトムソン&テイラーはチップステッド・モーターグループに吸収されたのだが、その時すでにこのグループはクーパーも傘下におさめていた。希望に燃えたデニスはその縁でクーパーに移り、市販向けのF2やF3の製作を手伝うことになる。そして18の年に、熱心に働いて腕も上げた彼はクーパーF1チームのメカニックとなって、1966年シーズンを闘うことになった。当面の夢は実現した。1960年代に上手く行くかどうかわからなかったモータースポーツ界ではあったが、彼はその中に自分の将来を見出していた。

「みんな、F1がどんなものかなんて、知らなかったんだよ」と彼は言う。

「スポンサーもなかったから、クルマにも知ってるブランドのステッカーなんか貼ってなかったしね。まあ、時々オイルの名前ぐらいは付いてたけど。あのころは、レースをやりたかったら、方法が三つあったんだ。ドライバーになるか、オーナーか監督になるか、メカニックになるか。私はメカニックの仕事に燃えてたから、選ぶべき道もそれしかなかった。今みたいにチョイチョイと簡単にクルマをいじるだけなんていうのは嫌いだったし、1960年代はそんな時代じゃなかった。クーパーで働きだした時には、みんな年齢を信じてくれなかったな。初めてのグランプリは1966年のメキシコだったけど、その時19歳で、次に若いメカニックときたら、私より20歳も年上だったんだから。あれは熟練した大人がやるべき仕事で、それなりに認めてもらえるようになるまでは容易じゃなかったね。あのころは、メカニック一人でも世界を巡らせるには金がかかったんで、本当に腕がいいことが条件だったんだ。私はまだ熟練してもいなかったし経験も乏しかったけど、そのぶん必死で努力したもんだよ」

彼が初めて受け持ったドライバーは、誇り高きオーストリア人のヨッヘン・リントだった。そのマネジャーはバーニー・エクレストンで、後にリントはF1史上ただ一人、シーズン閉幕前に命を落としながら、それまでのポイントによってチャンピオンになる。そんなリントのF1初搭乗はクーパー・マセラティで、そういえばあの夏、イギリスはサッカーのワールドカップで優勝したのだった。時の首相はハロルド・ウィルソンだった。2年後、リントがクーパーからブラバムに移籍したのを機に、デニスもブラバムに入る。ひょっとしたら尊大なリントが好きだったのかと思うと、違うそうだ。

「彼は傲慢だったのみならず、人を信じるということがなかったね」と、デニスは後にアラン・ヘンリーに語っている（彼の著書『McLaren: The Epic Years』より）。

「特にメカニックを信じてなかった。よく思い出すのは1967年のドイツGPなんだが、当時クーパーの監督だったロイ・サルヴァドーリが、『もう準備はできてるし、スタートの時刻だから急げ』って言ってるのに、リントは『俺が行かなきゃ、ドイツGPは始まらんよ』とか動かないんだ。そこへメカニックの一人が探しに来て、苦々しそうに呟いてたっけ。『そんなら地べたにヘルメット置いて、ジャガイモの5キロも詰め込んどきゃいいだろ』とかね。私がクーパーを辞めたのは1967年の終わりで、次のシーズンの開幕戦までは、まだ何カ月かあった時だよ。ブラバムに行くことにしたのは、条件が良かったからさ。売り物のクルマをやる気はなかったんだけど、1968年用のF1の試作車にさわらせてくれるって話だったんだ。すぐにジャックとはいい関係を築けて、シーズン開幕の直前になったら、彼のクルマを担当してくれって言われたんだ。だから言ったんだ。『オーケー、でも、リントには負けないでください』ってね」

こうして21歳にして、デニスはあの偉大なジャック・ブラバムのチーフメカニックになった。それから3年のブラバム暮らしから、彼はメカニックの技術やレースのやり方だけでなく、F1のビジネスについても実に多くを学び取った。ブラバムは1970年いっぱいで引退するが、その時デニスはチーム全体を任されるようにまでなっていて、北アメリカの最終2戦では、クルマのセッティングも自分で決めることができた。

そしてブラバムでいっしょにメカニックとして働いていたニール・トランデルと組んで、1971年2月、故郷ウォーキングでロンデル・レーシングを開業する。デニスにとってトランデルとの友人関係は、今までで最も大切なものの一つだという。初めて顔を合わせた時のトランデルはまだ新顔で、ザントフールトのパドックでリントのブラバムBT26のギアボックス・ベルハウジングを洗っているところだった。その時デニスは『ブラバム式ってのは、こうやるんだ』とふざけたやり方を教えて、トランデルをムッとさせたそうだが、そんな縁起でもない出会いとは裏腹に、彼らの友情は長く続くことになる。彼らの最初の目標はヨーロッパF2選手権への挑戦で、まずオーストラリア出身の有望な青年ティム・シェンケンの1台だけを走らせる予定だった。ところがそこにF3で活躍していたフランス人ボブ・ウォレクが、石油会社モトゥールからの潤沢なスポンサーシップを連れて乗り込んできたおかげで、すぐさまチームも規模拡大を迫られることになってしまった。

その当時のことを、デニスはアラン・ヘンリーにこう語っている。

「ロン・トーラナックがF2シャシーを3台貸してくれたんで、使い終わった年末に売却して、経費を引いた差額を返したんだ。それで彼の手元には現金ができたし、それより良かったのは、彼のクルマを本当にちゃんと走らせたのがうちだけだったってことさ。エンジンはバーニー・エクレストンから買ったんだけど、南米のテンポラーダF2シリーズで使ったのを、裸のまま貨物船の甲板に載せて来たもんだから、もう錆だらけさ。それをできるだけきれいに掃除して、なんとか使ったんだ」

その年のロンデル・レーシングは、淡いブルーのトランスポーターを使っていた。一見スマートではあったが、実際にはメイドンヘッドのポンコツ捨て場から拾ってきて、直して磨いただけのものだった。分解してきれいにして塗装まで、デニスとトランデルだけでなく、近所のパブの常連も参加して大騒ぎだったという。こうやって手伝うのは当時の典型的な気風で（いける口の参加者には液状の謝礼がふるまわれた）、そういえば、後にブラバムのF1にも乗ったグレアム・ヒルも、気前の良さでは知られていた。デニスと仲間がウォレクのためにブラバムBT36を組み立てているのを見て、何かそわそわしている。そこでデニスがヒルに、最初の何戦か代わりに乗ってやってくれないかと頼んだら、ヒルも気軽に「いいよ」と言って、開幕戦ホッケンハイムで2位、次のイースターマンデーのスラックストンでは優勝をプレゼントしてくれた。

さらにデニスにとって幸運だったのは、ロンデル・レーシングの野望と目的を謳いあげたパンフレットを作ったところ、出資しようという人物が現れたことだ。ここにもまた、職場の整理整頓にうるさいだけでなく、先を見通して細部をおろそかにしないデニスの人となりが端的に見える。アラン・ヘンリーが書いているところによると、以前デニスと婚約していたことのある女性の父親は骨董商で、そこの常連客にフェラーリ・オーナーがいた。それを聞きかじったデニスは、その客のところにもパンフレットを送っておいた。そうしたら、それが実はトニー・ヴラッソプロスというシティの海運ブローカーの大物で、しかもレースに目がないときていた。彼はロンデル・レーシングが旗揚げの年に逞しく成長できるように手助けすることを申し出て、自ら会長に就任してくれた。こうして、またも金脈発掘の才を発揮したデニスはチーム体制を整え、その年のヨーロッパ・シリーズでシェンケンを4位に食い込ませることに成功した。

翌1972年もロンデル・レーシングは順風満帆で、ブラバムBT38を走らせながら着々と地歩を築いていったが、デニスは思わぬところで嵐に遭遇し、危うく一命を落とす羽目になった。夏の初めごろのこと、大きな交通事故に巻き込まれて重傷を負い、2カ月も病院に閉じ込められてしまったのだ。この時頭に負った怪我のせいで、それっきり人が変わってしまったという声もある。くり返しくり返し人生を考えたあげく、その後は経営に専念することに決めたのも、この入院中のことだった。

その経緯を、彼はこう説明している。

「実のところ、もしかしたら私のそれまでの人生で、一番前向きの出来事だったとも言えそうなんだよ。あのころ私は会社の中で、どちらかというと技術面に軸足を置いていた。でもあの事故は私に、そういうことから解放されるべきだと教えてくれた気がするんだ」

彼に近い立場にいてあの事故の前と後を知っている者は、後で冗談めかしてこんなことを言っていたものだ。すなわち、あれをきっかけに経営に専念するようになった結果、せっかく手に入れられそうだったのんびりした生活も諦めることになり、ユーモアのセンスも影をひそめるなど、人格まで変わってしまったらしいと。公式の場でデニスがよく口にする、やたら難解な「ロン語」なる言葉遣いも、この時期に編み出された。その真偽のほどはともかく、この事故を境に彼が変わったのは事実で、その直後、自前のクルマの開発に取りかかることになる。

1973年のシーズンに向けて、モトゥール・オイルからのスポンサーシップによってF2を設計するために、デニスが起用したのはレイ・ジェソップだった。これは上手く行ったが、その時すでにデニスの脳裡にはF1があったので、ジェソップはその線でロンデルF1の設計にも乗り出した。ただし1973年の石油危機を理由にモトゥールが予算を縮小したため、このクルマも実際に走るところまでは漕ぎ着けられずに終わっている。同時にロンデル・レーシングも立ち往生しそうになったが、それまでの2年間にわたって示すことができた、きわめて秩序立った仕事ぶりによって、すでに声価は確立されていた。それに目を付けた企業の中にはマールボロもあった。その後デニスはロンデル・レーシングから身を退くが、F1計画はヴラッソプラスと友人ケン・グロッブによって引き継がれた。今度はロンデルではなく、ヴラッソプラスのファーストネーム（トニー）とグロッブのファーストネーム（ケン）を組み合わせたトウクンという名だった。このクルマは最終的にロンデル・レーシングが活動を休止することになる1974年、トム・プライス、デイヴィッド・パーレイ、イアン・アシュレイらの操縦によってサーキットに姿を現した。

そしてデニスは1975年、プロジェクト3なる新チームを興してレース界に復帰する。これにはメーカーもスポンサー企業も注目していたが、中でも熱心なのがマールボロ・ブランドを所有するフィリップ・モリス社のジョン・ホーガンだった。以前コカコーラで働いていたころロンデルのスポンサー探しを手伝ったこともある彼は、当時からデニスの手腕を高く評価していて、今度はマールボロのためにチームをやらないかと持ちかけたのだった。そこでデニスはまずBMWのジュニアチームを結成し、次いでICIマーチ・チームも走らせて、F2とF3で大きな成功をおさめた。

このころ彼のチームで走ったドライバーの中には、エディ・チーヴァーやステファン・ヨハンソンといった後の大物もいた。彼らはマールボロの支援を受けて、1979年と1980年のイギリスF3シリーズタイトルを勝ち取っている（チコ・セラとヨハンソン）。それと同時に、チームの体制や運営をきっちりやってきた御利益で、予期せぬ発展もデニスの手元に転げ込んできた。1979年、BMWがスーパーカーM1を発表した時、それを使ったワンメイクのプロカー・シリーズも始まったのだが、それ用のクルマを仕立てる仕事を任されたのだ。このシリーズはF1ヨーロッパ・ラウンドの前座として開催されることになっていた。その中でデニスのプロジェクト4もマールボロのスポンサーシップを受けてニキ・ラウダを出走させ、シリーズタイトルを獲得するというおまけまで付いた。そのおかげで彼はチームの効率の高さ、秩序立った運営の水準、レースでの実力などをトップクラスのスポンサー企業にアピールし、F1という舞台に身を置くための大きなステップを踏み出すこともできた。

もちろんF1は、いつも彼の夢ではあった。その世界で成功するにはチーム自体の水準を高く維持することはもちろん、ウォーキングのプール通りにある工場に、経験豊富なトップレベルの設計者を招聘する必要があることもわかっていた。そこでブラバムで名を挙げたゴードン・マーレイと、ウィリアムズのパトリック・ヘッドに声をかけたところ、どちらもその時の職場から動くわけにはいかず、断られてしまった。それではと今度はジョン・バーナードを誘ってみたが、フリーランス志向の強い彼は、あまり興味を示さなかった。しかしデニスは粘り強くアプローチを続け、設計や製造など技術面に関して完全なフリーハンドをバーナードに与えるなどの条件を示した結果、どうやら話し合いを実りある方向に持ち込めた。バーナードがF1シャシーを高度に進化したカーボンファイバー複合素材で作ろうと思い立ったのも、この時デニスがそれでできたBMW・M1のリアウィングを見せたのがきっかけだった。その優位性について意見が合った結果、デニスは計画を遂行するために必要と思われる35万ポンドの金策に乗り出し、バーナードはアメリカでの仕事を切り上げることになった。それまで彼はシャパラル・チームとともに働いて、1980年のインディ500制覇にも貢献していたが、ここからはF1に新たな歴史を切り拓くべく専念することになる。

バーナード自身は、それ以前からすでに成熟した設計者としての声価を得ていた。1946年にウェンブレイで生まれた彼はブラネルとウォットフォードの工科大学を出てからローラではパトリック・ヘッドとともに、マクラーレンではゴードン・コパックとともに仕事をした経験があり、その後はカリフォルニアでパーネリ・ジョーンズのインディカー・チームを経てテキサスのシャパラルに移籍していた。そんなバーナードとデニスのタッグは強力だった。ともに意志堅固で完璧主義で、必要とあらばどこまでも議論することを厭わず、きわめて高い目標を抱いていた。ジョン・ホーガンという目利きのおかげで、マールボロもそのことをよく理解していた。一方でマールボロはマクラーレンF1チームのメインスポンサーでもあったが、1970年6月2日に創始者のブルース・マクラーレンがグッドウッドでのテスト中に事故死してからというもの、それまでのレベルを維持できず本来の目的からも遠ざかっていることを苦慮していた。そこで彼らは、デニスのプロジェクト4をマクラーレンと合併させようと考えるに至った。そのころチームの4人の創立者の一人として経営に当たっていたテディ・メイヤーも、ジョン・バーナードにアメリカからマクラーレンに復帰してくれるように誘っていた。しかしゴードン・コパックの同僚としてというメイヤーの案は拒否された。コパックが辞めるなら戻ってもいいというのがバーナードの回答だった。

マールボロがマクラーレンとプロジェクト4の合併を示唆したのは1979年のことだった。それは以前からのマクラーレン・チームに対する警告の意味もこめて1980年にはさらに具体的に語られるようになり、その結果、その年の9月には、デニスとバーナードに率いられたプロジェクト4が、新会社マクラーレン・インターナショナルの一部を成す形での合併が実施された。それ以降、この新チームは急激な成長を続け、20年間にわたってF1に君臨している。この時デニスはメイヤーとともに共同経営者におさまり、コパックは辞職した。そしてバーナードには、それまでのチーム内に蔓延していた空気に妨げられることなく、自由に腕をふるう環境が与えられた。

商売人としてのデニスはエクレストン以上と言える。常に次のステップを視野に入れ、けっして満足することなく、手綱をゆるめず些細なことにもこだわるし、手強さも一級だ。その反面、ちゃんと引き時を弁えてもいる。こういった資質が、ほどなくバーナードとともにマクラーレンの実権を握る要因になった。それまでチームの特徴でもあった気楽な日々は過去のものとなり、代わって細部までゆるがせにせず、すべてにおいて準備万端整った、強力で先進的な組織になったのが、マクラーレン・インターナショナルだった。

そんな中でバーナードは、新しいカーボンファイバー複合素材によるクルマの設計を終え、古くからの友人のスティーブ・ニコルズや、ソルトレーク・シティのハーキュリーズ・エアロスペース社の協力を得て実現に向けて進んでいた。ハーキュリーズには膨大なカーボン・コンポジットの技術があり、MP4（マクラーレンのMとプロジェクト4の頭文字を合わせた新しいコードネーム）が必要とする材料も、同社から供給を受けていた。１９８１年に発表された新型車は、Ｆ１界のブレイクスルーとして報道された。そのポイントは、従来のアルミハニカム・モノコックにくらべてはるかに剛性が高く軽量なだけでなく、衝突に対する強度が高いことにあった。さらにバーナードの説明によれば、主要構造が基本的には5枚のパネルのみであり、アルミにくらべて部品点数が50個も少ないという特徴があった。このＭＰ４によって、ロン・デニスとジョン・バーナードによる新生マクラーレンは、Ｆ１界に確たる地歩を築くことができた。

ところで、デニスには内向的な面が多々ある反面、一般的な意味では社交的でもある。つまり矛盾が同居しているということだ。特定の事柄にえらく慎重であると同時に、ほかのことにはとても大胆だったりする。たとえば１９８１年の初めにＭＰ４を公開した時も、設計コンセプトや見た目ではごく平均的だったのに、デニス自身はほかと違うポイントを知っていた。実際には、ロングビーチに姿を表した新型車は、いかにもマクラーレン流に美しく仕上げられ、とりあえず展示のみの目的だったのに、それまでのＭ29を一瞬にして古臭く見せてしまう何かはあった。後にデニスはアラン・ヘンリーに「あの年のうちに最低1勝はするって、マールボロには言っちゃったんだ」と語っている。

あの年すなわち１９８１年といえば、ジャン－マリー・バレストルの手によってスライディングスカートが禁止され、それによる絶大なグラウンドエフェクトに頼ってきたイギリス系のいわゆる「キットカー・チーム」としては、コーナリングスピードの大幅低下に悩まされそうなシーズンだった。そんな新規則の抜け道を探して（当時のチームならみんなやっていたが）、デニスの新型マクラーレンには、硬軟二種類のスプリングを重ねた「ダブルスプリング」が装着されていた。高速でダウンフォースが増すと柔らかい方だけ圧縮されて理想の地上高にまで下がり、ピットインする時には伸びて、地上高の規定にひっかからないという仕掛けだ。

デニスの予言は7月18日、シルヴァーストーンで開催されたイギリスＧＰで的中した。このレースでマクラーレンを駆ったジョン・ワトソンが、ルノー・ターボのリタイアを横目にすばらしいドライビングを展開し、みごと歴史的な勝利を勝ち取ったのだ。これはアイルランド出身のワトソンにとって生涯２回目のＦ１ウィンであると同時に、イギリスのファンにとっては忘れられない勝利だった。その後も彼はハラマのスペインＧＰ

で3位、ディジョンのフランスGPで2位と、立て続けにクルマの優秀性を示してくれた。これはすばらしい未来を予見させるに充分な成功であり、デニス自身にとっての転換点でもあった。もはや彼は勝てるチームオーナーであり、バーナードも勝てる設計者だった。

その翌年、デニスはさらに新しい試みに挑戦する。ニキ・ラウダを引退生活から呼び戻したのを手始めとして、ポルシェに専用の1・5ℓターボエンジンを作らせるための資金をTAGから引き出した。TAGすなわちテクニク・アヴァンギャルドは、1977年にフランスとレバノン混血の事業家アクラム・オジェによってルクセンブルクに設立された、ハイテク関係を専門とする持株会社の組織で、1980年以来ずっとウィリアムズのスポンサーをつとめていた。これによってデニスはポルシェに対し、彼自身のためというよりバーナードの設計にぴったり合わせた専用のエンジン開発を発注する顧客としての立場と影響力を手に入れた。内気なエンジニアであり滅多に冗談を口にしないその裏で、自分にとって必要なのは何かを常に考えていた結果がこれだった。

そのエンジンが完成する1984年までは、ラウダとワトソンのコンビをもパッケージングの一部として、チーム自身も進化を深める準備のための2シーズンだった。それにしても、ラウダを現役に復帰させるというのは驚くべき計画だった。1979年カナダGPの予選中に、「もう同じところをぐるぐる回るのには飽きた」と言い捨ててバーニー・エクレストンのブラバム・チームから立ち去ったラウダの一件は、当時よく知られていた。

しかしそれから1981年までの間に、せっかく立ち上げた自身の航空会社の経営にも退屈しはじめてしまったことに、ラウダ自身うすうす感づいていた。そんな彼の復帰は絶大な宣伝効果をもたらし、とんでもないほどの楽観主義に裏打ちされたデニスならではの緻密な計画と準備が、F1常勝戦線への到達によって報われる道への第一歩にもなった。彼が1980年にメイヤーとの共同体制から単独経営に持ち込んだ時、手元のドライバーにはワトソンとアラン・プロストがいた。そのうちワトソンは新体制下での残留を決めたが、プロストはデニスやバーナードの説く将来計画に納得できず、ルノーからの誘いに応じて戻ってしまっていた。彼の判断が正しくなかったことは、結局1983年いっぱいでルノーを解雇され、乗るクルマがなくなってしまったことで証明された。そこで、もともと彼の才能を高く評価していたデニスは、こんな幸運があるとは信じられない思いですばやくプロストと再契約を交わして陣中に取り込んだのだが、これは本当に大当たりだった。

この経緯についてプロストは、「当時の私には、ほかに取るべき道もなかったし、それはロンも知ってたさ。だから安い契約金でサインするのは気が進まなかったけど、そうも言ってられなかったんだ。ルノーから出ちゃったことで、すべてが決まったようなもんさ」と語っている。

プロストの加入は、誰にでも好かれ信頼されてきたワトソンが去ることを意味していた。かつてリントの少年メカニックだった男も、今や情熱的な野望に満ち、自らの意思で決定を下せる大物にまで成長したわけだ。彼は、ラウダとプロストのコンビによってその野望が実現すると読んでいた。そしてマクラーレンとTAGの組み合わせもF1史上屈指の強さを発揮して、1984年にはラウダの、1985年と1986年にはプロストの操縦によってワールドタイトルを獲得してみせた。この勢いは、デニスとの緊密な関係に終止符を打ったバーナードがフェラーリに移ったからといって衰えるものでもなかった。しかしデニスはここであらためて全体を見渡して、マクラーレンならではの卓越した技術開発力と輝かしい結果を守るために、体制の立て直しを図ることにした。


ちょうどそのころ、ウィリアムズとホンダのコンビが1980年代の後半に向けて勝利の方程式になりそうなのが見えてきた。それに対してデニスは、ホンダ・エンジン獲得のためならウィリアムズなどどうなってもかまわないほど冷酷な争奪戦を仕掛けた。同時にアイルトン・セナも獲得した。いささか気難しいところがあるとはいえ、彼とプロストの組み合わせは、まさに1988年のドリームチームと言えた。実際、彼らはその年の16戦中15戦に優勝し、モータースポーツの歴史で最も友好的でないチームメイトどうしの闘いの末に、セナが初めてのワールドチャンピオンシップを獲得した。

そういえば、合同記者会見の後で記者団に囲まれた時、デニスが冗談めかして「歴史を作るのは私たちで、君らはそれを書くだけだな」と言い放ったのも、この年のことだった。これは、マクラーレンがせっかく築いた途方もない業績に対する印象に多少なりとも影をささせる台詞だった。一般の印象も良くなかった。普通の人々といえばビールのグラスを傾けながら、ジャック・ブラバムがあのレースに勝てなかったのは、メカニックが（そう、ロン・デニスのことだ）ガソリンを入れる量を間違えたからだなどという笑い話に興ずるのが好きだからだ。クルマを整備するのにパブの飲み仲間に応援を頼んだなどという日日が、もはや遠くはるかなことになってしまったということでもある。それにしても、こういう言葉には、彼のまた違う一面が現れてもいる。デニスが世の中に見せている顔は、けっして飽くことを知らず、ますます口うるさく紋切り型になる一方のチームオーナーであり指揮者であり経営者であり作戦参謀だ。その一方で冗談が好きで気前が良くて冒険心にも富んだプライベートな人となりは知られていない。あのブラバムのガス欠事件にしても、デニスがただ混合比を濃くしろという指示に従っただけのことだし、だからといって責任逃れなど口にしていないのに、大衆にとってそんな真相は次第にどうでもよくなってしまうのだ。

すでによく知られているように、1989年のシーズンの最終戦であり、タイトルの行方もかかった日本GPで鈴鹿のシケインにさしかかった瞬間、プロストはセナのクルマにからむことによって、それまでに積もり積もった怨念を晴らした。あの直後セナはシケインをショートカットして再スタートし、首位でフィニッシュしたが、ご大層なジャン－マリー・バレストルの差し金で失格させられてしまった。それを置き土産にプロストはフェラーリに移籍したが、デニスのマクラーレン軍団は1990年も1991年もセナの手で勝ちたい放題に勝ちまくった。それは、ウィリアムズが日本人ドライバーの採用を断ったためにホンダ・エンジンを失い（仕方なく彼はエンジン供給のおまけ付きで、落ち目のロータスに加入することになった）、苦闘のあげくルノー・エンジンを得て、ふたたび頂点に返り咲く直前のことだった。そしてそのころ、レース以外のビジネスにも見通しと嗅覚が利くデニスは、ポルシェのF1エンジン・プロジェクトの終了を睨みつつ、TAGを陣営深く引っ張り込んで、テーアージェー・マクラーレン・グループを築こうと工作していた。その裏には野心的な計画がいくつもあって、その一例がマクラーレンF1と呼ばれるスーパーカーの開発だった。

すでに1984年からマクラーレンの株の60％を保有していたTAGの代表マンスール・オジェ（創立者アクラム・オジェの息子で大のレース好きだった）は、この提案に大乗り気だった。そもそもTAGをF1界に連れて来たのはフランク・ウィリアムズだったが、今やマクラーレンの経営の根幹を握り、デニスにとっての長期的なパートナーとして重要な役割を演ずる立場にあった。その前にTAGは、経営難に喘いでいたスイスの時計メーカー、ホイヤーも買収し、グループの一員として再構築していた。その成果の一つが、眩いばかりの高みに達したスーパーカー、マクラーレンF1だった。しかし、時期が悪かった。まさに不景気風が世界を覆い、スーパーカーの市場が縮んでいる時だったのだ。しかし血統は争えずレースでは大活躍で、F1はたちまちルマン24時間を制覇してしまう。そこでTAGの支援を受けたマクラーレン・グループでは、デニスの指示の下、レーシング用の車体や電子制御システムを開発し、闘う顧客へのサービス体制を整えることにした。

一方グランプリ・レースの方では、手を組んできたホンダが1992年の末まで決定を遅らせてから撤退を決めたので、デニスは何の備えもできていない状態に取り残されてしまった。これっきとしたメーカーからエンジンの供給を受ける手立てもなく、あれこれ試みてみた結果、とりあえずフォード－コスワースの売り物用のエンジンに頼るしかなくなっていた。つまり当代きってのドライバーであるセナを、こんなアンダーパワーのクルマに乗せることになったわけだ。それやこれやで1993年の末、土砂降りのドニントンパークで開かれたヨーロッパGPでの生涯屈指の勝利をはじめ4勝を挙げたのを置き土産に、セナはウィリアムズに移ることを決意した。ウィリアムズではプロストがルノー・エンジンの性能によって4度目のワールドチャンピオンシップを勝ち取ったところだった。その前の年に同じウィリアムズ・ルノーでチャンピオンになったナイジェル・マンセルは、プロストが加入してくると聞いた途端に契約更改を諦め、新天地を求めてアメリカに行ってしまっていた。

そんな経緯で競争力のあるエンジンもセナも失ってしまったデニスとマクラーレンは、それから3年も実りのないシーズンを耐え忍ぶことになる。強力なパートナーが現れて再生への道を歩みだしたのは1995年のことだった。そのパートナーとはメルセデス・ベンツだった。しかし、滑り出しは順調ではなかった。このクルマで闘うためにアメリカから呼び戻されたナイジェル・マンセルにとって、走りっぷりが気に食わなかっただけでなく、コクピットのサイズそのものが出っ腹に合わなかった。

そして1997年になると、彼らはふたたび優勝戦線の常連に返り咲き、ことあるごとに強力なミハエル・シューマッハーのフェラーリと激突しながら、ミカ・ハッキネンの操縦によって1998年と1999年のドライバーズ・チャンピオンシップを獲得した。そしてサーキットの外でも大きな収穫があって、しがないメカニック上がりだったデニスを大金持ちにしてくれた。レースでの成功だけでなく、自動車メーカーが本格的にF1に参入してくる時代を迎え、自分の持ち株の一部を売り渡した結果だった。1999年にメルセデスの親会社ダイムラー・

クライスラーに売却したのは、彼自身のマクラーレン株（全体の40％）の4分の1だったが、これで家族の将来が安泰なものになり、チーム経営も安定させることができた。16歳で学校を出てすぐ見習いメカニックになった少年時代を思えば、出来すぎとも言える。『サンデータイムズ』の2001年長者番付によると、彼の資産は1億6000万ポンドと言われている。実際にはもっと多かったかもしれない。

これだけの資産に恵まれれば、ウォーキングで働き始めたころに見た一番途方もない夢などはるかに超えられるだけのパスポートになる。しかしアメリカ出身の妻リサがしっかり地に足のついた女性なので、おかげでデニスも常識を踏み外さずにすんでいる。だから傍の目には、内に秘めた尊大さより、内気で仕事に打ち込むだけの人物に映るかもしれない。実際、マクラーレンの古手の社員でさえ、何に対してもいつでもどこでも、彼が仕事の手を休める瞬間があるなどと思っている者はほとんどいない。どんなに低く見積もっても、彼自身に満ちたエネルギーや精神状態は、この20年間で今が最高とも言われている。彼の一途ぶりは、1992年9月にモンザで開いた記者会見の席でも遺憾なく発揮された。ここで1993年シーズンのためにマイケル・アンドレッティと契約したことを発表したと同時に、もうマクラーレンとしてはホンダにエンジンを供給してもらわなくてもいいと思っていることまで認めたのだった。

「アイルトン・セナがほかの誰より優秀なのはわかっているつもりだったから、彼自身が勝てる条件を求めてあらゆるチャンスを求めるのを、邪魔するつもりなんかなかった。そりゃ、口では何でも言えるさ。バイオリンの伴奏付きでね。忠誠とか、共に過ごした楽しい日々とか、感情に訴えかけるためならどんな言葉もあるだろうよ。でも、これは勝利を勝ち取るための仕事であって、アイルトンは勝つためにこの世界にいるんだ。だから私は、彼がレースに勝つためにもっといい環境に身を置きたいというのであれば、何も問題にすることはないんだ」

その時点でデニスは、チーム史上最高のドライバーであるばかりか友人でもあったセナに、1993年からのエンジンをどうするつもりかを話していなかった。そこでセナは恵まれず欲求不満を抱えながらも、デニスに忠義立てして1年間だけマクラーレンに留まることにし、その結果チャンピオンシップは取り逃がしてしまった。そして1994年、ウィリアムズに移籍したのだが、それから程なくイモラのサンマリノGPで命を落とすことになる。あの出来事は、やがていつかはセナをマクラーレンに呼び戻そうと本気で考えていたデニスに深い衝撃をもたらさずにおかなかった。1994年1月のこと、彼はヨーイン・ヤングにこう語っている。

「去年、私たちの関係は最高だった。だから、当面うちとの関係が終わったからといって、アイルトンが2年間もウィリアムズに乗り続けるのを、指をくわえて見ているつもりなんかないさ。レースに勝ってチャンピオンになりたくてたまらないから、再来年にはそれができそうだっていうんで、最善のポジションのつもりでウィリアムズに行ったんだろうけどね。彼にとって最も重要なのはレースに勝つこと。二番目は、それをビジネスとして最良の形にすることなんだ」

同じインタビューの中でデニスはヤングに、1988年のシーズンがめざした通りの形で終わったからといって、有頂天になりすぎないようにチームを戒めたことにも触れている。

「上手くいった裏で良くないことも起こり始めている空気がわかっていて、なんとなく居心地が悪かったし、なんだか気分も沈むことがあったんだよ」と。そんな1988年というのは、もちろんマクラーレンが16戦15勝をなし遂げた年である。

それにしても、あれほどまでに成功し続けて誰からも尊敬されていながら、デニスがマスコミや民衆から愛されて人気が出たなどという話は聞いたことがない。だから勝てるエンジンを供給してくれる強力なパートナー企業が代わるというような谷間の時期になると、デニスとしては、せっかく次の再生に向けて努力しながら容赦なくマスコミに叩かれるという事態に直面しなければならなくなる。時には、デニスがほかの誰とも、とりわけ由緒正しいレーシングチームの面々とは違うということを見せたがっているように思えることもある。ピラニア・クラブでの地位も少し高くて、そのため時期が来れば彼のチームがすべてにおいて優位にあるということを証明したがっているようでもある。

「私は、人生において重要でないものはないと信じている。特にビジネスで大きな成功をおさめようとするなら、どんなことも軽く見ちゃいけない。ましてやF1ではね。常に完璧か、さもなくとも完璧であるべく振る舞う必要がある。もっとも、金がからむとそう単純じゃなくて、あくまで取り組む姿勢のことだけどね。スタッフ一人一人の仕事ぶりも、毛筋ほども見逃しちゃいけないんだ。勝つっていうのは、サーキットで勝つことだけじゃないんだよ。外でもそうなんだ。そうしておけば、もし世間の期待に沿えなかったとしても、世間ができる以上に私たちの力があったはずと思ってくれるって寸法さ」

これはデニス本来の職業意識や目的意識からすれば、けっして好みのスタイルではない。彼の勝利への執念や闘争精神ときたら、そんじょそこらのドライバーなど太刀打ちできないほど、鋼のように強固なのだ。そういうわけで、セナとの交渉も厳しく、しかも長引くこともしばしばだった。ある時には、100万ポンドの取り分をめぐって、なんとコイントスで決めようということになり、セナが負けたこともある。またある時には、山盛りの唐辛子を食っても平気かどうかセナと賭けて、デニスが勝った。とにかくいざとなるととことんやる性格なのだ。そのおかげでレストランでの賭けだけでなく、チームを率いてのサーキットでの勝負にも勝ってきた。もっとも、その裏には現実を見る目も、長期的な考えも、広い視野も伴ってのことだが。

「F1をやるんなら完全をめざして、さらに改善の余地がないかどうか、しっかり見てなくちゃ。シャシーとかエンジンとかだけじゃなく、全部をだよ。上に行きたきゃ、当たり前さ。次に考えなきゃならないのは、それをどうするかだな。すぐ次のレースまでに何とかしなきゃならないのかとかね。まあ、来年でもいいようなこともあるけど、どっちにしてもいずれは対処しなきゃならないわけだ。とにかく、そうやって絶え間なく心の準備をスピードアップし続けてこそ、めざしたポジションに辿り着けるってわけだ」

そのように考え、計画を練り、場を仕切りながら、デニスは長年にわたってピラニア・クラブの内部で強力かつ影響力に富む役割をこなし、常にコンストラクターの権利とF1のイメージを守る立場からの意見を公にしてきた。だからピラニア・クラブの関係者の多くは、この舞台での主役であるバーニー・エクレストンの後継者としてデニスを眺めてきていた。

1991年、『マネジメント・ウィーク』という雑誌が「デニスはイギリス最高の経営者か?」という特集を組んだことがある。すでに彼は非常に際立った存在だった。功成り名を遂げたコーリン・チャプマンが死んでからというもの、デニスこそその種の勇気と判断力を具えた改革者とされてきた。自身のチームを結成して陣頭に立ち、カーボン・モノコックを導入し、風洞を建設し、自ら立案してターボ・エンジンを開発し、TAGと組んでエレクトロニクス産業にも進出して60社を越える顧客を獲得し(その中にはライバル・チームも含む)、いろいろな取り引きもこなし、他社とも提携し、利潤を挙げるとともに理念も提唱してきた。つまりマクラーレンの発展もデニス自身の駆け足の出世も、どちらも出来る男の証明というわけだ。

そんな彼がめざすものが、統括する組織や関係筋と衝突した時など、不満と苛立ちは覆い隠せないものになる。たとえばブリティッシュ・レーシングドライバーズ・クラブが、イギリスGPの開催サーキットを長期的にシルヴァーストーンだけにしようとしたのに対し、ブランズハッチ側が契約を楯に頑として開催権を主張した時も、ほとんど自制心を失ったデニスの堪忍袋の緒は、もう少しでぶち切れるところだった。彼が腹を立てたのはそのせいばかりでなく、ドーヴァーの近くのリデンで計画していたサーキット建設まで、ブランズハッチとつながりのある団体によって妨害されていたせいだと言われている。こんな時のデニスの怒りときたら、ものすごく爆発的でわかりやすい。人生でもレースでも成功した裏には、成功を求め挫折をおそれることにおいて、この怒りと同じほどの深さがあるからとも言える。

「失敗の痛みは、ほかのどんな励ましや慰めより、次なる成功への刺激になるんだよ。手強い敗者ってわけさ。いや、そりゃ闘いだから、勝てないことだってある。そんな時は一杯やってリラックスすればいいんだが、でも、そこらじゅう痛みだらけでもあるんだ。月曜の朝目覚めても、まず頭に浮かぶのは、『えーと、きのうはグランプリだったな。で、うちは何位だったっけ』だよ。それで1位だったらいいんだけど、そうじゃなかったら、まあ地獄だね」

そんな彼だが、実はレースそのものを超えた広い視野の中に大きな野望をおさめてもいる。1993年のことだが、新しいエンジン供給メーカーを探すとかセナを引き留めるとかに忙殺されながらも、もう一方ではF1を統括するマックス・モズレイの動向も注意深く観察していた。特にその当時の彼が心配していたのは、トラクション・コントロールやアクティブ・サスペンションといった電子制御システムを禁止する方向でルールが改定されるのではないかということだった。

「ライバルが、それも強力なライバルが、本来のルールとは相容れない変更を持ち出して来たんだが、それじゃ我々のそれまでの投資も無駄になってしまう。ここは常識を弁えて論理的であるべきだったんだが、誰かさんのエゴを傷つけない方向に進みそうだったんだな。あの時点ではまったく私利私欲に支配された事柄だったし。みんなで話し合っても無駄だっただろうよ。解決策を見つけるには逆効果じゃなかったかな」

デニスは今でも、ちゃんとした経営基盤があってF1活動も順調にでき、ピラニア・クラブの中枢部でのメンバー歴も長いチームの中で彼に同調していた一派こそ、この世界の将来を決める適格者であり、それなりの責任もあると信じている。そんな立場にあればこそ、時にはほかの組織との摩擦にも曝されなければならない。その相手としてしばしば登場するのが、モズレイに率いられる統括団体だ。それに対して、彼には自分のチームを本当に着実に築き、生存競争も生き抜いてきたという自負心がある。そこは生き残る術を弁えた富者のみがますます栄え、貧者は脱落するか、生き延びて闘い、勝利をおさめて富者の列に加わるかしかない世界だ。ピラニア・クラブは食うか食われるかだ。バーニー・エクレストンに言わせれば、すばしこくなければ死が待っているのみなのだ。

デニスは、こう語ったこともある。

「幻想なんて、抱くべきじゃないね。あの時（というのは、電子制御によってドライバーを助ける装置の禁止が云々された1993年のこと）問題だったのは、金の話じゃなかったんだ。コストがどうこうというのは、裕福なチームが持っていて、資金の乏しいチームが持っていなかった技術的な優位性を取り上げるための口実だっただけさ。この世界はチームが結束して統括団体（FIA）に対抗できるだけの調和の取れた状態になって、初めて安定して運営できるんだ。そんなことは、どんなスポーツでも当たり前だよね。とにもかくにもバランスさ。そこで問題は、チームが互いに分断されてたってことなんだ。そんな中で、競争力のないチームが、技術的な違いを理由にして、強いチームの足を引っ張ろうとしたんだな。ま、それも生き残りのための術だったのかもしれんが。でも、グランプリ・レースのコストを安くすることで生き延びようとしても、しょせん無理ってもんだよ。これはモータースポーツの頂点なんだから。2週間ごとに5億人をテレビの前に釘付けにするんだから、それなりの金が動いて当たり前じゃないのかな。世界中にこれだけの露出がある投資対象なんだから。そのための投資が、チームが勝敗を争うために使われる世界なんだ。それだけの値打ちがあるから、それに見合った収入にもなる。うちの場合は、それをまたさらなる勝利のために活用してるがね。それがグランプリ経済学の基本なんだよ。下位のチームだって、やらなきゃならないことに変わりはないさ。金銭面じゃなく技術面から言ってもね。人間にしても、役に立たなければクビにして、ましなのを雇うしかないだろう。そういう意味では、モーターレーシングに奇跡なんかあるわけない。グリッドの後ろの方にいる8台に魔法の杖をふるって、いきなりトップグループに持って来るなんて、誰にもできっこないんだ。単に不可能ってだけのことだよ。そして、ずっとそのままだったら、それでおしまいさ」

FIAと各チーム、そしてスポンサーなどの間の力のバランスが見直されたり、レースの展開を盛り上げ、コストを引き下げることで下位のチームもまともに闘えるように車両規則に変更が加えられたりしたのは、F1界にとっても重大な時期だった。デニスにとってすら困難な毎日だった。今の地位に就いてからF1の形やイメージを改革しようとしていたモズレイの動きは、1994年のイモラでラッツェンバーガーとセナが事故死してからは一気に歩みを早めていた。そんな中でマクラーレンは不成績に喘ぎながらも、将来に向けての投資を迫られていた。時あたかも新興勢力が力を伸ばし始めてもいた。レース界で育ったのではなく、外部の商業的な世界から送り込まれてきたフラヴィオ・ブリアトーレのような人物もいた。

ニットウェアをはじめとするアパレル業界の雄ベネトンが所有するF1チームを任されたブリアトーレのやり方は、それまでの慣習や支配階級とはまったく正反対だった。そんな彼を、デニスをはじめとしてこの世界を生き抜いてきたお歴々は、ピラニア・クラブのテーブルに喜んで着かせようなどとは思ってもいなかった。ケン・ティレルなど、ごく内輪の会話では、ブリアトーレのことを「Tシャツのセールスマン」呼ばわりしていたほどだ。しかし1990年代のブリアトーレとベネトンが、その存在によって、あるいはルノーとの提携によって、さらには新しいチーム運営の手法によって、F1そのものをマスコミと連動した、レベルの高い企業活動にまで押し上げたという事実は指摘しておかねばなるまい。ここに至ってエクレストンのF1は本格的なショービジネスとして花開き、世界的な自動車メーカーが参入する道も開けたのだ。

1990年代の後半まで、デニス自身にはそんな状況の変化に対応する備えができていなかった。それに気付いた時、それまでのようなチームの寄り合いとしてのピラニア・クラブの手から実権がこぼれ落ちてしまう流れは、もう止められなくなっていた。今や権力者はモズレイ（FIA）とエクレストンだった。彼らは、彼ら自身が所有する企業との間に、F1の商業的な権利に関する長期計画を結び、多くのFOCAメンバーを蚊帳の外に置き去りにしていた。取り残されたチームは、もはやピエロ同然だった。F1界とそのビジネスにおける持ち分もなくなり、たちまち難しい決断を迫られることになったのだから。ある者にとっては、チームを売却する潮時だった。たとえばティレルはブリティッシュ・アメリカン・タバコにチームを譲り渡した。そうでない者は、将来に向けて態勢を立て直し、強力な経営計画と資金で武装し、企業イメージを向上させることによって長期的な値打ちを持つなど発展をめざさなければならなかった。デニスとマクラーレンが選んだ道もこれだった。

　しかしそれでもなお、こんなにＦ１界の状況が目まぐるしく変化し、あのＦＩＳＡ－ＦＯＣＡ戦争の結果として手にしたはずの経済的な権益がなくなってしまうという状況は、容易に受け入れられるものでもなかった。それでも１９９０年代の初めにモズレイがＦＩＡのトップに座ったと同時にＦＩＳＡが解体されて世界モータースポーツ評議会となり、いくつかの専門委員会に細分化されたというのが現実だった。そしてエクレストンがＦＩＡの副会長におさまり、同時にＦＯＣＡの会長も兼ね、商業権も取り仕切り、ほかのすべても意のままにするようになったのも現実だった。

　チーム側は日向でまどろむ猫のように、あまりにも長いこと労せずして利益だけ享受し続け、自分たちのことしか念頭になかったツケを払わされたのだった。ショーは続くが、もはや自らのものではない。単に舞台の上の合唱隊であり、まあ何人かが主役として歌わせてもらうにすぎなかった。彼ら自身によって築かれてきたはずのショーなのに、それを動かす権利を取り上げられたのがわかってから、「オオカミが来た」とか「泥棒だ」とか叫ぶしかなかった。

　デニスやウィリアムズ、あるいはティレルのような連中にとって、いつも念頭にあるのはレースだけだった。その一方では、どのような角度から判断しても、Ｆ１をスポーツとしてより金儲けの手段と考える連中もいた。予算そのものは限られていても、勝てないどころかグリッドの中団や後方で満足できる程度に節約して、しっかり利益を確保するのが、そういう連中だった。特に新参者たちの間には、とりあえずレースに参加するものの、新しい儲け話とか口座の残高とか、個人資産を増やすとかに気もそぞろな者が多かった。そういう立場だと、とりあえずＦ１参戦に投資し、そこそこリスクを冒すだけで利益を上げるために狂奔するようになってしまう。これはデニスが最も憎むことだった。彼にとってレースは、勝ちか負けしかなかったのだから。

「朝起きて工場に顔を出す時、考えてることといったら、よそよりいいクルマを作ることだけだよ。そこで金儲けなんか企んでるんなら、ちょっと違うな。Ｆ１で儲けるんなら、目標をしっかり達成して勝つしかないんだ。そしたら金なんか、いくらでも付いて来るさ」

　こう考える人物にとっては、観衆が何人いたとか、どれだけテレビに映ったとか、全然そうならなかったとかは、取るに足らないことなのだ。

「私たちがそこにいるのはレースに勝つためであって、テレビを喜ばすためじゃないんだよ。たくさん観客を集めるためにサーキットに行ってるわけでもない。そりゃ、マスコミが喜んでくれるように願っちゃいるけどね。でも、マスコミにレースを仕切らせちゃいけないんだよ。それじゃただのショーだろ。ショーはモーターレーシングとは違うものなんだからね」

ことほどさように、デニスの内なるレース人間は一本気だ。そして私生活の部分でもビジネスマンとしての面でも、やはり同じように一直線だ。そんな彼が感情に駆られることはほとんどない。

「たしかに、グランプリの現場では、ことさら感情を露わにしないようにしている。理由は二つあるんだ。まず一つは、何としても仕事に集中したいからさ。自分でも思うんだが、私にとっての集中というのは、きわめてレベルが高いんだ。そして二つ目は、感情を露わにするっていうのは、強さではなく人間的な弱さの露呈だからだよ。たまたまそうできたんじゃなくて、本当に冷静で落ちついて正確な判断ができるように気持ちをコントロールできたら、揺るがぬ考え方に基いて、望んだ通りの結果も得られるんだ」

何事にも徹底して取り組み、どんな些細なことも揺るがせにしないデニスのライフスタイルは、F1の政治面でもビジネス面でも発揮されている。自分自身に高い基準を設定するだけでなく、周囲にもそれに合わせることを要求する。たとえ南仏カンヌの別荘においてさえ、すべてがファクトリーと同じ水準に保たれていなければ気がすまない。とにかくいい加減にできない気質なのだ。ここまで厳格だと、周囲にいる者は疲れる。たとえば来客に対しても、2階に上がるのに靴を履いたままではいけないとか食べ物を持って行くなとか、いろいろ禁止事項を押し付けるので呆れられたりするほどだ。エクレストンと同様、彼もまた友人の家を訪れて、壁の絵が曲がっていると我慢ならない性格の持ち主なのだ。もっとも、その種の人間の通例として、彼はほとんど社交や休暇のためには時間を費やさないが。少なくとも、友人と過ごす時間が多くないことは確かだ。そういえば1990年代の中ごろ、こんなことも言っていた。

「マクラーレンでは、その方がいいとなったら、いつでも何でも変えることにしてるんだ。この原則が適用されない部分なんてない。私自身も含めてね。そういえば、レース後の反省会でそう言って、スタッフを仰天させたこともあったかな。その前に自問自答してたんだけどね、『この中に、私よりいい仕事をした者がいるのか』って。実際いなかったんで、そこまで言うのは止めといたけど。言いたかったことの真意は、うちの会社には聖なる牛（ヒンドゥ教の）なんかいないということさ。たとえレースに連戦連勝してたとしても、さらに向上する可能性があったら、すかさず変更する。それが誰かスタッフのことだったり、部品だったり、設計だったり、システムに関することだったり、どんなことでもさ。だからこそ、うちはこんなに長いことトップクラスでいられるんだから。うちじゃ、社員だろうと外部の人間だろうと、きちんと評価してるんだよ。真剣に仕事に取り組むんなら、どうしたってやらなきゃならないことだろう。よそのチームの下っ端メカをやってる若者だったけど、やる気があって目配りが利いて真剣に取り組んでたんで、私はちゃんと目を付けたんだ。そこで電話したんだが、あっちは電話の主が私だってことを、すぐには理解できなかったみたいだね。でも今、彼はうちで働いてて、ピットでの仕事ぶりなんか抜群なんだよ。とにかく人生で出会った誰でも何でも、私はしっかり観察してきたつもりだ。他人が見過ごすような些細なことでも、気になりだしたらどうしようもないんだな。何から何まで完璧であってほしいんだよ。家でも、私は完全な完全主義者なんだ。そのために女房がどれほど我慢してるのか、私は知らんけど」

そういえばロン・デニスは、モンザのパドックを歩いているところで、エディ・ジョーダンに「ようこそ、ピラニア・クラブへ」と声をかけた時のことも記憶している。なぜあんな言葉になったかというと、こういうことだそうだ。

「F1界の一般論として、もし競争力のない立場だったら、結局いざこざに巻き込まれて難儀なことになっちゃうものなんだよ。ここは切った張ったの世界だから、上手く行けば報酬も莫大な代わり、躓いたら罰も厳しいんだ。いったんここに来たら最後、いつも相手の裏をかいて出し抜くことを考え続けなきゃならない。どうやってクルマを走らせて勝つかだけじゃない。グランプリ界のあらゆる場面でそうなんだ。政治力学とか、スポンサーのこととか、自分をどう表現するかとか、どうやってレースをやるかとか、どこに目を付けるべきかとか、どうやったら投資家が喜ぶかとか、そんな中でどう振る舞うのがいいのかとか、全部のことだよ。ま、ピラニアがうようよ泳いでるタンクに飛び込むみたいなもんさ。うっかりほかのピラニアに尻尾に食いつかれたりしたら一巻の終わり。ほかの連中だって、その瞬間、どっちに付いてどっちを食うか決めるだけなんだから。私に言わせれば、そんなタンクの中をフランク・ウィリアムズやケン・ティレルと泳いでるんだったら、ほかの名前も知らんF1チームオーナーと泳いでるより安心はできるけどね」

デニスがフランク・ウィリアムズに対して示す敬意と好意は本物だし、その逆もそうだ。ウィリアムズが好きなのは、ビジネスマンでもドライバーでも、冷静でタフで意志の堅固なタイプで、デニス自身そういう種類の人間であることを、ことあるごとに証明してきている。おそらくウィリアムズはほかの競争相手より、デニスが必要と機会さえあればずっとピラニアらしく振る舞えるのを知っている。彼には、マクラーレンが強みを発揮して敵を叩ける状況をすかさず利用しきる卓越した能力が具わっている。

デニスのマクラーレンは長年にわたって、競争関係にあるウィリアムズのスポンサーやエンジン供給メーカー、そしてエンジニアたちにアプローチしては奪い取ってきた。ウィリアムズも同じようにやり返した。そんな彼らの間には、かつてFOCAが生まれたころのピラニア・クラブ時代から続く、古い暗黙の了解に基いた理解と信頼があった。そうやって彼らは、ともどもF1界で大きくなってきた。1986年のおそろしい交通事故で車椅子の生活を強いられる羽目になってしまったウィリアムズだが、そんなことにデニスが同情するわけがないのは知っていたし、それで諒しとしていた。彼自身、自分の身の上を哀れんだことなどなかったのだから。それより彼らは、互いの闘いの中で培った強力なプロフェッショナリズムで結ばれていた。

ところで、ウィリアムズの事故が、かえってチームオーナーとしての業績を高めさせる契機になったと思うかと尋ねられたデニスは、いかにも彼らしい率直さで、こう答えている。

「良くも悪くも両面あっただろうね。悪い方といえば、体が不自由になったおかげで、何事をするにも時間がかかってしまうことだ。まさか高速道路を車椅子で走るなんて、できるわけないし。でも全部が悪い方に転がったわけじゃない。いい要素の中でも最たるものは、どんなことでも総合的かつ徹底的に考え抜かなきゃならなくなったことだ。もう自分でページをめくるのも容易じゃないだけに、膨大なデータを記憶するように努めたんだろうね。こうと決めたら引かない性格だから、本当に心身ともに打ち込んだと思うよ。あちこちのグランプリに移動する時の不自由さも、そういう闘いのプロセスの一部なんだ。お互いの性格からして、私たちはあまりたくさん喋ったことはないんだ。何か共通の問題が持ち上がった時ぐらいだな。ただ世間話のためだけにフランクに電話なんかしないよ。いや、誰に対してもだ。会話っていうのは、必要があってやるものだからね」

デニスとウィリアムズとの間に共通点があるのと同じぐらい、彼らの間の違いも多い。したがってマクラーレンとウィリアムズの両チームの間にも、実に多くの共通点と違いがある。マクラーレンにおいてデニスは、TAG資本を代表するマンスール・オジェと共同でビジネスを展開し、それと並行して、株のかなりの部分をダイムラー・クライスラーにも保有させている。彼のレーシングチームであるマクラーレン・インターナショナルはTAGも加えたグループによって所有されている。そのTAGはサウジアラビアをはじめ南北アメリカにもヨーロッパにも、不動産や農業にかかわる巨額の投資によって網の目を張り巡らしている国際企業だ。デニス自身も1996年のTAGホイヤーの発足当時から係わっており、その株価の上昇によって巨万の富を手にした。ここにもビジネスマンとしての彼のセンスが垣間見える。それと対照的なのがウィリアムズで、とことんレースだけに打ち込み、友人でありチームのテクニカルディレクターでもあるパトリック・ヘッドとの長年にわたる緊密な関係も大切にしている。1999年にナイトの称号を与えらえたウィリアムズはチームの株の70%を持ち、残りはヘッドが持っている。彼らは手に手を携えて、F1レース以外のことにはほとんど目もくれず、ただただ一つのことに集中し、その事業規模の中でできることに意を注いできた。

ウィリアムズの仕事ぶりは、派手さや華やかさとは縁がない。デニスが野心的に次のステップをめざし、世紀を越えてとうとうパラゴンと呼ばれる荘重なヘッドクォーターからいろいろな部門を指揮するだけでなく、技術者の養成まで手がけるようになったのに対し、ウィリアムズはこつこつとチームの強化にだけ投資してきた。デニスやマクラーレンのスタッフがぱりっとしたスーツ姿だとすれば、ウィリアムズはツィードの上着の方を好むといった具合だった。あるいは、マクラーレンのイメージやプレゼンテーションをデザイナーズ・カップに入れたカプチーノにたとえるとすれば、ウィリアムズは普通の英国風の紅茶だった。さらに言うなら、デニスを新時代のF1企業家の典型とすれば、ウィリアムズはまったくイギリス式レース屋そのものだった。

「ウィリアムズ・チームが成功したのは、各自それぞれ自分の仕事を熟知していて100パーセントの力を出したからこそなんだ。同僚もそうやってるという信頼感もあって、いちいち余計な口出しなんかしないしね。そういう相互信頼関係がきっちりできてるから、あんなチーム力が出るんだよ」と語るのは、レース界のことなら何でも見抜いてしまう事情通で、２００２年までアロウズのチームオーナーとしてＦ１にも参加していたトム・ウォーキンショーだ。ここまで上手く運んできた鍵はウィリアムズの純粋な情熱と、技術面に関するパトリック・ヘッドの造詣の深さと誠実さだった。あらゆるのにもましてレースが第一だったればこそ、大きな困難に直面し後退せざるを得ないことがあっても、断固として生き抜いて来ることができたのだ。ウィリアムズ自身にしても交通事故で負った怪我のために障害を持つ身になってしまったほか、ドライバーや友人が死んだりスポンサーに去られたり、仕事をしくじったり、いろいろな挫折を経験してきた。そのすべてを克服して、彼のチームは30年もの間、時代の変遷を超えて勝者であり続け、チャンピオンを生み出してきた。

そんな彼の人生は、大きく二つに分けられる。一つはあの事故に遭った１９８６年まで。そしてもう一つは、四肢に麻痺が残り、常に看護婦付きの車椅子生活を余儀なくされた、あれ以後の年月だ。２０００年の末、デニスの蓄財が1億６０００万ポンドにも及ぶとサンデータイムズが報じたころ、ウィリアムズの方は９５００万ポンドと言われていた。食うや食わずの状態で、公衆電話を使って仕事をする境遇から自力で這い上がってきた男にとっては、悪くない結果だろう。

フランク・ウィリアムズを理解するには、たとえば戦闘機乗りとか長距離ランナーとか、闘牛士を連想してみるといい。あれと同じ勇気と純粋な根性と山のようなやる気と忍耐力と勇敢さと的確な行動力を、彼は持ち合わせていた。そして自らの人生を、仕事を、チームをこよなく愛し、不可能を考えるより成功を思い浮かべてきた。フランクの事故から何年かして、妻のヴァージニア・ウィリアムズが著した感動的な『A Different Kind of Life（もう一つの人生）』の一節には、彼の途方もない勇気と高潔さが滲み出ている。それはフランクが頸椎を損傷した南フランスでの事故の直後、収容されたマルセイユのティモーヌ病院に、彼女が駆けつけるところから始まっている。まずナイジェル・マンセル、そして当時ウィリアムズで働いていて、クルマが道路を逸れた時にもいっしょに乗っていたピーター・ウィンザー、さらにはバーニー・エクレストンの誘いでＦ１で働くことになった神経外科医のシド・ワトキンズ教授などと顔を合わせてから、彼女は担当のヴァンサンテッリ教授と面談した。いっしょにイギリスから飛んできたパトリック・ヘッドも付き添っていた。彼らを診察室に招じ入れたヴァンサンテッリはフランス語で、健康で活力にあふれていた彼女の夫が、頸椎を損傷していることを説明した。その時の顛末を、ヴァージニア・ウィリアムズはこう書いている。

「質問すべきことはほかになかった。私は大きく深呼吸して、尋ねた。『障害者になってしまうのですか?』ヴァンサンテッリ教授はゆっくり頷いた。大声で泣き喚きたかったけれど、居合わせた5人の前では、そうすることもできなかった。涙がやっと二粒、頬を伝っていった」

それから彼女は、そっとフランクに面会する方法を説明された。髪はすべてビニールの帽子にたくし込み、ガウンを羽織り、専用のゴム靴に履き替え、息苦しいほど暖かい廊下を歩き、2枚のドアを通り抜けて着いたのが、彼の病室だった。

「フランクは腰から下だけ薄いシーツに覆われた姿で、機械の森の中で、動かずにベッドに横たわっていた。その向こうではモニターのスクリーンが、肉体のあらゆるデータを示しつつ明滅していた。髪は血糊で貼りつき、耳も鼻孔も血だらけだった。爪も出血で黒ずんでいた。その瞬間、ほかのことより、なんで誰も彼を洗ってあげようと思わないんだろうなどと、見当違いのことを思い浮かべてしまった」

その場についての記述はまだ続くのだが、ここでは彼女の夫が非常に危険な状態にありながら、あれほどの大事故の負傷から立ち直りつつあったことを紹介しておけば充分だろう。体じゅうが打撲傷と切り傷と縫合だらけだった。呼吸もおぼつかなかった。それを目の当たりにして、ヴァージニアはただ立ち尽くすしかなかった。しかしそのうち、彼女はあることに気付いた。

「フランクを見やった時、彼もこちらを見ているのがわかって、胃がぎゅっとなるほどびっくりした。ひどく充血していたけれど、眼光の鋭さはいつもと変わらなかった。ともあれ、彼は私の方に手を伸ばそうとしていた。何か言おうにも、囁くほどにも声が出なかったので、覆いかぶさるようにしなければ聞き取れなかった。

『俺の手、動いてるかな』

私は黙って頷いた。

『なんて言われたんだい、ジニー』

答えられなかった。そこで彼は辛抱強く、一語ずつ苦闘してひねり出すように質問をくり返した。

『頸がやられたから、障害が残るって言われたのかい』

私はどぎまぎしてしまい、そういう可能性もあると言われたように思うとだけ答えた。長い沈黙の間、私はただ熱い涙をこぼしているしかなかった。

そんな私を、フランクは冷静に見つめていた。私よりずっと勇気があった。泣きだしそうになるのをこらえている私に、彼はとても明瞭に語りかけた。

『ジニー、これまでの40年間だけだって、すごい人生だったと思うんだ』彼はそこで言葉を切って、瞬きもせずに私を見つめた。そして、ゆっくり噛みしめるように言った。『だから、これから40年は、もう一つの人生なんだ』」

フランク・オーウェン・ガーベット・ウィリアムズは1942年4月16日、イギリス空軍将校の息子として、イングランド北東部のサウス・シールズに生まれた。教師だった母親は、第二次大戦中はパイロットの夫と別居を余儀なくされ、息子を連れてジャロウの近郊に移り住んだ。そこでフランクはサッカーチーム、ニューキャッスル・ユナイテッドに夢中になるとともに、あらゆるメカニズムに対する興味も育んでいった。その後リヴァプールの、そしてスコットランドのダンフリーズにあるカトリック系の学校に入れられたが、そこで火がついたのがモータースポーツに対する情熱で、ヒッチハイクをしながらイギリス中のレースを見て歩くようになる。この少年時代の経験が、彼ならではの卓越した自立心と決断力と、挫けない心を養ってくれた。やがて卒業するとノッティンガムのルーツ・グループに管理部門の見習いとして就職するが、すでに心はモータースポーツでいっぱいだった。

1961年、なけなしの貯金をはたいて買った彼の初めてのクルマはオースティンA35で、グレアム・ヒルの会社、スピードウェルのチューニングパーツが組み込んであった。これで彼はオウルトン・パークのレースにデビューし、そのまま虜になってしまった。もうレースなしでは片時もいられず、その資金を貯めるため、八百屋の売り子のアルバイトにまで精を出すほどだった。そうこうするうちにA35を壊してしまい、今度はA40を手に入れる。そしてサーキットでもいろいろな人物に出会い、友人を作っていった。その中にはピアース・カレッジやジョナサン・ウィリアムズといった、将来有望な若手ドライバーもいた。どちらもレース資金に関してはフランクより恵まれていたが、そんな障害をものともしないだけの人間的な魅力とウィットがこちらにはあった。とにかくフランクは楽しい奴だった。いつもめいっぱい頑張っていて、みんな彼の周りに集まるのが好きだった。

「あのころは、ほんのわずかな資金で何でもやったもんだよ」と、彼は当時を振り返る。

「でも、そんなこと深刻に考えてなかったなあ。中古のクルマを直したり、部品を融通し合ったりで、なんとかなってたし」

そんな彼らは1963年にロンドンに出て、ハーロウのピナー通りに共同で下宿を借りた。顔ぶれはフランクのほかピアース・カレッジ、ジョナサン・ウィリアムズ、そしてチャーリー・クリックトン－スチュアートだった。ここが彼らと、後にウィリアムズ・グランプリ・エンジニアリングの商業部門を取り仕切ることになるシェリダン・シンにとっての活動の拠点になった。この時期、フランクは下宿をスペアパーツ売買の店にも使い、客への連絡には目の前の路上にある公衆電話が命綱だった。

そのうち自分でレースを続けるには資金が足りなくなったフランクはジョナサン・ウィリアムズのメカニックとなって、ヨーロッパ中のフォーミュラ・ジュニアに参戦を始めた。もともと新しい言葉を習得するのが得意だったのを利してイギリス製のスペアパーツを売り込むなど、しっかり自分の商売のためにもチャンスを活かしていた。そして今度はF3にも挑戦してみたが、1966年のシーズンを終えたところで、どうやら見込みがなさそうなこともわかってきた。その間にも、口達者な彼はあちこちのメカニックを引き受け、1964年にはクリックトン－スチュアートのほかにアンソニー・ホースレイの面倒も見ていた。ホースレイからは、整備料金の代わりとしてブラバムのシングルシーターに乗るチャンスをもらったりもしたが、結果はたいしたものではなかった。

そして翌年、彼はブラバムの正式な代理店としてスラウに場所を借り、フランク・ウィリアムズ・レーシングカーズを開業して、レーシングカー販売に本腰を入れることに決めた。そのあがりでクーパーF3を駆ってスウェーデンのスカープナックで5位になることもできた。そのレースでは出走料ももらえたし、終わってから地元のドライバーにクルマを売ったことでも儲かった。そのころハーロウ一帯のガレージには、スペアパーツの在庫を山のように抱えていたので、これには本当に助かった。そんな経験を踏まえて1967年10月、今度はいよいよチームオーナーとしての一歩を踏み出すことになる。フランク・ウィリアムズ（モーターレーシング）リミテッドの名で、ピアース・カレッジをブラバムF3に乗せ、ブランズハッチに出走させたのが最初だった。裕福なビール醸造業者の家に生まれながら、ウィリアムズと同じようにモータースポーツのスリルに魅せられてしまったカレッジは、そのレースに優勝した。彼らは互いに良き友人であり、喜びも分かち合うことができた。

1968年になると、彼はカレッジをブラバムBT23Cコスワースでﾌ2に昇格させ、その一方ではリチャード・バートンを、さらに後には生沢徹やトニー・トリマーをF3で走らせて、それなりの成果を挙げていた。しかし、それだけでは彼の野心を満たすには足りなかった。そこで清水の舞台から飛び下りるようにしてワークス落ちのブラバムBT24を買い込み、カレッジをドライバーとして南半球のタスマン・シリーズに撃って出ることにした。と言っても予算はぎりぎりで、イギリス・ダンロップからのわずかな援助だけが頼りだった。それでもコスワースDFW2・5ℓエンジンを背負ってピアース・カレッジはオーストラリアとニュージーランドで大活躍を見せ、その結果、またも夢がふくらんでしまった。

ウィリアムズは、ブラバムBT26を2台買い取ることによってグランプリに駒を進めた。ともに27歳のウィリアムズとカレッジから成るチームは、デビューシーズンで早くもモナコとワトキンズ・グレンで2位に食い込んだほか、F2とF3も走らせるという大車輪ぶりだった。そしてフランクはスポンサー獲得の才覚も発揮、工作機械メーカー、TWウォードの社主テッド・ウィリアムズから、ブラバムに貼ったステッカーぶんの代金を受け取っている。チームにとって、レース業界の外から獲得した、初めてのスポンサーシップだった。

1969年、モンザで開催されたイタリアGPで、フランス語もイタリア語も堪能なウィリアムズは、スポーツカーメーカーの経営者として成功していたアルゼンチン出身のアレッサンドロ・デ・トマゾと出会う。すでにモナコGPでグレアム・ヒルに次ぐ2位に入賞したピアース・カレッジに目を付けていたデ・トマゾは、コスワース・エンジン搭載のF1を作るから、1970年のシリーズにウィリアムズとカレッジの手で走らせてくれないかと持ちかけて来た。シャシーの設計はジャンパウロ・ダラーラで、セカンドドライバーとしてはティム・シェンケンを起用するという。

しかし不運なことに、希望とともに歩みだしたシーズンは、悲劇によって幕を閉じることになる。ザントフールトでのオランダGPの21周目、カレッジが事故で命を落としてしまったのだ。その時ウィリアムズ・デ・トマゾ・コスワースで7位を走っていたカレッジは、路面の突起に姿勢を乱されたかタイヤがパンクしたかがきっかけで土手に突っ込み、一瞬にして炎上、カレッジもほとんど即死の状態だった。

「あのニュースはテレビで見ました。フランクの気持ちを思うと、たまらなかったわ」とヴァージニア・ウィリアムズは言う。「ピアースには一度しか会ったことがないけど、あの人たちの絆がただのドライバーと雇い主ってだけじゃないのは、よくわかってたし」

まったくその通りで、カレッジとウィリアムズの仲は親友などという程度では言い表せないほどだった。ある時、こんなこともあった。カレッジとジョナサン・ウィリアムズが企んでフランクを裸にひん剥き、庭の向こう側の線路のところまで一っ走りさせられるかどうか賭けたのだ。それに乗って外に出た途端、彼らはドアをロックして素っ裸のフランクを閉め出してしまった。と、ちょうどそこに通勤客を詰め込んだ電車が通りかかって大騒ぎになったとか。そんなふうに、彼らはいい時も悪い時もいつもいっしょで、「ピムリコ通りのカフェの安定食でお腹を満たしていたんですって」とヴァージニアは、昔のフランクの姿を生き生きと語っている。

「私が驚いたのは、彼が1週間まるまる休まずに働くことだった。それも毎週のことだった。しかも完全主義だから、クルマの売買やドライバーの契約はもちろん、ボルト1本からナット1個まで、まあまあですませることができなかった。それにくらべれば、値段とか支払い能力とかは、むしろ小さいことだった。私自身にも完全主義者的な傾向があったから、見ていてすぐわかった。でも私が好きだったのは、フランクの辛辣なユーモアのセンスだった。それは、フランクを知るまでは出会ったことのない種類のものだった。私の知り合いの中では、男性でもみんな常識的で真面目な人ばかりだったから。それとは反対に、フランクには悪ガキみたいなところがあって、とにかく権威などというものには目もくれなかった。彼はいつも誰彼かまわずからかって、その場をひっかきまわしたがっていた。とにかく普通の人がやるようなことはやらなかった。アンチ権力で、アンチお偉方で、アンチ肩書だった。そのためにちょっとは恥しい思いをさせられることもあった反面、すごくおもしろかった」と、彼女は書いている。

それはともかく1970年6月21日、カレッジの死によって、フランク・ウィリアムズの人生の一部は終わりを告げた。

そんなことがあって打ちのめされながらもチームの運営は続けたが、デ・トマゾとの提携関係はその年限りで打ち切りになった。

「気持ちのうえでももちろんだが、経営者としても、もうどん底だったね」と、2000年の10月になって、彼は『ユーロビジネス』のトム・ラビーソンに語っている。「ピアースは私たちの仲間の秘蔵っ子だったし、ものすごくスポンサーの目を惹く存在でもあったんだ。で、すべてこれからって時でもあったんだよ。あんなことの後で、もう抜け殻みたいになっちゃってね。今だからこんなふうに話せるけど、あの時は本当に大変だったんだから」

1971年を前にしての冬の間にスポンサーも見つかり、今度はマーチのカスタマーチームとしてアンリ・ペスカロロをワールドチャンピオンシップに挑戦させるほかに、F2も3台走らせるだけの資金ができた。ペスカロロを援助していたのはモトゥール・オイルで、そこから3万8000ポンドが入ってきた。そしてテッド・ウィリアムズの工作機械メーカーからも1万ポンド、さらにはイタリアの玩具メーカー、ポリトーイからも1万ポンドを獲得できた。それにしても、とりあえず充分だろうとして10人しか雇っていなかった彼にとって、これはこの上なく野心的な挑戦だった。いかにも当時の彼らしいと言えば言えるが、3台もF2を走らせるとなると、同時に何個所にもいなければならなかった計算になる。ヴァージニア・ウィリアムズが書き残したところによると、最もとんでもないパターンとして、こんなこともあったという。

コロンビアのF2シリーズに参戦していた当時のことだが、チームのクルマが2台とも、モノコックが歪んでパネルが浮き上がってしまった。しかも翌週には次のレースが控えている。でもウィリアムズは参加を取り消す代わり、現地でクルマを分解してモノコックだけ持ち帰り、すぐビスターのマーチ本社に運び込んで修理と補強を頼み、今度は手荷物扱いでボゴタまで持って行って組み立て、ちゃんと予選に間に合わせたという。これぞロン・デニスが賞賛したように、チームとしてのウィリアムズを成長させた要因と言える。

1972年になると、ブラジル人のカルロス・パーチェが持ち込んできた1万ポンドにありついたウィリアムズは、セカンドカーを走らせることができるようになった。これはちょっとしたボーナスといったところだったが、それでも借金や心配事が山のようにあって、チーム全体を上向かせるには至らなかった。そんな中でせめてもの慰めは、ヴァージニアが持っていた小さな家を売った4000ポンドを、貸し付けの形にして助けてくれたことだった。カレッジを失ったシーズンの末に、ウィリアムズの手元に残ったのはトラックと2基のエンジンと、わずかばかりの部品だけだった。

「うちにあった最大のものってのは、莫大な借金だったのさ」とは、いつもウィリアムズが自嘲気味に口にしていた台詞だった。それは簡単に返せるものではなかったが、それでもバーニー・エクレストンがF1のパドックを仕切るようになったおかげで、なんとか生き残って闘い続けることはできた。F1CAがだんだん力をつけて、各地への移動にも補助が出て、組織的に行われるようになったからだ。そして1973年には、ウィリアムズもなんとか工面をつけて自分自身のオリジナルカーを作れるところまで漕ぎ着けた。その原型はレン・ベイリーが設計したポリトーイFX3だったが、デビュー戦となったブランズハッチのイギリスGPの、それもオープニングラップで、アンリ・ペスカロロが派手にクラッシュしたおかげで全損になっていた。しかし、その程度で挫けるようなウィリアムズではない。そこから腰をすえて発揮した粘りで、最終的には周囲を見返すことになるのだから。

1973年から1976年まで、まだまだ彼の奮闘は続く。まず1973年には、BRMから鞍替えしてきたマールボロと、イタリアのスポーツカーメーカー、イソの援助によって闘い抜くことができたが、かと思うとマールボロがマクラーレンに移ってしまい、またもウィリアムズは苦闘を余儀なくされる。そして1975年ごろになると、F1のコストも急騰を始めたので、ウィリアムズとしても、それまでの気前の良いスポンサーぐらいではとても賄いきれなくなってきた。

そこで手を組む相手を探していたところに現れたのが、堂々たる体躯のオーストリア系カナダ人、ウォルター・ウルフだった。石油掘削機器の販売で財を成した彼がチームの株の60％を買い取ったのは1976年のことだった。同時にウルフはヘスケス・チームのクルマと機材も丸ごと45万ポンドで買い取り、設計者のハーヴェイ・ポスルズウェイトも引っ張り込んだ。それは、ウィリアムズが雇い入れたばかりのパトリック・ヘッドに、早くも用済みを言い渡したようなものだった。もっとも、こんな急ごしらえのチームでは結果らしい結果が出るはずもなく、業を煮やしたウルフは、監督としてロータスからピーター・ウォアも引き抜いてきた。ウィリアムズにとって、これは自分がチームの原動力ではなくなったことをも意味していた。

破局は1977年の1月に訪れた。アルゼンチンGPに遠征するに当たって、ウルフはウィリアムズを同行させないことにしたのだ。つまりチームにとって、ウィリアムズなど出資者の一員に毛が生えた程度の存在にすぎないというわけだった。そこで彼は手を引くことを決めた。ヘッドも行動を共にすることにした。しかしウィリアムズは落胆こそすれ、ウルフを恨んだりはしていなかった。それどころか、今となってはかけがえのない勉強になったと振り返っている。

「仕事を始めてから今までの前半と言えば、未熟どころじゃなくて、いつも玉砕すれすれで勝負しながら、なんとか知恵を身につけて来たようなもんだった。で、結局ウォルター・ウルフにウィリアムズ・レーシングカーズの経営権を売り渡す羽目になったわけなんだが、彼からは、それまでの10年ぶん以上も勉強させてもらったよ」

とにかくこれで彼は、またＦ１ＣＡのメンバーシップも持たない立場からやり直すことになり、１９７７年、パトリック・ヘッドを技術部長兼主任エンジニアとしてウィリアムズ・グランプリ・エンジニアリングを設立した。オックスフォードシャーのディドコットにカーペットの倉庫だった建物を見つけたのが仕事の手始めだった。その時彼らの手元にあったのは、マックス・モズレイから1万４０００ポンドで買ったマーチ７６１シャシーが1台と、捨て値の中古コスワースＤＦＶエンジンが４基だけだった。会社組織としてはウィリアムズ自身が株の99％を保有し、残りの1％は１９７５年の8月に結婚したヴァージニアが持つという形だった。驚くほど有能だっただけでなく立場に忠実だったヘッドは、それから10年たってヴァージニアの1％とウィリアムズからの29％を譲り受けるまでは、そんなことを何も要求しなかった。それでもウィリアムズは、彼の価値をしっかり承知していた。

「彼こそ本当に天性の才能に恵まれたエンジニアだよ。彼が築いた技術の王国ときたら、本当に世界的だものね。１９７０年以来、うちで設計したり作ったりしたレーシングカーは、ほとんど彼が基本なんだ。出来もすばらしかったけど、人間的にも高潔なんだ」

ヘッドは、早くもＦＷ06とＦＷ07によってトップクラスの設計者の一人であることを証明してみせた。特に彼にとって初めてのグラウンドエフェクト・カーであるＦＷ07は、ウィリアムズにとって何でも可能にし、チームを大きく発展させる鍵となったクルマだ。この時期に積極策に転じたウィリアムズは、普通のイギリス系企業以外のスポンサー開拓に乗り出し、旧友クリックトン－スチュアートの口添えも得て、サウジアラビアから資金を導入することに成功している。１９７８年、シルヴァーストーンで行われたイギリスＧＰで、アラン・ジョーンズの乗るＦＷ06に、サウディア航空の名前が描かれていたのがそれだ。これは周知のようにＦ１ＣＡがＦＯＣＡに発展して、バーニー・エクレストンがピーター・マッキントッシュから会長と執行部職を受け継いだ年であり、ジャン－マリー・バレストルがCSIの委員長に選出された年でもあった。つまりウィリアムズはFISA－FOCA戦争に向けて軍靴の響きが高まり、エクレストンとピラニア・クラブが勢力を伸長し、F1が大金を生むようになったのとほぼ同時に進軍を開始したと言える。

あのころを振り返ってウィリアムズはこう語っている。

「資金繰りはとても大変だったな。でもうちはイメージが良かったんで、それなりにスポンサーも付いたんだ。最初はそんなに大規模なもんじゃなかったけど、確実な入金だったから、支払いに困ることもなかった。ま、最初にしちゃ良かったと思うよ。ただスタートしただけじゃなく、いいスタートだったんだから」

1970年代は、変化の時代だった。イギリスの社会も変わる中で、ウィリアムズと彼のチームも、めざましく業績を伸ばした。熱心なアマチュアドライバーでありレーシングカー業者だったウィリアムズは、裕福なチームやドライバーから仕入れた中古の部品を売りさばきながら何度も危機を乗り越えて、とうとう1980年にはワールドチャンピオンの座まで上りつめた。モーターレーシングという舞台で、最も目立たないコーラスガールとしてグリッドの尻尾に並んでいたチームが、最後には脚光を浴びて先頭を走るようにまでなっていた。

「フランクが無一物から始めたなんて、それは違うな」と、彼の友人は言う。「無一物より、ずーっと以下だったんだから」

コンストラクターとして初めてフルシーズンを闘い終えた時ウィリアムズの総収入は48万7000ポンドで、そのうち利益は593ポンドにすぎなかったのに、20年たってみると年間総収入は5300万ポンドにも達し、800万ポンドもの利益を上げるまでに成長していた。ここまでのし上がった裏には、サウジの貢献がきわめて大きい。

「サウジアラビアからのスポンサーシップがあったからこそ、これだけのことができたんだよ」と彼も言っている。「段取りをしたのは私だが、あれが触媒だったね」

サウディア航空からの援助は、初年度には3万ポンドだったが、2年目には10万ポンドに増額された。本当にこれには助かった。これでF1への本当の切符も手に入ったのだから。1977年の12月、ウィリアムズとヘッドがディドコットでFW06を発表した時に出席していたサウディアの社長シェイク・ケマル・シンディは、その後サウジアラビアの航空副大臣にまで出世を遂げている。

これぞ、艱難辛苦の末にやっとのことで手にしたウィリアムズとチームにとっての存在証明のようなものだった。そして1

978年、彼はサウジの王族や、航空会社のほかのサウジ企業と話し合うためリヤドを訪問する。そしてその年のモナコGPでは、レースが大好きなスルタン・ビン・サルマン皇太子から、友人のマンスール・オジェを紹介された。これがTAGのレース界参入のきっかけだったが、その時点では、スポンサーたちの興味は、次にチームがどういう新型車を出して来るかの方にあった。実際、その期待はみごとに満たされることになり、1979年のイギリスGPに登場したグラウンドエフェクト・カーFW07はアラン・ジョーンズの操縦でポールポジションを獲得し、クレイ・レガッツォーニの操縦で優勝した。続く1980年にはジョーンズがドライバーの、そしてウィリアムズがコンストラクターのチャンピオンシップに輝いている。ここに夢は叶った。ウィリアムズ自身にとってすら、衝撃的なほどの運命の展開だった。そんな1978年を回想して、ウィリアムズはダグ・ナイにこう語っている。

「なんて言ったらいいのか、言葉もなかったよ。まったく別の世界がひらけちゃったんだから。私自身、事の重大さにどう対処すべきか、困惑するしかなかったね。もちろんアラン（ジョーンズ）は最速の一人ではあった。ピアースみたいに走れてたよね。でも、あんなことが実現しちゃうと、まるで30年の刑を食らって服役してたのが、10年か20年目に誰かがいきなり鍵を開けて釈放してくれたみたいな感じだった。その瞬間どうしたかっていうと、『なんてこった、どうすりゃいいんだ、助けてくれ、お願いだからブタ箱に帰してくれ』って言いそうだったね」

彼ならではの熱中や活力、それに心配事や問題を抱えながらもリラックスして人生を楽しむ能力（あの事故に遇うまで何年も長い間、ほとんど毎晩長い距離を走るのが彼の楽しみでもあり、そのおかげでセバスチャン・コウとも親しくなった）に加えて、ウィリアムズは明敏であり先見の明にも富んでいる。だからすばやく未来を予見し、1980年代の初期に石油危機が訪れるより早く、湾岸以外の国からのスポンサーシップの開拓にも手を打っていた。名前で言うとレイランド、モービル、ICI、キヤノン、ラバッツ、キャメルといった企業で、これらのロゴを車体に載せた結果、予算は潤い、それとともにコストも上昇し、F1界の基準も引き上げられることになった。

「1980年代にF1をやるっていうのは、1960年代や1970年代みたいに簡単じゃなかったんだよ」とウィリアムズは言う。

1981年、ジョーンズとチームメイトのカルロス・ロイテマンは、どちらもチームオーダーの発令を不満として辞めてしまった。そこで起用されたケケ・ロスベルクが1982年のチャンピオンシップを獲得したのを受けて、ウィリアムズは新たなエンジン供給源としてホンダとの提携に踏み切った。これは長期的な見通しに立った計画だったが、実際にネルソン・ピケがチームメイトのナイジェル・マンセルを従えて1987年のタイトル獲得を実現するまでに、チームの創始者自身は身体に障害を負い、車椅子の人になってしまっていた。そのホンダが勝てるエンジンの供給先をマクラーレンに変更しようという動きを見せたのは、事故のすぐ後の1986年3月8日のことだった。機を見るに敏なピラニアのロン・デニスがチャンスにありついたのだ。車椅子のリーダーに率いられたチームと仕事を続けるのは難しいと判断したホンダは、まだ18カ月残っていた契約を破棄することにした。その結果、1988年のエンジンは新たにセナとプロストのマクラーレンに供給されることになり、その傍ら、ブラジル人ネルソン・ピケと日本人中嶋悟のいるロータスへの供給も続けられることになった。

「ホンダとの話とは、こういうことさ」とウィリアムズは述懐する。

「ホンダの連中が言うには、マクラーレンと組んでも、うちとでもいいけれど、日本人ドライバーを乗せるのが条件だって言ったんだ。でもパトリック（ヘッド）も私もあいにく鼻っ柱が強い方なんでね、指図されるのは厭なんだ。で、ホンダには、うちのドライバーはこっちが決めるって言ってやったんだが、失敗だったな。だからって、それが病院に来たホンダの人間の目付きを険しくさせたとは思ってないけどね。ただその時マクラーレンにはセナとプロストがいて、マールボロからもたくさん金が出ていたという事実はあった。そこでホンダはロン・デニスと5年間組んで、結局そこからも出て行っちゃったんだけどね」

ところで、TAGグループがF1で組む相手をウィリアムズからマクラーレンに切り換えた一件についても、ウィリアムズ側はそれほど悔やんでいるわけではない。マンスール・オジェがチームの株を欲しがったのを、ウィリアムズが拒否したのが原因だったからだ。

「マンスールとの取り引きは、こっちが断った。一般的な取り引きなら問題なかったんだよ。でも、うちを買い取るとなると話は別だ。そういうやり方じゃ、豊かな土台をしっかり築くなんてできないからさ」

ホンダ・エンジンの件では、1986年の事故の後、デニスが病院にウィリアムズを見舞いに訪れ、状況を観察したうえで行動を起こすことにしたと伝えられている。TAGに関しては、デニスは当時のことをよく覚えていて、あれはその後F1界を揺るがすことになる「TAG」ターボ・エンジンを開発するためのスポンサーになってくれと頼んだのが発端だったという。

それはともかく、ここでウィリアムズは、また新たな復興とスタートを迎えなければならなくなる。そのきっかけは、1987年、ポルトガルGPが開催されたエストリル・サーキットで、ウィリアムズのモーターホームのドアをノックしたルノーにあった。ここから後にマンセル、アラン・プロスト、デイモン・ヒル、ジャック・ヴィルヌーヴとタイトル奪取が打ち続き、レースごとにウィリアムズが先頭を走る時代が始まることになる。この関係は1997年、BMWが最も研ぎ澄まされたチームと手を組むことに決めるまで続いていた。

「BMWとは、いい形で提携できたと思うよ。BMWが求めたのは名前（正式のチーム名はBMWウィリアムズと言う）とボディカラーを決める権利だけで、商売には口を出さないんだから。そういうことは、うちがやる。うちの仕事なんだから。チームの運営もね」

ところでフランク・ウィリアムズは、財を成したという意味だけでなく、個人的に達した高みにおいても成功者と言える。1987年にはレース界における功労によりCBE（第三級勲功章受章者）になり、1999年にはナイトに叙せられた。またルノーとの協力関係によってフランスのレジオン・ドヌール勲章を授けられた数少ない外国人の一人となった。もっとも、だからといって、こういう勲章の類が彼の人生や仕事の足しになることは滅多にない。彼自身もそんなことをひけらかすでもなく、いつもやってきた通りオフィスでの仕事や、レースや、銀行の残高に集中している。

「金の流れは私の責任範囲なんだが、毎日出て行く金がどんどん増えるのが、もう心配で心配で。だからって、ケチってわけじゃないんだ。無駄遣いが許せないだけで、必要とあらばいくらだって注ぎ込んでるんだ」

1994年のイモラにおけるセナの死が、ウィリアムズにとってもF1界にとってもとてつもない損失だったのはもちろんだが、そのうえフランクとチームの何人かは不届きな殺人の嫌疑までかけられ、恥ずべき状態から解放されるまで何年もかかってしまった。もしあのままだったら、こんなに命にかかわる危険も伴うスポーツに係わりつつ成功をおさめている人々の間から、次々と生贄を差し出さなければならなくなる。それ故にか、F1チームのボスの多くは、途方もないほどの気配りと寛容さを具えているとも言えるだろう。彼らは自らの闘いに没頭する一方、自然な思いやりと真剣な対応を、周囲の者にも注いでいるのだ。バーニー・エクレストンやロン・デニスがウィリアムズの事故の直後、できることなら何でもするとヴァージニアに申し出たのなど、その最たるものだ。こんな例は枚挙に暇がないが、強いて一つといえば、これだろう。エクレストンもデニスも、事故の一報に触れた時から飛行機やヘリコプターで、ウィリアムズのために救急医療団を送り込むべく手配を始めていた。その後も完全な看護態勢が取られるよう、しっかり目を配っている。さらには家族やチームに対して個人的に支援の手を差し伸べただけでなく、F1界全体がサポートしやすいような段取りも整えていた。

1986年7月11日はブランズハッチでイギリスGPの予選が始まる日だったが、ウィリアムズの家族が住むボックスフォード・ハウスにヘリコプターを差し向けて、彼らを現場まで招待したのはエクレストンだった。サーキットに着いてみると、せっかくの広告看板を隠すほど高い（3フィートはあった）垂れ幕に「おかえり、フランク」と書いたのが掲げられていた。そしてウィリアムズはその日も翌日も、何カ月ぶりかでチームと共に過ごすことができた。脊椎損傷の常として、ウィリアムズも1年は病院暮らしだろうと思われていたのに、なんとしても早く仕事に復帰したいという強い意志が勝って、4カ月でここにいた。それでも、まだ体調が不充分だった彼が疲れを覚え、日曜のレースはテレビ観戦することにしていたら、また同じヘリが飛んできて、妻のヴァージニアと息子のジョナサンをサーキットに連れて行ってくれた。

そしてレースではナイジェル・マンセルが優勝し、パトリック・ヘッドに促されたヴァージニアは表彰台に上って、優勝コンストラクターへのトロフィーを受け取った。その時の気持ちを表す言葉などなかった。彼女にわかっていたのは、フランクが家のテレビで観ているということだけだった。

後に彼女はこう書いている。

「勝利に沸きかえる人たちを眺めながら、私は沈痛な思いにとらわれていた。本当ならこうじゃなかったのにという気持ちを押さえられなかった。いつものようにフランクがピットに陣取って無線に耳を傾け、もう習慣となっていた冷静な面持ちで事を運ぶ光景が、もう見られないのがわかっていたからだ。チェッカードフラッグが振りおろされる瞬間、満面に笑みをたたえて立ち上がる彼を、もう見ることはない。勝利の喜びも覚めやらぬ間に、すぐさま次のレースに向けた戦略の検討に取りかかる彼を見ることもできない。きょうからは、彼は自分のチームのレースすら傍観者として、あるいは最悪の場合はテレビで眺めるだけになってしまう」

たしかにその時点では彼女の思った通りだったが、なんと1987年になると、ウィリアムズはチームといっしょにスケジュールを追って毎回グランプリに足を運び、以前と同様に陣頭指揮を執るようになる。それ以来、ほとんど欠席したことはない。そればかりか、そんな状態になってからも、彼らはチャンピオンシップを獲ったことさえある。

2000年にテレビ桟敷の観戦者が、1レースにつき3億4000万人に達したと伝えられたのを聞いたウィリアムズは、「ブランドを通じて自分の値打ちを訴えかけるための場所がテレビなんだ」と言った。

「だから、彼らはF1もその道具にしたわけさ。私たちもそのための駒の一部なんだ。そんな中で、巧みにタイミングや状況を見極めてビジネスを進めなきゃならないんだ。これには決まりきったマニュアルなんかないからね、とても難しいんだ。でも、うちのマーケティング部門の連中は、会社のためにたまげるほど良くやってくれてるね」

もちろん、その最たるものはウィリアムズ自身にほかならない。パドックにおいて個性や人となりだけでなく、洞察力や統率力まで高く評価されることによって、やはり彼こそがチームの象徴として際立っている。そのウィリアムズは自分の負ったハンディキャップについて、2000年10月の『ユーロビジネス』に、きわめて率直に語っている。

「みんなが知りたがっている障害や欠陥やハンディのことは、私自身よくわかってるよ。もはや自分じゃ字も書けなければ夜更かしも無理だ。でも週末だって働けるし、能率も悪くない。従業員に指示を出したり、仕事に助言したり、経理を覗いたり、何でもやってるしね。自分じゃ完全に現場監督のつもりだよ」

そう、そういう毎日もあれば、そういう監督もいて、そういう男も存在するのだ。

第7章　パワーゲームの顔役たち

1957年、ロブ・ウォーカーのレーシングチームとワークショップを運営するためにエッソが支払った援助費用は5000ポンドだった。彼の伯父がダンロップの会長だった関係もあって、さらに3000ポンドを払ってもらうこともできた。またロッジやチャンピオンといったスパークプラグのメーカーからも、彼のレーシングチームに対する援助があった。そして幸運にも裕福な一族に生まれたため、彼の手元には28歳にして100万ポンドもの遺産が転がり込んできた。これらはすべて、彼がスターリング・モスを雇ってF2レースをやる助けになった。そしてF2での経験からさらなる資金を調達してF1にまで撃って出ることができた。1957年には、2カーチームでF1を1シーズン闘うためには、3万ポンドあれば足りたのである。

その当時のことを、ウォーカー自身はこう言っている。

「ノンチャンピオンシップのレースに出る方が、割は良かったね。正式のチャンピオンシップ・イベントだと、主催者は私たちぐらいの相手には、何も払ってくれる気がなかったし。それがF2レースにスターリングみたいな大物をエントリーさせるとなれば、いくらでもギャラをもらえたもんだよ。もちろんスターリングはおそろしく速かったし、チームの実入りも信じられないほどあった。でも私としては、べつにビジネスのつもりじゃなかったんだよね。あくまで趣味だった。もちろん銭勘定はしてたけど、足りなくなったら注ぎ足せばよかったんだ。家を一軒売るとか、ほかのものを処分すれば足りたし。そうやってチームを持ってたんだ。もし本当にビジネスとしてだったら、5分で止めたさ」

ウォーカーはまた、1968年にF1でコマーシャルスポンサーが初めて認められ、移動費などの経費が暴騰しだしたころの、馬鹿げたF1CAのミーティングも目の当たりにしたことがある。彼は世話人的な議長役として集まりに出席したのだが、そこで彼等は、各地の主催者や当時F1のハイライトシーンだけ放映していたBBCとどう折り合いを付けるべく微妙な交渉を進めるか、意見を取りまとめる方法を探していた。

「連中ときたら、まるで自分のことしか考えてないみたいだったよ。ケン・ティレルとかコーリン・チャプマン、それにテディ・メイヤーもいたけど、議論は完全に堂々巡りだった。てんでんばらばらに喋ってるだけなんだ。そういえばオーストリアでの言い合いも見ものだったな。あのころアンドリュー・ファーガソンが事務局長だったんだが、レーシングカーをまとめて空輸するのがどんなに大変で金もかかるか、こぼしてたんだ。それを聞いたケン・ティレルが『そんなの、俺なら朝飯前だけどな』って言っちゃったんだ。そしたらアンドリューが『これを朝飯前だってんなら、何も不可能なことなんてありませんよ』って言い返したりして。一事が万事こんな調子だったんだ」

そんなすったもんだのあげく、ウォーカーはチャプマンとともにF1を慣れ親しんだ彼なりの黄金時代から、世界産業としての商業主義時代へと導くための役割を果たすことになった。

2001年、シェルはフェラーリに1750万ポンドを支払った。これには燃料とオイル、それにチャンピオンドライバーの座を守るべく邁進するミハエル・シューマッハーによるマーケティング効果の費用が含まれている。そのほかブリヂストンはタイヤを供給するとともに100万ポンド以上を拠出している。かつてマクラーレンを支援していたこともある、フィリップ・モリスが所有する煙草ブランドのマールボロからは4000万ポンドがフェラーリのために支出された。それやこれやスポンサー企業のリストを読み上げると、このフィアット傘下のチームの年間予算は2億ポンドにものぼったことになる。エンゾ・フェラーリによって創設され長く経営されてきたチームは、もうずいぶん前からF2など闘う必要がなくなっていた。今やルカ・ディ・モンテゼモロの指揮下、頂点におけるビジネスによって、頂点にふさわしい成功をおさめる存在になっていた。株の90%を保有するフィアットと、その社主であり友人であり師でもあるジャンニ・アニエリによって会長に擬せられた1991年から、モンテゼモロは企業としてチームとしてのフェラーリを、絶望の淵から勝利にまで導いて来た。

2001年までに、彼はフェラーリの社内体制の再構築もすませていた。特にF1界では、それまでのフェラーリといえば、エンゾの時代から政治的な動きがかまびすしく、派閥のバランスに乗っていたようなところが多かった。そこへ1993年、小柄なフランス人ジャン・トッドがレース監督兼チーム代表としてスカウトされて来た。彼はすぐさま工場とチームの日常的な運営権を掌握し、ＦＯＣＡのミーティングにもチームの顔として出席することになった。ここでフェラーリの利益を代表する立場となった彼は、ピラニア・クラブの本来のメンバーというわけではなかったものの、やはりイタリアを代表するチームに対する敬意もあればその重要性も認識されていたために、その発言にもちゃんと耳が傾けられていた。パドックでは「ピットのナポレオン」などと揶揄する声も聞かれるが、ピットウォールでもチームでも会議でも、あるいはサーキットのオフィス周辺でも、彼の姿は際立って見える。

モンテゼモロとも共通する手際の良さで、彼はミハエル・シューマッハー、ロス・ブラウン、ロリー・バーンを主軸としてフェラーリ・チームを構築し直した。ブラウンはテクニカルディレクター、バーンは設計者兼空力担当で、どちらも１９９４年と１９９５年の連続チャンピオンになったドイツ人ドライバーをスカウトしたのに伴って、ともにベネトンから引き抜かれた人材である。シューマッハーの勝利と共に、彼らがエンストーン（ベネトンの本拠地）からマラネロに転職したことに関しては、いささかの議論と批判がなかったわけではない。すでに数限りないドラマと歴史と伝統に埋め尽くされていたチームの側でも、興味津々で待ち構えていた。その時点でまだフェラーリは戦闘力が不足していたが、20年にもわたる失速から立ち直り、往年の栄光を取り戻すために何でもできるだけの、Ｆ１界きっての予算を与えられていた。そこへ到来した彼らは、コースでもピットでもコントロールタワーでも、新世代フェラーリの尖兵と見られていた。

モンテゼモロもフェラーリの業績を伸ばすべく、手腕を発揮していた。メーカーとしての売り上げは１９９５年の2億５０００万ポンドから１９９９年には4億ポンドに伸び、同じ時期の利益も１２０万ポンドから１８００万ポンドへと急増していた。１９７９年のジョディ・シェクター以来ドライバーズタイトルから遠ざかったままだったＦ１チームにも、２０００年になるとシューマッハーが長い乾期に終止符を打ち、ドライバーとコンストラクターの両部門のチャンピオンシップをいっしょに持って帰ってくれた。それでも、昔ながらのフェラーリ的な部分も根強く残ってはいる。株の10％が依然としてエンツォの妾腹の次男ピエロ・ラルディによって所有されているのもその一例なら、モンテゼモロ自身もほとんどレースの現場に姿を見せることがなく、ましてやほかのチームの首脳とも、彼らがイタリアを訪れた時でもなければ、会合を持つことなどきわめて稀だ。もちろん、こんなこともフェラーリ・ブランドの魅力と謎をかき立てるには有効に作用し、特に商売の面で、ほかのＦ１チームを差し置いて抜群の人気を保つ要素にはなっている。簡単に言えば、フィアットとモンテゼモロによって新たに構築された新生フェラーリ、すなわちポスト・エンゾであり、永遠にも思われた躓きから脱したフェラーリは、新たにこの世界に参入してくる者も含めて、ほかのＦ１チームにも進むべき道を示したということになる。

たしかにモンテゼモロはル・マノワでの昼食会にもヒースローでのサミットと呼ばれる打ち合わせにも顔を出さないが、ピラニア・クラブの活動において重要な位置は占めている。なにしろフェラーリ経営陣のトップであり、誰もがフェラーリ抜きのＦ１など考えられないのを知っているからだ。しかもモンテゼモロは、もう20年以上も前に自らチーム監督としてニキ・ラウダとともに成功裡にＦ１を闘った経験から、この世界での仕事の進め方を熟知してもいる。

そのモンテゼモロは、こう言っている。

「１９９２年にフェラーリに戻って来た時、なぜ１９７０年代からこのかた上手く行っていないのか自問してみたんだが、確たる答が出て来なかったんだ。あのころ私は、幸運にもニキ・ラウダと働くことができた。だから専ら技術面に神経を遣えばすんだ。エンジン、ギアボックス、サスペンションとか、そういうことだ。闘いといえばフェラーリ対フォード・コスワースだったから、そのための強力なノウハウさえあれば足りた。そしたら１９８０年代になって、イギリス勢が空力でも新素材でも風洞実験でも電子制御でも、すごいレベルの知識をものにしてしまったじゃないか。どれもフェラーリの念頭になかったものなんだよ。普通イタリアじゃ、そんなことまでは考えないんだ。特に空力は伝統的な弱点だった。でもそんなこと言ってられないから必死で頑張って、特に秀でた専門家にも加わってもらった結果、とうとうここまで来たというわけさ」

モンテゼモロはまた、エクレストン、モズレイ、ウィリアムズといった世代と、それ以外との橋渡し的な存在でもある。彼はイギリス流の「ガレージの親父さん」たちの時代も、かつてのＦＯＣＡ会議の様子も知っている。だから１９９０年代の末にジャガーの名前がＦ１界に入って来た時には、しばし感慨に耽ってしまったそうだ。

「あのグリーンはいいねえ。あれを見ると、ジム・クラークのロータスを思い出すじゃないか。あのころの素敵な人たちもね。ヒースローの近くにあるホテルで、コンストラクターの会議に出席した時、コーリン・チャプマン、ケン・ティレル、それにテディ・メイヤーといった顔ぶれに初めて会ったんだ。もう、ロマンチックな思い出になっちゃったな。あのころの私にとって、エンジンの響きはノイズじゃなくて音楽だったんだ」

ボローニャで生まれローマ大学で法律を修め、フィアットやチンザノでの重要なポストを務めた後、1990年のイタリアのワールドカップ（サッカー）やアメリカズ・カップ挑戦（ヨット）でも責任者となったモンテゼモロは政治的な手腕も傑出しており、仕事師としてエンゾ・フェラーリにもいたく気に入られていた。彼は戦略家でありデシジョンメーカーであると同時に、個人的なものをはじめ優れたものに対する理解力にも秀でている。

1992年、フェラーリに戻って来た時、彼はこう語った。

「普通じゃないんだ、この会社は。そもそもエンゾ・フェラーリが普通じゃなかったし、スクデリアの運営も普通のやり方じゃなかった。素晴らしかったけどね。彼はマーケティングなんか知っちゃいなかったけれど、うちの少量生産のクルマを、どうやったら顧客が涎を垂らさんばかりに先を争って欲しがるように仕向けるかは心得ていた。私も普通の経営者とは違うと思うが、だからこそ、ここにいるんだ。もちろんエンゾの下で働いた経験もあるし、このチーム内における忠誠心とか狂信ぶりというものもわかってるさ。エンゾは従業員すべてを名前で覚えてたから、誰もがすべてを捧げる気になったんだ。どうも最近そんな雰囲気が薄れた気もするんで、それを元通りにするのが私の仕事だと思う」

そのほかモンテゼモロが変えたかったことの中には、1990年代のF1の形や、ピラニア・クラブの在り方もあった。

「私たちは今、現代F1の第二期に差しかかってると思う。あくまで私の感じなんだが、それには理由が二つある。まず世界が変わってるということだ。私たちは世界の流れと別々に動くわけには行かない。これからの10年がどうなるか、経済的な見地からは明瞭に見通せる。感覚的にもね。それに歩調を合わせられなければ、私たちは消え去るしかないんだ。二つ目には、F1界での権限の境界がはっきりしないという問題がある。バーニーが規則を決めることもあれば、その彼がチームの経済的な状況まで仕切るとか、いろいろさ。私としては組織をわかりやすくして、責任の範囲もはっきりさせてほしい。責任者は一人でたくさんだし、それなら誰でも納得しやすいはずだろう」

法律家として、また組織者として、モンテゼモロは彼流のやり方でフェラーリとF1チームの再生に乗り出した。とにかくハードに押しまくった。シューマッハーももちろんだが、いつでもどこからでも最良の人材をスカウトして来た。組織も末端まで見直して、社内のすみずみどころかどんなレースでも新しい政策を実行するために奮闘し、必要とあらば法的手段に訴えることも辞さなかった。たとえば１９９７年、ヘレスで開かれたヨーロッパＧＰでのこと、シューマッハーがジャック・ヴィルヌーヴのウィリアムズ・ルノーに突っ込んでクルマを壊しただけでなく評判も傷だらけにしてしまい、レースどころかチャンピオンシップへの望みまでふいにするという事件があった。また１９９９年のマレーシアＧＰでは、トップでゴールしたフェラーリに対して下された失格の判定に対し、マスコミが狂奔する中でパリの本部に控訴して、みごと決定を覆したという一件もあった。どちらもフェラーリのみならずＦ１の名声が試された出来事だった。

シニカルな人々、まあ現実的な人々と呼んでもいいが、そういう連中に言わせれば、１９９０年代の半ばまでは、レースの結果はスポーツの要素より金で決まったことになっている。そして彼らはまた、ピラニアがはびこりすぎたせいで、そのクラブ自体が危機に瀕しているとも指摘していた。それまでとは違う種類の連中がＦ１ビジネスの中枢を握り、違うルールを適用しているというのだ。ベネトン・チームの陣頭に立ち、シューマッハーを擁して１９９４年と１９９５年のチャンピオンシップを獲得したフラヴィオ・ブリアトーレも、彼の下で技術監督をつとめたほか、自らの名を冠したレーシングチームをはじめ巨大な自動車産業グループを所有していたトム・ウォーキンショーも、金次第でどのようにでも勝負できると、常々言い放って憚らなかった。それに対してトッドは実利主義者であり、フェラーリに雇われた立場だった。彼の仕事は、どのような手段を講じてでもフェラーリを勝たせることだけだった。かつては熱心なドライバーであり、その後辣腕のチームオーナーとなった、派手なルックスのエディ・ジョーダンは、どちらかというとＦ１の旧世代的な価値観の持ち主だったかもしれない。

それよりＦ１界の新人類といえば、自らも投資してブリティッシュ・アメリカン・タバコを引っ張り込んできたクレイグ・ポロックだったろう。フォードとジャガーに起用されてアメリカから乗り込んで来たボビー・レイホールも同類だ。顔ぶれやスタイルだけでなく、奥の芯の部分からピラニア・クラブは変貌を遂げ、それこそレースごとにＦ１はそれまでと異なる、さらに大きな変化の波に呑まれつつあるようだ。

１９９２年の７月、バーニー・エクレストンからの電話を受けた時、ジャン・トッドはプジョーにおいてワールド・ラリーチームの監督をつとめていた。その彼に、モンテゼモロが会いたがっているから連絡しろという。それをきっかけにボローニャ近郊のモンテゼモロの自宅で話し合ったり、パリのトッド宅を訪ねたりの一年を過ごした後、フェラーリに引っ張り込むことに成功した。ほかの多くのピラニア・クラブの面々と同様、トッドもまた徹底的な完全主義者であり、チームのためなら私生活も自分の時間も投げ打って、途方もない忠誠心でとことん働きまくるタイプだ。そして計略や心理戦を愛する彼は、マラネロやサーキットにいない時でも、そこから気を逸らせないことを自覚している。

「スイッチが切れないんだよ。私の中の気持ちも、携帯電話もね」と彼は言う。

「とにかく24時間態勢だから、うちのスタッフはいつでも私に連絡できる。私だって、何がどうなっているか、いつでも知っていたいし、連中が気分よく働いているのも知っておきたいからね。とにかく心配性なもんで、リラックスってのが一番苦手なんだ」

そういえば、こんなこともあったそうだ。トッドがロス・ブラウンにフェラーリのテクニカルディレクターの地位を提示して、初めて会った時のことだ。余談だが、その前にトッドは当時ウィリアムズにいたエイドリアン・ニューウェイにも声をかけて断られていたという噂もある。なんでもニューウェイ夫人のマリゴールドが、マラネロの街を好きになれなかったのが理由らしい。それはともかく、大柄のイギリス人（ブラウン）が、モンテカルロのホテルでトッドの部屋のドアを開けたら、そこにいたのはパンツ一丁の小柄なフランス人だった。

「パンツだけで面接なんて、初めてだったよ」とブラウンは今でも冗談のネタにしている。後に２００１年5月の『フォーミュラワン・マガジン』でジェーン・ノッテージが書いているところによると、ジャン・トッドにはエクレストンやブリアトーレと非常によく似たところがあるという。ノッテイジの記事の中でトッドはこう語っている。

「私とフラヴィオはずいぶん違うよ。仕事のやり方にしても、彼と私じゃ違いすぎる。ま、それでも敬意をはらって見てるがね。彼は優雅な生活も満喫してるけど、とても私にはそんな自由時間なんかない。で、バーニーとなると、またちょっと違うかな。彼とはＦ１界に入る前から親しかったんで、ルカ・ディ・モンテゼモロと出会う触媒役にもなってくれたんだから。彼がなし遂げてきたことにも、とても敬服してるしね。それからペーター・ザウバーも大好きだよ。すごく誠実な人なんだ。そのほかにもゲルハルト・ベルガーとかアラン・プロストとかジャン・アレジなんかともいい関係だけど、そういえば、まだ会ったことのない人もずいぶんたくさんいるなあ」

ここにデニス、ジョーダン、ウィリアムズといった名前が出て来なかったことからも、トッドの目に、FISA－FOCA戦争から20年たっても、ピラニア・クラブの中でイギリス系と大陸系を隔てる古いわだかまりが残っているのがわかる。

さて話は変わって、ここは東京の六本木だ。ネオンが瞬き喧騒が渦巻く街並みを見下ろす高層階にあるディスコのVIPルームでは、ジーンズと黒い皮ジャン姿のスマートな若者が、静かにソフトドリンクを啜っていた。彼は著名なドイツ人で、まさに幸福感にあふれ、成功にひたっているところだった。そしてその時まさに、人生で最大の虚脱感から回復しようともがいているところでもあった。その3日前、ミハエル・シューマッハーはベネトン・ルノーを駆って1995年のドライバーズ・チャンピオンシップを勝ち取り、パシフィックGPの舞台となったTIサーキット英田のホテルでどんちゃん騒ぎをやらかしたばかりだった。そこでは悪名高き濡れたTシャツ・コンテストも行われ、女どもが片っ端から生贄にされ、居並ぶ人々の喝采によって順位が決められ、飛び交うシャンパンにビール、さらには食べ物やワインによって部屋が汚れたぶんまで含め、勘定は2万ポンドにもなった。そのすべてを、シューマッハーもエンジョイしていた。彼はチャンポンで飲みながら葉巻を燻らし、笑い転げていた。素敵な晩だった。

シューマッハーの隣には、大勢の友人やチームのスタッフ、それにフジテレビが連れ込んだ有名人に囲まれてベネトンのチーム監督フラヴィオ・ブリアトーレも座っていた。日焼けした顔に満面の笑みを浮かべ、すっかり満ち足りてその場を楽しんでいた。そんな彼は、シューマッハーのクルマがどこか怪しいのではないかと、絶え間なくパドックでささやかれる噂など気にもしていなかったが、その裏では密かな悩みも抱えていた。彼が今祝福しているシューマッハーが、次のシーズンからはフェラーリに移籍してしまうことがわかっていたので、入れ代わりにやって来るゲルハルト・ベルガーやジャン・アレジと契約して、新しいチーム作りを進めなければならなかったからだ。それでもいつものように楽観的に考える彼は、またスポンサー料を吊り上げる腕前を発揮して、チームを成功裡にやって行けると信じていた。とにかくいつでも必要な資金を手に入れて、その資金でウィニングチームを構成する人材を買い漁ってきたのだから。それが「栄光のシューマッハー・チーム」を作ってきた彼なりの方法論だったし、そもそもF1界のことを「ピラニア・クラブ」と呼んだのも、自らの方法論から彼が思いついたことだった。

1950年4月12日、北イタリアのクネオで生まれたブリアトーレは、ベネトン・チームにテコ入れすることによって、F1界に強烈な衝撃を食らわした。記者連中に特ダネをくれてやったり、売り込みも抜群なら商売根性もたいしたもの、ガレージでもモーターホームでも飛びきりの女どもを侍らせて、1990年代の中頃には、ベネトンというのはハプニング的な若いチームだというイメージを定着させていた。シューマッハーは表彰台で表情豊かに飛び跳ねるように指示され、撮影タイムともなればファッションモデルが動員され、ピットではテレビカメラもロックミュージックもお構いなしだったし、ブリアトーレが口にする話題といえば、ショーやパーティーやライフスタイルのことばかりだった。いろいろあった過去が語られることはほとんどなく、たまにインタビューで質問されてもあまり答えたがらず、それより今現在とかこれからのことに話題を変えてしまうことが多かった。彼はチームにもパドックにも、そして華やかなレースそのものにも、どこか謎と陰謀と魔力と、その影をもともなった目的を持って存在しているようだった。

ブリアトーレが育ったのは、北イタリアの山岳地帯だった。両親は教員として働いていた。18歳で高校を卒業した彼はスキーの指導員をやったりレストランで働いたりした後、本人の言葉を借りれば、フランスの海外領土でぶらぶらしていたということだが、詳しいことはわからない。その後ミラノの証券取引所に職を見つけた1970年代に、ファッション・チェーン店の展開でのし上がりつつあったルチアーノ・ベネトンの知己を得ることになる。そして1982年までの約10年間、イタリアを中心にヨーロッパ各地で水面下の仕事をこなしてきたブリアトーレは、続いてアメリカにおけるベネトン・ネットワークの責任者に就任した。そんな履歴の空白部分に、良かれ悪しかれ何か出世の糸口が潜んでいそうではある。ともあれ1979年にはアメリカに6店舗しか持っていなかったベネトンが、10年後には800店以上にまで成長し、それとともにブリアトーレ自身も財を成し続けたのは事実だ。ほどなく彼はニューヨークとヴァージン諸島を定期的に行き来して有名なレジーヌ・ナイトクラブの共同経営者にもおさまり、イタリア系アメリカ人社会の中で、華やかな暮らしを満喫するようになる。

そんなふうに全米にベネトン旋風を巻き起こした出店ブームもそろそろ頭打ちの気配が見えだしたころ、ブリアトーレはルチアーノ・ベネトンの招待で、１９８８年のオーストラリアGPが開催されたアデレードを訪れている。イベントそのものにはたいして興味を惹かれなかったようだが、ここにもビジネスの可能性を嗅ぎ取った彼は、すぐさまベネトン・チームにおけるマーケティング業務責任者に任命された。それから１９９９年までの短期間に、彼は旧体制派を一掃し、F1界全体への影響力を確立することによって、既存の各チームに煮え湯を呑ませることになる。まずチームの経営権を握ったブリアトーレは続いて代表権も手中に入れ、前任者ばかりかたいていのライバルもやってなかったほど強引な手法を駆使して、組織を改革して行った。情け容赦もない決定がいくつも下されたが、その犠牲になった者も、詳細を口外することは許されなかった。ブリアトーレは、自分の野心的な方針に完璧な自信を抱いていた。

「F1は2週間ごとに世界中にテレビ中継される唯一のスポーツだ。一度に無数の人々が見てるし、結果がすぐ出てわかりやすい」と彼は分析している。

ブリアトーレはまず、立ち遅れたベネトンの技術部門をテコ入れするためにジョン・バーナードを高給で起用し、彼が役目を終えて辞任すると、今度はトム・ウォーキンショーと手を組んだ。パスタの専門家としてフェラーリ・チームのシェフをつとめていたルイジ・モンタニーニも連れて来た。そしてウォーキンショーの入れ知恵によってミハエル・シューマッハーをスカウトし、それを中心としたチーム作りによって、悲劇に彩れた１９９４年シーズンのドライバーズ・チャンピオンシップを制覇した。続いてはリジェ・チームの買収にも乗り出し、それを通じて１９９５年のベネトン用にルノー・エンジン確保の道も開いた。これによってブリアトーレとシューマッハーは１９９５年のコンストラクターとドライバーのダブルタイトルに輝いたが、その代償はけっして安いものでもなかった。その後ウォーキンショー自身はリジェの監督に転出し、エンジンとしては無限ホンダを使うことになる。シューマッハーも１９９６年にはフェラーリに移り、翌１９９７年にはロス・ブラウンとロリー・バーンもそれを追った。

こういったことが、日本のディスコでのブリアトーレの背後に連なる、F1における短くも華やかで複雑な経歴だった。

F1が技術の闘いの場というよりは、スポーツの衣裳をまとったショービジネスだと、ブリアトーレはしょっちゅう指摘している。１９９４年も明けたばかりのある晩、ごく限られた報道関係者たちが、チェルシーにあるブリアトーレのアパートでの内輪の夕食に招待された時のこと、めいっぱい愛想よく振舞いながら、彼はあるイメージを植えつけようとしていた。すなわちベネトンの責任者として確たる考えと内容を具えた人物であり、ちょっとばかり強引な野心家だとかTシャツのセールスマンだとかいう陰口とは少しばかり違うぞというのだった。

その席で、彼はこう切り出したという。

「私は経営者だ。これまで20年以上もF1とは縁のないところで働いていたが、いざここに来てみたら、とても大きな可能性のある世界だというのがわかった。でも、その可能性はまだ20%しか活用されていないと思う。どのチームオーナーもF1のエンターテインメント性より技術的なことにばかり頭が行ってるが、それは大きな間違いというものだ。どの会合に顔を出しても、みんなピストンとかサスペンションのことばかり喋ってるじゃないか。誰も、そんなものを見にサーキットに来るわけじゃない。メカニズムがアクティブだとかパッシブだとか、関係ないんだ。レースの後で私のところに『フラヴィオ、あんたのアクティブシステムはたいしたもんだねえ』なんて言いに来やしないさ。観客はシューマッハーとセナが闘うのが見たいんだ」

1996年、ブリアトーレはいったん実質的にミナルディ・チームを買収し、ブリティッシュ・アメリカン・タバコに転売を試みたが、本人たちの同意を得られなかったので、ふたたびジャンカルロ・ミナルディと共同経営者だったガブリエル・ルミに売り戻した。そしてBATはティレル買収に動いた。そして1997年、ベネトン・チームは見るべき戦績を挙げられず、ブリアトーレ自身もデイヴィッド・リチャーズに立場を譲らざるを得なくなった。そこで彼は一息ついてから、形としてはF1から撤退したルノー・エンジンを、メカクロームのメインテナンスによってユーザーにリース販売するスーパーテックの仕事を立ち上げることにした。1998年から2000年までこれに専念した結果、彼はまた財を築いたばかりでなく、2002年からのフルワークス活動を前提にルノーがベネトンを買収したのに乗じてチームに返り咲き、またも全権を掌握した。

そのころ彼はスーパーテックのほかにもいろいろ事業を手がけていて、その一つにサルディニア島のポルト・チェルヴォで展開していた、その名もビリオネア・クラブというのがあったが、そこで出会ったのがイギリスのモデル、ナオミ・キャンベルだった。彼らの関係はヨーロッパ中の雑誌や新聞で絶好のネタにされ、おかげでまたもブリアトーレはパドックで最も派手なチーム監督ということになってしまった。彼はまたエクレストンとも緊密な関係を保っていたので、それがさらに陰謀めいた噂話をばらまく元にもなり、それによってピラニア・クラブでもピットでも、一定の居場所を確保する結果にもなった。

そんなブリアトーレのことを、エクレストンはこう評している。

「フラヴィオとは、上手くやってるよ。いっしょに飯を食うこともあるし、だいたい君たちの想像している通りさ。たしかにこの世界には、私たちと違う方面から入って来たけどね。どの角度から言っても、本来レース界の人間ってわけじゃない。ま、そうでありたかったとか、今ではそうだとか思ってはいるだろう。でも違うんだ。でも言わせてもらえば、私たちとは違うからこそ、あれだけの仕事ができたんじゃないかな。その点は、私も凄いと思うよ。彼が初めてF1界に来た時、ベネトン氏は『私が後見人になろうか』って言ってたよ。だって誰もフラヴィオを知らなかったんだからね。あのころベネトン・チームは立ち往生の状態だった。で、私は『なんとかしてくれ』って言ったんだ。そしたら彼が『誰にやらしたらいいかわからないんだが、とにかくニューヨークにいい男がいるんだ。ひとつあんたが面倒見てくれるかね』って。それがフラヴィオなんだが、その結果が今のあれなんだよ」

トム・ウォーキンショーは1947年8月14日、ランカシャーの農家に生まれた。ブリアトーレと同様、彼も若いころから休みなく働きまくるタイプだったが、大きな違いはモータースポーツ好きだったことだ。それがやがて趣味の段階から、1990年代の半ばには30社を傘下におさめて1000人以上もの従業員を擁し、1億3500万ポンドもの売り上げを誇る、一大モータースポーツ産業にまで発展してしまっている。抜け目がなくてタフで仕事に打ち込む彼は、レースに勝つために臨機応変に行動できる頭脳と機略の持ち主だった。彼がこの道に踏み込むことになったきっかけは、あるスコットランドの修理屋の親父がミニでレースをするのを見たことだった。それは家のトラクターより明らかに速かった。彼が初めてレースに出たのは1968年、エジンバラ近郊のイングリストン・サーキットでのことで、自らのMGミジェットを駆り、デビュー戦を完璧に闘い終えることができた。

その時のことを思い出して、「特にチューンなんかしたクルマじゃなかったんだけどね。イングリストンまでの行きも帰りもそれに乗ってたわけだし。でも初めてのレースで3位って、悪くないだろ。あれですっかりその気になっちゃって、クルマがもつ限りあちこち走りに行ったもんだよ」と。

やがて彼はロータスを買ってフォーミュラ・フォード１６００に駒を進め、続いてイギリスＦ３選手権にも挑戦を試みるがスポンサーが足りずに挫折してしまう。その後も機会あるたびにＦ２、Ｆ３、Ｆ５０００などにちょっかいを出した末、１９７４年、フォードからの誘いでツーリングカーに転進した。そしてフォード・カプリでイギリス選手権を制覇し、２年後にはトム・ウォーキンショー・レーシング（ＴＷＲ）を設立することになる。ここからレース界でのビジネス活動も本格化し、１９８４年にはユーロピアン・ツーリングカー選手権でチャンピオンになるとともに、チームオーナーとしての手腕も立証してみせた。

イギリスで最も成功したツーリングカー・ドライバーとして彼自身も１９８２年にはジャガーでヨーロッパ選手権を、ローバーで全英選手権を勝ち取っている。そんな成功とは反対に、１９８３年のようにタイトルを剥奪される事件も起きている。ショークロス・トリビュナル・オヴ・インクワイアリーのイベントで、ルール違反の疑惑を指摘されたローバーを分解検査したところ、たしかにボディワークの一部とロッカーアームがルールで許された改造範囲を超えていたのだ。そこでローバーは闘いの場をイギリス選手権からヨーロッパ選手権に移したが、そこでは当のウォーキンショーが走らせるジャガーと対決することになってしまう。ウォーキンショーはジャガーＸＪＳに乗ってスパ24時間で優勝するなど活躍したあげく、その年のヨーロッパ・チャンピオンに輝いている。これによってジャガーとＴＷＲの関係はさらに緊密になり、そこから生じたスポーツカー計画は６年間にわたって成功をおさめ続けた。そのハイライトは、何といっても１９８８年のルマン24時間で、ＴＷＲが設計開発したＸＪＲ－９が、ジャガーにとって史上６度目の勝利を挙げたことだろう。

そんなわけで１９８０年代の終わりまでには、ジャガーとＴＷＲはレース界での成功という点で同義語にまでなっていた。ジャガーは世界スポーツカー選手権を制覇したのみならずルマンやデイトナといったクラシックイベントにも勝利をおさめ、一方ウォーキンショーはアメリカのＩＭＳＡ向けのレーシングカーも開発すれば、オーストラリアではホールデンのレース仕様まで手がけていた。その成功を背景として、彼はブリティッシュ・レーシングドライバーズ・クラブ（ＢＲＤＣ）の会長にまで推されたが、さらにシルヴァーストーン・モーターグループを立ち上げようという新計画の中で、ＢＲＤＣに５００万ポンドとも伝えられる費用でガレージ事業の株を半分売却したことに関する疑惑が持ち上がり、ほどなく辞任することになってしまう。その後彼は、いったん売った株を半値以下で買い戻している。これが彼流の油断ならない、機を見るに敏なビジネスセンスの表れだとすれば、１９９０年の初めにブリアトーレに渡りをつけてベネトンの技術監督に食い込んだのも、Ｆ１での成功を狙った強い意志のなせる業だった。それと時を同じくして、彼はロードゴーイングのスーパーカー、ジャガーＸＪ２２０も開発すれば、イギリス・ツーリングカー選手権ではボルボのワークスチームを走らせる仕事も請け負っている。

ベネトンへの参加は、セミオートマチック・ギアボックスの開発に関して話し合うために、ブリアトーレと何回か昼食を共にしながら打ち合わせたことから始まった。そんな昼飯を4回ほど重ねた後（それについてウォーキンショーは「イタリア人って、かならずスパゲッティのボウル越しに取り引きの話をするんだな」と言っていた）、１９９１年の6月、彼らは合意に到達した。

「最初の話では、１９９2年か１９９3年にはＴＷＲチームとしてＦ１に参入するつもりだったんだ。でも経済の雲行きからそのままでは計画実現が難しくなりそうだったんで、既存のチームの買収に方針を切り換えたのさ。そのころはベネトンも同じ考えだったんだよ」

彼とブリアトーレの関係は、常にどちら側にとっても安穏なものではなかったように見える。特にウォーキンショーがチームの株の35％を手に入れ、やがて50％にまで持ち株比率を上げようとしていたことも、その一因だっただろう。だからウォーキンショーがリジェに転出し、次にそちらを買収しようとしたのも意外な展開ではなかった。しかしフランス側にとってみれば、純フランス・チームにしたいと思っていたところに持ち込まれた話なので、おおいなる当惑ではあった。

この話は結局、ウォーキンショーがリジェとブリアトーレの関係に辛抱しきれなくなり、１９９6年にジャッキー・オリヴァーからアロウズを買い取ることに方針転換することで、なんとなく決着が付いてしまった。その直前には、ＴＷＲが設計したポルシェ・エンジン搭載車がまたもルマンを制し、ボルボとの間ではロードカー向けのチューニングの仕事がまとまっていた。そのころアロウズは、１９７8年のチーム旗揚げ以来一回も優勝の経験がなく、そんなその他大勢的状態から勝てる水準に引き上げるのもウォーキンショーがめざしたところで、そのためにオリヴァーに提示された買収の条件は、かなり良いものだったという。

この取り引きが最初に公にされた時、オリヴァーは「トムと私の目的は同じだ」と言っていた。

「互いに方法論は違うかもしれないが、目的とするところは同じだから、合意が得られないわけはない。世間もこれを前向きに受け取ってくれると思う。こんなことは、幹部級でもチームからチームへと渡り歩くことが多いF1界では珍しい出来事じゃない。たとえばベネトンだって、ブリアトーレ以外の連中ときたら、ここに来る前はよそのチームで上級職に就いていたのばかりだろう。だったら、ウォーキンショーがアロウズの代表権を引き継ぐことが、なんでそんなに不思議なんだい」

いつものような大胆さと確信に満ちた態度でウォーキンショーが進めた計画は、F1界の大方からは驚きの目で見られていた。彼は1997年シーズンに向けてワールドチャンピオンのデイモン・ヒルと契約し、エンジンをブライアン・ハートからワークス・ヤマハに切り替え、タイヤにはブリヂストンを採用することにした。ただし、結果はそれほど思わしいものではなかった。ヒルがハンガリーGPの大半をリードしながら2位に終わったのがチームとしてのベストで、その後に襲ってきた資金不足から、せっかくジョン・バーナード設計のA19がありながら、翌年のアロウズは苦闘の連続になってしまった。

1999年、アロウズはモーガン・グレンフィル個人投資集団を含む共同資本グループに株の70%を譲渡することによって資金面を手当てし、同時にナイジェリアのマリク・アド・イブラヒム王子を商務部長として迎え入れた。しかし王子は事前に広げた大風呂敷の約束を果たすことができず、結局アロウズの行方に光を見出すには、オレンジとのスポンサー交渉がまとまるまで待たねばならなかった。ウォーキンショーにとって、これもまたF1業における頭痛の種ではあったが、それ以外にも非常に多くの事業を展開しているだけに、このことばかりに係わっているわけにも行かなかった。

ウィリアムズが常に一つのことだけに集中しているのとは対照的に、ウォーキンショーは事業でもスポーツでも興味の赴くままに手を出しまくっていた。たとえばラグビーもその一つだ。かつてレース中に両足首を骨折して以来、大好きだったラグビーを自らやることはできなくなっていたが、1997年にはグロスター・ラグビー・クラブを買ってオーナーにおさまり、1998年にはイングリッシュ・ファースト・ディビジョン・ラグビーのチェアマンにまでなっていた。そしてそれでも足りず、スキーや射撃にも熱を注いでいた。

２０００年には、また新しい仕事に首を突っ込んでいる。モスクワ市と契約して、市外のナガティノ島に国際級のサーキットを新開発するというのだ。これはまた大規模だが問題なしとしない企てで、推進役だったモスクワ副市長ヨシフ・オルゾニキッツェがクルマに乗っているところを銃撃されるという暗殺未遂事件などで、すっかりケチが付いてしまった。オルゾニキッツェは4時間にわたる手術の末、辛うじて一命は取り留めたものの運転手は死亡、クルマには30発もの弾痕が残っていた。この出来事は、以前からエクレストンがしばしば指摘していたように、モスクワが裏組織によって牛耳られているというイメージを示している。しかし２００１年5月、Ｆ１のプロモーションのためにロシアの首都を訪れた後、彼はこう語った。

「今のところ、新規のＦ１開催地として考えられるのは8個所あるが、私の考えでは、ここが最有力だと思う。そろそろロシアでも世界選手権を開催していいころだろう。だからサーキットが出来しだい、我々はここに来る」

ウォーキンショーも、暴力事件やマフィアの存在に浮足立つことなく、こう言っている。

「ロンドンだって、人が撃たれることぐらいあるじゃないか。私に関する限り、そんな事件とは関係ないね。これぐらいのことでＦ１が影響されるわけもないし。私たちが契約した相手はモスクワ市長で、撃たれた役人じゃないんだから」

こうしてウォーキンショーがＦ１での居所を模索している間、ケン・ティレルも何らかの結論を待っていた。結局のところ、高騰するばかりの費用とそれに反比例して弱体化する戦闘力とに翻弄されて、とてもやって行けそうもないと悟った彼は、齢を重ねたこともあって引退を考え、クレイグ・ポロックに率いられ、ブリティッシュ・アメリカン・タバコの資金によって作られた組織にチームを売却することにしていた。この組織は技術面ではレイナードを基礎にしたもので、これによってブリティッシュ・アメリカン・レーシング（ＢＡＲ）が誕生することになった。エースドライバーはジャック・ヴィルヌーヴに決まった。「ケンおじさん」は、そのすべてを見届けていた。

創始者にして精神的な柱でもあり、チームリーダーから後にはティレル・レーシング・オーガニゼーションの会長として、ケン・ティレルは30年以上にわたってＦ１界を生きてきた。バーニー・エクレストンの抬頭も、機略縦横なコーリン・チャプマンの仕事ぶりも、エンゾ・フェラーリの力も、フランク・ウィリアムズの粘り腰も、ロン・デニスの揺るがぬ野心も、すべて目のあたりにしてきた。ジャッキー・スチュワートを擁してワールドタイトルを取り、地位も名声も手に入れたし、世界を旅して最高級のホテルやリゾート地に滞在し、各界の名士との交流も楽しんできた。チームオーナーとしての最後の勝利を味わったのは１９８３年のＵＳイーストＧＰ（デトロイト）だから、ずいぶん昔のことになるが、それ以降もピラニア・クラブのメンバーとしての最後の15年間、Ｆ１にかける熱意が衰えたことはない。

１９９６年のモンテカルロで、モナコＧＰの前夜、すでに72歳になっていた彼が、なぜこんなにも長くＦ１の中枢部に留まっているのかを説明してくれた。

「まず第一に」と彼は言う。「今でもこれが大好きなんだ。そして二番目には、これまで29年間、これだけが収入源だったからだよ。私の仕事といえば、これっきゃないんだ」

その時点では、息子のボブが商業面のディレクターを、そしてハーヴェイ・ポスルズウェイトが技術面のディレクターをつとめていた。

「今は彼らにほとんど任せておけるんだけど、現場で忙しくしていたいし、連中が予算を無駄遣いしないように見張らなくちゃならんしね」

ロバート・ケネス・ティレルは１９２４年５月３日、サセックス州のウェスト・ホースレイに生を享けた。１９４１年には空軍に入り、１９４２年にはノラという女性と出会い、１９４３年に結婚し、その後ロバートとケネスの二人の息子を授かった。機体の修理係をやっていた空軍を除隊したのは１９４６年のことで、それまでにはハリファックスやランカスターなど爆撃機のフライトエンジニアの資格も取得していた。戦後になるとすぐ兄のバートと組んで材木屋ティレル・ブラザーズを興したが、１９５１年のある日、地元のサッカーチームのバスツアーに参加してシルヴァーストーンにＢＲＭのレースを見に行ったのが運の尽きだった。

「あのころ、ずいぶんあちこちに出かけたもんだよ。ブライトンとかリゾート地にも行ったし。いつも遊覧バスにビールの木箱まで積んでったな。シルヴァーストーンの時はストウ・コーナーの観客席に陣取ってたんだけど、特に前座レースがおもしろかったね。５００ccのＦ３さ。近所のアラン・ブラウンも走ってたりして。そこで2、３日してから彼の家にクルマを見せてもらいに行ったのさ。それまでレーシングカーなんて近くで見たことなかったんだけど、シーズンの終わりには彼からそれを買い取って、自分でレースに出ることに決めちゃったんだ」

「それでブランズハッチに行ったら、『これこそ生き甲斐だ』って思ったね。乗ってたのは1952年から1958年まで。なぜ止めたかっていうと、そんなにたいしたドライバーじゃないって、自分でも見極めが付いたからさ。スウェーデンでの国際レースに1回勝って、国内でもちょっとは勝ったことがあるけど、スターになれるほどじゃなかったんだ。その代わり、クーパーのF2チームをやることにしたのさ」

それから1年もたたないうちに、ティレルの中の企業家精神が目覚めた結果、自らのケン・ティレル・レーシングチームを作ることになり、フォーミュラ・ジュニアのクーパーを2台走らせた。1963年には名称をティレル・レーシング・オーガニゼーションに変更したが、本拠は依然としてサリー州の材木置き場の、木造の掘っ建て小屋のままだった。そんなチーム活動の初期にここで走ったドライバーには、ジャック・ブラバム、ブルース・マクラーレン、マステン・グレゴリーなどがいる。ジョン・サーティースに初めて四輪レースのチャンスを与えたのもティレルだった。

ジョン・クーパーが自らチューンしたミニで事故に遇い重傷を負った時、代わってF1チームの指揮を執ったのも、当時チョッパーなるあだ名で親しまれていたティレルだった。一方彼自身のF3チームはやっと芽を出しかけたところだったのに、1964年の開幕早々、タスマニアのレースに出走させたティミー・メイヤー（テディ・メイヤーの兄）が事故で命を落としてしまう。そこでドライバーがいなくなってしまったチームのことを、当時グッドウッド・サーキットの支配人だったロビン・マッケイが親身に心配してくれて、テストさせるように薦められたのが、ジャッキー・スチュワートというスコットランドの若者だった。さっそく古いエキュリー・エコッスのクーパー・モナコに乗せてみたら、なんとすぐさまラップレコードと同タイムを叩き出してしまったではないか。その日はブルース・マクラーレンも来ていて、新型のクーパーF3で走って目標タイムを設定したのだが、スチュワートはたった3周で、それにも肩を並べてしまった。ティレルはその場で彼と契約した。

彼ら二人の冒険の旅は、そこから始まった。その到達点が1969年、マトラとエルフとフォードの支援によって獲得したドライバーとコンストラクターの両方のチャンピオンシップだった。ティレルは、初めてマトラ・シャシーを使おうと思い立った時、スチュワートが鼻で笑ったのを覚えているという。しかしいざグッドウッドでテストしたら、その日の終わりにはスチュワートがこれまで乗った中で最高の操縦性を具えたクルマなのがよくわかった。その後、１９７１年と１９７３年には、今度はティレル・フォードを走らせて、さらなるタイトル奪取に成功している。

「仕事はきつかったけど、楽しかったねえ。あのころはＦ１界も大きな変わり目を迎えてて、どんどんプロフェッショナルになってた時だ。だから私たちも積極的に外部のスポンサーを探さなければならなかったんだが、それにしても今は、あまりにもハイテクになって、金もかかりすぎだよね」

そんな成功街道の反面、ティレルもまた配下の有望なドライバーだったフランス人のフランソワ・セヴェールを１９７３年に事故で失うという悲劇を経験している。スポンサーなしで１９８１年のシーズンを闘い抜いたこともある。それにしても１９６０年代末期の大活躍当時は、その存在はフェラーリやロータスと並び称されるほどだった。ピラニア・クラブの一員としても、癇癪持ちであるだけでなく、自らの立場を守るために居丈高に怒鳴りまくることで知られていた。また１９９０年の半ばのこと、ロン・デニスやフランク・ウィリアムズともども、新しいコンコルド協定に最後まで署名したがらなかったのもティレルだった。テレビ放映権の分け前をバーニー・エクレストンが取りすぎだというのが彼らの言い分だった。

しかしティレル自身は本質的に古き佳き時代の住人であり、Ｆ１以外のスポーツにも並み並みならぬ興味を抱いていた。サッカーのトッテナム・ホットスパーの熱心なサポーターでもあり、いつも土曜の午後遅くＦ１の予選が終わるとトランジスターラジオにかじりついて、イングランドでの試合の模様に耳を傾けていた。クリケットも好きだった。１９６８年、ニュルブルクリングで開催されたドイツＧＰでのこと、1周14マイルにも及ぶ恐怖のサーキットでの予選のすぐ後で、まだクルマに乗ったままのスチュワートのところに、ティレルが歩み寄ってきた。そこでバイザーを上げたスチュワートは、ハンドリングが良くないとかホイールスピンが多すぎるとか、コクピットで体のおさまりが悪いとか、コースに水が出ていたとかあれが危ないとか、どうでもいいことまで不満をまくしたてていた。するとティレルがコクピットに屈み込んで、こう言い放ったそうだ。

「え、何か問題でもあったのかい。今イングランドが86対6で勝ってるところなんだがね」

１９６８年、彼はスポンサーから初めて8万ポンドの援助を受けることができたが、それについてはこう言っていた。

「今はそれぐらいじゃコスワース・エンジンを組み立てキット

で2基買うのがやっとだろうよ。でも年間を通すと15基は必要なんだ。1968年当時はエンジン1基が7500ポンドだったんだから、とんでもないインフレってわけさ。今は1基4万ポンドもして、それを組むのにさらに3500ポンド払わなきゃならないんだから」

それから32年後、かつてティレルのスポンサーをつとめたこともあり、ブリアトーレとウォーキンショーによって運営された時期もあるベネトンがルノーによって買収されたが、その直前の2000年シーズンには、なんとエンジンの使用料として1500万ポンドも支払わされていた。そのエンジンの出どころがブリアトーレの会社スーパーテックであり、そんなやり手のイタリア人と付き合うのにほとほと嫌気のさしたベネトンは、さらに手切れ金として250万ポンドをもぎ取られる態だった。あの男のことを、誰もが打ち出の小槌の持ち主だと思うのも当然だろう。とにかく1990年代のF1界で、彼ほど然るべき居場所とタイミングと、然るべき取り引きの勘どころを心得ている者はいなかった。そんな男に迫られたが最後、いつまでもスチュワート時代の栄光をひきずるだけだったティレルが防戦に追いまくられたとしても不思議ではない。そして2001年、すでにチームを手放してしまったティレルは、今度は癌との闘いに直面せざるを得なくなっていた。

それにしても1990年代ほど、F1界全体にわたって経済的、政治的な動きが急だったことはない。特にピラニア・クラブに関してはそうだった。その結果、FOCA傘下の各チームと、モータースポーツの統括団体であるFIAとの間のコンコルド協定も見直しを迫られることになった。そこにはF1の商業的な諸権利を操るバーニー・エクレストンの存在も影を落としていた。FOCAの頭領でありながら、それとはまったく別の立場で独立して商業権を持つことが、いろいろ面倒を引き起こしていた。チーム側でも、特にFISA－FOCA戦争を経験した古株のチームなどは、年月をかけてやっとの思いで手に入れたものが、一人の人間とか特定の組織に持って行かれてしまうのを快く思ってはいなかった。いかにエクレストンとか彼の会社といっても、F1やチームあっての存在だし、そもそも彼自身、その一員だったはずなのだから。

だから、これは商業面からの仕事の乗っ取りに等しいとする、激しい憤怒の感情も渦巻いていた。1996年の夏、翌年からの発効をめざす新しいコンコルド協定に対し、それぞれのチームを代表する立場でロン・デニス、ケン・ティレル、フランク・

ウィリアムズなどが署名を拒んだ裏にも、そんな感情が作用していた。1997年版のコンコルド協定は、それに先立つ81～86年版、87～91年版、92～96年版に続く改訂版で、当初の有効期限は2001年の終わりまでとされていた。その中にはF1界の力関係や富の配分のバランスを大きく変えそうな条項も含まれており、そこが老舗であり「抵抗勢力」でもあった御三家のお歴々の気に入らなかったのだ。これらのチームは、1970年から2000年までの間にコンストラクターズタイトルを合計18回、ドライバーズタイトルを合計20回も獲得したという実績を誇っていた。にもかかわらず、新しい協定によれば、それまでFOCAに付随していたはずの商業面の諸権利が、エクレストンと彼が所有するF1運営会社に引き渡されることになっていた。その会社の名前はフォーミュラワン・プロモーションズ&アドミニストレーションズ（FOPA）といった。

1992年、FOPAはすでにイギリスで最も収益性の高い企業とされていた。1800万ポンドの売り上げから1500万ポンドもの利益を計上したのだから、利益率は80%にもなる。1993年にはさらに伸びて、エクレストンはそこから4500万ポンド（現在のレートで約90億円）もの報酬を受けるイギリス最高の給料取りになり、それは1994年も同じだった。

なぜFOPAにこんなことが可能になったかといえば、1990年代の前半にテレビ放映権が急騰したせいだった。たとえばイギリスのITVは、それまでBBCがF1放映のために支払っていたアナログ契約の10倍を提示したという。F1の映像が流れる120カ国のうちイギリスだけでもこうなのだから、全体でどれほど劇的な増収になったかは想像に難くない。

こういった話は、べつに秘密でもなんでもなく、チーム側も知ってはいた。そして、そんな番組の中で自らの価値が高まっていることも承知していた。しかし、厳密な意味で商業的観点から見れば、もはや彼らはその一部とは言えなくなっていた。単なる出演者にすぎず、劇場側の分け前とは無関係だったのだ。もちろんエクレストンも、新しい状況に対しての備えは欠かさなかった。あくまで彼の会社を通しての話だが、テレビ放映権料など商業面の収入の47%がチーム側に渡るようにして、新しいコンコルド協定を呑ませようと考えていた。FIAの分け前は引き続き30%、そして残りの23%をエクレストンが占めるという比率になる。これによってチーム側の収入も増え、経営が助かるという寸法ではあった。

そんな1997年版コンコルド協定の内容が世間に公表されたのは96年も後半を迎えてからだったが、それより前、すでにベルギーGPの時点で問題が浮き彫りになっていた。FIAが明らかにした内容には、各F1イベントの公式日程を2日間とすること、年間17戦でシリーズを組むこと、そして金銭面で新しい取り決めをすることなどが含まれていた。これに対してティレルとマクラーレンは署名を拒否した。ウィリアムズはといえば、いったんは署名したものの、その後1996年7月にホッケンハイムであらためて開かれた会議の席上、マックス・モズレイが表明した会長見解に触れてから、協定への同意を撤回することになった。これら反対派の3チームは、テレビ放映権料の高騰によって当然手にすることができるはずのものが正当に分配されず、FIA側の提案には、F1界における彼らの存在がちゃんと反映されていないと感じていた。彼らの主張によれば、テレビに関してのみならず、プロモーションの許認可からレースの主催、さらには場内に掲出する広告看板、あるいはパドックに開設するホスピタリティ施設に至るまで、あまりにもエクレストンが関与しすぎ、そこから儲けすぎていると言うのだった。だからショーを演じる彼ら自身が、もっと多く受け取るべきだとも言うのだった。

そこで全体の運営役であるFIAは、とりあえず反対派3チームの署名が得られないまま新コンコルド協定を発効させ、次シーズンにおける彼らの参加も認めることにした。ただし、それまでのような政治的権利や収入は、もはや保証されていなかった。このことは1996年8月初め、ロンドンで開かれた会議で、すでに署名をすませた残り8チームに対しモズレイから発表された。その席では、署名したチームの80%以上の賛成が得られれば、反対派チームも後から新協定に加わることができることも確認された。

このように、いわば新旧二派が分裂した背後には、かつてFISA－FOCA戦争の際チーム側に立って闘った二人、すなわちエクレストンとモズレイが彼らを見捨て、権力の側に立場を変えてしまったという状況もあった。少なくともエクレストンに関しては、1990年代の前半から中盤にかけて、もともと棲んでいた領域のすぐそばに新たな居場所を構築してしまったのだから、影響がなかったとは言えない。

そのエクレストンが映像も音響も最高のF1放送をめざすべく、デジタルテレビ事業に巨額の投資を行ったことを明らかにしたのは1995年のことだった。そして1996年のドイツGPで、DF1の衛星チャンネル経由でドイツ、オーストリア、スイスに向けての放映を皮切りに、実際の仕事が始められた。DF1の49%はドイツ放送業界の大立者レオ・キルヒと彼の共同経営者たちで、そのほかにBスカイBのルパート・マードックに加わっていた。彼らはヨーロッパ地域の大半と南米に関する放映権をフランスのカナル・プリュスに、そしてイタリアに関してはテレピウに販売した。これらの事業を立ち上げるためのエクレストンの投資額は3500万ポンドにのぼったが、それはあくまで初期段階だけのことで、さらなる改良作業や機材の搬送費、それに維持費などを考えると、とてつもない投資であり、巨大な賭でもあった。

このようなF1テレビ放映権の独占に関して、モズレイはエクレストンの立場を擁護しつつ、こう語っている。

「2、3年前、ミスター・エクレストンがデジタルテレビ事業に大枚を注ぎ込んだ時、これで彼もすってんてんになるって、ほとんど誰もが言ってたもんだよ。でも今になってみれば、デジタルテレビ、かなり上手く行ってるじゃないか。あれだけリスクを冒して始めた仕事なんだから、今度はたくさん儲けても当然だろう。チーム側にしたって、リスクがあったわけでもコストを負担したわけでもなしにテレビ放映のおこぼれにあずかれるんだから、いいんじゃないか」

もっとも、誰もがこんな見方をしているわけではない。エクレストンがチーム側から与えられたチャンスから最大限のものを搾り出しながら、充分に報いていないという声もある。モズレイはそういう立場を取らなかったばかりか、1996年8月20日、WRCのチャンピオン、コリン・マクレイに対する罰金の件でFIA世界評議員会を招集した時も、あえてわざわざ新しいコンコルド協定を議題に取り上げ、公式の表決によって成立させてしまった。これを評議員会にかけることについて、F1委員会(デニスもウィリアムズもメンバーである)には事前に何の相談も行われなかった。こうしてピラニア・クラブは、まんまと二人の男に出し抜かれた、その男たちはさっさと上の階のオフィスに登り詰め、さらなる富を手にしたのである。

ところで、新しい協定の中で目立つ変更といえば、競技運営や車両規則に関する改正を、この協定に署名したチームの80%以上の同意があれば可能ということにした点だ。また、この世界で最も重要な政治的発言力を持つとされるF1委員会メンバーの選出に関しては、前年度にチャンピオンシップで1位になったチームのほかに、協定署名チームからポイント上位5チームを選抜することにもなっていた。つまり署名を拒んだ3チーム、マクラーレン、ティレル、ウィリアムズは蚊帳の外に置かれたわけだ。これでFOCAチームを結びつけてきた古くからの絆は絶たれた。

それまで用心深く秘密のベールに包まれてきた賞金分配のシステムも廃棄されたとされている。それに代わってテレビからの収入の50%がチーム側の取り分とされ、まず一定の比率が協定署名組に平等に分配されてから、残りを成績に応じて全チームで分ける方式になった。その結果、偉大な伝統と記録に彩られ、フェラーリを別とすればF1界で最も高く評価されている3チームは、筋を通して反対派になったがゆえに、手ひどい扱いを受ける始末だった。それでもデニスは、事の展開が明らかになるにつれ動転し憤りながら、じっと沈黙を貫いていた。

「まあ、あの件についちゃ、私と同じように考えろというのもナンだけどね。できればチームもFIAも、バーニーとそのグループも、全員一致で行って欲しかったよね。だって、あのままじゃF1にとって役に立つことなんか、何もないんだから。合意できなかった点を解決するためには、もっと建設的じゃなくちゃねえ」

そこにどれぐらいの金が動くのか、彼にはわかっていたけれど、依然としてそれを話題にしようとはしていない。しかし1980年代の終わりには、各地のプロモーターやレース主催者に対してエクレストンが1000万ポンドにものぼる金額を要求し、そこから彼の財布に転がり込むぶんだけでも年間1200万ポンドにはなると見られていた。ここからはチームに向けての分配はない。主催者側にとっても、レース開催に関する合意事項の一部として、場内広告看板とホスピタリティユニットの権利いっさいを、ジュネーヴに本拠を置くオールスポーツ・マネジメント社（パディ・マクナリーが経営）に委ねなければならないという点で、立場はチームと似たようなものになっている。この会社は、すでによく知られているようにパドック・クラブを仕切り、その繁盛のおかげで年間5000万ポンドが流れ込んで来ている。さらに彼らは新たなバーチャル・アドバタイジングも手がけようと画策中だ。これはコースサイドの広告看板に、電子的なイメージ装置で複数のロゴを取っかえ引っかえ表示できる方式で、煙草の広告が規制されている国でのレースなどに、差し替えのスポンサーを起用するのに役立つと思われている。しかし、そこにもチームの分け前は存在しない。

当然、新協定に署名した勢力と拒否したチームとの間でも、粘り強い話し合いは続けられていた。1996年のイタリアGPを控えた木曜日にも、各チームの代表がマラネロのフェラーリ本社で顔を合わせ、エンゾがF1の問題を解決するために指示を出していた日々を思い出させる趣で会議を開いた。まったく不可解なことに、フェラーリ以外では最も長い歴史を誇る反主流3チームは欠席していたが、この会議を代表する形でエクレストンはウィリアムズと個別に会談し、なんとか妥協を見出そうとしていた。それに向けての反対派チームからの提案は前記のマラネロ会議で検討され、受け入れられることになったので、モンザでのレースの時に、モズレイからその結果が発表された。それによれば、とりあえず大筋において合意は見られたが、細部にはまだ食い違いが残ったままだった。

「われわれ3チームはコンコルド協定に合流する」とデニスは言明した。加えて「そのタイミングは、晩かれ早かれ来年のシーズン開幕前になるだろう」と。そして実際、彼の言った通りだった。そう簡単には最終合意に到達しなかったのだ。

そこで話題になり議論の結果やや変更されることになったのが、FIAにおけるエクレストンの役割だった。旧FISA時代の1987年に、当時のバレストル会長によってプロモーションを担当する副会長に起用されたエクレストンは、その後モズレイによる改革が行われたFIAでも同じ椅子に座り続けていた。つまり、長年つとめてきたFOCAの会長としてチーム側の事情も知悉し、権限も持ち、それと同じ立場をモータースポーツの統括団体においても手にしていたわけだ。まさに聖なる支配者といったところで、それが1990年代の終わりにはかえってヨーロッパ委員会の関心を惹くことになり、F1の透明性を高め、わかりやすくする結果ともなるのだった。そこで前にも触れたマラネロ会議では、F1委員会の根本的な見直しも提案された。その結果、構成メンバーを13人から14人に増やし、つまりエクレストンを商業的な権利部門の代表者として加えることになった。ほかにはFIA会長としてのモズレイ、プロモーター代表が4人、スポンサー関係から二人、チーム代表はフェラーリを含んで6人という構成になる。ここで重要なのは、エクレストンが商業的権利の保有者として、コンコルド協定に署名する独立した立場になってしまったことだ。つまりあの戦争から15年を経て、とうとう密漁者もここまで成り上がり、ピラニア・クラブ全体を支配するまでになったわけだ。

もっとも、こんな経緯があっても状況が落ち着いたわけではなく、1997年の3月という開幕寸前の時期を迎えても、コンコルド協定をめぐる論争は続いていた。反対派としてはまだ同意できかねる部分が残っており、賛成派は賛成派で、今さら合流したからといって、元の反対派にまったく同じ権利を与える気にはなれなかった。この時点でF1界には、反対派の3チーム（しかもトップチームだ）のほか、スチュワートにローラという新参2チームも含め、合計5チームが未署名組として居並んでいた。その中でウィリアムズとマクラーレンは、このままではテレビ関係からの収入が絶たれてしまうという危機感から法的手段を取ることも検討していたが、それでも署名組は高をくくっていた。反対派3チームを同じ立場と条件と特典によって、すでに自分たちが賛意を表している枠組みに再参加させるつもりなど、まったくなかったからだ。そればかりか、反対派であることの報いとして、より低い条件に甘んじさせるべきだという考えが支配的だった。

その論拠は分け前の多寡だった。7チームではなく10チームでテレビ放映権収入を分けたら、当然1チーム当たりの金額は低くなる。しかも、もしマクラーレンやウィリアムズが復帰してきたら、当然成績上位5位以内のチームとしてF1委員会メンバーにも選ばれることになり、逆にアロウズとザウバーが押し出されることになる。反対派の復帰に対しては、そういう政治的な思惑も渦巻いていた。そして彼らが署名した新しいコンコルド協定によれば、物事は構成員の投票の80%を得れば決まることになっており、一方、デニスもウィリアムズも未署名ゆえチーム代表者の会議では投票権がなかったから、その要求を通させないことは可能だった。

そしてこの対立の構図は1997年、反対派がコンコルド協定はローマ協約に違反するとして、正式にヨーロッパ委員会に提訴するまで続くことになる。委員会宛てに送付された書簡には、まさに火薬の樽の下で炎がちらちらゆらめいているかのような憤りの感情が満ち満ちていた。それと同時に、実はコンコルド協定そのものにも大きな見直しが行われようとしていた。あまりにも多くの揉め事の種になってしまった1997年版はそれとして、すぐ1998年から発効し、2008年までをカバーする新しい内容が協議されることになったのだ。そして1997年の半ばまでに、紛糾した事態はかなり厳しい内容の決着を見ることになる。これは反対派にとってだけでなく、エクレストンにとっても甘いものではなかった。ちょうどそのころフォーミュラワン・ホールディングスなる新たな帝国を立ち上げようとしていたところだったが、さまざまな理由によって、実現の見通しも限りなく遠くなってしまったのだ。

ともあれ1997年7月、シルヴァーストーンで開かれたチーム代表者の会議では、合意に至るまでにさらなる検討を要するものとして、15項目の課題が取り上げられることになった。ところが9月のニュルブルクリングで次回の会議を開いてみると、反対派チームからは同意できないポイントとして、実に126項目もが持ち出されてしまうというありさまだった。ニュルブルクリングの会議に出席していたエクレストンとモズレイが不機嫌だったのは言うまでもない。

これら一連の出来事によって当時のピラニア・クラブは非常に低調な空気に包まれ、その中で1997〜2001年版の協定に加わった7チームだけが、それぞれ年間800万ポンドにのぼるテレビ放映権の分け前を享受し、政治的にも均衡を保っていた。他方、反対派は公平な取り扱いを求めて、ヨーロッパ委員会による判断を待ち望んでいた。こんな状況は結局1997年を通じてくり返されてしまったが、1998年が明けると同時に新しいコンコルド協定案が公になり、5月22日の金曜日、モナコ自動車クラブでアルベール王子の臨席の下に調印式が執り行われたことによって、ようやく安定に向けて終止符が打たれるはこびとなった。ここに至るまで草案は35回ほども練り直しを求められたが、最終的にまとまった案は、2007年の末まで10年間にわたり多くのチームを調和させることができ、F1の安定的な運営を保証できそうな内容になっていた。

以来、F1はこのコンコルド協定の下にある。そしてこの協定を呑んだのと引き換えに、エクレストンはフォーミュラワン・ホールディングスの立ち上げをヨーロッパ委員会に認めさせることができた。あの金曜の晩、新しいコンコルド協定に署名した顔ぶれには、ロン・デニス（マクラーレン）、フランク・ウィリアムズ（ウィリアムズ）、エディ・ジョーダン（ジョーダン）、トム・ウォーキンショー（アロウズ）、ジャッキー・スチュワート（スチュワート）、アラン・プロスト（プロスト）、デイヴィッド・リチャーズ（ベネトン）、クレイグ・ポロック（BAR）、ガブリエレ・ルミ（ミナルディ）、そしてエクレストンたちが並んでいた。さらに翌土曜日の朝には、ルカ・ディ・モンテゼモロ（フェラーリ）とFIA会長のマックス・モズレイが署名し、まだ加わっていない1チームを残すだけの状態にまで漕ぎ着けた。それはザウバーだったが、はっきりした理由は明らかではなかった。伝えられるところによると、書類の不備もあったようだし、どうもフェラーリの意向に振りまわされて汲々としていたせいでもあるらしい。しかし最も考え得る原因としては、ザウバーの所在地がスイスであり、すなわちEU非加盟国だったことも挙げられそうだ。そこでビジネス担当部長だったフリッツ・カイザーが自分の立場を強化するため、もったいぶった駆け引きのつもりで、ペーター・ザウバーが協定に署名するのを遅らせたようにも思える。もっとも、これは単に遅れただけで、たいした問題にまでは発展しなかった。

ともあれ、こうしてピラニア・クラブはなんとか21世紀への曲がり角を通過することができた。結局は彼らなりの流儀も守られることになり、プロモーター、テレビ、スポンサー、関連商品などからの収入の数字は、依然として公表されないままになっている。過去15年以上にわたって用いられてきた複雑な分配システムも引き継がれた。それぞれの支払い額は、グランプリの週末のいろいろな時点ごとに、チームやクルマがどの順位にいたかを基準として算出されることになっている。たとえば予選の上位20位まで、続いてレース距離の25％、50％、75％に達した時点での順位、もちろん最終的な順位が勘案される。そして直前の半シーズンで上位10位までになったチームだけが報酬を受けることができる仕組みだ。これはもう何年も続いてきた方法で、競争力が足りず資金も乏しいチームがさらに苦しい立場に追い込まれることになるのも承知のうえで、豊かな者がますます豊かになるようにできている。まさに適者生存の法則で、だからこそＦ１は生き長らえているのだ。

世間の目には、新しいコンコルド協定にも依然として不透明な部分が残っているように見える。いつもながら総収入に関して信頼すべきデータは明らかにされず、実際に各チームへの分配が行われる前に、一括してプールされてしまう。しかる後にチーム向け（総額の49％）、商業権の保有者向け、そしてＦＩＡ向けの3通りに行き先が決まる。さらにチームのための分け前は、年に2回、6月と12月に決められる複雑な計算式によって算定される。その要素になるのはもちろんエントリーして出走していることが基本だが、そのほかにも前年度の成績や連続3シーズン以上の参加実績など、数多くの項目が検討される。もちろん成績が上位のチームほど優遇され、トップ10に食い込めなかったチームは徹底的に冷や飯を食う羽目になる。

多大の成功をおさめ、人気も最高ならＦ１における象徴的な存在でさえあるフェラーリの場合は分け前も膨大で、２０００年度にはテレビ業界からの金も含めておおよそ１６００万ポンドを受け取ったと見られている。これに対してＢＡＲは４００万ポンドにすぎなかった。ＢＡＲは１９９９年にはノーポイントだったので、２０００年にポイントを取れなかったプロストが２００１年に悲惨な扱いを受けたのと同様の目に遇ったわけだ。Ｆ１パドックの掟として、チームとしての順位が11位だったら、グランプリ開催地へのレーシングカーの輸送費もいっさい補助してもらえない。これは本当の話だ。それでもほとんどのＦ１チームにとっては、かつてＦＯＣＡ時代にスターティングマネーや賞金として受け取っていた金額にくらべれば、テレビをはじめとする商業的な面から転がり込んでくる金がチーム予算の20％を占めるようになったのは助かる。もっとも、走るコストの高騰につれてスポンサーフィーも値上がりが続いているが。

そんな中でバーニー・エクレストンは１９９０年代も、これまで30年以上もＦ１にかかわって来たのと同じライフスタイルを貫き通していた。２００１年、モントリオールで開催されたカナダＧＰの週末に、彼はこう語っている。

「やって来たことといえば、店を営業してるというか、店の支配人みたいなもんでね、朝になったら市場で果物や野菜を仕入れて、袋に詰めてかついで帰って、それを店に並べて売って、その金を銀行に持っていって口座に入れて、次の朝にはまた市場に行って……わかるだろ。要するに、そんな毎日なわけさ。朝早く6時に市場にいって、物の良し悪しを見分ける目があれば、最高の果物が仕入れられるってわけさ。そういうのはいい値段で売れるしね。考えてみりゃ、今のＦ１チームって、そんなスーパーマーケット状態かもしれないな。で、大事なのは、そんな現場での目利きなんだよ。もし自分で市場に行かないで、誰か代わりに仕入れに行かせたとしてだな、そいつが果物の出来も相場もちんぷんかんぷんだったら、どうなる？　店がうんと巨大で売り上げも大きけりゃ、果物の一つや二つしくじったって大勢に影響ないけどね。ま、時代が変わったってことさ。ブラバム・チームをやってたころは、全部で60人そこそこでクルマ作りもレース活動もカバーしてたんだが、今じゃサーキットに来る人数だけで60人も70人もいて、それとは別に３００人が工場で働いてるんだから」

そこで著者としては、エクレストンに尋ねてみたいことがある。

この世界の指導的なポジションにも多くの人材がいます。それぞれ目的は違うようで、中には金儲けだけのためにＦ１界に入ってきたような人もいるというのですが、これは本当なんでしょうか。

「そう、その通りだよ。昔は違った。マクラーレンのテディ・メイヤーとか当時の私とかはね。私がブラバムを買い取ったのは、第一線から退いたからなんだよ。ちょうど40歳だったんだが、現役ばりばりで頑張るんじゃなく、レーシングチームと世界を旅しながら生活を楽しもうと思ってたんだ。そういうことならできると考えてたしね。当時の私たちは多かれ少なかれそういう種類の人間たちで、つまり自分で運転してなくても、心はすっかりレーサーだったのさ。それが今じゃ、ちょっと違うんだよね。この世界に入って来る連中は、Ｆ１にくっついているるとビジネスチャンスがあるって見抜いてるんだから」

もし、あのＦＩＳＡ－ＦＯＣＡ戦争に敗れていたら、今ごろどうなってたと思いますか。

「私たちが勝たなかったらってこと？」

はい。

「わからん。考えたこともないよ。同時に二つのパターンを考えたことなんかないんだ。物事を始める時には、失敗なんか頭に浮かばないんでね。何かやったらどうなるって考えたこともない。何をしなければならないかってことさ」

あの時の勝因は？

「なぜって、こっちに正義があったからさ。完全に私たちの方が正しかったんだ。真っ正直にやりたかっただけで、それが正解だったってこと」

ところで、弱小チームはビッグチームとくらべて、正当な配分にあずかってるんでしょうか。

「大きなチームが、さらなる増収をめざして、取れるだけ取ってるってことだ」

そういう分配方式に変更が加えられることは？

「最後にそんな話をしたのがいつだったかは覚えてないけれど、今の分配方式はもう25年も続いているやり方なんだよ。とにかくその基本は前のシーズンの成績次第なんだ。とにかくこれがすべての根本。それに最新のレースごとの戦績を加味して金額が決まるんだが、フェアと言えばフェアだし、アンフェアだと言われればそうかもしれん。どう思うかは見解の相違でしかないな。たとえば君は、今の方法だと金持ちのチームばかり優遇されすぎてると思うかもしれん。でも、そのチームが受け取る金額が彼らの総予算に占めるパーセンテージときたらわずかなもんだから、それによって何かが変わるわけじゃない。たとえばフェラーリだったら、いくらもらったからといって、全体の10％にもならんだろ。でも小さなチームだったら、もらう金額が少なくても、それが全体の30％になったりするんだよ」

で、あなたは？

「いつも、みんなのために良かれと考えてるだけさ。私自身も含めてだけど、ほかの全員のためにね。ま、そういう仕事が好きなんだね」

第8章　疾風怒濤の日々

第一幕（1994年）

黄金色に麦の実る美しい広野に嵐の黒雲がたちこめるように、1994年のシーズンは、サンマリノGPの週末にイモラで起きた悲劇によって悲しみ一色に塗りつぶされてしまった。その一方で1994年は、ほかの多くの点で論争と陰謀だらけの一年でもあった。四方八方から欺瞞や偽りに対する非難が殺到する中で、心ある人々は、5月1日の日曜日、ロラント・ラッツェンバーガーの死から24時間後、アウトドローモ・エンツォ・エ・ディーノ・フェラーリでのレース中に起きたアイルトン・セナの死亡事故の背後に、ライバルチームが規則を破ったと信じていた彼の憤りが作用していたのを、確信をもって見抜いていた。その前年、アデレードで行われた最終戦オーストラリアGPでの優勝を置き土産にマクラーレンを出たセナは、そのころルノー・エンジンを搭載して無敵と思われていたウィリアムズに移籍した。それに対して長く不倶戴天のライバルだったアラン・プロストは、1993年のタイトルをウィリアムズで獲得した後、あのブラジル人がチームに割り込んで来るのを知るや引退を決意、チームメイトの座を後輩のデイモン・ヒルに明け渡していた。

そのころF1界には、セナの移籍と同時に大きな変化の波も押し寄せていた。その中には電子的な装置によるドライバー・エイドの禁止も含まれていた。すなわちアクティブサスペンション、ABS、ブレーキサーボ、トラクションコントロール、フライバイワイヤによるスロットル操作、CVTなどが使えなくなったのだ。この新規則にみんなが従うと信じていた者もいたが、その他の多くは、ただそう願っておくしかなかった。

まず故郷サンパウロで開催されたブラジルGPで、ウィリアムズ・ルノーでポールポジションを獲得したセナには、かなりプレッシャーもかかっていた。移籍した所属先がチャンピオンチームだったのに加え、前年の鈴鹿でエディ・アーヴァインをぶん殴ったため、いつでも3レース出場停止を食らう可能性のある執行猶予中の身でもあった。そして背後からはベネトン・フォードを駆る驚異の新星ミハエル・シューマッハーが追い上げて来ていた。

レースではセナが先手を取ってピットストップを行い、その間にトップに進出したシューマッハーがその座を守り続けていた。それを激しく追い上げたセナはスピンも喫しただけでなく、2回目のピットストップの際にはエンジンをストールさせたりもしていた。そんなわけで、結局はシューマッハーの楽勝に終わる。前年までセナが所属していたマクラーレンにとっては、これがプジョー・エンジンによる初レースだったが、これも忘れてしまいたい日だったに違いない。彼らはチャンピオンドライバーを失っただけでなく勝てる可能性のあるエンジンサプライヤーも獲得できず、集団の後方に埋もれるだけだったのだから。それに引き換えベネトンはフラヴィオ・ブリアトーレの指揮下で急速にイメージを増強しつつあり、辣腕トム・ウォーキンショー率いる技術陣によって優勝戦線に棲みついてしまった。セナ自身のみならず、彼が属した新旧チームの誰もが、この現実は認めざるを得なかった。

続くTIサーキット英田で行われたパシフィックGPでも、セナはポールシッターになったがオープニングラップにスピンしてしまい、またもシューマッハーのベネトンが労せずして勝つのを眺めて、心中はなはだ穏やかではいられなかった。当時セナが親しい友人に感想として口にしたところによると、どうもベネトンは何か特別なもの、特にトラクションコントロールを装備している可能性があったらしい。しかしその推測は立証されるものではなかった。

実はフェラーリも同じように認められていない装置によって性能を高めているという疑念が抱かれ、パドックでもひそひそ噂が囁かれていたのだが、規則を運用する立場のFIA自身、その信頼性と継続性を確かなものにするだけの専門知識を持ち合わせていなかった。

TIサーキットでは「元密猟者だったのが森林監視員になった」と称されているFIA技術委員のチャーリー・ホワイティング（かつてエクレストンのチームにメカニックとして在籍したこともあり、ブラバムのスタッフでもあった）が、ニコラ・ラリーニのフェラーリの、ややバラつくエンジン音にじっくり耳を傾けていた。さらにクルマを調べてみたら、それがレヴリミッターのせいだったことがわかったが、これがトラクションコントロールとして機能するという見方もできる。そこで彼は難儀な論争になるのを避けるよう慎重な言い回しで、フェラーりのその装置の配線を外した方が、車検を通りやすいと示唆することにした。ほかのチームの多くは、どうせフェラーリは不正を働いていると思っていたが、とりあえず事は穏便に運ばれていた。これが、あの年ずっと続く雰囲気で、一つの議論がまた別の騒動を呼び起こすのだった。

そして次のレース、サンマリノGPでは、まずフリー走行でルーベンス・バリケロが大クラッシュから命からがら脱出し、予選でロラント・ラッツェンバーガーが命を落とし、決勝レースではセナが死んだ。そればかりかJ・J・レートのベネトンとからんだペドロ・ラミーのロータスの破片が観客席に飛び込んで何人か怪我をさせたし、ピットアウトしようとしたミケーレ・アルボレートのミナルディがホイールを飛ばしてメカニックを4人なぎ倒し、病院送りにしてしまった。とにかく死と衝撃に埋め尽くされた週末だった。そのあげく非難中傷があてどなく飛び交う中で、ウィリアムズのクルマは警察によって押収されてしまった。サンパウロで執り行われたセナの葬儀は世界中の耳目を集めたが、ラッツェンバーガーの方はあくまでヨーロッパだけの話題に終わっていた。どのチームの面々もパドックの常連も、そして報道関係者からF1関連の業界人のすべてに至るまで、誰もが一様に立ち尽くし、永遠の別れに沈んでいた。しかし、まさに悪夢のようだった週末は、さらに尾を引くのだった。

あの時FIAも会長のモズレイも力を尽くして、クルマの性能を引き下げ安全性を向上させるべく応急的な措置を打ち出しはしたものの、事故はまだ続いた。その最大のものはモナコGPにおけるカール・ヴェンドリンガーのクラッシュだった。たまたまラッツェンバーガーと同じオーストリア人だったが、ザウバー・メルセデスでバリアーに激突した事故の瞬間から人事不省に陥り、イモラの衝撃からわずかに立ち直ろうとしていたF1界に、またまた重大な衝撃をもたらしてしまった。ヴェンドリンガーが意識を回復するまでには19日間も要したが、その間にもレースカレンダーはどんどん進められて行った。ほんの束の間の静寂をもたらした二人の死を明らかに思い出させるのも、グリッドの最前列に見慣れたクルマがいないことによってだった。

1994年の5月というのは、まさに心臓を締め上げるような、涙で曇った、胃に鉛を呑んだような、不毛の1カ月ではあった。しかし、それに続いては希望の芽がなかったわけでもない。やがてヴェンドリンガーの容体も改善しつつあると伝えられたし、デイモン・ヒルが、1968年のジム・クラークの事故死の後にその穴を埋めるべく健闘した父グレアムのごとくチームの期待に応えて、セナ亡き後のチームリーダーの役割を果たせるようになったからだ。彼は自分自身とチームのためのベストを尽くし、5月29日にバルセロナで開催されたスペインGPでは、シューマッハーのベネトンを差し置いて優勝してみせた。

しかし、それで引っ込んでいるようなシューマッハーであるはずもなかった。さっそくカナダGPでヒルのウィリアムズ・ルノーを打ち負かし、フランスGPでも勝つ。この時ヒルは、急遽アメリカから呼び戻された1992年のワールドチャンピオンにして最新のチームメイトたるナイジェル・マンセルを僅差でくだしてポールポジションを奪っていた。マンセルの復帰はエクレストンの強い要請によるものだったが、おかげでウィリアムズの若きテストドライバーだったデイヴィッド・クルサードは出番を取り上げられてしまった。さて、マニクールで迎えたレースでは、スタートと同時にシューマッハーが2台のウィリアムズに襲いかかってリードを奪い、そのまま優勝した。クルマやドライバーに何か特別なものが隠されているのではないかという疑惑の眼差しも、結局は何も発見できずに終わった。ヒルの側も、何か怪しいと思ってはいたが、それを立証できない以上、ことさら抗議したり揉め事の種を作ったりすることは避けて沈黙を選んでいた。それより彼は、次の母国レースであるイギリスGPでシューマッハーを打ち負かすことだけを考えていた。

そのシルヴァーストーンでは、ヒルはシューマッハーを100分の3秒だけ抑えてポールシッターになった。しかしフォーメーションラップで、シューマッハーはヒルより前に出てしまう。そこで彼には5秒間のストップ&ゴー・ペナルティが課せられたのだが、ピットマーシャルから決定を伝達されながらも、ブリアトーレとウォーキンショーはシューマッハーにレースを続行させたまま、いたずらに競技長との押し問答に時間を費やした。黒旗によって停止を命じられたシューマッハーもなかなか従おうとせず、やがて渋々ピットインした後、2番手でコースに復帰し、そのままフィニッシュした。しかし主催者をなめ切った行動のため正式結果から除外されてしまう。その後競技長の判断で、シューマッハー自身の順位は復活したが、ベネトン・チームに罰金2万5000ポンドが言い渡された。

しかし、事は結局その場ではおさまり切らず、最終的にFIAの世界モータースポーツ評議会で審議された結果、シューマッハーはイギリスGPで失格にされただけでなく2レースにわたる出場停止となり、チームに対する罰金も50万ドルに引き上げられてしまった。

それと同時に、ＦＩＡからは謎めいた声明が出された。ベネトンが、車両規則の効力を無にすることのできるコンピューター・システムを使用している三つのチームに含まれているというものだ。狂気の沙汰はそれだけでは終わらない。今度はマクラーレンとベネトンが、搭載したシステムのソフトウェアの公開を拒んだという理由で、それぞれ罰金10万ドルを言い渡されたのだ。悲劇に続いて、Ｆ１は茶番と論争の舞台になってしまった。さらに悪いことには、シューマッハーがシルヴァーストーンで受けた制裁に異議を申し立てたのに乗じて、もしドイツＧＰにも出走を許されないなら、ホッケンハイムを囲む森に放火すると地元のファンが騒ぎだし、命を狙うと脅されたヒルなど、サーキットの出入りに警官の護衛を依頼しなければならない事態にまで発展した。

この混乱の中、ドイツＧＰではピットでの給油の際にヨス・フェルスタッペンのベネトンが炎上するという事故まで起きた。こんな騒ぎはゲルハルト・ベルガーが、フェラーリに4年ぶりの優勝をもたらすという、さらに大きなドラマによって忘れ去られたが、その陰ではベネトンに対する疑念もまた深まっていた。彼らは給油のためのピットストップの所要時間を短縮するため、燃料補給装置に義務付けられたフィルターを取り外していたのだ。それに対する裁定が検討されている間にも、シューマッハーはハンガリーＧＰとベルギーＧＰでも立て続けにトップフィニッシュを果している。ただしベルギーでは、レース後の再車検でアンダーカバーに取り付けられているスキッドブロックが限界を超えて磨耗しているのが発見されて、失格扱いとなっている。

チームはその決定に抗議したが失格の判定は覆らなかった。その翌日、シューマッハーは真夏の論争の中心人物として、シルヴァーストーンでの黒旗の一件についての事情聴取のため、パリに現れた。そのほかにも、フィルター取り外し事件での厳しい処分を回避するためにベネトンが高い金を払ってイギリスの弁護士ジョージ・カーマンを雇ったりしているうちに、シューマッハーはイタリアとポルトガルの両ＧＰへの出走を見送らなければならなくなっていた。そしてスペインのへレスを舞台とするヨーロッパＧＰに戻ってきたシューマッハーは、留守の間にイタリアとポルトガルに優勝してタイトル奪取への望みをつないだヒルについて、真の世界レベルのドライバーではないと言い放った。そんな対立関係はとうとう最終戦のアデレードまで持ち込まれ、結局はこれ以上ないほど怪しげな展開の中でヒルと接触事故を起こしたシューマッハーがタイトルをもぎ取ることになった。

これはシューマッハーにとってもドイツ人ドライバーとしても初のチャンピオンシップだったが、相手に接触するような動きを故意にやった結果としての、わずか1ポイント差で得たチャンピオンシップでもあった。そして悲しみに閉ざされた最低の、時には正気の沙汰ではなかったシーズンの締めくくりとして、レースにはナイジェル・マンセルが優勝した。彼はシーズン終盤の3戦にまたウィリアムズに復帰していたのだが、そのころ古巣のロータスは、負債の山に埋もれて息絶えつつあった。管財人のロブソン・ローズが明らかにしたところによれば、チームはランドハースト・リーシングに対して７００万ポンドもの負債を抱えており、さらに悪いことには、その債権者側もすでに破産状態にあった。それも時の流れと言うべきだろうが、そんなこんなの中でドライバーが命を落とし、チームがルールをめぐって争いながら、テレビの視聴率は着実に上昇を続けていた。

「Ｆ１のパブリシティという面じゃ、悪い年じゃなかったと思うんだが、違うかね？」と、２００１年のカナダＧＰで、７年前に当たる１９９４年の出来事を振り返りながら、エクレストンは言っている。

「たしかに、１９９４年にはいろんなことが起きすぎた。アイルトンが死んだんで、もうＦ１は終わったなんてみんなが言ってたのも覚えてるよ。バイバイってね。あの時、私は彼の家族と同じ気持ちだったし、よくアイルトンがブラジルからうちの子供たちに電話をくれたのを思い出したりしてたんだ。でも、Ｆ１は誰か特定の個人より大きいんだ。少なくとも、そうあって欲しいと思ってたんだ。で、ほら、それが本当だったって証明されてるじゃないか」

第二幕（１９９７年）

１９９７年11月11日、グリニッジ標準時の午後1時27分、イギリスの通信社は「Ｆ１チームのウィリアムズとマクラーレンは本日、先月スペインのヘレスで行われたヨーロッパＧＰにおいて故意に順位を操作したのではないかという疑惑から解放された」と報じた。それは、１９９０年代のＦ１をさまざまに彩った、うんざりするような論争から引き起こされた訴訟沙汰の終わりを意味していた。これによって、世界の新聞や雑誌のフロントページを賑わせ続けた言い争いにも、とりあえず終止符が打たれたのだった。これは話せば長くなり、同じ日に起きたほかの二つの出来事さえ霞んでしまうほどでもあった。ほかの出来事とは、まずシューマッハーが、ヨーロッパＧＰでジャック・ヴィルヌーヴに暴走運転で体当たりした一件を屁のように片づけようとしたことであり、もう一つはバーニー・エクレストンが労働党に１００万ポンドを寄付したことが明らかになったことだった。時あたかもＦ１界が、スポーツに対する煙草産業からのスポンサーシップや広告行為について禁止する法律の適用を免除してもらう方策を探っているところだった。そのためにＦ１界では、一般紙の目立つページに、大きな意見広告を掲載したりもしていた。

さて、汚れた１９９４年度チャンピオンのシューマッハーは、ロンドンの西、スラウ郊外のコルンブルックにあるＲＡＣモータースポーツ・アソシエーションの本部を会場として開かれたＦＩＡの世界モータースポーツ評議会での特別会議に召喚されていた。そこで彼を待ち構えていたのは、好意ではなく渋面だった。しかしその席で彼は、10月26日のスペインを舞台とした最終決着戦で、フェラーリのステアリングを新チャンピオン、ヴィルヌーヴのウィリアムズ・ルノーに向けて切り込んだことに関して、謝罪することを拒否した。そのうえで、故意にやったわけではないと強弁した。あれは咄嗟の行動で、けっして故意によるものではないと、彼自身がはっきり言明した。しかし、事情聴取の席にいた者すべてのほか、あのチャンピオン決戦をテレビで観ていた3億５０００万人のほとんどは、彼の言葉を信じていなかった。

しかしながらシューマッハーに関しては、その後フェラーリ入りしてからというもの、スタードライバーを守るべくチームによって張り巡らされた煙幕によって、都合の悪いことはすべて覆い隠されてしまい、ピラニア・クラブならではの言い逃れの一部になってしまっている。あの年の11月8日付けの『タイムズ』に掲載するために、ヨーロッパＧＰの期間中のウィリアムズ・チームとヴィルヌーヴのやり取りを記録した草稿を見ると、編集部サイドはわざとフェラーリ寄りの立場を取ることによって、彼らのみならずＦ１の評価を低めようとしているかに見える。案の定、その紙面によって一騒動が持ち上がったが、結果としては逆にシューマッハーを助けることにもなってしまった。いざ事情聴取の結果が発表されてみると、彼が受けた咎めといえば、１９９８年にＦＩＡが展開する交通安全運動に7日間だけボランティアとして協力することと、１９９7年のチャンピオンシップ2位の座を失うことだけですんだのだ。

その時点でもう18年間もタイトルから見放されたまま、自暴自棄に陥りそうだったフェラーリ・チームに同情しようにも、暴露されたいわゆる「ヘレスゲート」のテープには、まったく逆の内容が録音されていた。それを聞けば、どこかのF1チームを運営する立場にいる誰かさんが、勝つためならどんな手段でも取る可能性があったことがはっきりわかる。この場合、情報を探る目的で無線を盗聴して会話を録音するという方法だったということは、ただ単にスポーツ精神に反して非道徳的というだけでなく、違法行為でもある。

あの時シューマッハーがヴィルヌーヴのクルマに体当たりしたのは、ほかのチームが彼に対してそんなことを企んでいるという情報を受け取ったがための反射的な行為だったという見方は、嘆かわしいほど笑止千万なことだ。彼の行動は、クルマから冷却水が漏れていて、しょせんレースを走り切ることができそうもないのを知ってからのことだった。べつにウィリアムズやマクラーレンが彼らの希望の糸をつなぐためにスパイ行為をはたらいて、やけくそめいた陰謀をめぐらしたわけではない。あくまでフェラーリがやったことだった。かつてピットレーンきっての緋色の美女と称された彼らも、すでにほかのすべてと同様にスポンサーのロゴを満載する存在になっており、なにがなんでも勝ちたかっただけなのだ。

ところでフェラーリに最も近い筋によると、フェラーリはそんなシューマッハーの行動を正当化するため、名誉棄損だと言い立てようとしていた。彼らからネタをもらった『タイムズ』も、マクラーレンやウィリアムズからの反証を取材しないままそれを紙面に掲載した。当然ロン・デニスもフランク・ウィリアムズも、新聞がこのような立場でこんな振る舞いに出たことに激怒した。彼らはまた、そのような内容の録音テープを主なF1関係者や一部の報道機関に配付したフェラーリに対しても怒りを隠さなかった。その結果、一部のコピーを手に入れたエクレストンが、コルンブルックでシューマッハーに対する事情聴取が行われるのに先立って開かれたチーム会議の席上、関係したチームを痛罵するのにも使われることになった。フェラーリはその録音を公開することによって、マクラーレンとウィリアムズがヘレスでの順位を操作しようとしていたと言いたかったのだ。伝えられるところによると、マクラーレンのドライバーたち、すなわちミカ・ハッキネンとデイヴィッド・クルサードは、フェラーリのエディ・アーヴァインがヴィルヌーヴを妨害するのさえ防ぐことができれば、あとは互いにどんどん抜くなりなんなりしてワンツー・フィニッシュとしてもいいと指示されていたらしい。彼らはその通りにやってのけ、それに続いてシューマッハーとの接触で傷んだクルマを労りながら3位でフィニッシュしたヴィルヌーヴがドライバーズチャンピオンシップに輝いたのだった。

「あんなに権威あるはずの新聞が、事実に基かない記事を載せるなんて、本当にがっかりしたよ」とロン・デニスは、11月8日の『タイムズ』を見て語った。

「ライバルチームによる陰謀があったなんて、論理的な内容なんかどこにもないじゃないか。これじゃ、ただマクラーレンやウィリアムズのいいイメージに泥を塗るだけだ」

デニスはまた、彼のチームがスキャナーなどの機械を使って、フェラーリみたいにレース中によその無線を傍受することなど絶対にないと、断固として否定した。

「そんなの、やったこともなければ、やる気もないね」

ただし、ライバルに内容がばれないように、暗号化した信号を使うことはあるともいう（しかしそれも、会話内容を傍受・解読され、FIAの会議でコピーが配付されてしまうのを防ぐことはできなかった）。

フランク・ウィリアムズもデニス同様に落胆し憤っていた。

「レース中にフェラーリがほかのチームの通信を盗み聞きしていたなんて、まったくがっかりだ」と彼は言う。「でも、そんなに驚いたわけじゃないけどね」とも。それに彼は、打ち合わせて順位を決めるのなども、まったくナンセンスだと切って捨てた。

「私にわかってるのは、ジャックが必要以上に助けられたわけじゃないってことだけで、そのことはほかの多くのチームとも話し合ったよ。それにしてもヘレスじゃ追い越しが難しすぎるから、チャンピオンシップ争いの最終戦をやるには、理想的なサーキットじゃないね。実際、ジャックも一回はその被害に遇ってるし。シューマッハーはフォンタナのザウバーをするっと抜けたのに、ジャックはコーナー5つで2・5秒はロスさせられてるんだから」

しかしウィリアムズはフォンタナのザウバーがフェラーリ・エンジンを積んでいて、そこにシューマッハーを手助けするためのチーム間の合意があったという現実にまでは、あえて言及していない。

そのほかにデニスは、いわゆる「ヘレスゲート」テープのスキャンダルと、1997年版コンコルド協定にマクラーレンとティレルとウィリアムズが長く署名を拒んだ一件との間に何か関係があるという見方も信じていないと明言している。彼が信じているのは、多くのマスコミ関係者が、そこに何らかの関連があると言い立てたということだけだ。また、反対派チームに対してみんなと足並みをそろえさせ、協定に署名させようとする圧力があったとは思っている。ちょうどあのころエクレストンが2億ポンドを投資して彼自身のF1帝国を立ち上げ、この世界に新しい光明をもたらそうと考えていた時だったからだ。だから、シューマッハーのあのドライビングに関しても、それ以上議論することは望ましくないとされていた。

そのあたりのことを、デニスはこう語る。

「何にもまして、これはスポーツなんだ。だからこそ、グランプリ・レーシングの激しい競争の中で問題が起きた時、統括団体は有効な決定を下さなければならないという難しい立場なのさ。F1界は今、商業資本とそれをどう取り扱うかの間でいっぱいいっぱいの状態で、こんなことが2年間も続いてたんだが、そろそろ解決の目処も見えだしたってところかな。FIAもバーニー・エクレストンも、ここまで頑張ってきておいて放り出すとは思えないし、『タイムズ』に書かれたような重大な問題だって、彼ら自身も直接の関係者として解決すると思うよ」

イギリスの修理屋と呼ばれるチームと大陸側の競争相手との間の確執が持ち上がったのは、もうずいぶん昔のことになる。そして互いの不信感に起因する緊張関係は、フェラーリ側のやけくそとも思える行為によってさらに悪化してしまった。1997年10月12日、鈴鹿で開かれた日本GPでも、すでにそんな空気が根底に流れていた。これを含めて2レースを残した段階で、ヴィルヌーヴはすでにシューマッハーを9点リードしていたから、あと2点だけ取ればチャンピオン獲得は決まりだった。それほど話は簡単明快でフェラーリもわかっていたのに、最後の最後まで残った可能性に賭けて、全体をひっくり返すべく昼夜兼行で準備に準備を重ねてきた。実際、鈴鹿ではシューマッハーが優勝し、ヴィルヌーヴが無得点に終わったのだから、可能性がないわけではなかった。しかし、すべてはヘレスの砂ぼこりと非難の彼方に雲散してしまった。

エディ・アーヴァインは東京が好きで、ヴィルヌーヴも同じだった。彼らはそこで羽根を伸ばすのだった。街の様子もよくわかっていれば、ナイトスポットもショッピング街もレストランもそらんじていた。この街でなら、誰にも煩わされずにリラックスできた。1997年にも、日本GPへの混雑を縫って、彼らは東京を訪れた。その時点でヴィルヌーヴは、ウィリアムズにタイトルをもたらすためにも9点が欲しかった。一方シューマッハーが同じものをフェラーリにもたらすためには、アーヴァインがチームオーダーに従ってできるだけチームメイトを助け、ヴィルヌーヴを後ろに追いやる必要があった。どちらも目前に迫った仕事をこなす準備が整っており、レースに備えて鈴鹿に入るのを楽しみにしていた。

鈴鹿は連日満員盛況だった。詰めかけた観客たちは広い遊園地で遊び、綿あめやハンバーガーを頬張り、F1グッズを買い込み、レーシングチームのユニフォームを着た者を見つけては群がっていた。ドライバーたちは無事に遊園地を横断してサーキットに辿り着くことなど無理だったので、わざわざヘリコプターを頼む者もいた。そうでない者たちはマイクロバスに隠れて通行した。どちらでもない勇敢なドライバーもいるにはいて、なんとスクーターで群衆を突破しようとしていた。パドックの一段高いところではコンテナーの開梱が始まり、車検の装置も組み立てられ、明らかに緊張が高まりつつあった。今回のレースはすべての面でウィリアムズ対フェラーリ、ヴィルヌーヴ対シューマッハー、フレンツェン対アーヴァインという図式で占められていた。彼ら4人のドライバーは、いずれもかつて日本でのレース経験があり、それぞれに大きなファンクラブも結成されていた。

そんな中で、ヴィルヌーヴはドアーズの歌手ジム・モリソンの伝記を読んでいた。彼はどんな種類のスポーツマンシップにもとる行為にも、どんな言い訳にも、どんな計略にも興味を示さなかった。ただレースを闘ってできるかぎりの努力をし、チャンピオンシップを勝ち取ることしか念頭になかった。ヴィルヌーヴ担当のレースエンジニア、ジョック・クリアはこう語っていた。

「彼にとってはミハエルもただの人間の一人なのさ。だから真っ向勝負で負かす自信があるんだ。それだけのクルマだってこともわかってるし、精神的にすごく強い奴だしね」

そして予選でヴィルヌーヴは、いかにもチャンピオンに王手をかけたドライバーにふさわしい走りっぷりを展開した。とにかくものすごく速く、誰をも寄せつけないタイムでポールポジションを確保したのだ。しかしそこへ、土曜の朝のセッションで黄旗を無視し、しかもそれが今シーズン初めてではないという報せが飛び込んできた。さらに信じ難いことに、競技長はヴィルヌーヴを決勝に出走させないという。彼がいなければ、予選2位のシューマッハーが簡単に独走するのは明らかだった。ウィリアムズ・チームは蜂の巣をつついたような大騒ぎになった。そこですぐさま抗議した結果、とりあえずヴィルヌーヴの出走は許すものの、正式にポイントを与えるかどうかはＦＩＡの裁定が下るまでお預けにするということになった。

そんなわけで、レースそのものは最低の闘いになってしまった。策略だらけの足の引っ張りあいという、醜い内容に終始した。ヴィルヌーヴもそれまでのごたごたですっかり集中力をかき乱されてしまい、本来の戦闘力を発揮できないまま5位でフィニッシュするのがやっとだった。それよりこのレースでカギとなったのは、ヴィルヌーヴと連れ立って東京を漫歩したアーヴァインだった。ヴィルヌーヴとシューマッハーに続く2列目のグリッドを占めた彼は、抜群のスタートをしなければならなかったのに上手く行かず、しかしその後目ざましい追い上げを見せて先頭集団に食い込んだ。

「あのスタートでハッキネンのマクラーレンに抜かれただけなんて、信じられなかったよ。レース前には特に作戦の打ち合わせがあったわけじゃないんだけど、ミハエルとは、追い越しができる場所ぐらいは話し合っといた。僕は第6コーナー（通称逆バンク）のアウトからでも行けるって言ったんだが、向こうはそう思ってなくて、いざ本当にやってみせたら、ちょっとびっくりしたみたいだね。まあ、どうせハッキネンは抜けると思ってたけど、ミハエルまで抜いちゃったのは気分良かったよ。でも、だからって問題があったわけじゃない。ミハエルにしてみりゃ、そのまま僕が飛ばして、スタートからトップにいたヴィルヌーヴを抜くために、もっとリスクを冒すことになるのがわかってたんだから」

そしてヴィルヌーヴに追いついたアーヴァインは、超高速の左コーナー、通称１３０Ｒで、ブロックをかわしてアウト側にクルマを振ったまま一気に抜き去った。お気に入りのサーキットでトップに立ったのだから、まさに夢のような一瞬だった。しかしそれからわずか20周したところで、スローダウンして12秒後ろにいるシューマッハーを先行させ、なおかつその時点で3位だったヴィルヌーヴを抑え込むようにチームからの指令が飛び込んできた。

「ああいったチームワークの一部を演じるのもおもしろいけど、その一方では、だんだん負け犬みたいな気分になるのもわかるだろ。誰かをチャンピオンにするための任務をもらって走るってことは、そのぶん楽しみを犠牲にするわけだしね。ま、僕はそのためにあの日あそこにいたわけだけど。２回目のピットストップでもタイムロスが少なかったから、全体としちゃ悪くなかったかな。でもフレンツェンがピットからコースインして来た時は危なかったな。僕が２９０km／ｈでぶっ飛んできた目の前に、すぐレーシングラインに乗ろうとして横切って来たんだもん。まったく普通じゃないよ。ヴィルヌーヴなんか、予選で黄旗区間を全開で行っただけで決勝に出られるのどうのって騒ぎだったけど、もっとずっと危ないぜ」

そんなこんなの末、フレンツェンは2位、アーヴァインが3位、ハッキネンが4位、そしてヴィルヌーヴが5位でフィニッシュし、そのポイントは暫定のままになった。したがって紙の上では、アーヴァインとフェラーリ・チームの作戦のおかげでシューマッハーがリードを奪い返した形になった。

その翌週、ウィリアムズが抗議を取り下げたおかげで、上手く行けば最終戦に向けてシューマッハーを1点リードできるはずだったヴィルヌーヴは、逆に1点ビハインドに後退してしまった。これは、1994年のアデレードでの一件を覚えている人たちの目には、とても不吉に映った。

「わずかにリードした状態でヘレスに赴く男については、今までも何回も目にしたことだが、追い上げる相手に対してすごく攻撃的になることができるし、もし共倒れになって両方とも完走できなかったら……」とウィリアムズのテクニカルディレクターであるパトリック・ヘッドは唇を噛んでいた。起こり得る光景として彼の脳裡に浮かんだのはアデレードでのことだけでなく、1990年に鈴鹿で行われた日本GPのこともあった。あのレースではスタートの直後にアイルトン・セナがわざとアラン・プロストのフェラーリにぶつけて相討ちに持ち込み、双方のレースに終止符を打つことによってドライバーズタイトルを奪っただけでなく、前年の復讐も果たしたのだった。それと同じ展開になれば、失望を味わうのは当然ヴィルヌーヴの方だった。

ところで鈴鹿では、130R手前のストレートエンドで停まったヨス・フェルスタッペンのティレル・フォードを排除すべく黄旗を振るオフィシャルの面前をすっ飛んでいったドライバーは、ヴィルヌーヴだけではなかった。ほかにもシューマッハーとフレンツェンを含む5人が同じ違反を犯し、その結果、執行猶予付きで1レースの出走停止を言い渡されていた。ところがヴィルヌーヴだけは即時出走停止であり、しかも土曜の晩遅く、すでにポールポジションを獲得してしまったずっと後になって、初めてそれを知らされるというありさまだった。

その顛末を、ヴィルヌーヴ自身はこう振り返っている。

「今までレースをやってきた中でも、まあ一番大変な週末だったよね。あんなことが、シーズンの初めごろに起きたんならまだいいけど、完全に煮詰まったシーズンの終わりだったんだから。あんなの平気でいろって言われてもねえ。ま、それがルールってもんだし、僕がそれを作ったわけじゃないし」

チームからの抗議が撤回された時、彼は現実的な態度でそれを受け容れ、スペインでの最終戦の重要性がさらに増したことに照準を合わせることにした。抗議を撤回しないことによってすべてを棒に振るかもしれないリスクを冒すより（マックス・モズレイもそういう意味の警告を発していた）、なんとか2点のリードを奪い返すことにしたのである。

スペインは緊張の連続だった。シューマッハーは木曜午後の定例記者会見に20分遅刻して現れ、気楽な服装でいかにもリラックスし、傲岸そうに振る舞って見せた。記者団からの質問は、故意の接触や黄旗、その結果としての揉め事の可能性などに集中していた。それに対してヴィルヌーヴは、もしそのような行為の結果としてチャンピオンになっても嬉しくないと答えている。それを聞いてシューマッハーはしばし鼻白んでいた。

フリー走行中にはアーヴァインにブロックされたため、ピットに戻ってクルマから飛び出したヴィルヌーヴは、わざわざアイルランド野郎のところに気をつけろと言いに行っている。予選も緊迫ムードの中で進行したが、その結果ヴィルヌーヴが1分21秒072でポールポジションを奪った。しかし世にも珍しいことに、シューマッハーもフレンツェンも完全に同タイムを記録してしまったので、グリッドの順位は誰がそれを先に記録したかの順番で決められるという際どい結末だった。予選2位はシューマッハー、3位がフレンツェンである。タイミングモニターにあらわれた数字をにわかに信じられる者など一人もいなかった。「何もかも現実離れしてたな」と言うのは、かなり遅れて首位争いに加われず、7番グリッドに着いたアーヴァインだった。

レースがスタートすると同時に、すべての視線はトップグループに釘付けになった。みごとなスタートを切ったのはシューマッハーとフレンツェンで、つかまったヴィルヌーヴは8周目にフレンツェンに2位の座を明け渡している。その後、ピットストップをすませて2位に返り咲いたヴィルヌーヴは攻めに攻め、48周目の裏ストレートに続く長い右コーナー、ドライサックで、追い詰めたシューマッハーのイン側に隙が空いたのを見逃さなかった。すかさずそこに突っ込んだヴィルヌーヴは真横に並ぶや、気付いたシューマッハーが計算されたように右に切り込む寸前、左前輪をフェラーリの前に出すことに成功した。次の瞬間、シューマッハーの右前輪がヴィルヌーヴの左側のサイドポッドに突っ込む。その結果どちらもダメージを負ってしまったが、そのまま弾むようにコースアウトしてグラベルベッドに埋もれてしまったのはシューマッハーの方で、ヴィルヌーヴは傷ついたクルマをだましだまし走らせ、途中2台のマクラーレンに先行を許しながらも3位でフィニッシュし、タイトルも手中におさめることができた。

デイヴィッド・クルサードを従えたミカ・ハッキネンにとって、これはＦ１デビュー以来初めての優勝だったが、そんな喜びもさまざまな非難の応酬に埋もれてしまいそうな、とんでもない週末ではあった。それにしても、シューマッハーの「暴走運転」に起因する接触事故を競技長が見ていなかったか理解できていなかったかのため、単なるレース中の止むを得ない事故として処理され、何の咎めもなかったというのは理解を超えることだった。

しかしモズレイは黙っていなかった。早くもレース後24時間で、彼は11月11日にパリで開催予定の世界モータースポーツ評議会に先立って開催される特別会議への出席を要請する連絡を受けている（この評議会の開催地は11月6日、モズレイ、エクレストン、それにフェラーリの監督ジャン・トッドがロンドンのサン・ロレンツォで会食した翌日に変更された）。そしてフェラーリには、来たるべき聴聞で単なる衝突（コリジョン）ではなく陰謀（コリュージョン）だったことを問い糺《ただ》されるのに対して準備を整えるため、数日間の猶予が与えられた。結局それは上手く行かず、一方マクラーレンとウィリアムズの看板にも傷が付くことがなかったのだが、あのレースの間近にいた人々の間では、彼ら2チームが順位に関して打ち合わせをしていたのではないかという疑念と不快感は強く残ったままだった。

あの出来事についてフランク・ウィリアムズは２００１年、カナダＧＰの前夜にこう回想している。

「何の質問かはわかってるよ。ジャックがせっかく首位にいたのにペースを落として、順位も下げちゃった件だろ。あの事故の後で、うちとしてはまだコース上にとどまってレースを続けることができただけで、まったくラッキーとしか言いようがなかったんだ。前輪の右か左か、どっちかのアライメントも狂ってて、ピットで見ててもわかるほどタイヤもどんどん磨耗してるのに、まだ何周も残ってたんだから。そこで彼をスローダウンさせたのが、結果としてパートナーのメルセデスに初勝利をプレゼントしたくて躍起になってたロンの仕事を少し楽にしちゃったというわけだよ。こっちとしてもチャンピオンシップを勝ち抜くのに必死だったし、それにはジャックをペースダウンさせるしかなかったんだ。いや、それにしても幸運だったな。だってジャックのクルマのバッテリーなんかぶらぶらで、辛うじて配線2本でつながってるだけだってのに、まだ4Gもかかる走り方をしてたんだから。そうさ、あのままリタイアしてもおかしくないレースだったんだ。普通なら、すぐピットインするところだったね。それより忘れられないのは、あの日一番速かったのがフレンツェンだったってことだな。でも彼はチームの指令に従って上手く下がって、後続を抑えきってくれたんだ。まあ、マクラーレンだけは別だったけど。とにかく最高の仕事ぶりだったよ。とにかく手がつけられないほど速かったから、本当ならあの日は彼が勝つべきだったんだろうが、それに見合わないポイントで我慢してくれたのが忘れられないところだね。フィニッシュしてから彼はわざわざマクラーレンのピットまで乗り付けて、インパクトレンチを全部かっぱらって、うちのピットに土産に持って来たもんだよ」

そして、マクラーレンと組んで何か企んだのではないかと言われていることを尋ねると、ウィリアムズは断固たる調子で、フェラーリこそ1997年にルールを捩じ曲げまくったと主張した。

「レース中にマクラーレンと話し合ったことなんか、ないよ。私たちが会話を交わしてたのは、送信にしろ受信にしろ、ずっとうちのドライバーとだけさ。いちばん重要度の高い通信はジャックにペースを落とさせて、なんとかフィニッシュしろって指令した時だったな。シューマッハーが勝負圏外になっちゃったから、フェラーリは賭け金を引き下げたんじゃないのかな。どっちにしても、ヨーロッパのほとんどの国じゃ、他人の通信を盗聴するのは犯罪なんだよ。電話だけじゃなくて無線もさ。犯罪なんだよ、しつこく言うけど！　もちろんフェラーリには関係ないんだろうがね。無線で話したことは、べつに差し障りのある内容じゃなかったんだけど、聞き逃せなかったのかね。でも一番はっきりさせておかなきゃならないのは、これに関する法律は、スペインもイギリスもほとんど同じってことなんだ。我々の無線はすべて所轄官庁に申請して、担当部署から周波数を割り当ててもらう決まりじゃないか。そういうのは世界中どこでも決まってて、非常に厳しく管理されてるから、いい加減に違う周波数なんか使ったら、高い罰金を食らうんだ。その法律だって厳しいもんだよ。たとえばアメリカで電話を盗聴したら洒落じゃすまないし、それはスペインでも、ほかのヨーロッパ諸国でも同じだろう。無線の盗聴だって同じ犯罪なんだが、フェラーリは事の重大さがわかってないと言ってもかまわないと思うね。連中には連中だけの法律があって、それでやって来たし、これからもそうなんだろうよ」

さて、1997年チャンピオンのジャック・ヴィルヌーヴが1998年限りでウィリアムズを去り、ブリティッシュ・アメリカン・レーシングに移籍した時、ジョック・クリアも行動を共にした。レースエンジニアとしてのみならず親友として、ずっと身近にいることを選んだのだ。その彼は、1997年の夏の終わりの緊張に満ちた時期のことをよく覚えている。特に最後の2レースでの陰謀とか、それにまつわる逃げ口上の数々は忘れられないという。2001年ヨーロッパGPの前夜、ニュルブルクリングで彼は、あの最終戦のどたばたについて聞かせてほしいという著者の要望に応えて、客観的に、明晰な洞察も交えて回想を語ってくれた。

「どうも私が内心思うにはだね、あの年のチャンピオンシップ争いは、最終戦で最高に盛り上がるように操作されてたんじゃないかって気がするんだ。考えすぎだろうとは思うんだけどね。だって鈴鹿じゃ失格扱いだっただろ。せっかくポール獲ったのに出走禁止で、抗議したら出られてって状態だったじゃないか。まあ抗議は後で取り止めたけど。あの時の出走停止もポイント剥奪もひどすぎるし、ルールをいくら読んでも、あんなに厳しいペナルティを受けるような違反じゃなかったんだから。基本的には、黄旗区間で減速しなかったってだけなんだよね。たしかにあの年のジャックは、そういうことをそれまでにも2回ばかりやらかしてたんだけど、それにしてもあれには仰天したね。結局はジャックの不注意なミスで、あの状況ではもっと注意深く行動すべきだったってことで片付けはしたけれど、たしかにもっとはっきりわかりやすく減速すればよかったんだろう。でもジャックに言わせれば、黄旗が出ていたのはまだストレートだったんで、そこで減速したら、後ろから突っ込まれるかもしれないってことでもあったんだ。いつも彼は自分の意見をはっきり言うんだよ。でもまあ結論としちゃ、うちは9点リードで鈴鹿に来たんだし、鈴鹿で必要なのは2点取ってチャンピオンになるってことで、その他のことはたいした問題じゃないと。でも、結果はレースからの除外さ。で、抗議も宙ぶらりんのままレースには出走できたんだけど、ポイントがもらえる保証なんかないからね、とにかく誰でもいいから、最初の5周をちんたら走ってるシューマッハーを抜いてくんないかと祈ってたわけさ。でも、本当にそれをやってくれた勇敢なドライバーがアーヴァインだったのさ。つまりシューマッハーのチームメイトってこと」

「ジャックは事の展開を見て取って、その中でどうしなければならないかもわかってたんだ。やっぱりトップグループで争ってなきゃならないってね。そこからは非常によくやったと思うけど、どう上手くやっても、そのままミハエルの優勝を阻止するには、ちょっと力が及ばなかったな。こっちとしちゃ、最初から飛ばして勝つことも可能だったけど、結局失格になるんだったら、そのままポイントはミハエルのものになっちゃうわけだし、それならあっちは最初から2位で良かったわけだし。こっちにできることって、ほとんどなかったんだよ。でも、おかげで決着が最終戦までもつれ込んで、それが終わってみたら、なんか消化不良の感じも残っちゃったんだよね。あれぐらいなら鈴鹿で決着が付いた方がましだったかな、なんてね。速かったしポールも獲ったし、勝てるだけのことはしてたんだし。その点は残念だったけど、まあこっちのミスではあるし、そこに付け込まれたってことかな。それにしても、どこのテレビ局からも、最後の一戦を残さないで、ちゃんとヘレスまでもつれ込んでほしいってプレッシャーが凄かったよね」

「とにかく、自分たちだけでドタバタしちゃったってところかな。そういうわけで1点差を付けられてヘレスに行ってみたら、もう雰囲気ががらっと変わっちゃってんのさ。ミハエルとしちゃ手堅くまとめてこっちより前でフィニッシュすればいいだけだし、どっちも無得点なら向こうがチャンピオンだし。そこで私は、こういう時に限ってミハエルが何かやらかすんじゃないかと思ったね。1994年にデイモン・ヒルに対してもやったけど、またやるのは疑いのないところだったよ。それって、うちにとって、それまでよりずっと重いプレッシャーになってたな。予選は上手く行ったんだ。ミハエルと同タイムだったけど、こっちが先に出したタイムだったんでポールは獲れた。そしたらハインツも完全に同タイムだったんだ。で、レースだけど、ここまで来たらできる限りのことをやるっきゃないよね。うちとしちゃ、かなりいい具合に闘ってたと思うよ。その前にマクラーレンとウィリアムズの間で何か取り決めがあったとか約束したとかいうのは、こっちは知らないんだ。どっちにしても、マクラーレンはレース中のパワーじゃ、まだまだうちの敵じゃなかったし、それに対してどうしろなんてことは、私の知るかぎりなかったし。たしかマクラーレン勢は予選で5位と7位で、デイモンが4番グリッドで、最前列の2位がミハエルで、3位がハインツだったよね。だからその時点じゃ、いずれにしてもマクラーレンが大切なカギになるなんて思うわけないじゃないか。思うに、ロンとフランクは日頃から互いに敬意を払う関係だし、どっちにとってもフェラーリが敵だったたってのは、あるかもしれないね」

「広い意味で言えば、あの状況の中では、フェラーリ対マクラーレンとかフェラーリ対ウィリアムズってのが、マクラーレン対ウィリアムズより敵対的だったのは確かだよ。どっちにとってもミハエル・シューマッハーの戦略とか、1995年のチャンピオン街道の驀進ぶりには一言含むものがあっただろうし。それでフェラーリに移籍したら、それまでのスタッフも丸ごと移っちゃって、いっしょに疑惑の黒雲もあっちに行っちゃったんだよね。みんな厭な目で見てるし、こっちだって疑ってるもん。たぶんマクラーレンもそう思ってんじゃないの。で、フェラーリの策略に対する思いも一致したんだよ。だからって何か打ち合わせがあったかどうかはわからないし、レースの前にそんなことをやってたって言うんなら、それは事実じゃないね。それにレースになってみたら、トップ2の近くには誰も走ってなかったじゃないか。フレンツェンはリアタイヤが変になって序盤でまず遅れてたし、それもあってトップ2とそれ以外は、もっと離れちゃったんだ。うちはピットストップも早かったし。で、ミハエルとジャックだけが競り合って、48周目にああなっちゃったわけさ。あの後は、とにかく傷ついたクルマを完走させようってだけで精いっぱいさ。もっとも、どんだけ壊れてたのか正確にはわかってなかったんだけど。わかってたのは、本来の性能いっぱいよりゆっくり走らせるしかないってことだけさ。そこで私にわかってる限りでは、パトリック（ヘッド）がロンに『もしそっちが追いついて来ても、こっちは邪魔しない。もうバトルするどころか、欲しいだけペースも上げられないんだから』って言ったことぐらいかな。たしかにその時、マクラーレンは猛烈な勢いで追い上げて来てたし。それからパトリックがこっちに言ったんだ、『攻められたって、抵抗できる状態じゃない。でもマクラーレンが優勝するんだったら、うちにとっちゃ好都合だ。こっちはとにかくポイント圏内で完走すりゃいいんだから』って。そういうことはすでにジャックにも伝えてあった。『ほら、ミハエルがいなくなっちゃったから、あとは6位以内でフィニッシュするだけだ。最終ラップで英雄になろうなんて考えるんじゃない』とかね。それは彼もわかってたと思うよ」

「私が思うには、交信記録のコピーとして出回ってるのは、たぶんデイヴィッド（クルサード）のこととか、そのへんが話題になってる部分なんじゃないかかな。なにもトラブルの原因になるようなことはないはずなんだけどね。あっち（マクラーレン）は、なにも優勝させろなんて言って来たわけじゃないし。そんなにムキになって襲いかかって来たわけでもないしね。こっちがトラブルに見舞われた時点じゃ、ずっと離れてたし。たしかあの時はデイヴィッドがミカより前にいて、ＪＶ（ヴィルヌーヴ）はデイヴィッドが勝ちそうなのをすごく喜んでたんだ。そういうことを無線で話したんだけど、そんな記録が残ってるとはねえ。ＪＶとスタッフとの交信記録なんて、たぶんほとんど理解できないんじゃないのかな。ほとんど『ヴィルヌーヴが何か答えてますが、こっちには内容が聞き取れません』とか言ってんだもん。でも私は彼の言ってることがわかるから、彼がレース中に『それってデイヴィッド？』とか聞いて来て、こっちが『そうだよ、クルサードだよ』って答えてたとか、そんな部分かもしれないな。そのうちロンがチームオーダーを発令してミカをデイヴィッドより前に行かせたんだ。そんなわけで最終ラップだかその少し前だかに、ミカがデイヴィッドを抜いたのさ。ＪＶはミカがトップになったって聞いて、嬉しくなさそうだったよ。そこんとこで、私とジャックの間で、ちょっと言い合ったりはしたかな」

「とにかく気を遣ったのは彼を完走させることで、とにかく機嫌を損なわないようにする必要があったんだ。こっちが完走させできるなら、ミカが勝とうがどうしようが関係なかったんだけど、ジャックはミカと聞いて、むらむらやる気が湧いちゃったらしいんだ。『オーケー、ちょとぐらい壊れてても、最後の2周ぐらいペースを上げてミカを追っかけてやれるさ』とか言うわけ。もうこっちとしちゃ『まあ落ち着け』ってくり返すしかないよね。最後の最後になって、ドライバーの本性が目覚めちゃったっていうのかな、『よーし、クルマはいい感じだし、ちょっとばかり攻めてみっか』になっちゃったんだ。でもエンジニアとしてはだな、コーナーで負担が20kg増えただけでもどこか壊れるかもしれないし、どこがどうなってるのかもわからないんだから。だいたい、どこがどう壊れてるのかもわからない状態で、とにかくゆっくりでいいから走り続けてフィニッシュして欲しいってのに、いい気になって最終コーナーでハッキネンを抜いた瞬間にホイールでも外れたらどうすんだって感じだったよ。そこでくり返し落ち着けって言ってたんだけど、パトリックの方は、純粋に技術的な観点から注意してたような感じだったな。具体的に何て言ってたか覚えてないけど、いろいろ注意を与えていて、ともかくマクラーレンが優勝するならとてもハッピーって感じだった」

「とにかく、マクラーレンのどっちが優勝しようとそれほど気になるわけじゃなかったし、正直なところ、ウィリアムズ・チームでは誰かに無線を聞かれてたかどうかなんてことまで、気を回す余裕なんかなかったよ。もちろん順位をめぐってマクラーレンと策略を巡らすなんてこともね。だから陰謀って言われても、どれがそうなのさ。うちがチャンピオンシップを取るのをマクラーレンが助けてくれたって、誰か言ってんの？　そうだとしたら、どのレースで？　どうやってタイトル戦を助けてもらったのか、こっちにはわからないよ。事は単純明快で、パトリックとフランクにはチャンピオンシップに勝つチャンスがあって、それはジャックが6位以内で完走するかどうかにすべてが懸かっていて、その結果、ロンにも優勝のチャンスが巡ってきて、それがその後のマクラーレンの快進撃のきっかけになったってことだけじゃないか。全部の状況を知ってるわけじゃないけど、私が確実に言えるのは、フランクとパトリックがきちんと自分の仕事をやりおおせたってことだけさ。もし何かあったとしても、結局どこにも影響なんか及ぼしてないね。とにかくチャンピオンシップを取るためにやれるだけのことはやって、最後の10周は正しい判断でスローダウンさせたし、そのうえでシーズン終盤にフランクやパトリックが特別な力を手に入れたとか、フランクのドライバーと交渉したとかロンのドライバーと打ち合わせたとか言われても誰もわからないんだし、それがモーターレーシングで、この世界のビジネスってもんじゃないの」

「でも、そうだったとしてもそうじゃなかったとしても、そのことがレースの成り行きや結果に影響したことはないし、チャンピオンシップとかもろもろのレースの値打ちを損なったりもしてないよ。ハッキネンが優勝して、もともと予想されたより4ポイント余分に稼いだからって、ジャックが本来取れたより4ポイント少なかったからって、誰も本気で気にしちゃいないさ。これが競馬だったら、誰かが大金を賭けたヴィルヌーヴがペースを落としてハッキネンに勝ちを譲ったりすれば大問題だけど、私たちは競馬のルールで走ってるわけじゃないんだ」

競馬や博打となればまったく話は違う。でも、ここでの経緯がきっかけとなって、翌年は最初のレースから、マクラーレンのドライバーどうしで順位の入れ換えが堂々と行われることになったのは事実だ。それについてクリアは、こう続けた。

「あの時点では、F1界の人間として、これがスポーツの一種ではないなんて考えている者はいなかったと思う。ほかのチームといい関係を築いたり、ドライバーどうしでいい付き合いができていれば、わざとらしくチームメイトやほかのチームを利用する必要なんかなかったんだ。ほかの連中の顔に泥を塗るような真似をすれば、何か次の機会に誰も進路を譲ってくれなくなるぐらい、ドライバーならわかってるはずさ。そうやって目をつけられたら、頼れるのは自分だけってことになっちゃう。あの騒動が持ち上がってからも、ウィリアムズ・チームの内部では、ちょっと残念だったとか、あのような闘い方じゃない方が良かったなんて気分はなかったね。ああいう記録だとか『ヘレスゲート』とかは、ミハエルが1994年にやってのけたことと か、チャンピオンになるために故意に誰かにぶつけたっていうことから話題を逸らすためにフェラーリがぶち上げた煙幕だって、内心みんな見抜いてたもん。あれが大きな問題だっていうのは、スポーツマンシップのおおいなる欠如って意味で、そこを問わなきゃいけないんじゃないの。実は、もっとずっと前から問題だったんだから。でも、なんだかいきなりフランクとかパトリックとかウィリアムズとか、それからジョックにジャックにロン・デニスの問題みたいに持ち上がって来たんだよね。でも、あの48周目の後に起きたことは全部、ヴィルヌーヴの優勝に大金を賭けた連中以外にとっては、ちっとも不思議じゃない展開だったんだ」

あの一件で報道陣が押し寄せたり、事情聴取を待つまでの間、あなた自身には何か影響がありましたか。

「私に関しては、何も影響なんかなかったと断言できる。ウィリアムズ・チームでは少し不愉快な気分も出たけど、実際には黙々と翌年のクルマ作りを進めたりして、誰もそんなことに気を取られたりしちゃいなかったよ。ほかに誰を取材したか知らないけど、あの出来事のカギを握る人物ならほとんど、同じように考えてるんじゃないのかな。ま、一部のマスコミの勇み足ってとこかな。そもそもミハエル自身だってそんなに興味ないだろうし、彼もジャン・トッドも、その関係の記事なんか読んでないと思うよ。それに、こういうことで私もジャックもパトリックも、人間としての尊厳を傷つけられたと思うと、それが一番腹立たしいよね。ミハエルがやったことは世界の3億2000万人が見てたわけだけどね。それが、この問題に対する私の感想だね」

クリアはまた、ほかのチームがウィリアムズの無線交信を傍受しているという事実も認め、それについてこう語っている。

「前からわかってたんだけど、フェラーリは聞いてるよね。ミハエルがベネトンにいたころは、あそこもやってた。それに対してフランクはいつも、そんなことをやるのをきっぱり却下してた。私がウィリアムズにいた間、よその無線なんか聞いたこともないし、フランクもそんなことは許さない方針だったから、これからもないはずだ。つまり私たちはよそのを聞かないけど、よそは私たちのを聞いてたわけさ」

それじゃスポーツと言えないじゃないですか。あなたが日曜の午後に2時間走る競技をスポーツと呼ぶなら、これはその精神に反する行為なんじゃないですか。

「まったくその通りだと思うよ」

最近はそういうことだけではなく、カメラマンたちもクルマの隠しきれないところを盛んに撮影してます。その写真にかなりの値段を付けるチームもありますが、それも同じことじゃないんでしょうか。

「正直言って、私たちはスパイ行為についちゃ、あまり腕利きとは言えないな。ユニフォームを着てない男にカメラを持たせてサーキットに連れて行くことはできるし、設計部のスタッフを毎週のように連れて行った時も、べつに詮索されたりはしなかった。彼にピットロードを端から端までぶらつかせて、40フィートも離れたところからフェラーリの後ろ姿を撮影させたりしたこともあるんだよ。ま、実際には、そういうスタッフを現場に行かせてやれるのは年に一度ぐらいなんで、連中も喜んじゃって、クルマの写真も撮るけどグリッドで女の子も撮ったりして、帰ってから『フェラーリのこんなとこはいつも見てるんだ。本当に欲しい写真はねえ……』とか油を絞られてんだけど、そう言われても『知りませんでした』じゃなあ。ま、ウィリアムズは、そういうことに関しちゃウブだったね。もし凄腕のカメラマンを雇ったチームがあったとすれば、うちなんか遠く取り残されちゃうだろうし、ウィリアムズのカメラマンが特に不出来だったってことになるのかな。でも私はそんな写真より、パトリックとか私とか、もちろんジェイムス・ロビンソンもギャヴィン・フィッシャーズも、ほかのそういう仕事をしているスタッフも含めて自分の目で見たものの方がはるかに信頼できると思ってるから、サーキットで時間さえ許せば、可能なかぎりピットロードを散策することにしてるんだよ。グリッドで気になるものがチラッと見えたりしたら、すぐピットに戻ってスケッチを描いてみて、それから正体を考えることにしてるんだ」

「映像から何か考えが広がるのかどうかはわからないけど、技術者としていい目があれば、一見しただけで細部まで判断できるもんだよ。100枚の写真より自分で見ることだね。なぜって、技術屋なら自分が何を見てるかわかってるんだから。そいつはクルマのそばに立って、まず全体の95%を度外視して、一個所だけ何か見つけるんだ。『おっ、ここが新しいぞ。前にはこんなの付いてなかったな』とかね。それが、ただの製図係をピットレーンに行かせたとすると、ただフェラーリのウィングを撮って来るだけで、こっちに言わせりゃ『ここんとこ6レースも見て来たのと同じじゃないか』ってことになっちゃう。それより自分で見たほうがマシってこと。だから前にも言ったように、ほかのチームがやってることを知るためにカメラマンを雇うとか、その類のことをやっても、えらく効率が悪すぎるんだよね。明けても暮れても、見慣れたものしか撮って来ないんだから。それに今じゃどのチームもピットガレージの前に衝立を置いちゃうから、そんなもの見てどうすんだ。哀しい眺めだよ、まったくのところ。それにしても、なんでみんなそんなことやりたがるんだか、よくわからないんだ。できれば納得いくまで、そのわけを教えて欲しいもんだ。何か為になることがあるんなら、誰とでも議論するにやぶさかではないんだがね。いつあんな衝立が使われるようになって、いつになったら廃止されるんだか、教えてくれよ（訳者注：2002年からはピット作業の様子を必要以上に隠す衝立の使用は禁止された）。でもクルマを見るんならグリッドに行けばいいんだけどね。あそこじゃホイールもタイヤも外したりするし。みんなやってるよ。まるで写真を見るように、何でも見えちゃうんだから。一般の観客に見えないだけさ。そりゃグランドスタンドからはわからないよね。それにしても、みんながピットガレージの前に衝立を置くようになってから、なんだか雰囲気が良くないね。写真を撮るとか覗き見するとか情報を探るとか、そういうの全部を世間に見せちゃえばいいのにね。でもスパイっていえば、以前こんなこともあったんだ。よそのチームから引き抜かれてきたエンジニアと仕事してた時なんだけど、2カ月ほどしたら、そいつ、辞めて元のチームに戻ってんだよ」

よそを辞めたエンジニアがおたくに入って、いっしょに働いてたのに、また元のチームに戻って行ったというのは、最近5年の間のことですか。

「10年ほど前かな。詳しい経緯は知らないけど、そういうことがあったってこと。ま、実際にはたいして影響なかったけど」

それはウィリアムズでの経験ですか。

「いや、そうじゃなかったと思う」

じゃあ、ここBARで？

「ここじゃ、そんなことは起きてないよ。っていうか、それがどこのチームだったかは言いたくないんだけど」

こっちで想像しても答えられない？

「でも、まあ、そういう種類のことも起きるわけだ。私としちゃ、はっきり喋っちゃった方がいいとは思うんだけどね。どんな案配だったかっていうと、やっと仕事のリズムが合いかけてきたところで、『どうも、ここが気に入らないんで、やっぱり前のチームに戻ります』だってさ。そしたらみんな『君がここで何を見てたか、ちゃんとわかってるんだぞ。もう二度とうちでは仕事させないから、そう思え』の大合唱さ。それにしても起きちゃったことなんだけどね。そういう連中のやったことって、うちの無線を盗み聴きしたのと同じだよね。だからって、わざわざスクランブルかけたりするつもりもないけど」

おたくの無線の周波数にはスクランブルがかかってないって、本当に？　全然？

「たぶん、そうだよ。グランプリの時に無線を使ってたエンジニアでも誰でも、燃料補給の量とか使ってるタイヤのタイプとかはそのまま口にしてないはずさ。全部コード化して話すんだ」

それにしても、基本的に用心深く対処しているのは確かですね。

「おそらく、そこがF１界での仕事のやり方の重要なポイントなんだろうね。たとえば技術面でも、なぜクルマが速いのかとか遅いのかとか、ちゃんとわかっているのはチームの中でもほんの一握りのスタッフだけだから。ウィリアムズだったら、まあ5人ぐらいかな、クルマの全体を詳しく把握してるのは。私もなぜクルマが速いのか完全に理解してるかどうかわからないけど、すべてのパラメーターは頭に入ってるし、情報もすべて知ってるよ。もしそれをフェラーリに教えたら、逆に何が足りないかもわかるだろうね。でも、すべてを知ってる5人っていうのは本当の最高幹部だけなんで、買収して情報を聞き出そうにも、ギャヴィン・フィッシャーズもパトリック・ヘッドも、それに私も、どうにも賄賂のきかない顔ぶればかりなんだ。買収の的になりやすいのは、まだ入ってから日が浅いのに、どうも本人が思ったほど重用されていないとか感じている連中だよ。そういう点では、ウィリアムズは極め付きに率直な会社なんだね。だから私はフランクに対してもパトリックにも、それぞれこれ以上ないほど尊敬の気持ちを抱いてるんだ。もちろんウィリアムズにも、私にとって納得できないところはあるけど、それぐらい、どこでも同じだろう。広い目で見てみると、こういうチーム（ＢＡＲ）に移って来てみれば、予算も潤沢だし超一流のドライバーの一人とも組むことができてるけど、その他の点を眺め渡して、ますますウィリアムズに対する評価が高まってしまうのは事実だね。その最大のものっていえば、やっぱりパトリックとフランクの、途方もないほどの高潔さというか、どっちもその言葉の本当の意味で高潔なんだよ。それにもちろん技術面でも純粋だし。パトリックは、F1界のくだらないものにはまったく影響されようとしないからねえ。彼にはレーシングカーを作って速く走らせたい、それだけしかないんだ。彼のクルマがどれも速いのは、もう証明ずみだよね。ここ5年ほど彼は記者会見にも皆勤だけど、カナダでラルフ・シューマッハーが勝った時ほど雄弁だったこと、なかったんじゃないかな。とにかく真剣に結果を求めるタイプなんだよ。それがすべてを示しているように、ウィリアムズって特別なチームなんだ」

「それがまた、今ちょっとばかり後ろに下がっている原因にもなってるんだ。最後にチャンピオンシップを獲ったのが1997年、もう4年も前だよね。そして谷底から這い上がり始めてまだ2年たってないんだもん。まあ、たいして深い谷じゃなかったけど。それでもって去年（2000年）は急に良くなって、今年はもっと良さそうじゃないか。それもあのチームらしいやり方を貫き通した結果なんだ。凄いよね。私もその場にいたわけだけど、特にあのヘレスでの一件がいかに腹立たしかったかを思うとさ。自分自身チームの一員だったんで、そのぶん贔屓目に見てるのかもしれないけど、私はフェラーリだってマクラーレンのことだってよく知ってるつもりだし、そのうえでF1界で一番正しいやり方を押し通している人物っていえば、そりゃフランクとパトリックだよ。それだけに、なおさらフェラーリの煙幕騒動が残念でならないんだ。百歩譲って、真相を隠すために何かやるにしても、そのために他人の優れた人間性にまで疑念を抱かせるようなこと、やっちゃいけないだろ。最後のレースで誰かに突っ込んだ後で、藁にもすがる思いで苦境から抜け出したかったにしてもさ」

あの後で、ミハエルが謝罪に来たりしましたか。

「いいや。あの件では絶対に謝ろうとしないばかりか、ミスだったという以外のことはいっさい認めようとしないんだ。もしあれが本当に判断ミスの結果だったんなら、結果としてジャックがチャンピオンになったことでもあるし、どうしても謝らなくちゃならないわけでもないだろう。自分のへまでジャックにタイトルを進呈したってだけなんだから。そこで謝っちゃうと、やっちゃいけないことをやったって意味にもなるからね。今でも彼は、そんなことをやったなんて、絶対に認めてないよ」

コルンブルック会議において「ヘレスゲート」の事情聴取を終えたマックス・モズレイは、問題を一掃したうえでF1のイメージをさらに輝かせるべく最大限の努力を注いだ。彼は、公開されたマクラーレンの通信記録がクルサードとチームとの間のものであり、ハッキネンを優勝させるべく順位を譲れという内容だったことが論議の対象になったと言う。その件では忘れられないことも、考えさせられることも多かったそうだ。

「F1界では、誰もが他人の無線交信を録音しているのは、もう知られていることだと思う。詳しくはわからないけれど、中にはマクラーレンの交信内容を解読していたチームだってあるだろう。でもこういうことはオープンにすべきだな。来年あたり、そのへんの動きが出て来るんじゃないかな」

そんな記録がどうやって『タイムズ』の手に渡って世間の広く知るところとなったのかについて、モズレイの言葉には興味深いものがある。

「そういうものがいったん知れ渡ってしまったら、対策もさっさとやらなくちゃね」

伝えられているところでは、モズレイはエクレストンやトッドとともに、あの事情聴取の前の週にロンドンで夕食を共にしている。その24時間後に聴取の舞台がパリからコルンブルックに移されるという発表も行われたのだが、おそらくその晩、トッドかフェラーリの誰かがモズレイに問題のテープを手渡したものと見られる。そしてモズレイかエクレストンのどちらかが、それを『タイムズ』に提供するように確約させられたというのが論理的な筋道だろう。事の真相を証明する手立てはないが、これによってマクラーレンとウィリアムズに対するプレッシャーをさらに上乗せできたのは明白だ。この二つの反対派チームは、モズレイ、エクレストン、そしてＦＩＡに対し、１９９７年版コンコルド協定の内容に同意できないとして頑強に抵抗を続けてきていた。だからこちら側としては、彼らが１９９７年のヨーロッパＧＰで八百長を仕組んだというスキャンダルは、喉から手が出るほど欲しい絶好の攻撃材料だった。でもその結果、とりあえず衆人環視の中で事情聴取をすませてみると、どちらの陣営も恥をかいただけで、特に処罰などは行われなかった。当のシューマッハーにしたところで最悪の事態だけは回避できていた。重罰の代わりに交通安全運動のボランティアを命じられただけだったのだから。その時のＦＩＡからの発表には次のように記されている。

「ウェスト・マクラーレン・メルセデスとウィリアムズ・グランプリ・エンジニアリングは、１９９７年ヨーロッパGPにおいて故意に互いの順位を操作する行為を行わなかったことを証明できた。それを踏まえ、将来の誤解や曖昧さを回避するために、世界モータースポーツ評議会は、ドライバーとピットとの間のすべての無線交信が報道関係者と観衆によって傍受できるように公開されるべきであることを推奨した」

また48周目に起きた、ヴィルヌーヴに対するシューマッハーの「暴走運転」による接触事故に関しては、FIAもその会長も明確な見解を抱いているとし、以下のように発表された。

「世界評議会は、ミハエル・シューマッハーの行為は本能的な反射的行動に基くものであり、悪意または事前の計画に基く故意によるものではないとの結論に達した。つまり深刻な過失ということである。そして世界評議会は1997年度フォーミュラワン・ワールドチャンピオンシップ・フォア・ドライバーズからミハエル・シューマッハーを除外することを決定した。チャンピオンシップの最終結果は、それに合わせて修正される。一方、コンストラクターズ・チャンピオンシップの結果には変更は行われない。ミハエル・シューマッハーの1997年の各レースごとに記録された勝利と得点は、そのまま保たれる。そしてさらなる罰則の適用を受ける代わりに、ミハエル・シューマッハーは、1998年にFIAが実施する道路交通安全運動に合計7日間従事することに同意した」

と、まあ、こういう次第である。そしてモズレイは「覚えておいて欲しいのは」と、可能な限りの猫なで声に威厳もからませ、やや芝居がかった調子で続ける。

「あの時、彼にもヴィルヌーヴにも、とてつもないプレッシャーがかかっていたということだ。どちらも国やチームの期待をずっしり肩に背負い込んでたんだ。しかも互いの差はたった1ポイントで、歓声だって耳に飛び込んで来る。つまり特別すぎる状況だったわけだね。もうドライバーとしては煮詰まっちゃうし、アドレナリンどくどくだったろうし、そこに興奮やらプレッシャーやら、いろいろあったんだよ。あれほどの熱気に押し込められた中では、普段なら考えられないような動きに出てしまう可能性もおおいにあっただろう。だから、本当にそう思うんだが、私たちがおそれているようなことを何か企んでやろうなんて、できっこなかったはずだよ。だからF1のイメージを損なうどころか、逆におおいに役立ってくれてるんだ。だって、結局は、あるべきように走っていたことがわかったんだからね。F1に関わっている者なら誰だって、わざと順位を操作するなんて、やるわけがないんだから」

それにしても、最終ラップでヴィルヌーヴが極端にスローダウンして、マクラーレンに1－2フィニッシュさせるべく先行を許したのは疑いようもないことだ。あの直後、ヴィルヌーヴは居合わせた記者にこう語っている。

「レースの最初のパートじゃ、ハッキネンは優勝争いなんて関係ない位置だったんだけどね。でもその後は僕より速くて追いつかれちゃったんで、最終ラップでハンドリングのおかしくなったクルマでコンチクショウで頑張って飛び出しちゃうか、向こうの動きを読んで先に行かせるか、選ばなきゃならなかっただけさ。そしたらデイヴィッドもすぐ後ろまで来ちゃったから、そこでもあえて競り合わなかったってこと」

しかし交信記録によると、ジョック・クリアがコース上のヴィルヌーヴにこう呼びかけているのも明らかだ。

「今ハッキネンが2位にいるのはわかってんだろうな。たぶん勝ちたがってるはずだぜ。なんとかしてやれよ」

そしてクリアはこうも言っていた。

「DC（クルサード）がアーヴァインを押さえてるところだ」

そしてトップ3が最終ラップに突入した時点で、クリアは「すぐ後ろにハッキネン。これまでずいぶん助けてくれたじゃないか。やめとけ、ジャック。こっちでも、みんなそう言ってる」と送信している。

これで結果は決まった。裁判も終わった。そしてF1は続いている。委員会でのやり取りはファイルの中に閉じ込められ、ピラニア・クラブもケリをつけた。それ以上何がある？　もう謀略はないのか？　もう法廷に引っ張り出すこともないのか？そういうものなしに、F1はやって行けるのか？

第三幕（1999年）

あれから2年後、マレーシアのセパンでのことだ。すでに夜はとっぷり暮れていたが、パドックに設営されたフェラーリのオフィスは、エアコンの奮闘も空しく40度近い暑さに茹《う》だっていた。湿度もたいへんなものだった。フェラーリのテクニカルディレクター、ロス・ブラウンは、赤いボディパネルの一片を手に持って扇ぎながら、それが規則に適合していると説明していた。1999年10月17日の晩だった。そのボディパーツはバージボードで、その日の午後のマレーシアGPが終わってから、はたして規則通りなのかそうでないのか、疑義が持たれていた。汗まみれの緊張が部屋じゅうに立ちこめていた。全員の顔が引きつっていた。もう遅い時刻だったが、フェラーリに対する抗議が出されたため正式結果は確定されていなかった。

その年の7月にシルヴァーストーンで脚の骨を折ったシューマッハーもこのレースから元気よく復帰して、素晴らしい速さを見せていた。しっかりポールポジションを奪ってみせたうえで、レースでの勝利をチームメイトのエディ・アーヴァインにプレゼントしてくれたのだ。シューマッハー自身も5位でフィニッシュしたが、これでフェラーリにも、20年間も遠ざかっていたドライバーズチャンピオンシップをアーヴァインによって勝ち取る可能性が出て来た。

それに対してマクラーレンは、フェラーリのバージボードが規則に適合していないと申し立てていたが、フェラーリ側としては法的な手続きの場に持ち込んでもいいから、その寸法がルールの範囲内にあることをしっかり証明するかまえでいた。その混乱でまたもF1は大騒ぎになってしまい、議論が熱くなる一方の中で、仕事を終えてクアラルンプール国際空港へ急ごうとしていた関係者の多くが足止めを食ってしまった。

それから5日後の10月22日、話の舞台はパリに移る。ヨーロッパでは秋も深まり、雨模様の冷たい風が吹いていた。フェラーリの意を受けた手強い弁護士チームは、ばりっとしたスーツに身を固めていた。コンコルド広間に面したFIAの豪勢なオフィスの外には、テレビ局のトラックをはじめいろいろなバスやクルマが雑然と群をなし、ビニールの合羽と帽子とか、裾の長い冬のコートとかをまとい、妙なヘッドセットを頭に載せた連中も石畳に立ち並んでいた。彼等が待っていたのはFIA国際控訴審の評決だった。そんな報道陣にとってありがたかったのは、やはりこの国の首都だけのことはあって、アジアまで旅して帰った後、こんな街頭で退屈しながら待たされたり、両陣営のプロパガンダにいらいらしながらも、ちょっと歩けばまともなレストランで美味いものにありつけることだった。

それにしてもこの一件は、F1界きってのショーでもあった。フェラーリ側の弁護団を率いるのはスマートなスイス人のアンリ・ペーターで、どんなイギリスの弁護士より正確な英語を操ることができた。フェラーリはこの審判に勝利をおさめるべく、ベネトン-ブリアトーレ人脈の紹介で彼を起用したのだった。つまり才気煥発で弁も立つヘビー級チームとも言えた。アーヴァインもパリに現れた。マレーシアでの優勝が確定すれば、すぐさま日本に取って返して、タイトル争奪戦をくり広げるチャンスがあった。アーヴァインの登場にも助けられて、口達者なフェラーリ弁護団はF1ルールの曖昧な点を突き、最終戦までチャンピオン決定がもつれ込んだ方がテレビ放映にも好材料であることをたぶん強調したのだろう。その結果、フェラーリが勝利をおさめた。負けたマクラーレンは、ただ茫然と力なく立ち尽くすしかなかった。

そして控訴審の開かれた豪勢な古いビルには、フェラーリの手によってプレスルームまで開設され、専従の係員による定例の会見まで実施されていた。そこでは、いろいろな言葉が飛び交っていた。しかしある正統派の人物によれば、この控訴審でルールブックが書き換えられたのでなければ、何重にも翻訳をくり返されたことになるという。もちろんフェラーリもマックス・モズレイも、その見解を否定している。法廷では規則は文字の通りにしか解釈されず、今回の場合、バージボードの寸法は、明らかにフェラーリ側の主張する許容範囲におさまっていたというのだ。つまるところ、法がスポーツ精神を打ち倒すために使われたということだ。しかし、これらの出来事が過ぎた後は、このところピラニア・クラブに関して新しいことは起きていない。

いや、そうとも言えないか。というのも、常に何か有利になる材料がないかと鵜の目鷹の目になっているフォーミュラ・チームという存在があるからだ。あの時も結局はマクラーレンのシーズンになり、日本GPで優勝したミカ・ハッキネンが2年連続でチャンピオンの座に着いた。アーヴァインは敗れ、またもフェラーリは目的を達することができなかった。しかし雑音も祝福も、いろいろな論議も論争も、その後の冬の間次から次へとくり返されて止むことがなかった。そのようにしてショーは続き、スポーツは死んだ。

第9章　ピラニア・クラブの新入生

キース・ウィギンスはいい奴だ。一見のんびり屋に見えるけれど、その内側には強固な意志を秘めている。モータースポーツの世界に踏み込んだ彼はノーフォーク州のセットフォードを根拠地としてまずF3000で成功をおさめ、1990年代の半ばに、いよいよF1進出を決意してパシフィック・レーシングを旗揚げした。そのころあまり景気も良くなかったし、ほかに多くのチームが志ほど上手く行っていないことも、それほど気にならなかった。

「好況だろうと不況だろうと、もうやることに決めてたんだ。タイミングそのものはたいした問題じゃなかった。それまでいろんなフォーミュラで闘ってきて、どこでも勝ったんだからね。だったらF1以外に進むべき道もないじゃないか。今度はF1で勝とうってモチベーションでいっぱいだったんだ。でも、すぐやるとか時期を待つとか関係なしに、容易なもんじゃなかったね。F3000だって大変だったけど、その比じゃないよ。少なくとも世界の注目を浴びる舞台じゃないか。F1チームを作るのって、予想を超えた仕事だったね」

その結果、ウィギンスのチームは1994年に6レースを闘い、1995年には17戦に出たけれど、600万ポンドともいわれる負債を抱えて店じまいしなければならなかった。

かつてマックス・モズレイの舎弟だったこともあるニック・ワースが旗揚げしたシムテックも、同じころ現れて同じころ消えた。シムテックは1994年の16戦に参加はできたが、その途中イモラのサンマリノGPで予選中にロラント・ラッツェンバーガーを失い、1995年には5戦に顔を出すことができただけだった。そしてその後には600万ポンドの借金だけが残った。

その翌年には、レース界では広く名前も知られたローラが、しっかりマスターカードのスポンサーシップを受けた形でF1に参入して来た。しかし彼らは開幕のオーストラリアGPに間に合わないなど後手後手に回ったあげく、やはり600万ポンドの負債とともに退場してしまった。その結果、モータースポーツ界で最大級の規模を誇ったローラ本体の経営まで傾くことになった。この3チームも、準備体制がきっちりできていれば、生き残れたに違いない。それなりにキッチンの火は燃え盛っていたのだし、選りすぐりの人材に恵まれていることを、ちゃんとF1界に見せてもいたのだから。

「最初にシーズンの幕が開いた時から、どうも困ったことだらけで、結局そこから抜け出せなかったんだ」とウィギンスは言う。ローラなど、なおさらだった。

1991年、野心を抑えきれなかったエディ・ジョーダンが輝くグリーンのクルマをF1に乗り入れて以来というもの、13ものチームがF1に名乗りを挙げては消えて行った。そういった創始者や代表たちは情熱に燃えて乗り込んで来たまではいいが、まごまごしているうちに、トップレベルのモーターレーシングの、そのまた中枢に巣食う獰猛で情け容赦もない熊どもに、生きたまま食われてしまったのだ。そんなチームで懲り懲りした犠牲者たちは、あっという間にピラニア・クラブを駆け抜けてしまったとか、その中でパニックに陥って傷ついてしまったとかで、この世界ならではの値打ちを感じる余裕も、眺めを楽しむこともワインを味わうことも、そして内輪の冗談を理解できるようになる余裕も、ほとんどないままだった。結局はジャック・ドゥシュノーの『グランプリ・ガイド』の片隅に名前だけが掲載されることによって、その部分だけの記憶に留められるに終わってしまう。それは教会の中庭を歩きながら墓標の名前を読むのと同じぐらい陰気なことだ。ともあれ、そうやって消えて行ったF1チームの名前を列挙してみると、

AGS（1986〜1991年　48戦）
アルファ・ロメオ（1959〜1985年　112戦）
ATS（1977〜1984年　99戦）
ブラバム（1962〜1992年　394戦）
BRM（1951〜1977年　197戦）
クーパー（1950〜1969年　129戦）
ダラーラ（1988〜1992年　78戦）
イーグル（1966〜1969年　26戦）
エンサイン（1973〜1982年　99戦）
フィッティパルディ（1975〜1982年　104戦）
フォルティ（1995〜1996年　23戦）
ゴルディーニ（1950〜1956年　40戦）
ヘスケス（1974〜1978年　52戦）

ホンダ（１９６４〜１９６８年　35戦）
ランチア（１９５４〜１９５５年　４戦）
ラルース（１９９２〜１９９４年　48戦）
リジェ（１９７６〜１９９６年　３２６戦）
ローラ（１９６２〜１９９７年　１３９戦）
ロータス（１９５８〜１９９４年　４９１戦）
マーチ（１９７９〜１９９２年　２３０戦）
マセラティ（１９５０〜１９６０年　69戦）
マトラ（１９６７〜１９７２年　60戦）
メルセデス・ベンツ（１９５４〜１９５５年　12戦）
オニックス（１９８９〜１９９０年　17戦）
オゼラ（１９８０〜１９９０年　１３２戦）
パシフィック（１９９４〜１９９５年　22戦）
パーネリ（１９７４〜１９７６年　16戦）
ペンスキー（１９７４〜１９７６年　30戦）
ポルシェ（１９５８〜１９６４年　31戦）
ルノー（１９７７〜１９８５年　１２３戦）
リアル（１９８８〜１９８９年　20戦）
シャドウ（１９７３〜１９８０年　１０４戦）
シムテック（１９９４〜１９９５年　21戦）
スチュワート（１９９７〜１９９９年　49戦）
サーティース（１９７０〜１９７８年　１１８戦）
タルボ（１９５０〜１９５１年　13戦）
テクノ（１９７２〜１９７３年　11戦）
セオドア（１９７８〜１９８３年　34戦）
ティレル（１９６９〜１９９８年　４１８戦）
ヴァンウォール（１９５４〜１９６０年　28戦）
ウルフ（１９７７〜１９７９年　47戦）
ザックスピード（１９８５〜１９８９年　54戦）

となる。これらの中にはブラバム、クーパー、ＢＲＭ、リジェ、ロータス、マーチ、ティレルなどのように、最終的に企業売却したり名跡を譲ってしまったりはしたものの、Ｆ１の歴史にそれぞれ一章を割いて語れるほど広く名前を知られたチームもある。名跡といえば、リジェはプロストになり、ティレルはブリティッシュ・アメリカン・レーシングへと変わった。ほかにはチャンピオンドライバーによって興された、スチュワート、ブラバム、プロストのようなチームも見える。またローラのように、自らの名前以外で参加したことがあるコンストラクターもある。ルノーはいったん撤退してから復帰してきた。メルセデスやホンダは撤退した後、エンジン供給という立場で現場に返り咲いている。彼らの多くにとって、F1活動は難儀なもので、場合によっては屈辱的でもあり、確実に言えるのは、高くついたことだ。

1991年、エディ・ジョーダンが初めて生き生きとしたアイリッシュグリーンをパドックに持ち込んで来た時、その後ろ楯となるのは600万ポンドの資金と、ダブリン湾に注ぐリフィー川すら呑み込んでしまうほどの笑顔しかなかった。そして最初のシーズンを闘い終えた時、彼の手許には400万ポンドもの借金が残り、しかもさらに増え続けていた。1999年、F1界でも最も目立つカラーリングとともにBARが旗揚げしたシーズンを総括してみると、ティレルを買い取った資金も含め、クレイグ・ポロックは合計1億2000万ポンドも費やしていた。それでも彼らは1ポイントも獲れず、11チーム中の11位に終わっていた。しかしジョーダンと同じく、ポロックも闘い続ける道を選んだ。少なくとも苦難に耐える準備だけはできていたのだ。

フランスでは、この3年でアラン・プロストは10年ぶんも老けたと言われているが、それでもピラニア・クラブのメンバーとして踏みとどまっている。もっとも、とりあえず存在するだけがやっとという、F1界で最貧の状態ではあるが。2001年シーズンに向けて、プロストとミナルディはテレビによく映し出されるクルマたちのスリップストリームに食い込むのを狙って、それぞれ3000万ポンドの軍資金を調達した。しかしそれには膨大なリスクもあって出費も嵩んでしまった。やはりレースの現場には速い勢力とどうしようもない勢力があり、富める者とそれほどでもない者では居場所も違った。経済的に恵まれないチームが生き残るには、重い財布がないわけだから倹約を心がけ、些細なコストまでしっかり目を配り、けっしてその場の勢いに流されないようにしなければならない。しかし、言うは易しだ。

「こんなに難しいことはないんだよ、ずいぶんやってみたんだけどね」と語るのはジョン・ヤング・スチュワート、すなわち一般に知られている名前ではジャッキー・スチュワートだ。「こんなに複雑で、どうやってもわからないのが、実はチーム内の内規ってやつで、要するにとても難しいってこと。たとえばきちんと業務計画を立てたつもりでも、未知数の部分がすごく残っちゃうんだ。チーム活動のすべてを通じて、どこから金が入って来る可能性があるのかとか、よそはもっと儲けてるのかとか、どう考えても同じ土俵でやってるとは思えないんだ」

1939年6月11日、スコットランドのダンバートンシャー州ミルトンで生まれたジャッキー・スチュワートの半生は、一方ではおおいなる実績と名誉に彩られたお伽話であり、その一方では挑戦の連続と苦悩に満ち満ちていた。彼は使命感の塊のような性格の持ち主で、常に目的を達成しなければという意識に衝き動かされており、義務感に縛られ、しくじることに対しては用心深く、それでいながら一挙手一投足が人々の注目の的でもあり、それだけに所作も上品であり、そして射撃の名手であると同時にF1のドライバーズチャンピオンシップにも3回輝いている。子供時代には家の車庫当番としてガソリンを入れるのも上手かったし、庭掃除でも何でも厭な顔一つせずせっせとやってのけたという。つまり早い時期から周囲の印象を良くするコツを身に付けていたわけで、それをどこででも発揮できた。彼はまた、34歳で早くもレースを引退するとビジネス界に転じ、あれこれ努力する過程で上級のマナーも身に付けた。その結果、彼の周囲にはいい契約や質の高いクライアントが集まり、豊かな財産を築くこともでき、すべてが完備したまさに順風満帆の人生だった。

その彼が1997年、齢58歳にしてF1界への復帰を決意する。もちろん今度はドライバーではなくチームオーナーとしてだ。さらにこの計画は、息子でありレース狂でもあるポールを共同経営者に据えたことで盛り上がった。しかし同時に、父子ともどもF1界にとって絶好のカモにも見えた。また二人、大きな夢を追いながら、たいした経験もないのに追い越し車線に飛び込んで来たようなもので、統計的な見地からは、F1界の墓地に一歩を踏み入れたのも同然だった。しかし父の方のスチュワートは、ごく控えめに言っても、例外的な障害を別とすれば、何がどうなっているか的確に見抜いてはいた。

「ポールも私もフォーミュラ・フォードから始めてフォーミュラ・オペル、フォーミュラ・ヴォクスホール、F3、それにF3000までポール・スチュワート・レーシングとして駒を進めて来た経験があったし、その限りにおいては世界で最も成功したレーシングチームだったと思うんで、次の段階で何をめざすべきか、選択肢もたくさんあったんだよ。うちで走ってからトップクラスまで出世したドライバーもたくさんいて、たとえばデイヴィッド・クルサードやダリオ・フランキッティもそうだし、ほかにもジル・ド・フェラン、エリオ・カストロ・ネヴェス、アラン・マクニッシュ、ファン・パブロ・モントーヤだってそうだ。みんな成功してるじゃないか。そのうち二人が今年（2001年）のインディ500で1-2位になってるしね」

2001年の6月、カナダGPの舞台となったモントリオールでのこと、ジャガー・チームのモーターホームで語るスチュワートはすっかり寛いだ様子で、しかし熱をこめて、かつて献身的に取り組んで達成してきたことどもを振り返ってくれた。

「そこまでは、そんなに困難な道のりってわけでもなかった。F1の場合はまず何といっても、どのようにエンジンを手に入れるかが最大の問題だったね。新しいチーム、それもF1界の新入生チームとしちゃ、それが決定的な要素だった。F1で新チームを立ち上げた時、誰でも直面して来たのが経営面の安定性と収支のバランスだったじゃないか。だから何がなんでもファクトリー・エンジンの供給を受けることが欠かせなかった。今じゃ、まだ走ったこともないようなチームにとっちゃ、そんなの考えられもしないけどね。そんな大問題を解決するには、フォードの幹部と際限なく話し合わなきゃならなかったんだ。そこにあった一つの事実として、あのころフォードのファクトリー・エンジンはザウバーが使ってたんだけど結果が芳しくなかったんで、フォードとしても悩んでたんだ」

「そういうわけで、1996年のカナダGPもたいした成績じゃなく終わったんだが、たまたまデトロイトに帰るフォードの自家用ジェットに同乗させてもらったら、上級役員といっしょになっちゃったんだ。そのうち4人といっしょに座ってたら、私が何か役立つための案を持ってるんならとか、そういう話になったんだな。そこで、全開でF1をやるつもりじゃないんなら、むしろ撤退すべきだみたいなことを話したんだよ。『ちゃんとやるのか辞めるのか、はっきりしなくちゃ。今みたいなやり方で今みたいな相手と組んでるだけじゃ、いくら成功を期待しても欲しがっても、チャンスありませんよ』みたいにね。そしたら『いや、辞めるわけには行かないんだ。そんなことしたら世間の印象が悪くなるし、いろんな国からもやってくれって言われてるんだから』ってことだったから、『それなら、今とは違うやり方で行くしかないんじゃないですか』って言ったのさ」

「だからって、私がザウバーの邪魔をしたわけじゃない。主役はフォードだよ。とにかく彼らはザウバーの出来にがっかりしてたんだ。で、さっきの質問だけど、その流れに私が関係あったかっていえば、ないとは言えなかっただろうね。だって私には、フォードに対するコンサルタントとしての契約もあったんだから。で、彼らはこう聞いて来たんだ。『実際にあなた自身も関係するとして、うちが別の方法でやれるようなことって、考えられますか』って。だから『息子のポールと私と、それからポール・スチュワート・レーシングでビジネス面を受け持つ取締役のロブ・アームストロングで、うち独自の方針で計画を立ててるんです』って答えたんだ。それがきっかけでフォードからエンジンの無償供給のほかにまとまった資金援助も出て、チームの立ち上げが可能になったんだ。あれが1996年のことで、目標は1997年シーズンだった。これで計画は大きく前進したわけだけど、もっと基本の部分でちゃんとしなければならなかったのは確実な資金の確保で、ほかの新チームのほとんどが経済的に破綻したのを見てもわかる通り、すごく大変な仕事だったんだ」

「そこで言われたのは『6月過ぎになれば全額カバーしてあげられますが、それまでは予算がないんです』ってことだった。つまりシーズン前半はとりあえず参加できれば良し、後半から本腰を入れようって寸法さ。でも、私は最初から全開でやりたかったんで、ものすごく強力にスポンサー探しをやったんだ。その時の基本方針っていうのが、ちゃんと社会に認知されている企業だけを相手にして、しかも煙草資本には頼らないってこと。それ自体パドックの風潮に逆らってたし、特に生まれたてのチームにとっちゃ大胆すぎることだったけどね。なにしろ、チーム体制さえしっかりしてれば、やっぱり煙草のスポンサーが一番取りやすかったんだから」

「でも、ジャッキー・スチュワートの名前は、3回チャンピオンになったってことで知れ渡ってたし、私も接触相手の企業に対して、それを最大限に活用したね。かなり効いたよ。その結果、電話会社と通信企業と金融機関がスポンサーになってくれた。もちろん、燃料やオイル、それにタイヤのサポートも必要だった。その他のスポンサーも、一流の上場企業だけを対象として交渉した。ヒューレット・パッカードの場合も、当時会長だったラウ・プラットと親しくしてたんで、直接会って話したんだ。そんなわけでずっとスポンサーになってもらってるんだが、最初から担当してるのがアレックス・ソゾノフって男でね、出会ったのはジュネーヴからどこかに行く飛行機の中だったけど、それというのも、彼がヒューレット・パッカードのヨーロッパ地区責任者で、本拠がジュネーヴにあったから（スチュワート自身も現役ドライバー引退後は主としてジュネーヴに居住している）。彼らとの付き合いは、以前ポール・スチュワート・レーシングの発足と同時に山のようなコンピューター一式を採用して以来なんだよ」

「それから通信業界では、MCIワールドコムで会長やってるバート・ロバーツに頼むことにして、電話で話し合いを進めた。といっても、2回電話しただけで3年間の契約をもらえたよ」

と言うが、驚いたことに、それ以外にも実はスチュワートはローバーツ会長に直接会ったことがないそうだ。

「でも名前は知っててくれたんだし、スポンサーになることの見返りもわかってくれたわけさ。ここがジャッキー・スチュワートとかアラン・プロストとかニキ・ラウダであり、普通の人たちと違うってことの役得だろうね。とにかく電話には出てもらえるし、かなり上の方の重役でも、こっちが誰かわかってくれて、会って話は聞いてもらえるし。そこで筋道の立った詳しい説明をプロフェッショナルにやることができるって、それだけで凄いアドバンテージじゃないか。それも名前あってのことなんだよ。それで商談がまとまって、4つのルートで資金集めができたってわけさ」

「その一つとして、スコットランド銀行にも声はかけた。F3時代から付き合ってもらってたからね。でも今度は規模が大きすぎて判断つかないっていうんだ。こっちの提示額は500万ポンドだったんだけどね。そこで今度はロイヤルスコットランド銀行にもスタンダード・チャーターにも、それからHSBC（香港上海銀行）にも話を持ってってみた。でもスコットランドの銀行は、世界規模で仕事するつもりじゃないんで、結局成立しなかった。スタンダード・チャーターは、断って来るまでずいぶん時間をかけて考えてくれたみたいだよ。アジア・パシフィック方面の仕事もからんでるんで、そのぶん真剣だったんだね。逆にHSBCは、最初はあまり乗り気じゃなかったらしいんだが、詳しい話が見えだすにつれて考えも変わったんだろうね。ちょうど銀行名も新しくなったところで、まだ認知度も低かったし。それまでイギリスじゃミッドランド銀行っていってたんで、誰もHSBCなんて何だかわからないわけだよ。香港返還で、そこの業務を本国に持って帰ったイギリスの銀行だなんて、誰も知らないし。それでいて活動範囲は世界中なんだから」

「そんなこんなで話がまとまって発表に漕ぎ着けたんだけど、チームとしては若くてダイナミックで、それにちゃんと予算が付いてるんだから。もちろんフォード・モーター・カンパニーが最大の出資者だよ。その仕上げに、私は先方の22人から成るHSBCの経営陣に一席ぶったんだ。この私自身には事業経営の経験はないんだってことをさ。当時の取締役会長はサー・ウィリアム・パーヴスで、CEO（最高経営責任者）は今会長になってナイトの称号も受けてるジョン・ボンドだった。その席に招じ入れられたのは午前10時で、それからきっかり14分と30秒の間、こちらの言うべきことを言って、それから向こうが、そのプレゼンの内容も含んで質問して、はい結構ですと言われて退席しようとしたら、会長が『午後3時に電話するから』って言ったのさ。そうさ、その日のうちにだよ！　本当に3時きっかりに、経営会議が計画を承認してゴーサインを出したって連絡が飛び込んで来たんだ。もう万々歳さ」

「やっぱり本当のトップクラスは、決定も的確だよね。そうじゃない連中はああだこうだ時間をかけるばかりで、いざ決める段階になったら、もう火の手は上がってるし、やる気もなくなってるし、手遅れなんだ。ま、とにかくそういう次第で資金は手に入ったと。オイル関係ではテキサコとも交渉してとりあえず話は決まったようだったんだが、いざ発表の3日前になって、何にでも口を出したがる重役の一人が障害になって、できなくなったなんていう目茶苦茶な電話が来たんだ。やらないならやらないでいいけど、そんな間際になって態度を変えられちゃったんだ。でも、もう予算には余裕があったんで、そんなに深刻な問題にはならなかった。一年こっきりの契約もなかったしね。差し当たって金の心配せずに発車できるのは間違いなかった。そうじゃなきゃ、できるもんじゃないよ」

このほかスチュワートは、例の不正取り引き事件でひどく揺れたオランダの銀行ＩＮＧバリングスにも接触していたし、個人的にマレーシアの首相に面会を申し込むという意表を突いた行動にも出て、20分の約束を1時間半にまで延ばしてスポンサー交渉を聞いてもらったこともある。そして、これら資金調達の目処がついたところで、それを社内的にどう配分するかが、スチュワートの本当の仕事始めになった。もちろん新会社を立ち上げるにはそれなりの出費が必要なのはわかっていたが、中でも設計開発部門が、レースを闘って改善作業を重ねて結果を獲得するために求めてくる予算ときたら、まさに悪夢のようだったことは認めている。

「うちには飛びきりの経理マンがいてね、今でもジャガー・レーシングでいっしょに仕事してるナイジェル・ニュートンさ。もちろん経営は私とポールとロブ・アームストロングでやるんだが、この三人は締まり屋でね。暮らしぶりも質素なもんだよ。チームとしての支払いも、毎月末までにきちんと滞りなくやってた。未払いや遅配なしにね。だから納品とかもスムーズだったんだけど、トップチームでも、そこんとこ完全ってのはないんだ。ずいぶん善意で助けてもらえたものもあるけど、それも要するに『ジャッキー&ポール・ショー』っていうかファミリー・ビジネス的だったせいでもあるね。私たちもそんな善意の環が行く手に延びているのに甘えさせてもらってたんだが、ある意味じゃ、それが最大の資金だったとも言えるね」

「そんなわけで、どうやって経営してたかはわかってもらえるだろうし、金のトラブルがなかったのはみんな知ってたんで、仕事はやりやすかったよ。集まってくれたスタッフも申し分なかったしね。そういう求人は全部ポールが受け持ったんだ。ポールなしではできなかった。そもそも彼なしでは、こんなことやろうって気にもならなかったよね。私だけなら、なにもモータースポーツの現場に戻らなくちゃならないわけじゃなかったんだから。もう一つ付け加えておかなきゃならない大切なことは、以前ドライバーを引退してすぐだったら、こんなこと、できたかどうか。私自身まだそんな水準じゃなかったよ。この世界の仕事もちゃんと呑み込んでなかったし。あのころは企業社会の仕組みとか、その中での身の置き方とか、政治的なことも戦略も、ものの言い方も弁えてなかったから。まず私は信用を付けて、ジャッキー・スチュワートが何かやろうとしたら、それは上手く行くんだという空気を作ることに努力しなけりゃならなかったんだ。その結果が、こんな多国籍集団って形になって実を結んでるんだよ」

　そしてそのチームを売却することになろうなどとは、スチュワート自身も息子のポールも、当初は予想もしていなかったという。

「私たちなりに、長期計画はあったんだ。経営陣の交代とか、誰かにチームを売るなんて考えたこともなかった。資金面の基盤もしっかりしていて、外から付け込まれるところもなかったよ。そういう状態をめざしてやってたんだから。それができて初めて、設計者とか板金工とか、エンジニアもメカニックも広報担当も営業スタッフも雇えるんだし。そんなの当たり前なんだけど、中には期待が大きすぎたり、思ってたような仕事じゃなかったとかって連中もいたんだね、そのへんから亀裂が入っちゃったんだ」

「そういう次第で、仕事はフォードがやることになったけど、今でも経済的な問題でチームを手放したんじゃないって言えるよ。口座が借り越しになったことなんか、これまで一度もなかったんだから。だからフォードも、非常にいい値段でチームを買い取ってくれた。くり返すけど、それもチームの経営状態が良かったおかげなんだよ。こんなことは、フォードにとっちゃ面倒くさすぎるはずなんだけどね。だって彼らの規模からすれば小さすぎる事業だろ、『まあ、無駄ではないと思いますが』なんて言ってたぐらいだから。とにかく内容的にはまったく問題ない。ほかのチームがマズっちゃったみたいにはならないように、私たちとしては必死に頑張ってたんだから」

「そんな時バーニーだったら、チームじゃなくて個人まで支配するほど力があるんだから、苦境に陥った誰彼に援助の手を差し伸べるべきだって考え方もあるよね。でも、そうやって猶予を与えられても、いつ引き揚げられちゃうか、わかったもんじゃないし。私の方はそういうこととは関係なかった。むしろ私が気にしてたのは、個人的な資産にまで影響したら困るってことだった。ドライバーとして稼いだほかにもこつこつやって来て、なんとか残りの生涯を不安なく過ごせるようにしたところだったしね。この仕事のせいで、そこに食い込んでまで責任を取れって言われやしないかが心配だったのさ」

おそらく彼は、何かに取り憑かれたように、気難しく、仕事以外は目にも入らなかったのだろう。だからといって、狂っていたのとは違う。スチュワートはピラニア・クラブの一員たるべく計画を立て、リスクを計算し、可能性を考えたうえで、できるだけ働きまくっただけだ。それこそ24時間余すところなく没頭していた。何をめざしているのかは、自分でよくわかっていた。

「できることとできないこと、それに付き物のリスクも、ちゃんとわかってたよ。いわばリスクマネジメントってやつだね。モーターレーシングは本当に危険な仕事なんで、前にリスクマネジメントのことを勉強したこともあるんだ。だから仕事にも安全弁は設けていたし、ドライバーをやってた当時は（後でポールが乗ってた時もそうだけど）、いつも自家用機で医者を連れてサーキットに行ったし、外国でも行く先々のコースに私専用の医者を手配してもらって、すぐ診てもらえるようにしてたぐらいさ。とにかく、そういったことがとても重要なんだよ、私にとっては。だからビジネスについても、ちゃんと安全策は欠かしてなかったんだ。毎日の締めくくりに、そっち方面にもかなり手間かけて気配りしてたんだよ」

興味深いことに、1996年から1997年にかけての冬、リジェ・チームを買い取って新たにチームオーナーになろうとしたアラン・プロストも、いろいろ難関に直面せざるを得なかった。スチュワートもその苦境を察して、ドライバーとして活躍してから自分のチームを旗揚げする前に、もっと多く本当の国際的なビジネスの経験を積むべきだったと言っている。そして自分には、さらにアドバンテージが二点あったともいう。一つはこの世界をよく知っている息子がいっしょに働いてくれたこと。そしてもう一つは、まったく新しいチームを作ったため、どこかを買い取って引き継いだのとは違い、それまでの名前や評判を背負い込まずにすんだことだ。それでもなお、それなりの年輪と経験、それに世渡りの知恵が物を言った。

「34歳とか36歳、あるいは引退から4年にしかならない38歳のころだったら、まだビジネス界で私という存在を確立してなかったから、こんな方面に手を出すなんて考えられなかった。これは重要なポイントだよ。今の私が仕事の面で評価されているとすれば、汚いことはせず約束を守るし、できもしないことは言わないし、従業員を正当に扱っているからだと思う。こんなことを言うと、『そんなきれいごとを並べる奴に限って、何か隠してるんだぜ』なんて横槍を入れられる危険はあるけどね。でもうちの場合、そんなものあるわけがない」

さて、話は戻って、メインスポンサーとしてHSBCを獲得したわけだが、スチュワートが最も冷や汗ものの緊張で過ごした時というのは、チーム発足の発表の直前、あのプレゼンテーションをすませて役員会議室を辞し、チズウィックにあるIMGのオフィスに戻って待つ時間だった。サー・ウィリアム・パーヴスは午後3時と言っていた。そこが運命の分岐点だった。

「もうオフィスの電話の前で金縛りさ。そこが勝負どころだったからね。正直なところ、その時点じゃ、あちらがゴーサインをくれるって確信なんかなかったんだ。でも心配だったのは、イエスかノーかってことじゃなくて、『大事な電話なんだけど、もう一度来てもらって、最初からきっちり調べ直そうじゃないか』って言われやしないかってさ」

ともかくそれ以来、HSBCは一貫してスチュワートとフォードとジャガー・レーシングのスポンサーをつとめてくれている。「ただスポンサーになってくれただけじゃないんだ。すぐ2倍に増額してくれて、さらにいくらか足してくれたのが5年前。それほど深く関与してくれてるんだ」

もちろんスチュワートはドライバーとしての実績に誇りを抱いているが、それ以上にスチュワート・グランプリを立ち上げて健全に経営し、継続的な力を得た段階で1999年の7月、フォードに推定1億ポンドで譲渡するに至った成果も、今となっては誇りにしている。フォードのお偉方と自家用機に乗り合わせ、初めて計画を開陳してから、まだわずか3年でここまで成長させたのだ。当初フォード側としてはスチュワートに対し、エンジンの無償供給などの技術協力を含み、5年間で1億ポンドを出資する計画だった。しかし、そのうち大きな目標に向けての進歩の度合いが物足りなくなってしまい、おまけに自らの出資金とチームの経営の安定性も、自力でコントロールしたくなって来たのだった。

そういえば1988年のハンガリーGPでのことだが、当時フォードの会長だったジャック・ナッサーは、グランドスタンドを埋め尽くしたフェラーリ・ファンの真紅の旗の波と歓声にすっかりうろたえてしまい、スチュワートをつかまえて「なんで白い旗が、白地にブルーオーバル（フォードのマーク）の旗がないんだ?」と言ったそうだ。だが「見ろ、あの熱気を。どうして、うちのはそうじゃないんだ」と言ってしまってから、二人ともあることに気付かざるを得なかった。彼らは熱狂的に応援したくなる対象ではなかったのだ。そこには確たるイメージも、伝統と呼ぶに足る歴史もなかった。つまりフェラーリではなかった。しかしフォードのグループ企業を見渡すと、ジャガーにはそんな要素がありそうだった。イメージも輝かしければ、モータースポーツ界における血統もある。それがチーム買収の第一歩だった。

その前後の事情を、スチュワートはこう説明している。

「私ももう60歳になってて、何をどうすべきか、迷ってる面もなくはなかったんだ。それまでの人生ではそこそこ勝ち組だったし、そこそこ成功者でもあった。F1ドライバーとして闘うために乗ってたんじゃなく、優勝してチャンピオンになるために乗ってたんだ。チームとしてもそういうふうにやらなきゃ、ただのその他大勢になるだけじゃないか。そんなの、私は御免だ。でも本当にそうするには、資金だってまだ足りない。風洞も建設しなきゃならないけど、それには5000万ポンドかかる。ほかにもあらゆる設備と機械と人員が欲しい。だったら、それができる者に譲るしかなかったんだ」

この決断によってスチュワートは資産を守ることができたうえに、何よりも必要としていた家族と共に過ごすための時間も手に入れることができた。癌と診断された2000年からメイヨー・クリニックで闘病生活に入ったポールを支えるためにも時間と金が必要だった。その甲斐あってか、2001年のバルセロナで、ポールはパドックにふたたび姿を現すことができた。

さりとて、これでジャッキー・スチュワートのF1人生に終止符が打たれたわけではない。契約上の務めでジャガー・チームの一員として残り、この世界での外交的な役割を受け持つと同時に、それまでやって来たような観点から、チームのあちこちに目配りすることになっていた。自分でも認めている通り、細部へのこだわりや高水準の目標設定といった点では、まだ彼が敷いた路線は健在なのだ。

「そう、その通りなんだ。私に言わせれば、たとえスピーチ一つにしても、パドック・クラブのお客の前に現れるだけでも、あるいはサインの要求に応えるとか会議に出ることでもきちんとやり通すのが、成功への道には欠かせないことなんだ。今週も重要な会議が四つか五つ入ってるんだよ。どの会議も軽く見ないで、ちゃんと同じ立場を守ったまま出るつもりさ。私自身は雑用係の責任者って言ってるんだ。学術的なこととか技術の専門知識に関しちゃ、ほかのみんなよりずっとお利口さんってわけじゃないけどね。でも、みんながやらないことで、私にできるものもあるから。たとえば開けっ放しになってるドアを閉めるとか、床に落ちてる紙屑を拾うとか、射撃場の雑草取りとか、もし私がやったら、みんなもやらないわけに行かんだろ」

「でも、ほかの何にもまして、やらずにいられないことがあるんだ。っていうのはだね、何かを行わなかったために不本意な結果になったりしたら、なぜやらなかったのか、きっと自分を責めるに違いないからさ。これまで生きて来た中でも、私は細かいことがとても見逃せなくて、ちゃんとやらないと気がすまないんだよ。塵も積もれば山って言うけど、何百万ポンドも1ポンドの集まりで、1ポンドは1ペニーの積み重ねなんだから」

「それっていうのも私が失読症っていうか、読んだり書いたりが苦手なうえに、ついつい他人もそうなんだと思い込んじゃうせいかもしれないね。だから完全に同じように感じて欲しいわけ。誰かが誰かのことを『へっ、なーにを学者ぶったこと言ってるんだ』なんて言ってたりするとすごく嬉しくて、そういう奴とならいっしょにやって行きたいよね」

一方、パドックやその周辺では、チームオーナーとしてのスチュワートに関して、彼自身とは異なる見方もある。少なくともピラニア・クラブでは、彼も単なる新米の一人としてしか見られていなかった。特別な好意などなく、先輩チームよりは格下の扱いだった。それは難儀な立場だった。たとえば1997年のモナコGPでは、スチュワート・チームはモーターホームをパドックに停めさせてもらえず、ヨットクラブ近くの崖に面したコース沿いの場所を割り当てられていた。それについて尋ねられても、エクレストンは「もうちょっと王宮に近けりゃ良かったのかい」ぐらいに軽く切って捨てている。しかしレースではルーベンス・バリケロが、まるで冒険物語の主人公のように果敢に走りまくり、チームオーナーをおおいに喜ばせてくれた。

そんな初年度を終えてみると、さっそくスチュワート・チームが1998年に向けて財政難に喘いでいるという噂が流れはじめた。スチュワートとピラニア・クラブとの関係はぎくしゃくしていて、FIAにも、チームが年間を闘い通すために充分な資金を持っているということを認めてもらいたかったのに、なかなか思うような反応が得られなかった。

「まったくのらりくらりしててねえ、ＦＩＡは。うちの翌年度のエントリーも、資金の保証がなきゃ受け付けられないとか言うんだよ。もう馬鹿馬鹿しい駆け引きみたいになっちゃってね。本当に馬鹿らしいったらありゃしない。彼らの仕事ぶりにゃ、ほとほといらいらさせられたよ。まったく、いらんことでケチつけられてばかりで、誰かに威嚇射撃されてるみたいな気分だったね。ま、Ｆ１界の中の小さなパワーゲームだったのかな」

そのほかにも、新入生に対してはまだまだ上級生のしごきが待ち構えているのを覚悟しておかなければならなかった。

「たしかに、ひどいもんだったよ。『新入生です、よろしくお願いします』って儀式ぐらいは知ってたけどね。チーム代表者の会議に出ても冷たいもんで、そういう雰囲気は、特にバーニーとその尻馬に乗ったマックスが作ってた。とても閉鎖的なクラブなんだけど、あんな少人数だけでビジネスを動かしてるなんて、世界中のどこにもないよ。それだけでも新参者にはショックだったけど、いきなりモナコでよく走っちゃったのがいけなかったんだな、『それで何かもらえるなんて思うなよ』だもん。あの時は2位だったんだけど、トップのシューマッハーがストレートからぶっ飛んでって、第1コーナーを真っ直ぐ行っちゃったんだよ。あれがシューマッハーじゃなきゃエンジンをストールさせたかもしれないんで、そしたらうちが優勝だよね。そしたらパドックじゃ、みんな『そんなことが起きてはならない』って反応だったんだ。それからさ、移動の経費をもらうにはどうするんだとか、テレビ関係とかほかの収入はどうやって受け取るんだとか、いろんなことの情報を集めなきゃならなかったのは。あの当時はヨーロッパ委員会がＦ１ビジネスの内情ってやつをすごく神経を尖らせて見てたから、誰かが秘密を暴露しやしないかって心配だったんだね。こっちには漏らすべき秘密なんかなかったんだけどね。そもそも何も知らないんだから。でも、そんなことのために、ほかの業界なら信じられないぐらい、内輪の話から締め出されて、本来もらえるものも受け取れなかったんだよ。とにかく何が何だかわからなかったけど、そういう事情だったのは間違いないよ」

もちろん、それでもスチュワートは生き延びた。いつも死と隣り合わせだった時代にも、ちゃんとドライバーとして生き延びてきた。そして、正式に高等教育を受けたわけでもないのにビジネス界を生き延び、さらにピラニア・クラブでも生存権を確保した。

「私の意見では、F1界のあれこれを安定させるには、大企業が参入する必要があるんじゃないかな。今の仕組みはあまりにも不透明だし、私の目からすれば驚くほど脆いもんだからね」

彼自身、幸運だったことはわかっている。たとえばブリティッシュ・アメリカン・タバコの大資本とレイナードを連れてティレルを買収し、1999年に参入したクレイグ・ポロックや、ジャガー・レーシングのCOO（最高執行責任者）に就任したボビー・レイホールなどは、まだあくせく梯子を登っている途中だ。彼等は若くて新鮮な異世代だ。しかし彼らは、伝統的なピラニア・クラブの手法によってではなく、何かほかのものによってこそF1にも新しい時代が開けると考えている点ではスチュワートと共通している。ポロックはスコットランドで仕事を始めたが、その経歴のほとんどをスイスで過ごしてきた。彼もF1界のすべてと同様に、立志伝中の人物ではある。アメリカ人のレイホールはこれまでの人生のほとんどをモーターレーシング界で過ごし、その過程で身につけた伝統的な価値観を新しい仕事の形と融合させようとしている。2001年の開幕前にジャガー立て直しを実行に移し、エイドリアン・ニューウェイをマクラーレンから引き抜いて契約した一件でピラニア・クラブと衝突する事態になったが、ごちゃごちゃ揉める代わりにさっさと裁判所に駆け込んでしまった。どちらもこの世界ではルーキーで、スチュワートなどのお歴々よりは20歳以上も若い。

クレイグ・ポロックは1956年2月20日、スコットランド中部のフォールカークで生まれている。父は食料品店を営んでいたが、クレイグの幼少時代はけっして恵まれたものではなかった。しかしそのことによって早くから自立心を養い、鉄の意志を具えたのは、青い目の鋭さにも現れており、成功への志を忘れたことはなかった。スポーツも大好きで、学生時代はラグビーで鳴らしたし、地元のイングリストン・サーキットでコースマーシャルをやったこともあれば、ノックヒル・サーキットまで足を延ばしたこともある。そして猛勉強の末にグラスゴーのジョーダンヒル大学でスポーツ学と生物学を修めると教職に就いた。

まず赴任したのはスコットランド（エイヴィモアでスキーができるからだった）のキース中学校で、ここではスキーを指導するなど体育教師として働き、その後スイス出身のバーバラと結婚してスイスに移った。今度の職場は私立のボー・ソレイユというアルプス国際大学の一部門で担当はやはり体育。それはスイスのフランス語圏アルプ・ヴォドワに属し、レマン湖畔のヴィラール・スア・オロンという美しい村にあった。やがてそこで体育科の主任になった1983年、父ジルの死の後で寄宿生として入ってきたジャック・ヴィルヌーヴと出会う。雪の斜面で勇猛果敢ぶりを遺憾なく発揮した彼とはウマが合うことがすぐわかり、そこで始まった友情が、その後も長く保たれることになる。ヴィルヌーヴはカナダのスキー選手スティーヴ・ポドボースキーのコーチを受けたことがあり、その突撃スタイルを受け継いでいた。そのヴィルヌーヴが長じてモータースポーツ界に踏み込むと同時に、ポロックは実業界に転進することにした。まず手がけたのはスイスやドイツにスポーツ用品を輸入する仕事で、続いてホンダに近い立場の人物がやっている日本企業インターホーバ・グループと提携し、やがてアジアにおけるモータースポーツのテレビ放映権を扱う子会社の経営を任されるようになった。

そんな彼がヴィルヌーヴと再会したのは1992年、日本でのことだった。その時ヴィルヌーヴはプレイヤーズ煙草をスポンサーとして北米フォーミュラ・アトランティックに撃って出るためのパーソナル面とビジネス面のマネジャーを探していたところで、それを引き受けることにしたのが新しいキャリアへの第一歩となった。そこから彼等はインディカーに進出し、シリーズタイトルを獲得し、次いでインディ500にも優勝し、そして1996年、F1界に足を踏み入れた。ヴィルヌーヴはデイモン・ヒルのチームメイトとしてウィリアムズと契約し、1997年のチャンピオンになった直後、ポロックの引きでブリティッシュ・アメリカン・レーシングに移籍した。このチームはポロックがブリティッシュ・アメリカン・タバコやレイナードの支援を受け、落日を迎えたティレルを約2500万ポンドで買い取ったもので、それによって1999年のデビューシーズンを迎える前から、とりあえずピラニア・クラブの会員という立場は手に入れていた。しかし落胆すべきことに初シーズンが無得点に終わっただけでなく、ホンダと組んだ2000年もろくな結果を残すことができなかった。その間、チーム首脳陣でもその周辺でも、落ち着くまでにはずいぶんと波瀾があった。スチュワートと同様、これもまた生き残りに向けての試練だった。

伝えられるところによると、ブリティッシュ・アメリカン・タバコは5年間に2億5000万ポンドの契約でBAR計画に参加したという。実際に仕事を担当するのはポロックで、これは総責任者としてチームをまとめて結果を出すための、彼自身にとってのチャレンジでもあった。ヴィルヌーヴを獲得したのはその手始めだったが、いったん資金潤沢なチームだという噂が広まると、次々と激しい売り込み攻勢にさらされることになった。

「有名ドライバーも含めてわんさと押しかけて来たんで、どうにかなっちゃいそうだったほどだよ」と、後に彼は語っている。「少なくとも10人は下らないね。誰が会いに来たかなんてばらしたら、チームオーナー連中もたまげるだろうよ」

実際ポロックはフェラーリからシューマッハーの引き抜きも画策したが、それを察知したイタリア側が、年俸を2000万ポンドまで引き上げて防いだともいう。ともあれポロックもスチュワートのように、野望の実現めざして際限なく働き、自分の流儀と価値観に忠実に、正攻法で攻め続けた。インディカー時代の彼も膨大な情熱を注いで成功をおさめたが、最後まで実際の労働の対価として以外の報酬は受けようとしなかった。

「1994年に自前のF1チームを持つことを考え始めた時、インディカーでやって来たのと同じやり方を通すことに決めてたんだ。ただし今度はあくまでボスとしてだがね。その点は変えたかったんだ」

そして彼は、これもスチュワートと同じく、かねて築いてきた人脈を、チーム作りにも活用した。

「こんなに大きな投資を呼びかけるのに、ただ事務的な電話だけってことはないよね。その裏では、長年培った信用とか人間関係が物を言うんだよ。その点私はついてて、1985年以来販売とかプロモーションとかテレビ放映権の仕事をしてたのが無駄じゃなかった。そういう関係で実力も影響力もある友人のネットワークが、世界中の主な業界にできてたから。私ならオーケーだけど、ほかの誰かが同じ用件で訪ねても駄目っていう相手もいたしね。大切なのは、いつも自信を持ってること。おどおどしてたりしたら問題外だよ。2000万ポンド出してくださいって言う時には、しっかり相手の目を見て堂々としてなくちゃ。幸いなことに、そういう点では私にはビジネスマンとしての手腕もあったし、説明も論理的だったと思うよ。誰と交渉するにも、しっかり論点を決めてたから、ぐらつくことなんかなかったんだ。もし自分の言ってることに確証を持ててなかったら、ブリティッシュ・アメリカン・タバコみたいな大会社に乗り込んだりする気にもならなかっただろうよ」

そしてベネトン、マクラーレン、ウィリアムズといったチームからの反撃にも、ポロックはちゃんと備えを怠らなかった。彼らは美味しいスポンサーの匂いには敏感で、うかうかしていると寄ってたかって食い殺されてしまうのがピラニア・クラブの常識だった。そこでポロックは、スポンサーのプロモーションにも従来と違う方法を取る必要があった。

「どんなチームのどんなやり方とも違うようにやろうと思ってね、開けっ広げに、直接ファンに訴える方法を取ることにしたんだ。ただの金持ちオーナーの玩具としてのプライベートチームじゃないってことを見てもらいたかったんだ。だから、もちろんファンの声も大事にしてね」

簡単に言えば、彼はBARによってF1チームの未来像を描きたかったわけだ。しかし、それは通り一遍の仕事ではなかった。そのためにプライベートな時間などなくなってしまったし、家庭生活もレクリエーションも、すべてBARを軌道に乗せるために犠牲にしなければならなかった。ブリティッシュ・アメリカン・タバコで海外向けスポンサー事業を担当している友人のトム・モーザーとの打ち合わせに、数限りなく大西洋を横断する旅行もこなさなければならなかった。チームを立ち上げるための仕事の本拠も、スイスの家から遠いイギリスに置かなければならなかった。

「何週間も、時には2カ月も、女房のバーバラや息子のスコットと会えないことがあったのが、何より辛かったね。でもありがたいことに、家族は私の抱えていた事情をわかってくれてたんだ」

そんなふうにして商談をまとめ、会議を開き、面会を申し入れ、チームを構築するために、ヴィラール郊外の自宅と、ロンドンのウェストエンドの貸家とモナコのアパートの間を通勤していたのだった。

「朝5時半にオフィスの机に向かったら、たいてい夜中までそのままだった。毎晩ね。電話なんか鳴りっぱなしだし。へとへとだったたし時間ばかりかかってたけど、なんとかやってのけたよ。なにしろ10人ぶん求人広告を出したら1300人も応募して来たりだったんだから」

そんなふうに開業前の仕事も過酷きわまったが、それにしてもピラニア・クラブに入会するのがいかに気骨の折れることか、その時になって初めてわかったという。

「まあ、我が人生で最も貴重な経験の一つではあるな。特にチーム内部のことで、私も失敗したり見通しを誤ったりはした。でもそれはどれも、コースを覚えるための練習みたいなもんだった」と彼は言う。

その過程で起きたのが、チームの支配権をめぐる内紛だった。創業者の一員でありテクニカルディレクターでもあったエイドリアン・レイナードが、勝手に新設の株式会社を対象とする投下資本会社ケンブリッジ・キャピタル・パートナーズから資金を引き出して増資し、単独経営権を主張したのだ。しかし、それまでのビジネス界での経験を活かして、今度も危機は乗り切った。そこから彼は、ピラニア・クラブでの生き抜き方も読み取ることができた。それは、チームの資本力が大きいからといって万能ではないということだ。人的にも経済的にもバランスが取れていなければならない。それでこそチームとして生き残ることが可能になる。BARが雇った中には未経験なスタッフが多すぎたが、その問題も克服されつつあった。

「集める気になりゃ、2億ドルでも3億ドルでも集められるけど、それだけで勝てるチームになれるわけじゃない。どう有効に使うか、そのために役立つ人材がいるかどうかがカギなんだ」

そして彼は、生き残りのための最も困難な時期は過ぎたと感じている。

「洗礼がすんで、これから仕事を身に付けるために加速するところだよ。あの時期を耐えきれなかったら、今ここに私はいないし、チームも生き残ってないだろうね」と、ポロックは『フォーミュラワン・マガジン』の2001年の6月号で語っている。

「最低限、私のすぐ後ろから来るスタッフたちが導火線になって、残りのスタッフをやる気にさせてくれたところなんだ」

先輩格に当たるチームオーナーたちが、新生チームの1年目に辛く当たったことについても、ポロックは冷静に受け止めている。

「一つ一つ深刻に対処してたら身がもたないよ。それなりに見てもらおうったって、何もなきゃ無理さ。何をなし遂げたかで注目してもらえるんだからね。そういうことも、トップチームのオーナー連中と人間関係を築いて行く中で変わるもんさ。もしフラヴィオ・ブリアトーレやエディ・ジョーダンと飯を食いに行きたきゃ、そうするまでさ。ロン・デニスはどうかって？ まあ、建設的な会話はできるよ。今じゃ、1年目とは違ってちゃんと会話も成立するしね。だってあのころは、こっちはパドックの内輪のことなんか、何も知らなかったんだから」

そういうわけで、最もハンサムなチームオーナーとして、ポロックは生き残った。その前にそんな関門をかい潜ることができたのは、当初「Tシャツのセールスマン」と嘲られ歓迎されていなかったブリアトーレだった。彼もまた校庭のいじめっ子たちによる儀式を通過して来ていた。互いに時期は少しずれていたけれど、どちらも鉄の意志で運命を切り拓いて来た。スチュワートもそうだったが、ちゃんと目の付けどころを心得ていたのだ。

「私はついてた。とても幸運だったと思うよ」とスチュワートは言う。

「1969年に初めてチャンピオンになって以来、実にたくさん実力者との人脈ができてきたんだから。そもそもF1界にいたことが幸運なんじゃないかな。だってF1って、非常に高いレベルでみんなを酔わせる世界なんだからね。なにも私は自分を取り繕ってまで人脈を作ったわけじゃなくて、ありのままに付き合ってた結果なんだ。ただ礼儀正しく振る舞って、ちゃんとF1の世界を教えてあげただけさ。すごく成功した人物に出会った時には、そりゃ感じ入ったもんだよ。だって私よりずっと何かをなし遂げたから、そんな地位にいるわけだろ。そもそも私の友人連中のほとんどは、私より成功した人たちばかりだから、かならず何か学ぶべきものがあるんだ。先週は、ヘンリー・キッシンジャーやミック・ジャガーと昼飯がいっしょだったんだけど、いろんな意味ですごく心に響くもんがあったよ。何がって、そういうレベルに達した人たちにだけある、何かがあるんだ。そういう人の言葉って、やっぱり違うよね。だから、何でも聞きたくなっちゃうんだけど」

第10章　政治学の叙事詩

――カネ・カネ・カネ　パート2

ポール・ストッダートは１９５５年５月26日、オーストラリア、メルボルンのコーバーグで生を享けた。生まれも育ちも生粋のヴィクトリア州人の彼は２００１年の１月、それまで成功裏に展開して来たのと同じビジネススタイルで、そのころ苦境に喘いでいたミナルディ・チームを買収してＦ１界に乗り込んだ。それからというもの、彼はまったく平然として困ったことなどなく、自分の方針を変える理由などないといった風情を通し、ビジネスにもみんなに対しても開けっ広げに、あるがままに接して来ている。不精髭を生やしたままのことも珍しくなければ、あまり服装に気をつかっているようにも見えない。どちらかというと弁舌を弄するのではなく、行動で示すタイプだ。とにかくチャレンジ好きで、持ち前の事業手腕を活用し、これまで陸海空の別なく好き放題に成功をおさめてきた。モータースポーツも大好きで、もう何年もＦ１界に参入するチャンスを窺っていた。

そういえばピラニア・クラブの面々の多くと同様、ストッダートもまずクルマの売買からこの世界に足を踏み込んだ。そして時には自らステアリングを握るレーシングドライバーであったところも似ている。たとえばフランク・ウィリアムズ、エディ・ジョーダン、バーニー・エクレストンなどもそうだったし、エンゾ・フェラーリも似たような範疇に入る。好きなことが仕事になるように頑張ったあげくモータースポーツ界に入ってきたという点では、みんな道のりは共通だ。そのうち両方の願望がいっしょになって、Ｆ１チャンピオンシップのためのチームを持ちたくなる。もっともストッダートの場合は、そちら方面での方が頂点を極めやすいと見たため、まず航空業界に寄り道しているが。そのきっかけは、オーストラリア空軍が放出するＢＡ１－11機を買い取らないかと持ちかけられたことだった。それを転売すれば商売にはなるので、いろいろ調べた結果、ストッダートはリスクを冒す値打ちもあると判断した。

しかし案ずるより産むが易しとは言うものの、実際にはその飛行機を売るというのは、不可能ではないが非常に困難なことだった。そこで彼は、どうせリスクは同じことだとばかり、自分自身の航空会社を設立してしまった。なんとその時、ストッダートはまだ20歳代を迎えたばかりだった。その飛行機で彼が運んだのは、当時まだオーストラリアのどこでもご法度だった中で、ここだけは賭博が許されていたタスマニア諸島に遊びに行く裕福なギャンブラーたちだった。そのころから少し人間が変わってしまったという声もあるが、ずいぶんいろいろなことに手を染めてきたのは事実だ。

とにかく、それを手始めとして世界を相手に航空機や補修用の部品を売ることで、ストッダートは急速に財を成した。それを助けたのが素早い判断力と燃えたぎる野望だった。そしてイギリスに進出するや、ボーイング747や737をはじめ50機にものぼる機体を駆使して、瞬く間に航空業界の大物の座にまで登り詰めてしまう。機体のほとんどをほかの航空会社にリースする一方、自らはヨーロッパのビジネス界を対象としたチャーター機の運用を手がけ、社名もユーロピアン・エイヴィエイションと付けた。24時間いつでも顧客の要望に応じられる態勢だったのが人気を博し、それが彼をさらに富ませる結果にもなっている。そして1996年、大好きなモータースポーツ界に復帰し、ヴィンテージ・レーシングカーのコレクションを始められるだけのゆとりも手にした。2001年に『サンデー・タイムズ』が報じたイギリスの長者番付によると、彼は個人部門でジャッキー・スチュワートと並ぶ51位にランクされている。

2001年の当時、ユーロピアン・エイヴィエイションはジェット機35機を飛ばし、650人の従業員を擁し、イギリスにおける補修用部品の取り扱い高でも最大級になっていた。だから新たなビジネスの展開として、モータースポーツ界に情熱を注ぐことも可能になった。

まずユーロピアン・フォーミュラ・レーシングなる会社を興した彼は、ティレルをはじめミナルディやベネトンなど十指に余るチームから、気に入ったオールドレーシングカーを購入した。その中にはかつてデイモン・ヒルが乗っていたブラバムも含まれていた。それ以前、1987年までティレルのスポンサーの一員だったころ、チーム全員を自社の飛行機でヨーロッパ各国のグランプリに運んだりしていた経験から、すでにF1界の複雑な内情にも精通していた。同時に、パドックのあちこちに緊密な人間関係を築きながら、情報の仕入れにも余念がなかった。それは、クレイグ・ポロックがアジアでテレビ放映権の仕事をしながらジャック・ヴィルヌーヴとの関係も強化して行った1990年代半ばのことでもあった。

そしてティレルが長年育んできたチームをいよいよ手放すことを決意した時、ストッダートも名乗りを挙げられる位置にいたが、この時は友人のポロックがブリティッシュ・アメリカン・タバコの意を体して先回りしてしまった。しかしポロックが買い取ったのは商標としてのティレルだけだったので、ストッダートは残された機材一式を引き受けて、グロスターシャーのレドバリーにあるユーロピアン・エイヴィエイションの工場に運び込んだ。そしてティレルを買収し損なった代わりにエデンブリッジF3000チームを手に入れ、同時にジョーダンのスポンサーにもなってスタッフを各地のレースの現場に送迎する仕事を受け持ち、それからアロウズに接近したと思ったら、ティレルの残したものをエデンブリッジと合体させてF3000のアロウズ・ジュニア・チームを結成、ドライバーとして地元オーストラリアからマーク・ウェバーを呼び寄せた。

これらはすべて確たる目的の下に彼自身の手によって周到に計画され実行されたものだったので、いざ2001年の1月になって前オーナーのガブリエル・ルミからミナルディの株の過半数と経営権を譲り受けることによって、そもそもの目的だったF1のチームオーナーになった時も、誰も意外には思わなかった。ルミ自身もそれ以前に、情熱だけを頼りにしつつ苦境に喘ぐミナルディを買収していたが、はかばかしい結果を出せずじまいだった。その後を受けたストッダートは、信念と資金と規律を、矢継ぎ早にチームに注ぎ込んだ。負け犬根性を叩き出して、やる気を植えつけたのだ。そしてスペインのフェルナンド・アロンソを第一ドライバーとして起用した時、持ち込みスポンサーが目当てだったのではないかとの質問攻めに対して、

「F1の世界じゃ、金が必要悪なのはわかりきったことだ」と言ってのけた。

「もらえるものなら何でも大歓迎ってのは、誰でも同じじゃないか。だけど金だけが目的って思ってもらっちゃ大間違いだよ。いくら金を積まれたって、ろくに乗れもしないドライバーを二人も採用するわけけない。見りゃわかるだろ。うちとしちゃ、若くて勢いのある奴と、経験豊富なのを組み合わせたいんだ」

それにしてもピラニア・クラブの新顔としてはずいぶん勇敢な発言で、正味の部分で信念と情熱を拠り所としているのがわかる。彼はそれまで手がけてきた事業と同じく、F1界でもちゃんとやって行けると信じていた。誠実に振る舞い、本当のことを言い、自分の目で見て判断する。そのうえで彼は、ユーロピアン・ミナルディ・チームを勝てる水準に押し上げるため、

チームを強化するのに必要なスポンサーを探す前に、まず初年度ぐらいは自前でやっていけるだけの資金を、自分のポケットから賄うだけのものは持っていた。

「今年やってくぐらいは、何も心配してないよ。とりあえず必要額の75％は足りてるしね。そのうえでタイトルスポンサーを探してるところなんだ。今のＦ１界の状況じゃ、うちは一番買い得だし、もう7社ほど声もかかってる。私たちは現実的に考えてて、口先だけの約束にゃ左右されないからね。だから5年計画も、確実な線でまとめてある。まず1年目は状況を把握して基礎を固めながらチーム再建をめざす。次にエンジン・パートナーを見つけてポジションアップを狙う。3年目と4年目は中団グループに定着して、できればメーカー系のエンジンを供給してもらえるようになりたいね。そして5年目には、予選でも決勝でも確実にトップ10に食い込むんだ」

これは、イタリア中部のファエンツァに本拠を置き伝統を刻みつつ、イギリスにもワークショップを出し事務所も開設するなど、理屈だけで考えても大変な作業を強いられているミナルディとしては、かなり大胆で冒険的に聞こえる。もっとも、10年先にＦ１界に踏み込んだエディ・ジョーダンと同様、彼も楽観主義と情熱と活力を頼りとして、負ける気配を感じさせない。物事をなし遂げるためなら、ストッダートは何でも犠牲にする覚悟ができている。ポロックさながら、昼夜を問わず働きまくるのも厭わない。彼はレドバリーでミナルディの2シーター計画（デモ走行用）を進めているほかエンジンの開発と分解整備の部門も持っていて、そことファエンツァとの間をしょっちゅう行き来している。M25モーターウェイでヒースロー空港まで、たいていの誰より速く駆けつけるそうだ。しかし、それでもこれまで不振をきわめてきたミナルディを浮上させられるかどうか疑わしいという醒めた声もある。

創始者ジャンカルロ・ミナルディの家内工業のようにしてイタリアに生まれたそのチームは、１９８５年にＦ１へのデビューを果して以来というもの、常に躓きをくり返してきた。フェラーリの助けをもらえたこともあれば、ガブリエル・ルミやフラヴィオ・ブリアトーレからの出資を受けたこともあり（ブリアトーレとは、１９９7年いっぱいで袂を分かつ）、その他いろいろなスポンサーを得て、ミナルディは雄々しく闘い続けてはいた。２０００年にはプロストの予算が1億３０００万ドルといわれていたのに対し、こちらは６０００万ドルですべてを切り盛りしなければならなかったにもかかわらず、チャンピオンシップ争いでは上を行くことができた。あの年のヒットはスペインの電話会社テレフォニカと組めたことで、F1界全体でも屈指といわれたスポンサーシップによって、チームの財政のほとんどをカバーできた。しかし彼らはそのシーズン限りで撤退し、取り残されて進退窮まったミナルディとしては、パンアメリカン・スポーツ・ネットワークとのだらだらした交渉に時間を費やすしかなかった。

そこに登場したストッダートは、まさに白馬の王子様だった。だからといって、そんなふうに派手に振る舞ったわけではない。その代わり、ここに来たのはミナルディを強化して長年の夢を実現し、母国オーストラリアで開かれるシーズン開幕戦で、アルバート・パークのスターティンググリッドに、確実に並ばせるためだと言った。その時点では、エンジンがどうなるかも未定なら、ドライバーもスポンサーも発表できる状態になっていなかったから、実はたいへんな状態だった。確実にわかったのは、ストッダートの生来の現実主義とユーモアと知性だけだった。

それまでミナルディの浮沈に一喜一憂してきたロマンティストにとっては、これは素敵な物語になりそうだった。しかし、こんな舞台の裏には、もっと大きな問題が潜んでいた。たとえば、なぜミナルディは、F1界で大きな力を示したがっている大資本への身売りを考えなかったのだろう。実際のところルノーがベネトンを買収してからまだ一年もたっていなかったし、それより前にはフォードがスチュワートを買い取り、BARがティレルに取って代わっていた。さらに言うならメルセデス・ベンツやBMWも、それぞれ提携相手のマクラーレンやウィリアムズへの関与をさらに深めつつあった。要するにF1界はメーカーの時代を迎えていたのだ。そんな流れの中で、いかにしてストッダートが大手の間隙を縫い、こうも易々とミナルディを手に入れることができたのだろうか。

その答は、ホンダとトヨタの登場の仕方に関係があったように思える。ホンダは結局、BARとジョーダンに対するエンジンサプライヤーとして参戦することにしたし、トヨタは、現行のコンコルド協定に定められた最大許容チーム数における12番目すなわち最後のチームとして参入することになった。ワールド・ラリー・チャンピオンシップで栄光も屈辱も味わい尽くしてきたトヨタは、F1進出に当たって既成のチームを買い取ることなど考えてもいなかったので、その時引き取り手を必要としていたミナルディの相場は、相対的に安くなっていた。そこに登場したストッダートは、グリッドに着くチーム数を減らさず、新シーズンのテレビ映りを悪くせずにすむ、ある意味で英雄的な存在だったのだ。

それはともかく、こうしてストッダートの名前が、まるで彗星のようにみんなの口の端にのぼるようにはなった。メルボルン出身の男を、みんなが注目していた。しかしほとんどは、また瀕死のチームに手を差し伸べる人物が登場したというような見方だった。しかしストッダートは、あたかもあのエンゾ老のように、ゲームの進め方を心得ていた。ほとんど直観的に、正しい噂を肯定し、悪い噂をすばやく叩き潰して行った。

たとえばミナルディのもう一人のドライバーとしてナイジェル・マンセルの名が囁かれた時などは、丁重に否定しながらも、何か匂わせることを忘れなかった。実際のところ、1992年のチャンピオンがユーロピアン・レーシングの企画によって、ミナルディのデモ走行用の2シーターを運転する話は進んでいたのだ。だからといって、19歳のルーキーといっしょにメルボルンのグリッドに並ぶなどとは考えられないではないか。なんといっても当時マンセルはすでに47歳で、チームオーナーのストッダートよりも2歳年上だったのだ。

今のF1の常識からすれば、ミナルディ・チームがメルボルンに辿り着き、オーストラリアGPに参加できただけでも奇跡に等しかった。祝福と歓迎の歓呼に包まれて母国に錦を飾ったストッダートは、まさに英雄であり救世主でもあった。クルマはテストも改良もすませてないままだったが、もうパドックのみならず国中が称賛の渦で埋め尽くされていた。とりあえずミナルディを復活させただけでもそうされるに値したし、彼の周囲は盛り上がりっぱなしだった。ほかのチームオーナーの誰もが、つられて喜んでしまったほどだ。ユーロピアン・ミナルディのクルマPS01がオーストラリアに到着した時など、まさにお伽話そのものだった。なにしろヴィクトリア州議会の議事堂で、正面階段にクルマを展示しての発表会まで行われたのだ。この時は議会も、F1チームを滅亡の淵から救った男のために、オーストラリアの流儀として審議を中断し、イベントの盛り上げに一役買った。

そして、この新しい開拓者がもたらしたものは、それだけには留まらなかった。F1界でしか通用しない符牒や難解な業界用語を一刀両断し、一気にわかりやすくしてくれたのも彼だったのだ。しかもクルマもドライバーも期待以上で、アロンソとタルソ・マルケスは新しいクルマに可能性があることを証明してみせた。2台とも良いポジションで完走したことで、まさにストッダートの夢も実現したのだ。これで軌道に乗った。その4週間後に訪れたサンパウロのブラジルGPでチームマネジャーが強盗に襲われたりしても、もはやチームの勢いは衰えることがなかった。ちょっとした足踏みより、大股の進歩が勝っていた。そんな中でストッダート自身もチャレンジを楽しみ、その勢いでピラニア・クラブの会合にも臨んだ。

「みんな信じられないほど好意的だったし、全体の段取りの良さにもシビれたね。バーニーの仕切りで、どのチームも本来の仕事に集中できるようになってたし」と、彼はアルバート・パークで語っていた。とにかく幸せだった。

そうやって開幕を飾った後、クアラルンプール、サンパウロ、イモラを経てバルセロナに到着した新生ミナルディは、真新しい二階建てモーターホームを2台パドックに並べた。そのうち1台はブルネイの王様の特注品だった。

「こういったモーターホームも、3年以内にコース上であろうとパドックだろうと、チームを強力な中堅にまで育てるための、ほんのワンステップにすぎないんだよ」と、豪華な自家用ジェットでイタリアからスタッフを運んできたストッダートは説明していた。もちろんその飛行機もチームカラーに塗装され、かっこ良くて快適だと、イタリア人たちには好評だった。すべて順調だった。ストッダートが描く新しい世界の中では、ピラニア・クラブへの入会さえ、まるでポトフィリップ湾での海水浴みたいに楽しい出来事の一つだった。

それが激変したのは、２００1年5月7日のことだった。その日はイギリスではバンクホリデーと呼ばれる休日だった。しかしストッダート自身はピラニア・クラブの例に漏れず、仕事の進み具合をチェックしたり自分の事務仕事を片づけたりするために、そそくさと工場に出勤していた。オフィスに着いた彼は、スタッフが共通で使うファクスのそばを通りかかった。もしそれが休日ではなかったら、いちいち彼自身が気に留めることもなく、後で誰かが受信紙を整理したのだろうが、そこにプリントアウトされていたのは、グスタフ・ブルナーからストッダートに宛てた短い用件のみの手紙だった。オーストリアはグラーツから来た50歳になるエンジニア、ブルナーはそれまでミナルディのテクニカルディレクターとしてストッダートのために活躍し、素晴らしい設計技術を駆使してチームの前進に貢献してきた。

しかし、そこにあった用件は短く簡潔でも、ストッダートを立ちすくませるに充分だった。もう息もできないほど胸を締めつけられるショックに、全身がわななないた。10年かそこら前にエディ・ジョーダンが経験したように、彼は今、信頼して重用し、ちゃんとした契約関係にあったスタッフが立ち去る事態に直面していた。ファクスで送られて来たぞんざいな手書きの書簡によれば、ただこれまでの4カ月が無意味なものだったかのようだった。

その週末、オーストリアGPのためにシュピールベルクのパドックに設営されたモーターホームの横の日除けの下で、彼はその瞬間を振り返ってこう語った。

「月曜にたまたまファクスのとこへ行って、出てた紙切れを取ってみたんだよ。普段はそんなこと、しないんだけど、私宛てだったからね。そしたら『ポール、すみませんが、いいニュースではありません。私はトヨタとの契約にサインして、明日からあちらに行くことになりました。ご存じのように、すでに2002年用のミナルディは設計してあります。すみません。グスタフ』って書いてあるじゃないか。手書きだったよ。彼とは4年前からの知り合いだったし、特に今年はもっとよく知っているつもりだった。それに私ばかりじゃなく、たぶんピットレーンにいるほかの連中のほとんども、彼が誠実で正直な人物だと思ってたんだけどねえ。でも、私たちの眼鏡違いだったみたいだね」

ストッダートは激怒した。これはチームの進歩ややる気に対してだけではなく、彼自身に対する打撃でもあった。こんなことは、それまでの事業の中でも経験したことも、想像したこともなかった。しかし、F1という生き馬の目を抜く世界では、それほど驚くに値するほどのことでもなかった。実際、それから3週間後、6月1日の金曜日には、結果的には元の鞘におさまったものの、もっと大きな設計者移籍劇が勃発している。その件ではエイドリアン・ニューウェイの署名の有効性をめぐって、マクラーレンとジャガーがそれぞれ裁判所に提訴する事態にまで発展している。この瞬間ストッダートがトヨタについて感じたのは、チーム首脳部の汚らわしさだった。

ドイツのケルンでトヨタからの発表が行われたのも、その日のうちだった。フェラーリに2回籍を置いたほかATS、RAM、リアル、レイトンハウス、ザックスピードなどを渡り歩いたブルナーは、多大の実績に輝く腕利きの設計者兼エンジニアとして知られていた。そしてこの一件が持ち上がるまでは、誰にでも好かれていた。しかし、あのように傷つける形でストッダートに置いてけぼりを食らわせた今となっては、金に目がくらんでせっかくの評判まで売り飛ばしたと、どこでも思われるようになってしまった。そういえば、あの日本のメーカーには、ちょっと前のワールド・ラリー・チャンピオンシップで規定違反を犯し、締め出されたという前科もあった。

一方、いったんは狼狽したストッダートだが、24時間もたたないうちに反撃に転じ、ユーロピアン・ミナルディ・チームとしてトヨタとブルナーを相手取って法的手段を講ずるという声明を発表した。内容はこうなっていた。

「我々はこの報せに非常に落胆している。グスタフは信頼され高い評価を得たスタッフであり、このような行動に出たことは、我々としてはまったく信じ難い。また我々は、ミナルディとの間に2003年1月1日までの確固たる契約が存在するブルナー氏を雇用せんとしたトヨタ社の立場に驚愕すると同時に哀しみを覚える。そのような事情により、ユーロピアン・ミナルディ・チームはブルナー氏とトヨタに対し、法的に考慮し得る方策を検討することにした」

ともあれブルナーの電撃辞職のあおりを受けて、それまで補佐役だったガブリエレ・トレドージは、その日ごとに役割を変えながら、ファエンツァの設計室から工場へと飛び回らなければならなくなっていた。

さて、ファエンツァとレドバリーからケルンに対する告訴が行われる中で、オーストリアGPに参加する各チームはシュタイアア山脈を望むシュピールベルクのパドックに集合していた。いや、むしろ有名な村ツェルトヴェークに隣接する心臓破りの旧エステルライヒリング、今では改装成ったA1リング（この名称は大口スポンサーの電話会社に由来している）と言った方がわかりやすいだろう。そこにはモーターホームの間を縫ってアスファルトの広場をせわしなく駆け回る、珍しい顔もあった。トヨタの広報責任者アンドレア・フィカレッリだった。彼の役割が、こんな厄介事の中でトヨタの立場を守ることなのは明白だった。

「我々がグスタフを雇用したのは、彼がミナルディを辞職し、トヨタに加わることができると言って来てからのことです」と彼は説明していた。

「それを信用しない明白な理由もありませんでした」

そう言いながらもフィカレッリは、最低限の予算しかないミナルディから、世界第3位の大メーカーに3年間で1200万ドルを提示されて移るように誘惑されていたというパドックの噂については確認することができなかった。それが本当だとすれば、言うまでもなくミナルディ全体の年間予算に匹敵する額になる。そして彼の立場からして当然のことながら、フィカレッリは、トヨタがいかなる違法な行為にも加担していないと信ずる旨の見解を明らかにしていた。

「トヨタは、この件にはまったく関与していません。これはミナルディとブルナー氏の間の問題であり、法的にトヨタが介在するものではないからです。我々の法律問題担当者もミナルディに対し、彼らとブルナー氏との間に有効な契約が存在する証拠を提出してくれれば、何らかの形で手助けする用意がある旨を申し出ています。しかしブルナー氏が我々に示した契約の写しによれば、ブルナー氏は通告のみで辞職できることが明らかにされています。もしミナルディがさらなる証拠を持っているのであれば、ぜひ拝見したいものです」

これをストッダート側から見れば、まさに牛の目の前で赤い布を振り回すようなものだった。彼は激怒したが、なんとか気持ちのコントロールは保っていた。モーターホームを訪ねた者は丁重にもてなされ、事の顛末を長々と聞かされる羽目になった。

「まず問題に手を着けたのは火曜日だった。あらゆる可能性を求めてね。なにしろとことんやられたんだから。こっちの気持ちとしちゃ、特にひどい二点で報復したいんだよね。一つは何をやったかってこと。二つ目は一番大切なんだが、そのやり方さ。これって、ダヴィデとゴリアーテの闘いみたいだろ。で、大きいのは向こうで、ひどくやられるのも向こうなんだ」

そして彼はおまけとして、もはやブルナーの復帰は歓迎されないだろうとも付け加えた。

「彼には友人が150人いたんだが、今じゃ敵が150人ってわけさ」

あの調子からは、法廷闘争の中でストッダートがほとんど血に飢えたような激しさで陳述するであろう様子を想像するのも難しくなかった。それは同時に、ピラニア・クラブの最も新しいメンバーとして、食い物にされた経験を噛みしめている彼に、この世界がどう見えているかを尋ねる絶好のチャンスでもあった。1月にここに入り込んで以来の感想が、これで変わったのだろうか。

彼は持ち前の率直さでこう答えている。

「ああ、実際そうだね。思うに、ここに入った当時は、とにかくメルボルンに間に合わせなくちゃってだけで精一杯だったんで、ほかのことまで目に入らなかったんだろう。でも、それからちょっとしかたってないけど、いやはや、半端なもんじゃないよ、この仕事は。思ってたより、ずっと凄いや。時間も労力も半端じゃない。肉体的にも精神的にもね。まあ肉体的にはなんとか合わせられるけど、精神的な方は信じられないぐらいストレスだらけで、こんなだなんて、夢にも思わなかったよ。最初はレースの週末が楽しめそうだとか思ってたけど、実際には優勝するとか何かいいことでもない限り、木曜にやって来て日曜に帰るまでの４日間なんて、できれば忘れちまいたいぐらいのもんさ。ちょっとしたことで百回も会議やってる感じだし、それが本当に必要だなんて誰も思ってないみたいだし、ここに来てわかったことって、そのへんが主なところかな」

資金調達とか支出とか損失とか、儲かる夢とかに関しても、やはり彼はあけすけに語ってくれた。

「うちの場合は、まだ出て行くばっかりだよ。今年の予算は５０００万ドルなんだけどね。ちょうどチームを買い取ったのと同じぐらいで、それも入れて投資は８０００万ドルかな。とりあえず５０００万で、後で３０００万ふくらむってことで。だから年度末になってみりゃ、まあスポンサー次第だけど、なんだかんだで７０００万から８０００万ドルになるんだろう。まあ、まだわからないけどね。できればあと１０００万ドルは欲しいとこなんだが、たぶんそこが問題で、悩みの種でもあるんだ。だって今年の案配じゃ、うちがいろんなスポンサーの気を引けるかどうか、慎重に考えなきゃならないじゃないか」

「でも、うちだって何も手をこまねいてるだけじゃないんだ。ビジネス面でも走る方でもね。事業の方じゃＦ１の12分の１を買い取ったことになってる。こうして一歩ずつ入り込むのが正解なんだ。私が思うには、今のコンコルド協定って、有効期限が来る前に再検討ってことになるのは間違いないね。それに、うちが参入した時って、ほかにも超有名企業が『２億ドルもの札束をぶん回して』乗り込んで来たのと同じタイミングだったんだ。当然、あっちもそれなりの見返りは期待してるだろ。だから時期としちゃ運が良かったわけだし、そこで、まあＦ１のことをどう思うかってことはとりあえずおいといて、うちが５０００万ドル投資したのが正しい判断だったかどうかって言うと、まったくもってイエスってことになるね。じゃあ来年もさらに同じだけ注ぎ込むかってことになりゃ、たぶん違うだろうけど。今度はちゃんとしたバックアップもあるチームになってて、そのための準備期間もあるわけだし。今こうして話している間にも、タイトルスポンサーになりそうな相手が二社あるし、来年のエンジン供給も目鼻が付きかけてるんだ」

「そういうわけで、うちは外から見てだけじゃなく、自分自身で見ても予想した以上になってると思う。計画も予定より進んでるし、今週もいいことあったし。でも、そうは言っても『艱難汝を玉にす』でね、もっと伸びるつもりだし、レースでもフェルナンドの走りなんか、すごく嬉しかったよね。そういう意味じゃ、本当に楽観してるんだ」

その彼も言うように、まだ答えるわけにいかない質問や暗示もある。彼が望んでいたのは、とりあえず心にのしかかる難問や苛立ちの重荷を下ろすことだった。世間知らずのくせに横柄な新参者によって、いやというほど鼻先を引っ掻かれたところだったのだから。

「こんなショックがしょっちゅうあったんじゃ、たまったもんじゃないよな。今度のもいきなり、何がなんだかわかんないって感じだったもん。でも、うちは負けないよ。今週も打ち合わせをたくさんやって、仕事の段取りが狂わないようにしたし、新しいテクニカルディレクターも見つけたところなんだ。なすべきことはそれだけじゃない。前進するためには、信頼できる人間関係がなきゃ駄目だ。今はスタッフを鍛えて、自分の力を証明するチャンスを作ってやる必要がある。それで組織を安定させることができるようになってきたんで、順調なら、とりあえず2年ぐらいは問題なさそうだよ」

「もし、この商売を短期的な計画でやってんなら、とりあえず損失を取り戻すには売却しちゃえばいいけど、ちゃんと長期的に腰を据えてやるつもりなんだから、まず会社として経営状態を改善しなきゃ。F1チームを興すってのは、やっぱり魅力的な仕事だしね。これから12カ月後だか5年後だかわかんないけど、コンコルド協定が見直しってことになった時までに立て直しをすませておくのは、全然難しいことじゃないと思ってるんだ。どっちにしても、F1が本当に安定運用されるようになるのはそれからの話だし。長期的な計画を立てられるのも、本当の意味で利益が上がるようになるのも、そうなってからだよ」

「どうやってチームが立ち直るかってのは、チーム自身が決めること。世間一般じゃ、今F1チームを作るのって、コンコルド協定やら何やらで秘密の部分があるって思われてるんじゃないかな。それだと、いろいろ障害を突破しなきゃならないってことだろう。そうとも言えるし、そうじゃないとも言える。でも確実に言えるのは、まず持ち株会社を立ち上げるんならできるな。うちもそれをやったところだ。でも、今がそうすべきタイミングだったかっていうと、どうもそうじゃなかったのかもしれん。どうしても必要だったとは思えないんだ。まあ、時間がたてばわかるだろう。とりあえず、ここしばらくコンコルド協定がどうなって行くのか、きっちり観察してるつもりさ」

F1やピラニア・クラブでそれなりの役割を受け持つ者なら誰でも知っていることだが、大きな変更をもたらす決定にはメンバー全員の支持が必要とされている。そのことは、これまでもきわめてしばしば、本当に進歩的な改革を行うに当たって、常に障害になるとされてきていた。しかし70歳をとうに超えたレオ・キルヒが率いるドイツ有料テレビ界の巨頭キルヒ・グループが２００１年4月に、エクレストン一族が所有するＦ１持ち株帝国ＳＬＥＣの株の過半数を要求した時には、ピラニア・クラブの満場一致の不文律は素通りされてしまった。

そんな中でストッダートは、この世界の新参者だけに先入観にとらわれず状況を判断でき、まったく違う角度からものごとを判断していた。彼によれば、Ｆ１ビジネスにはこれまで考えられていたのとは違う未来像もあるという。それは各チームとＦ１統括団体である国際自動車連盟（ＦＩＡ）および商業権保持者との間で締結されたコンコルド協定の有効期間を延長することによって、ショーとしてのＦ１ビジネスに対する社会の興味も高まり、その結果それぞれのチームにも利益がもたらされるという見方だ。その商業権は２００１年5月までは言うまでもなくＳＬＥＣの名の下にエクレストンが押さえていたが、そこにキルヒが、ストッダートの表現によれば『2億ドルもの札束をぶん回して』乗り込んできた。それに対してストッダートは、この世界におけるすべての関係者が長期的にビジネスを安定させるには、コンコルド協定を当面の有効期限である２００7年以降に向けて延長するしかないと主張するようになった。

「とにかく、何を変更するにも満場一致なんだよな。いろいろあるけど、競技運営のことなんか、特にそうだよ。誰かが、あるいはどこかのチームが、まあそれなりに理由はあるにしても、とにかく何らかの変更に反対だったとすると、それだけで現状維持になっちゃうんだ。なのにコンコルド協定見直しなんてことになると、Ｆ１の商業権に関して法外な投資で有力な大株主になった者が発言権も持っちゃって、そっちに有利に運ぼうってことになる。そんな目で長期的に考えた結果、大メーカーが今のＦ１を見捨てて、自分たちだけで新しいシリーズを作るなんて話にまで発展しちゃうんだ。それを止める手立てもないよね。連中はやりたいようにできるんだから。それがＦ１の分裂だってことぐらい、今なら誰だってわかってて、当然この世界の株主にとっても不利益になるわけだ。ってことは、バーニーとしても手元に残りの株を持ってるぶん不利益ってことだし、もちろんチームにとってもいいはずがないじゃないか。そこで正味の結論って言うなら、そんな事態を迎えたくなきゃ、ちょっとぐらいの譲歩は必要なんじゃないのってこと。今でも秘密ってことになってるのに、テレビ放映権とか商業面の収入とか、ずいぶん広く知れ渡ってるじゃないか。最近のやり方じゃ、まず全体をチーム側とバーニーの会社ＳＬＥＣで山分けして、それから各チームに、公平とは言えない比率で分配されてんだろ。もし誰かが、いや、みんなかもしれないけど、今のより公平と思われる分け方を考えて、それが全員の利益に適うってことになったら、方向性はそっちに行くんじゃないか。それを推進するのがバーニーだとかキルヒだとか、さもなきゃ誰かチームオーナーだとか、そういうことはどうでもいいんだよ」

「もしそっちの方に行って、みんな平等に満足ってことになったら、たしかにキルヒの分け前は減っちゃうけど、それを長い目で見て保証してあげられれば、結局は投資から利益を確実に生むわけで、悪い話じゃないと思うんだけどね。それが5年とか6年ってことじゃなく、たとえば25年契約とかだったらってこと。そうすりゃチームもトータルで今より実入りが増えるし、今と違って公平な分配ってことが可能になったとすれば、みんな支持すると思うよ。だから、まさに今こそ目に見える改革ってやつをやれば、そういう状態にできるんだけどなあ」

ただし、こんなに気兼ねなく喋るストッダートでさえ、ほかのピラニア・クラブのメンバーと同様、それ以上はあまり口にしたがらない。シーズン中のその時点でピラニア・クラブの行く末を考えても、結局はあれこれ推量するか際限ない議論に陥るかしかなかったからだ。２００１年シーズンも終わってない段階では、キルヒとしても大メーカーやチームに対して、Ｆ１分裂の可能性といった話題など持ち出したくなかったようだ。一方フィアット、フォード、ルノー、メルセデス・ベンツといった大メーカー側は、シーズン中に早くも刺激的な声明を発表して、思うところを明らかにしていた。

こんなことの連続で、妙な立場に追い込まれてしまったのがキルヒだった。彼は2億ドルとも言われる巨費を投じてＳＬＥＣの実権を把握し、テレビに関する全権などＦ１の商業権を長期にわたり、それも信じられないほどの長期にわたって手に入れはした。テレビ放映権など、なんと２００１年5月から２１０１年までの百年間にも及ぶ。しかし手に入れた包みを開けてみたら実体がないことがわかってしまった。本当に使えそうなものは6年ぶんほどにすぎず、あとはコンコルド協定の期限切れで最後の審判にさらされたら、ただのゴミにしかならないものばかりだったのだ。だから世間の目には、保有するＳＬＥＣ株を急いでメーカー側に押し付けてしまうのが無難な筋に見えた。しかし奇妙なことに、当事者はそう思っていないらしかった。そうやって彼らが別シリーズを立ち上げないようにさせるか、チーム側に新しく長期にわたるコンコルド協定を呑ませ、これまでよりずっと儲かることを理解させるかしかなかった。

特に後者だとキルヒの持ち株の値打ちも上がり、長期的な保証にもなるはずだった。これによってキルヒもエクレストンと同様、事業を発展させる余地が見えた。

「6年より25年の安定運用の方が、世間の評価だってずっと高いに決まってるだろ」とストッダートも言っている。

しかしチーム側は、かならずしも改訂版の長期コンコルド協定を双手を挙げて歓迎したわけではなかった。彼らはメーカー側が立ち上げを叫んでいる新しい別シリーズから得られそうなものと、天秤にかけていたのだ。実際のところ、レースをやるための専門知識や経験を持つ彼等は、有利に立ち回れる立場にあった。そしてチームオーナーにとっては、どう行動するか決めるのは、かなり微妙な問題でもあった。結局のところ、その別シリーズからは自ら商業権を持つことが認められないかもしれず、旅興行の中でのチームの役割もそういう権利の保有者としてではなく、ただギャラの高い出演者としての範囲に限られてしまう可能性もあった。

そういうわけで、一方では大メーカー側と商談を重ねながら、他方ではSLECと商業権の新しい所有者とも接触を保ちつつ、チームは右顧左眄を続けることになる。しかし新しい長期コンコルド協定案の全体を見れば、商業権やテレビ放映権からの膨大な収入を、誰もが平等に得られることになっていた。それによれば、鵜の目鷹の目で詮索を怠らないヨーロッパ委員会からの要求や各国の新しい反喫煙法案の要求に従って、複雑かつ秘密のベールに包まれた金の流れの改革も進められ、全体の透明度が高まってすべてわかりやすくなるはずだった。それはつまるところ現行体制の解体、すなわちピラニア・クラブの解体をも意味していた。弱肉強食の時代に別れを告げ、いよいよ民主主義の到来となるのだった。しかし、それを誰が歓迎するのだろう。

現代最先端の平等主義からすれば、古くさい管理方式などに存在意義はない。これまでの方式によれば、もちろん昔のままではないとはいえ、テレビ放映権や商業権からの収入は、二つの基準によって各チームに分配される。まず一部は、参加した全チームに均等に割り振られる。そして残りは成績によって差が付けられ、優勝したりチャンピオンシップを獲得したりすれば膨大になる代わり、トップ10以内で完走できなかった下位チームには、事実上ゼロでしかない。簡単に言えば、ポイントに連動した分配でもある。しかしこれでは、もともと予算規模も大きく好成績をおさめやすいチームにだけ利益が偏りすぎるので、多くのチームオーナーは、そろそろその種の収入を参加している者すべてに平等に振り分けるべきだと考え始めている。さらには、基本的な部分での透明性が必要との声も多い。なにしろ今までの方式では、支払いに関して何の説明もなければ、もちろん請求書も領収証も存在しないのだから。

これに対して血の気が多く、生来の負けず嫌いでもあるストッダートは、2001年のユーロピアン・ミナルディを軌道に乗せるため、どんな方面からでも資金を集めただけに、ピラニア・クラブの分配方式に対しても当然一家言ありはしたが、とりあえずは先輩に敬意を表する形で自制を保っていた。しかし、生き残りを賭けて苦闘を続けるチームに対する連帯感まで口にしないままではいられなかった。

「グリッドの後ろの方にいるチームの方が、トップチームより当座の資金を必要としてると思うんだ。だから今みたいな不均等配分を決める権利が私にあったなら、むしろそっちを厚遇したいね。ま、実際にそんなことさせちゃくれないだろうが。だから、せめて平等にするのが唯一の進歩なんだよ」

それにしても、こうしてシュピールベルクで語りながら、ストッダートはブルナーの行いに対する憤りと不満を隠しきれずにいた。それと同時に、F1界の誰もがそうであるように、バーニー・エクレストンの業績と実力に対する称賛も率直に表している。

「バーニーは、これから少なくとも5年はF1を仕切るだろうね。個人的には、ある日突然バーニーが動けなくなったらと思うと、心配で仕方ないよ。それにしても彼はこの仕事を楽しんでるんだね。それができなくなる日が来たら大変だし、F1にとっても悲しむべきことだ。それでも、早かれ遅かれ、この仕組み全体を見直す時って、来るんだよ。それがちゃんとできたとしたら、その見直しのベースが、ポスト・バーニーの第一歩になるんだ。それが公平な決まりで、誰かだけ優先されたりしないんだったら、参加する12チームが等しく収入も分け合って施設も平等に使えて、利益も平等で、そこでやっと同じ舞台に立つってことになるんだ。ま、今のが不公平だって言っても、お偉方連中はあまり話題にしたくなさそうだけど、本当は今こそ、たとえ気が進まなくても討論とか交渉とかすべき時なんだ。F1のバーニー時代だってそろそろ終わるんだから、今こそ健全で公平な状態を作っとかなきゃならんのだよ」

「今の状態が本当に全員の賛成で決まったものなのかどうか、私はよく知らんけど、そこが知りたいね。でも、どんな機関だって満場一致なんてあり得ないんだよ。会社の役員会だってそうさ。ただ克服できない障害はないってだけでね。まあ、私の場合がそれに当てはまるかどうかはわからないけど。私は、バーニー自身は平等にしたいんじゃないかと思うんだけどね。バーニーの気持ちは代弁できないけど、もし彼がやったぐらいの仕事を私ができたら、そういうサクセスストーリーを残したいもんだ。さらにバーニーの胸の奥底までは推し量れないにしても、もしバーニーがF1を健全な形のままに保つことができて、それ以外に私たちがくっちゃべってることが、どれも悪い結果にしかならないようなことだったって筋書きだったとしても、それほど意外じゃないな。どっちにしても、そういうこと考えるなら、今だと思うよ。F1はこんなに大規模なビジネスなんだし、世界規模のビジネスなんだから、それを進化させようってのに、みんなが反対するとは思えないけどな。だって、もう長いこと見て来た通りの仕組みだったんだし、それが本当に公平になったとしたら、誰が文句なんか言うかい。そんなの、文句の言いようがないよね」

「とにかく、今週はグスタフのおかげでひどい目に遇ったよ。彼の＊＊＊を別としても、あれで私の世評もちょっとばかり下がっちゃったんだから。うちは小さいチームにしちゃ、短期間でよくここまで来たと思うほど健闘したんだけど、それに対して＊＊＊がやってくれたことを見れば、いかにF1が悪徳の荒野になれるかもわかるってもんだろう。法と道徳に対してあれほど臆面もなく不正を働いてんのに、こっちはただ茫然と立ち尽くしたままで、糞を浴びせられるままになってなきゃなんないわけかい。でも私は、うちのチームはF1界でも一番規律が取れてると思ってるから、たった一人のためにそれを駄目にされるのを黙って見過ごす気はないんだ。そんな人間なんかいなくなったって、ちゃんとやれるところを証明してやるつもりだ。もっとも、そんな状態になっちまったことは、本当に後悔してるけどね」

そして法的な手段について、ストッダートはこう語っている。

「トヨタからは一回だけ返答があったけど、グスタフは何も言って来やしない。こっちからは強硬にねじ込んでやったんだけどね。ま、簡単にゃ行かないよ。厚かましいったらありゃしない。あっちにしてみりゃ弁解の余地なんかないし、だからこそこっちも訴えたんだから。道徳的な見地からはだな、彼を呼び戻そうなんて考えてもいないよ。うちのチームに、彼に帰って来て欲しいなんて思ってる奴なんか金輪際いるわけがない。だから選択肢なんかないんだ。だから私が望んでるのは、彼とトヨタがうちのチームに食らわした損害に対して、法の名によって報復することだけなのさ。トヨタにしたって、簡単にゃこの件から逃がさないからね。マスコミも興味津々なのはわかってるけど、中には契約なんか存在しなかったとか書いてるのもあるな。なんでわかるんだ、そんなこと。契約があったってことを見せようとしたのに、断って来たのはトヨタだからね。あれほどの企業ともあろう者が、こっちの話にいかにいい加減に対応してるかわかって、しばし茫然としちまったぜ。『ああ、そうでした、実は契約なんかなかったんです』って言わせたいんだろ。ま、あっちは3年で1200万ドルの契約だって話だけど、それが本当なら、こっちの契約があったとかなかったとか、裁判でどう出たって屁でもなかろうに」

「まったく、出来の悪い人間が何をやらかすか、今週ほど思い知らされたことはないね。率直に言って、これまで長年ずいぶんいろんな仕事をして来て、物を盗まれるとか、何か悪いことをされるとかはあったけど、あんなに有名な企業の高い地位にいる者までがそんなことするなんてなあ。たぶん、あそこじゃブレーンとかなんだろう。ちょっと通りすがりに、他人の会社で働いている人間の契約を厚かましくも反故にさせて、さっさと外国に拉致しちゃうなんて。未だに私の身に何が起きたのか、よくわかんない感じだよ。まったく後味が悪いったらないね。F1ってのは、今までやった仕事のどれより無情な世界だったって言っても間違いじゃない。だからこそ改革して、もっと前向きになれるようにしなきゃ。まあ、ブルナーのような人物にとっちゃ、今が売り時だったんだろうな。どのチームにもそれに該当しそうなのが四、五人はいて、その気になりゃチームに深刻な打撃を与えられる立場なんだけど、ちゃんと契約に従うべきだと言っとこう。ドライバーの契約に関しちゃ、何年か前に契約承認委員会（CRB）ってのができたけど、私の覚えてる限りじゃ、開かれたこと、ないんじゃないかな（CRBは1991年、シューマッハーのベネトンへの移籍をきっかけに設置された）。でも実際には、それが開かれることなんか、もしあったとしても稀なんだろう。チームもドライバーも契約を大切にしてるから。だから、今度のことみたいな目に遇ったのは私が最初じゃないかもしれないけど、最後ってことにして欲しいもんだ」

「で、この件をきっかけにしてF1界も良くなって欲しいし、どのチームもたくさん人員を抱えてることを大切に思って欲しいな。彼らはチームの基本で、仕事を進めるのに欠かせないキーパースンばかりで、そういう意味じゃドライバーと変わらないんだ。だからこそ契約は守られなければならないんだよ。ドライバーだってそうだろ。今度の私に関する一件が、F1界を良くするための触媒になってくれと祈るばかりさ」

ドライバーに関してだけでなく、チームスタッフの契約に関するCRBも設置して欲しいというストッダートの要求は、オーストリアにおけるチーム代表者会議で簡単に話し合われただけで、次回以降の議題にするという扱いで終わった。その結果に、彼は満足している。そしてピラニア・クラブが引き続き改善に向けて進むことになった点にも満足している。彼はエクレストンとマックス・モズレイに敬意を払い、彼等の能力も信頼している。

「誰か欠席のまま会議が開かれたりすることはないんだ。いつもマックスが議長役で会合を取り仕切ってる。すごく良くやってると思うよ。信じられないほど明敏だし。なんたって、それぞれ腹に一物あって、相手の目をまっすぐ見て話すなんてしない連中を、手際よくまとめてんだから。いや、まとめるだけじゃなく、ちゃんと物事を進めてるしね。とにかく信用していいと思う。F1は世界規模のビジネスで、みんなが新聞でマックスがどうしたとかこうしたとかわかるわけだろ。そりゃ誰だってミスはあるだろうけど、F1は彼なしじゃやってけないよ。バーニーともどもF1を盛り立ててんだから、いつも私は彼等を支持してる。とにかく片っ端から解決策を打ち出して、公平に物事を進めなきゃならない立場なんだから。あれだけのことができりゃ、すぐバーニーの後継者になれるさ。たぶん、それがマックスなんだろうな。じゃなきゃロン・デニスかなあ。ほかにもいるかもしれないけど、ちゃんと社会の規範を弁えてて、冷静で知性ある人間で、ちゃんとF1を公正に仕切れないとね。とにかく公正じゃないと、すごく難しいことになるよ。私としちゃ、誰がその役目に就こうと、羨しいとは思わないけどね。あんなにいろんなこと、片付けなきゃならない立場なんだから」

「ところで、信じられないほど印象深い人物が、二人いるんだよ。ここで名前を出さない方がいいと思うけど、どっちもれっきとした名門チームの所属でね。一人は誠実さにおいて認めたい。もう一人は、会合なんかで話を聞いてて『F1であなたと会えて良かった。言ってることにいちいち筋が通ってる』と思わされる人物なんだ。どっちも物静かで口数も少ないけど、間違った方向に行きそうな時に何か言ってくれるんだ。でも残念ながら、そういうのは少数派でね。全体的に見れば、会合に出て来る連中は、まるでピットレーンにいる時と同じように振舞ってるよ。一人か二人ぐらい例外が目立つけど、たいてい誰かさんが議論を引っ張ってっちゃうんだ。本当だよ。そういうのに限って、無記名投票で勝っちゃうんだな。もし誰かチームオーナーがバーニーの後継者になるとして、一番仕事ができそうな奴だと思うかい。正直なところ、ただ得票が多かっただけの奴じゃないかと思うんだがね」

「でも、おそらくチームオーナーが後継者になることはないんじゃないかな。みんな賛成しないと思う。みんな昔のことを忘れちゃいないからさ。たとえばトヨタが、元チーム代表か誰かを立候補させたとしようか。それが評判以上の人物だったとしても、少なくとも私の票はもらえないはずだ。だって私にあんなことしたんだから。そんなこんなで一日が終わってみたら、物事はちゃんと行われてたはずなのに、結局誰も選出されなかったなんて状態になるんじゃないの。マックスだって、私は投票するけど、ほかがみんな支持するとは限らないしね。そうじゃなくて、先入観がなくて、旧来の考え方に毒されてなくて、どこかのチームのひも付きでもなく、ここの連中を仕切るのに何か特別な後ろ楯に頼らない人物が求められるってわけだ。その一方じゃ、その人物がいざ平等な環境作りに成功したとしても、その通りに行くかどうかは別の問題だったりして。とにかく連中ときたら現実よりもどうでもいいお喋りに時間を費やすのが好きときてるんだから」

「F1って、基本はレースなのに、なんだか私が考えてたものにすごく似てる気がするんだよ。実際のところチームとしては、うちは目標より少しは先行できてる。でも困ったことに、F1ってレースするだけじゃ足りないんだな。私にとって衝撃だった二つと言えば、途方もなく時間を使わなきゃならないってことと、それに例のグスタフ・ブルナー事件だよ。あれでF1の闇の側面を垣間見ちゃったね。ああいう汚い仕事にゃ近づかないで来たんだけどねえ。でも、もう子供じゃないんだから、気を取り直してポジティブな方だけ見てるんだ。だからこそ契約承認委員会（CRB）の守備範囲をチーム幹部の人事にまで拡大して欲しいって要求したんだ。どのチームも対象にしてさ。彼らはチームの根幹を揺さぶる力を持ってんだから。とにかく、ここへ来てF1の暗部を見せられたんで、それこそ私が変えたいと思ってるところなんだ」

時代は変わった。ストッダートは新種に属する。1950年代生まれの男が、今や自前の経験とビジョンを振りかざしてチームオーナーになる時代が来た。クレイグ・ポロックやエディ・ジョーダンもそうだが、新世代のビッグビジネス感覚がここにはある。古き日々は去った。ロブ・ウォーカー、コーリン・チャプマン、ケン・ティレルといった世代、あるいはマックス・

モズレイのマーチの時代さえ過去のものになってしまった。ロータスはランドハースト・リーシングからの借入金が重荷になって脱落して行った。1992年、メカニックを養うため、レースごとに地元のスポンサーに広告スペースを切り売りしていたマーチも、同じ運命を辿った。ブダペストでは、レースのために移動するのに時間契約がマイクロバスより安いという理由で、ストレッチリムジンを手配するありさまだった。当時のメカニックに聞くと、こう答えた。

「サーキットから帰るのに、ミニバーやテレビまで完備のリモ3台に、チーム全員が乗ってくわけ。それしかなかったんだけど、もうやけくそさ。金なかったしね。モントリオールで地元の食堂に入った時なんか、僕らの愚痴を小耳にはさんだんだね、帰りのクルマに食べ物を差し入れてくれちゃったりしてさ。あれは笑えなかったよなあ」

これが、ピラニア・クラブ華やかなりしころに起きていたことなのだ。さすがに大メーカー系が主流となった今では、こんな逸話が表面化することはないが。逆境に喘いだとか確執がどうしたとか、冒険野郎がどうだったとかの語り伝えは過去の出来事になった。もはやF1界の民話と歴史の一幕にすぎない。それでも今でも、変なことが起きないわけではない。たとえば2001年6月1日の午前8時30分、ジャガー・レーシングはロンドンで、エイドリアン・ニューウェイが2002年8月から技術担当最高責任者に就任することになったと発表した。その資料の中でニューウェイ自身が、こう述べている。

「これは私にとって容易な決定ではなかった。4年前から今まで、マクラーレンでの仕事は充実しきったものだった」

そしてその日の午後4時、今度はマクラーレンから「エイドリアン・ニューウェイはマクラーレンに残留する」という内容の声明が出された。その中でニューウェイは「私はマクラーレンに留まる旨の意志を確認することを喜びとするものである。そして私たちの前途に、多くの輝かしい機会が待ち受けていることも理解している。そして良き友ボビー・レイホールとの間の話し合いに起因した推測のことを遺憾に思う」としていた。

この出来事はミナルディ対トヨタの場合と同じく、結局は高等裁判所での聴聞まで行った末に決着することになった。しかしこのことは、またしてもF1界におけるチームどうしの争いというものが、スピードとか優秀な設計とか、速くて勇敢なドライビングとか、豊富な資金というものとともに、どんなひどいことも起こり得る可能性にも満ちていることを証明するものだった。

ところで、F1界のビジネス面に詳しい『ユーロビジネス』誌が報じたところによると、2001年の各チームの予算規模は、おおむね次の通りだという。

(1)フェラーリ　2億8435万ドル（約341億円）
(2)マクラーレン　2億7455万ドル（約329億円）
(3)BAR　1億9445万ドル（約233億円）
(4)ウィリアムズ　1億9295万ドル（約232億円）
(5)ベネトン　1億8085万ドル（約217億円）
(6)ジャガー　1億7425万ドル（約209億円）
(7)ジョーダン　1億7290万ドル（約207億円）
(8)ザウバー　8265万ドル（約99億円）
(9)アロウズ　7365万ドル（約88億円）
(10)プロスト　4759万ドル（約57億円）
(11)トヨタ　4700万ドル（約56億円）

2001年には、まだ参戦のための事前準備中だったにもかかわらず、すでにトヨタはピラニア・クラブやパドックのメンバーとして扱われており、その意味ではチーム数は12、グリッドに並ぶことの可能なクルマの数は24に達していた。ともあれ、この予算額だけ見ても、F1が巨大な産業なのは明らかだ。

2001年の2月のタイム誌にも、F1ビジネスの内側を覗く興味深い記事があった。その中でケイト・ノーブルは「総計4万人を雇用し、年間の売り上げが75億ドルにも達し、レースごとに5億人もの視聴者を釘付けにする巨大産業にしては、F1界というのは驚くほど小規模にまとまっている」と記している。さらにその記事の中ではバーニー・エクレストンが2000年にSLECの株の50%をドイツの放送局EM・TVに売却した時の顛末も紹介されている。そのEM・TVの社主トーマス・ハッファが買収資金に窮した時、動いたのがレオ・キルヒ率いるキルヒ・グループだった。まずEM・TVが引き受けるはずだった株を譲り受けて取り引きを成立させたうえで、それ以前にEM・TVがオプションとして要求していた、さらなるSLEC株25%の買い取りにも成功している。またヨーロッパのメーカーが結成した共同体（フィアット、ダイムラー・クライスラー、ルノー、フォード、BMWによる）がF1の実験を握るか、さもなければ自ら新しいシリーズを創設するかを検討し始めたことにも触れている。さらにはヨーロッパ委員会によるF1界に対する調査、すなわち一般的に知られているところによれば、いわば公的なお墨付きが与えられるかどうかの決着にも言及した。
　たいていの報道機関と同じく『タイム』誌も、ちょうどF1界が大きな変身のための過渡期に、それを外側から観察する立場にあった。すなわちピラニア・クラブから世界企業への脱皮であり、同時にスポーツ産業としての自浄作用の最中でもあった。次期コンコルド協定に向けて、ピラニア・クラブやF1界の内部抗争はまだ続いていて、特にチーム側がテレビ放映権収入の分け前の少なさを指摘し、メーカー側もその声を公にしていた。ちなみに、ある情報筋によると、F1チームが受け取ってきたテレビ放映権収入が47%なのに対し、UEFAチャンピオンズ・リーグに参戦したサッカー・クラブチームは75%、イギリスのプレミア・リーグ加盟クラブは90%を与えられているという。このような論争や意見の不一致はすべて互いに密接な関連を持っていて、打ち続く議論はそのまま2001年F1シリーズの背景にもなっていた。

　ところで、メーカー側が真剣に別のグランプリ・シリーズを立ち上げようと検討した件については、シルヴァーストーンのイギリスGPのころになると、どうやら実現性が薄そうなことも見えてきた。その土曜日の午後、サーキットで開かれたチーム代表者の会議には、メーカー側のカギを握る人物もゲストとして招かれ出席していた。メルセデス・ベンツの最高責任者ユルゲン・フーバートがその人だった。フーバートは、メーカーたちの共同体を代表して、これが真剣な考えに基くものであることをチーム側にも理解してもらおうと懸命だった。チーム側との交渉や取り引きを通じて、将来のコンコルド協定の中での役割も持ちたかったのだ。その席でフーバートは、チームもメーカーも一致協力してバーニー・エクレストンやレオ・キルヒと交渉し、将来に向けての青写真を描くべきだと強調したと言われている。

　これによって事態が好転したのかそうでなかったのか定かではないが、どちらにしても流動的なままなのは確かだ。そしてその週末、シルヴァーストーンには小振りな真紅のフェラーリが姿を見せ、コクピットにはミハエル・シューマッハーがおさまっていた。それは1951年、まさにこのサーキットで、アルゼンチン出身のフロイラン・ゴンザレスが、エンゾ・フェラーリに初めてのF1での勝利をプレゼントした時のクルマそのものだった。バーニー・エクレストン所有のコレクションの一台であるそれは、レース・グルメにとって、目で見る御馳走にほかならなかった。そのクルマが、戦時　真紅サーキットを巡の歴史の足取りに、今さらのように酔いしれたのだった。それはまた、エクレストンがいかに長期にわたってモーターレーシングの頂点に係わって来たかをも示していた。あんなに呑気で、しかし危険に満ちていた時代から、近代的なビジネスとして巨大企業まで参入させ、しっかり21世紀にも対応できる水準にまで、この世界を引っ張ってきたのも彼だった。それにしても、最も初期のF1CAがFOCAになったころからを振り返るだけでも、はるばる来つるかなの感が濃い。

エクレストンもそんな歳月を回顧して、こう語っている。

「肩書なんか欲しがったことはなかったんだが、FOCAの会長になったのは、それが物を言うこともあったからさ。たとえば見知らぬ国に交渉に行ったとするだろ、あっちはまず会長って肩書で人を判断するんだ。そんなことの最初は、たしかヒースローのポストハウス・ホテルでアルゼンチンの代表と話した時だったかな。まずピーター・マッキントッシュ（当時FOCAの事務局長）が折衝したんだが、上手く行かないんだ。あの時、向こうから来てたのは将官クラスの軍人だったよ。大きなグルンディク製のテープレコーダーなんか持っちゃって。それがカチンと来たもんで、思いっきりコンセント引っこ抜いて、テープぶち切って部屋の向こうまで叩きつけてやったなあ。奴ら、どうしようもない戯言に嘘八百も混ぜ放題なマッキントッシュから妥協を引っ張り出そうって魂胆だったんだ」

1940年代後半から1950年代初期にかけての瀟洒なフェラーリとか、もっとパワーのないクルマの時代から今までの発展について感想を聞かれても、彼は非常に慎ましやかで、大口を叩くようなことはしなかった。パドックでは、彼の周囲には資本が渦巻き、ハイテクも渦巻き、高給取りの技術者、ドライバーにスタッフ、あれこれ限りない有名人、スポーツ界のスター、それに芸能人やら政治家がうろうろしながら、華麗な光景を盛り立てている。でも彼は、そんなことは意にも介していない。

「そんなものは、どうでもいいんだよ。私は自分の仕事をするだけ。この50年間、みんなそれぞれの持ち場で頑張って来てるんだ。私には私のやることがあるってだけさ。過去は振り返らないし、何か考えるために立ち止まったりもしない。ここまで来るのに、たとえばエンゾ・フェラーリとかコーリン・チャプマン、それにテディ・メイヤーなんかからすごく助けてもらえたのが幸せだったね。今じゃそんなに助けてもらわなくても大丈夫だけど、何かやろうという最初のころは、本当にそれがありがたいもんだよ。彼らは本当に好意的だったし。そのおかげで、今の仕事も始められたようなもんさ。ほかの連中は、今になっておこぼれを欲しがってるだけだ」

昔から彼を知る人たちも、全面的な称賛と敬服を惜しまない。フランク・ウィリアムズも、ブラバムを買い取ったり初期のチーム会議を切り盛りしていた1970年代のエクレストンをよく覚えている。特にワトキンズ・グレン・モーターインでの出来事は記憶に鮮やかだそうだ。

「そこでメキシコから来た主催者と交渉してたら、相手がトイレに行きたいって言いだして、そのまま戻って来なかったんだ。トイレの窓から逃げちゃったんだよ」

笑いながら本当の話だよというウィリアムズにとって、よほど心に残った出来事だったのに違いない。彼はエクレストンについて、こう評している。

「広い意味では、みんなも知ってて尊敬してるように、バーニーはF1がどのように発展できるか見抜いてたね。それから30年以上にもなるんだねえ、彼はずっと指導力を発揮して、ちゃんと世界にF1を認知させて、チームも潤うようにしてくれたし、彼自身のビジネスとしても成功させて来たんだ。とにかく目的は完璧に達成してるね。どんなチームにも連帯感で接してるし、あらゆる意味で本当に強い男だよ。なにしろ腕一本で世界規模のスポーツにまで育てちゃったんだから」

そして、こうも付け加えてた。

「まあ、天性の実業家なんだろうな。すごいインテリであると同時に常識も忘れてないし。はっきりしてるのは、とてつもなく意志強固なところかな。商談の時の説得力も並みじゃないね」

それでは、誰かほかの者では、あれほどの仕事はできなかったのだろうか。

「たぶんね。あんな人物が宇宙にたった一人ってことはないだろうけど、バーニーを出し抜くなんてできっこないって、いつも思ってるよ。飛びきりのビジネスマンなら誰でもそうかもしれないけど、彼の頭の中なんか想像できないからね」

それでは、これからはどうなのだろう。新しい取り決めとか、新しい仕組みになるのだろうか。そして誰か新しいリーダーが登場する可能性もあるのだろうか。それについてウィリアムズは、こう考えている。

「F1ってのは、とんでもなくダイナミックな世界なんだ。一瞬たりともじっとしてられないんだね。しかも最近は、もっと変化が早くなってるじゃないか。バーニーが世界のテレビ網を開拓すればするほど、メーカーが存在を主張すればするほど、大きなスポンサーも入って来てるし。それに値するだけのメジャーなスポーツだと私も考えてる。とにかく大きなイベントなんだ。だからバーニーに任せてるのさ。ここまで来れば、世界中で一気にそっぽを向かれるとか、地球から石油がなくなるとかしない限り、ずーっと人気のスポーツだと思うよ。だから私も安心してチームに投資できてるんだ」

そしてバーニーの後継者がどうなるかについて、ウィリアムズはいずれ然るべき人材が現れるはずと楽観視している。

「中国に行くと、まだ私たちには知られてないけど、少なくとも50人はワールドチャンピオン級の二輪ライダーがいるんだってさ。私はこの話がすごく気に入っててねえ。その連中はまだ四輪に乗れるチャンスがなかっただけで、バランス感覚はいいそうだし、精神的にももともと強靱なんだそうだ。そういう人材を、いつも私たちは探し求めてるんだよ。そういうことが普段からちゃんとできてれば、アメリカ合衆国の大統領の首を24時間以内にすげ替えることだって可能なんだ。そうだろ」

訳者あとがき——2003年春の状況をふまえて

本書は、それほど原典に忠実な和訳とは言いかねる。せっかく著名なグランプリ・ジャーナリストであるティモシー・コリングスがまとめてくれた力作ではあるが、可能な範囲で分解し、再構成させてもらった部分も多い。あまりにも内容の反復が多かったり、一つのセンテンスが長すぎたりして、そのままでは日本語の文章としてまとまらなかったためでもある。

それより訳者を戸惑わせたのは時間軸のズレにあった。モータースポーツ界、特にＦ１界の移り変わりはおそろしく早い。原書が著されたのは２００１年前半のことだが、それから2年近くを経てみると、大きく異なる風景が目の前に広がっていることにあらためて驚かざるを得ない。それは当然本書の内容にも深い関係がある。

そのため、翻訳を進めつつ該当箇所に註釈を付け加えることも考えたが、前述の通り原典には反復も多いので註釈そのものが非常に多くなりすぎる可能性もあり、読み進むのに邪魔になってしまう。そこで、この後書きで当時と現在の食い違いを、できるだけ紹介しておくことにした。

そういう意味では、本書の中で安心して読めるのは、すでに故人となった結果あらためて歴史上のポジションが変わることのないエンゾ・フェラーリ、ロブ・ウォーカー、ジョン・クーパー、コーリン・

チャプマンら、ごく一部の人物に関する章に限られてしまう。F1界における最後の良心と言われたケン・ティレルも原書刊行の時点では健在だったが、今では鬼籍に入ってしまった。一時期FISAの帝王として新興勢力と闘ったジャン＝マリー・バレストルもまだF1界に関する名誉職にとどまるなど健在ではあるが、すでに具体的な影響力は無に等しいので、これから評価が激変することもないだろう。

しかし、それ以外の多くの登場人物は、原書が刊行された後に大きく運命が変わってしまっている。いや、今の時点まではとりあえず無事でも、これから決定的なターニングポイントにさしかかる可能性まで含めれば、ほとんど全員が生者必滅会者定離の法則を免れられそうにない。

そんな目で眺めると、原書の刊行以来の短い間だけでも、ずいぶん多くのF1チームや人材が姿を消している。たとえば4回ものタイトル獲得に輝く名ドライバー、アラン・プロストがリジェを買収して自らの名を冠したプロスト・グランプリもその一例だ。発足当初から経営状態が思わしくなく、プジョーやフェラーリなどのエンジンを使いながらこれといった実績を残せないまま、スポンサー獲得の不調も手伝って巨額の負債に苛まれ、とうとう2002年シーズンの開幕を待たずして倒産せざるを得なかった。

ジャッキー・オリヴァーからアロウズを引き継いだトム・ウォーキンショーも、結局は同じ道を辿っている。ツーリングカーやスポーツカーで大成功をおさめたウォーキンショーは、本書の冒頭ではベネトンの幹部としてジョーダンからのシューマッハーの引き抜きに辣腕をふるい、その後はリジェ（プロストによる買収前の）をサテライトチーム化するなど暗躍した末にアロウズを手に入れて念願のチームオーナーになったものの、結局は資金がショートして2002年シーズンの半ばから欠場をくり返す状態に陥ってしまった。これにはFIAも超法規的な温情措置で対応したが、傾いた屋台骨を建て直すほどの効果はなく、2003年に向けての参加申請が受け付けられないまま、パドックから消え去ることになった。

そのような観点からは、とりあえず2003年シーズンのエントリーリストに名を連ねてはいるものの、ジョーダンもミナルディも消滅の瀬戸際を走っている。

ところでミナルディといえば、現在チームを所有し率いているポール・ストッダートも、新興勢力の代表的な一員として本書の後半に登場している。その中で彼の談話として、「せっかく重用してきた設計者のグスタフ・ブルナーを無理やりトヨタに横取りされた」という趣旨の記述がある。たしかによほど腹に据えかねたのだろう。ただし、その部分でストッダート側の主張だけ、しかも多分に感情もこめて紹介しただけでは公平を欠く。ここには当のブルナー自身の声も出て来ない。そこであらためて背景を検証すると、こういう経緯になる。筋だけから言えば、トヨタが主導してミナルディからブルナーを引き抜いたのではなく、ブルナーに対してミナルディとの間の契約期間の終了を確認し、すばやく契約を結んだということになる。一方ストッダート側は世の常として、特にこれといった懸案も持ち上がっていなかったことから、ブルナーとは翌年に向けて半ば自動的に契約を更新できると解釈していた。もちろんある時点まではブルナーもそういう意向を持っていたが、才能と手腕に対しては巨額の報酬が保証され、それをテコに所属を移って行くのがF1界の常識でもある。たまたまトヨタから好ましい条件を提示されたブルナーが、ストッダートとの間の前向きの雰囲気に終止符を打ちたくなったとしても、それほど不自然なことではない。だからストッダートとしては裏切られた気持ちに違いないが、法的には不備のある移籍だったとは言えない。だからこそ、政商とまで呼ばれビジネスの裏の裏まで精通しているはずのストッダートも、トヨタやブルナーに対して正式の訴訟を起こしていない。もっとも、それとは別にストッダートは下位チームの置かれた経済的な事情を理由として、「このままではF1界にとどまることは難しい」という趣旨の発言をくり返すことが多くなったので、最悪の場合はチームを売却するか、そのまま消え去るかの選択を迫られることになる。もし本当にそのような事態に陥ったとすると、けっして安泰といえないジョーダンともども2チームが破綻し、F1界には8チームしか残れない計算になる。これではグリッドも合計16台というお粗末な光景になるので、その対策としてFIAや主力チームの間では、慣例を破って3台エントリーの案まで検討されているというのが、とりあえず2003年シーズン開幕前後の状況だ。

そのようなわけで、同様に本書に登場する個人を見ても、すでにF1の表舞台から立ち去ってしまった面々は少なくない。たとえばティレルを買収してBARを結成し、既成勢力に立ち向かおうと試みたクレイグ・ポロックは、チーム経営の主導権争いなどから代表を解任され、現状ではジャック・ヴィルヌーヴの個人マネジャーという形でしかF1との縁を保てていない。そのヴィルヌーヴも新たにBARの責任者に就任したデイヴィッド・リチャーズとの折り合いが思わしくなく、2003年の契約満了とともにチームを出る可能性がある。それと呼応するかのように、F1を去ったポロックはアメリカン・レーシング界で新チームを結成している。

アメリカといえば、一時ジャガーF1の責任者をつとめたボビー・レイホールも、似たような形でこの世界を後にしてしまった。その背後にはフォードの本社（デトロイト）の方針のぐらつきが大きく影響している。極論すれば、ジャガーの名によるF1活動の全体が、巨大メーカーによる参戦にふさわしい水準に達していない。特にトップ人事に関する方針が短期間で激変をくり返したのが、クルマの開発の遅れや実戦での不成績の大きな原因になっている。長い不在からメーカー自身によるF1への復帰をめざしたフォードが、当時日の出の勢いだった新興チーム、スチュワート・グランプリを買収したところまでは良かった。しかし、フォードではなく傘下のプレミアム・オートモーティヴ・グループからジャガーの看板を表に立てて参戦するという決定自体、ジャガー自身も後から知らされるような有り様では、先が思いやられるというものだった。そして案の定、まず陣頭指揮を執ったジャッキー・スチュワート（3回チャンピオンになった名ドライバーでもある）は短期間で下ろされ、アメリカのレースで指導的な地位にいたボビー・レイホールが起用された。知能的なレースぶりでCARTのプロストとさえ呼ばれたレイホールなら、F1でも若いチームを上手く機能させてくれるとの読みだったのだろう。しかしレイホール自身はアメリカでも同時にレーシングチームの経営を続けており、フルタイムでF1に従事することができなかった。そんなレイホールに業を煮やしたフォードは、今度はこれも3回のチャンピオンシップ獲得を誇るニキ・ラウダを責任者に引き立てたが、やはり経営者としての実績を持たないラウダでは、スチュワート時代より低迷するチームを軌道に乗せることができなかった。それに加えてデトロイトの本社では、ファイアストーン／ブリヂストンとのトラブルもからんだ政争の末、ジャック・ナッサーからリチャード・パリー＝ジョーンズへと社長が交代し、その煽りを食らった形でラウダの直接の後ろ楯だったプレミアム・オートモーティヴの責任者ヴォルフガンク・ライツレも地位を追われてしまった。そして当然ラウダの地位も安泰ではなくなり、これといった表向きの理由もないまま解任されるというドタバタが続いている。

このようにして原書刊行当時と今では状況が大きく変わってしまったのだが、そんな変遷を超越する形でF1界に君臨しているのが、フェラーリ、マクラーレン、ウィリアムズの3チームであることは、ある意味できわめて象徴的なことだ。旺盛な生命力と貪欲さであらゆるものを食い尽くさずにはおかないピラニア的な要素において、このトップ3チームだけが本当の有資格者だったということになるのだろう。後からこの世界に飛び込んできたジョーダンは、ピラニアの犠牲者という立場からなんとかピラニアに変身を遂げ、今ふたたび餌食になろうとしている。つまりF1界におけるピラニア・クラブとはトップ3の利益共同体であり、その他はそのおこぼれを頂戴しながら辛うじて死なずにいるという図式も成り立ちそうだ。

その背景には、80年代からのＦ１における高度技術の猛威がある。一度は厳しく制限され、２００３年の半ばからはさらに規制が強まるハイテクだが、膨大な開発投資によってその領域をリードして来たのが、このトップ３であることは間違いない。それには当然巨額のスポンサーシップが付き物であり、トップ３以外ではもはや同等の闘いなど不可能に近いところまで来ている。80年代の後半を頂点として勝利をほしいままにし、何年も続けてＦ１を制覇したように日本では伝えられているホンダにしても、実際にはまずウィリアムズによって、次いでマクラーレンによって野望を実現したにすぎない。

それでは、これからもフェラーリ、マクラーレン、ウィリアムズによるＦ１寡占体制が維持されるかというと、かなり危うい要素もある。今後どのような道筋を辿るかは、ＦＩＡによる規定の変更や本書にもたびたび登場するコンコルド協定などの行方に左右されるが、これらトップ３としても、さらに巨大な存在に翻弄される可能性が次第に大きくなってきた。言うまでもなく、そのカギを握るのは国際規模の巨大メーカーのＦ１への参入だ。50年代中期に突発的に活躍したメルセデスを別とすれば、70年代の半ばまではＦ１に真剣に取り組んだ巨大メーカーはフォードしかなく、それもあくまでコスワースを介してのエンジン供給者という立場にとどまっていた。一貫して参戦し続けてきたフェラーリをはじめ、50年代のランチアもマセラティも大メーカーとは言えなかったし、勇躍日本から挑戦したホンダも、現在の規模にははるかに及ばない新興四輪車メーカーにすぎなかった。それが75年のルノー・ターボの出現をきっかけとして、80年代にはホンダやＢＭＷ、ルノーなどが強力なエンジンを供給し、次第に全体に対するメーカーの影響力が増すことになった。

そして今は、フィアットの意を体したフェラーリのほかトヨタとルノーがエンジンも車体も一貫製造の自社チームとして参戦しているが、一見エンジン供給だけに見えそうなメルセデスやＢＭＷなども、実際には提携相手のマクラーレンやウィリアムズに財務面で深く関与することによって、実質的には自社直接参戦に近いスタンスにまで踏み込んでしまっている。もっともBMWの場合は今後もウィリアムズと提携しつつチーム全体の買収にまで進むか、完全に白紙からミュンヘンのチームを結成するか、まだ不透明なところもあるが。そういう意味ではBARと組むホンダも、以前のようなエンジンのみの供給ではなく、車体設計にも深く関与することで、ある程度は直接参戦に近い形をめざしている。これらを総計すると、今のF1にはフェラーリ（フィアット）、メルセデス、ホンダ、トヨタ、ルノー、フォード、BMWと名だたるメーカーが軒並み参戦していることになり、企業グループ別に見ると、参戦していないのはVWアウディ・グループと世界最大のGMだけということになる。ここまで来てしまうと、各チームの方針決定のみならずF1界全体の動向において、メーカーの発言権が絶大になるのは避けられない。

そんな状況の変遷如何では、本書の中で大活躍しているバーニー・エクレストンやマックス・モズレイたちの命運にも激動が待ち受けている可能性がある。今のところはまだFIA自らがF1を支配する権威として機能しているが、その施政方針の中にはメーカーの利益に反する部分もあり、それを軸に将来のモータースポーツの最高峰に向けての主導権争いも激しくなりそうだ。現にルノーが音頭を取る形でメルセデス、フォード、フェラーリ、BMWなどを糾合したGPWCなる新組織も結成され、現行のコンコルド協定の期限切れを待って、2008年からメーカー主導による新しいグランプリ・シリーズを開催する案も検討されている。その裏にはテレビ放映による宣伝効果への解釈など現実の商業的な問題が山積しており、その一方の当事者がエクレストン自身でもあることから、事態がきわめて政治的な色合いを帯びているとも言える。

事の経緯は、こうなっている。21世紀の幕開けとともに、ヨーロッパでは予想より早く衛星有料チャンネル（いわゆるデジタルＴＶ）が勢力を伸ばすとの見方が強まっており、特にスポーツ中継がソフトウェアの中核を成すことになると言われていた。それをＦ１に当てはめた場合、視聴者が任意に操作することによって好みのドライバーのオンボード映像を選択できたりするのが大きなメリットになるはずでもあった。そしてそれが、放映権を握るエクレストンにとって巨大なビジネスチャンスだったのは言うまでもない。そこで彼は自ら１８０億円もの巨費を投じてＦＯＣＡ－ＴＶを設立し、最も優越的な立場でＦ１の現場からの映像発信を仕切りだした。もちろん各国の放送局との間には従来からの契約や慣行があったため、すぐに独占的な立場を取るわけには行かなかったが、やがてはすべてＦＯＣＡ－ＴＶを介しての配信になることは明白とされていた。そこに目を付けたのが、当時ドイツを中心としてデジタル放送の新しい英雄と呼ばれていたレオ・キルヒのグループで、ヨーロッパ各国への配信手段を持つことからエクレストンとの提携に乗り出した。ところが、これがＦ１に積極参加している大メーカーの利益と真っ向から対立することになってしまった。メーカーにとってＦ１は効果的なパブリシティの手段であり、できるだけ多くの視聴者の目に触れることが欠かせない条件になる。これが有料チャンネル優先になり、さらに将来的には地上波を締め出すことになれば、それだけ宣伝の対象も絞られてしまう。そこで、もしエクレストンとキルヒが彼等の路線を押し進めるなら、メーカー側は現在のＦＩＡ－エクレストン陣営から完全に分離した独自のグランプリ・シリーズを旗揚げすると圧力をかけるためにＧＰＷＣなる仮の組織をぶち上げたわけだ。

そしてここに、またもＦ１界の基調である有為変転が顔を覗かせることになる。あれほどの権勢を誇ったキルヒ・グループが、予想したほど衛星有料チャンネルへの加入者が集まらなかったことなどから急激に経営を悪化させ、２００３年シーズンの開幕を待たずして、ほとんど消滅に近い状態に陥ってしまったのだ。それを追うようにエクレストン自身もＦＯＣＡ－ＴＶのキャンプを畳みはじめている。

だから、これからどのような展開が待ち受けているかは見通せないが、もし、今もくろんでいるようにメーカーがＦ１の主導権を完全に握ったとしたら、２００８年から先どのような展開が見られるのかは未知数だが、少なくともこれまでより数倍は体格の大きいピラニアの時代になることは間違いない。

これは本書のすべてのバックボーンとして言えることだが、どの記述を取ってみても、あくまでイギリス人のジャーナリストの価値観によって濾過された事実ばかりであることを忘れるわけには行かない。だからこそ設計者グスタフ・ブルナーの電撃移籍に関する件もミナルディ側（チームオーナーのストッダートはイギリス圏であるオーストラリアの出身）の言い分だけが一方的に取り上げられ、トヨタ側には取材らしい取材すら行われた形跡がない。どんな記事でも、誰がどのような位置から見たものであるか、あらかじめ承知しておかないと、物事の本質を見誤ることになる。

しかし、だからといって、本書に登場する面々の言葉や記録が価値を失うわけではない。ここにはピットやパドック、あるいは公式の記者会見では語られることのない貴重な本音が満ち満ちている。Ｆ１界のビッグボスたちが、どのようにしてここまで来たかを知るだけでも、単にレースを観戦する以上のおもしろさがある。非情なピラニアに見えながら、それぞれ血も涙もある人間であることが再確認できれば、これからのＦ１を眺めるにも、かなり厚みのある解釈ができるようになるだろう。

熊倉重春

２００３年３月　　東京・西荻窪にて

索引

BBC 161, 162, 168, 240, 259
BMW 68, 69, 97, 100, 186, 205, 206, 236, 237, 344
BRM 61, 102-104, 124, 128, 129, 133, 136, 145, 186, 231, 255, 302, 303
Ｂスカイ Ｂ BskyB 261
DF1 260
EM・TV 344
F1委員会 Formula One Commission 152, 195, 201, 261, 263, 264
F2 Formula Two 14, 59, 60, 91, 93, 95, 101, 105, 111, 112, 125, 126, 129, 130, 133, 136, 139, 180, 191, 192, 199, 201, 203, 205, 228, 230, 239, 240, 251, 256
F3 Formula Three 14, 88, 105, 171, 201, 203, 205, 227, 228, 251, 254
F1CA/FOCA Formula One Constructors' Association 66, 70, 76-78, 86, 89, 90, 97, 104, 129, 130, 138, 141, 143, 145-147, 161, 174, 175, 178-182, 187, 189, 190, 192, 193, 195, 199, 200, 218, 219, 222, 231-233, 239, 241, 242, 246, 258-261, 263, 266, 268, 346
FOPA Formula One Promotions and Administration 259
HSBC 308, 312
INGバリングス ING Barings 309
ITV 161, 162, 259
MCIワールド・コム MCI World Con 307
RAC 140, 275
RTL 28
SLEC 164-166, 335-337, 344
TAG 67, 209-212, 215, 223, 234-236

アーヴァイン、エディ Eddie Irvine 15, 38, 40, 269, 276, 278-282, 285, 297, 299
アームストロング、ロブ Rob Armstrong 307, 309
アイルランド、イネス Innes Ireland 84, 126, 130, 132-134, 150
アウトウニオン Auto Union 43, 47, 55, 88
赤城 明 186
アシュレイ、イアン Ian Ashley 205
アスカリ、アルベルト Alberto Ascari 45, 51, 58, 59
アストン・マーティン Aston Martin 103, 128, 129
アダムス、フィリップ Adams Philippe 18
アニエッリ、ジャンニ Gianni Agnelli 33, 240
アマティ、ジョバンニ Giovanni Amati 177
アリエヴィ、ピノ Pino Allievi 81, 82
アリソン、クリフ Cliff Allison 125, 126
アルファ・ロメオ Alfa Romeo 37, 38, 42-45, 47-51, 53
アルボレート、ミケーレ Michele Alboreto 34, 67, 271
アレジ、ジャン Jean Alesi 15, 246
アレン、ナイジェル Nigel Allen 119, 120
アレン、マイケル Michael Allen 119, 120
アロウズ Arrows 200, 224, 252, 253, 264, 265, 325, 344
アロンソ、フェルナンド Fernando Alonso 325, 328
アンドレッティ、マイケル Michael Andretti 213
アンドレッティ、マリオ Mario Andretti 144, 147
生沢 徹 228
イクス、ジャッキー Jacky Ickx 63
イシゴニス、アレック Alec Issigonis 109
イソ Iso Rivolta 231
インターナショナル・マネジメント・グループ（IMG）International Management Group 10, 19, 22, 312
インペリアル・タバコ Imperial Tobacco 138
ヴァーナー、ブレンダ Brenda Vernor 74-76
ヴァルツィ、アキッレ Achille Varzi 44
ヴァンウォール Vanwall 94, 97, 98, 106, 123, 124, 159, 303
ヴァンダーヴェル、トニー Tony Vandervell 124
ヴィーナブルズ、テリー Terry Venables 186
ウィギンス、キース Keith Wiggins 301, 302
ウィリアムズ Williams 17, 35, 40, 41, 70, 104, 147, 150 157, 164, 174, 180, 196, 197, 200, 206, 209, 210-214, 222-224, 227, 230, 232, 234-236, 244, 245, 261, 263, 264, 269, 271, 272, 274-280, 286, 287, 289-295, 317, 318, 327, 344
ウィリアムズ、ヴァージニア Virginia Williams 224, 225, 229, 230, 232, 237
ウィリアムズ、ジョナサン Jonathan Williams 226, 227, 229, 237
ウィリアムズ、テッド Ted Williams 228, 230
ウィリアムズ、フランク Frank Williams 40, 41, 82, 121, 159, 172, 188, 192, 197, 199, 200, 211, 219, 222-238, 242 ,246, 253, 254, 257, 258, 260, 261, 264, 265, 276, 277, 282, 284, 290, 322
ウィリアムソン、ロジャー Roger Williamson 159
ヴィルヌーヴ、ジャック Jacques Villeneuve 275-283, 285, 288-290, 296, 297, 317, 324

クーパー　Cooper　49, 85, 89, 91-93, 95-98, 101-103, 105-109, 111-114, 123-126, 130-132, 153, 154, 171-174, 199, 201, 202, 226, 256, 302, 303
クーパー、ジョン　John Cooper　91, 92, 95, 99, 103-112, 114, 116, 119, 132, 134, 152-154, 256
クーパー、チャールズ　Charles Cooper　104, 105, 109, 110, 113
グッドイヤー　Goodyear　180
クラーク、ジム　Jim Clark　62, 108, 113, 116, 125, 128, 129, 131, 132, 134-140, 142, 143, 147, 154, 180, 192, 242, 271
グランプリ・ドライバーズ・アソシエーション（GPDA）Grand Prix Drivers' Association　100, 138, 182
クリア、ジョック　Jock Clear　279, 285, 289, 290, 297
グリッグス、ジュディス　Judith Griggs　183,184
クリックトン-スチュアート、チャーリー　Charlie Crichton-Stuart　227, 232
クルサード、デイヴィッド　David Coulthard　272, 276, 283, 287, 288, 297, 305
グレゴリー、マステン　Masten Gregory　256
グロッブ、ケン　Ken Grob　205
契約承認委員会　Contact Recognitions Board　30, 340, 342
コヴェントリー・クライマックス　Coventry Climax　61, 89, 91, 106, 111, 127
コーカー、グレアム　Graham Croaker　180, 192
国際スポーツ法典　International Sporting Code 198
国際ツーリング協会（AIT）International Touring Association　195
国際自動車スポーツ連盟（FISA）Federation International de Sport Automobile　35, 76-78, 129, 138, 141, 145, 146, 175, 176, 179-182, 185-190, 193-195, 219, 223, 246, 258, 260, 263, 268
国際自動車連盟（FIA）Federation International de l'Automobile　15, 35, 55, 146, 158, 165, 169, 189, 190, 193, 195, 198, 199, 217-219, 258-264, 266, 270-273, 275, 277, 278, 280, 295, 296, 298, 314, 315, 334, 335
国際スポーツ委員会（CSI）Commision Sportive Internationale　129, 138, 139, 141, 180
コスティン、フランクFrank Costin　122-124
コスティン、マイク　Mike Costin　122-124, 126, 128, 129, 135
コスワース　Cosworth　16-18, 23, 24, 63, 81, 124, 136, 137, 212, 228, 232, 242, 257
コパック、ゴードン　Gordon Coppuck　206, 207
コリンズ、ピーター　Peter Collins　39, 60-62, 85, 89-91, 94, 96, 111, 151
コルテーゼ、フランコ　Franco Cortese　57
コロンボ、ジョアッキーノ　Gioachino Colombo　48, 54-56
コンコルド協定　Concorde Agreement　147, 181, 185, 193, 197, 198, 257-261, 263-266, 277, 295, 327, 333-337, 345
ゴンザレス、フロイラン　Froilan Gonzalez　58, 345
コンスタンティーニ、メオ　Meo Constantini　44
コンプトン、フレッド　Fred Compton　171

サーティース、ジョン　John Surtees　39, 61-63, 101, 102, 171, 174, 175, 256
ザウバー　Sauber　30, 200, 264, 265, 271, 277, 306, 344
ザウバー、ペーター　Peter Sauber　200, 201, 246, 265
サセッティ、アンドレア　Andrea Sassetti　187
ザナルディ、アレッサンドロ　Alessandro Zanardi　27, 28
サルヴァドーリ、ロイ　Roy Salvadori　92, 93, 106, 109, 111, 112, 153, 173, 202
シーフ、ジョナサン　Jonathan Sieff　153
シーム、デイヴィッド　David Thieme　144
シヴォッツィ、ウーゴ　Ugo Sivocci　37
ジェイソン-ヘンリー、ガイ　Guy Jason-Henry　90
ジェイムス、ロイ　Roy James　161
シェクター、ジョディ　Jody Scheckter　65, 66, 79, 80, 241
ジェソップ、レイ　Ray Jessop　205
シエナ、エウジェニオ　Eugenio Siena　38
シェル、ハリー　Harry Schell　72, 92, 110
シェル石油　Shell　42, 96, 238
シェンケン、ティム　Tim Schenken　175, 203, 204, 228
シトロエン　Citroen　88
シフェール、ジョー　Jo Siffert　84, 102
シムテック　Simtek　193, 301, 303
ジャガー　Jaguar　19, 24, 88, 98, 200, 242, 244, 251, 252, 306, 309, 312, 313, 316, 330, 343, 344
ジャコビ、ジュリアン　Julian Jakobi　22
ジャッド　Judd　177
シャパラル　Chaparral　206
シューマッハー、ミハエル　Michael Schumacher　9-12, 17-30, 38, 40, 71, 79, 164, 196, 212, 240, 241, 243, 244, 246-249, 270, 272-285, 287, 295-298, 315, 318, 340, 345
シューマッハー、ラルフ　Ralf Schumacher　294
ジュエル、デレック　Derek Jewell　105, 108, 111, 112, 154
ジョーウィット、ピーター　Peter Jowitt　140

ジョーダン Jordan 9-12, 16-30, 164, 200, 264, 325, 327, 344
ジョーダン、エディ Eddie Jordan 10-30, 197, 200, 221, 244, 246, 264, 302, 304, 320, 323, 326, 329
ジョーダン、ザック Zac Jordan 16
ジョーンズ、アラン Alan Jones 40, 232, 234
シルヴァーストーン・モーターグループ Silverstone Motor Group 251
シロン、ルイ Louis Chiron 44, 46, 47
シン、シェリダン Sheridan Thynne 39, 227
シンディ、シェイク・ケメル Sheikh Kemel Sindhi 233
スーパーテック Supertec 249, 258
スタンレイ、ルイス Louis Stanley 114, 139, 140, 142, 152, 160
スチュワート、ジャッキー Jackie Stewart 96, 110, 115, 144, 160, 192, 255-258, 263, 265, 304-321, 324
スチュワート、ポール Paul Stewart 305-307
スチュワート・グランプリ Stewart Grand Prix 303, 326
ステイシー、アラン Alan Stacey 127
ストッダート、ポール Paul Stoddart 200, 323-332, 335-340, 342
スパージョン、ブラッド Brad Spurgoen 184
スピードウェル社 Speedwell Conversions 226
スペンス、マイク Mike Spence 142
セイウォード、ジョー Joe Saward 40
セヴェール、フランソワ Francois Cevert 159, 257
世界モータースポーツ評議会 World Motor Sports Council 193, 219, 272, 275, 283, 296
セナ、アイルトン Aryton Senna 10, 14, 17, 31, 34, 46, 69, 147, 151, 157-160, 164, 167, 168, 196, 210-213, 215, 216, 218, 235, 236, 249, 269, 270, 272, 281
セラ、チコ Chico Serra 205
ソゾノフ、アレックス Alex Sozonoff 307
ソマー、レイモン Raymond Sommer 57

タイ、バージル Basil Tye 191, 193
ダイムラー・クライスラー Daimler-Chrysler 201, 212, 223, 344
タスマン・シリーズ Tasman Series 228
ダックワース、キース Keith Duckworth 124, 129
ダナヒュー、マーク Mark Donahue 159
ダラーラ、ジャンパウロ Giampaolo Dallara 2-8
タルフィ、ピエロ Piero Taruffi 59
タンベイ、パトリック Patrick Tambay 67
ダンロップ Dunlop 228, 238
チーヴァー、エディ Eddie Cheever 205
チェンバレン、ジェイ Jay Chamberlain 125
チップステッド・モーター・グループ Chipstead Motor Group 153, 201
チャイコフスキー伯 Count Czaykowski 46
チャウンズ、アンドリュー Andrew Chowns 162
チャプマン、コーリン Colin Chapman 65, 98, 99, 101, 103, 104, 106-108, 110, 111, 113-156, 161, 174, 176, 179-181, 186, 188, 189, 215, 240, 242, 254, 342, 346
チャプマン、ヘイゼル・パトリシア Hazel Patricia Chapman 116-119, 121, 123, 128, 149
デ・アンジェリス、エリオ Elio de Angelis 147, 159, 177
デ・チェザリス、アンドレア Andrea de Cesaris 15
デ・トマゾ、アレッサンドロ Alessandro de Tomaso 228, 229
デア、コーリン Colin Dare 118
ディ・モンテゼモロ、ルカ Luca di Montezemolo 63, 64, 200, 245, 265
テイラー、マイケル Michael Taylor 127
ティレル、ケン Ken Tyrell 99, 105, 110, 143, 172, 188, 192, 199, 218, 219, 222, 240, 242, 254-258, 325, 342
ティレル・レーシング・オーガニゼーション Tyrell Racing Organisation 254, 256-258, 260, 261, 277, 281, 303, 304, 316, 317, 324, 325
デニス、ロン Ron Dennis 27, 41, 68, 82, 106, 107, 120, 188, 197-224, 230, 237, 246, 255, 258, 261-265, 276-278, 320, 341
デローリアン DeLorean 148, 151, 152, 186
デローリアン、ジョン John Delorean 148
ド・フェラン、ジル Gil de Ferran 305
ドゥカルージュ、ジェラール Gerard Ducarouge 149
ドゥシュノー、ジャック Jacques Deschenaux 302
ドゥパイエ、パトリック Patrick Depailler 159
トーラナック、ロン Ron Tauranac 174, 203
トッド、ジャン Jean Todt 38, 39, 41, 200, 240, 244-246, 283, 290, 295
ドッドソン、マイク Mike Doodson 168, 171, 173
ドネリー、マーティン Martin Donnelly 159
トム・ウォーキンショー・レーシング（TWR) Tom Walkinshaw Racing 251, 252, 249
トヨタ 186, 327, 330-332, 338-340, 342-344
ドラエ Delahaye 85, 87, 88, 90
トランティニアン、モーリス Maurice

Trintignant 102, 125, 133, 154
トランデル、ニール Neil Trundle 203
トリマー、トニー Tony Trimmer 228
トルーベツコイ、イゴール Igor Troubetzkoy 57, 58
ドレイトン、ジョン John Drayton 162, 172
トレドージ、ガブリエレ Gabriele Tredozi 331
ドレフュス、ルネ Rene Dreyfus 43
トレメイン、デイヴィッド David Tremayne 106, 107
トロッシ伯 Count Carlo Felice Trossi 43
ドン、ケイ Kaye Don 110

ナイ、ダグ Doug Nye 126, 234
ナスペッティ、エマニュエレ Emanuele Naspetti 15
ナッサー、ジャック Jacques Nasser 313
ナッザーロ、フェリーチェ Felice Nazarro 36
ナルディ、エンリコ Enrico Nardi 52
ニール卿 Lord Neill 165
ニクソン、クリス Chris Nixon 47
ニコルズ、スティーヴ Steve Nichols 207
ニューウェイ、エイドリアン Adrian Newey 54, 245, 316, 330, 343
ニュートン、ナイジェル Nigel Newton 309
ニューマン、ポール Paul Newman 72
ヌヴォラーリ、タツィオ Tazio Nuvolari 42, 44, 46, 48, 50, 58, 59
ネアパッシュ、ヨッヘン Jochen Neerspach 19-24, 28-30
ネヴェス、カストロ Castro Neves 305
ノーブル、ケイト Kate Noble 344
ノッテージ、ジェーン Jane Nottage 74, 76, 245

パーヴス、ウィリアム William Purves 308, 312
パークス、マイク Mike Parkes 74
パーチェ、カルロス Carlos Pace 159, 230
ハート、ブライアン Brian Hart 253
ハード、ロビン Robin Herd 180, 192
バーナード、ジョン John Barnard 67-70, 170, 206-210, 248, 253
パーネル、レグ Reg Parnell 85, 129
ハーバート、ジョニー Johnny Herbert 14, 15
パーレイ、デイヴィッド David Purley 205
バーン、ロリー Rory Byrne 241, 248
パシフィック・レーシング Pacific Racing 301
ハッキネン、ミカ Mika Hakkinen 212, 276, 280, 281, 283, 288, 289, 295, 297, 299
バッツイ、ルイジ Luigi Bazzi 43, 57
ハッファ、トーマス Thomas Haffa 344
パドック・クラブ Paddock Club 262, 313
パトレーゼ、リカルド Riccardo Patrese 17
パラゴン Paragon 223
バラッカ、フランチェスコ Francesco Baracca 37
バリケロ、ルーベンス Rubens Barrichello 38, 40, 271, 314
バルト、エドガー Edgar Barth 100
バレストル、ジャン-マリー Jean-Marie Balestre 77, 78, 145, 146, 169, 179-182, 188-196, 208, 211, 232, 263
パレッティ、リカルド Ricardo Paletti 159
バンディーニ、ロレンゾ Lorenzo Bandini 39
ハント、ジェームス James Hunt 64
ピケ、ネルソン Nelson Piquet 11, 21, 24, 41, 70, 174, 176, 177, 235
ピッチニーニ、マルコ Marco Piccinini 69, 77, 78, 80, 81, 99
ピニンファリーナ → ファリーナ
ヒューレット・パッカード Hewlett Packard 307
ヒル、グレアム Graham Hill 85, 101, 102, 120, 121, 125, 126, 128, 133, 136, 139, 141, 142, 147, 159, 161, 174
ヒル、デイモン Damon Hill 15, 157, 164, 165, 177, 194, 196, 236, 253, 269, 271-274, 286, 317, 324
ヒル、フィル Phil Hill 39, 60, 62, 73, 79, 132
ピレリ Pirelli 42, 43
ピローニ、ディディエ Didier Pironi 40, 66, 67, 159, 182, 183
ファーガソン、アンドリュー Andrew Ferguson 99, 130, 131, 180, 240
ファジオーリ、ルイジ Luigi Fagioli 47
ファリーナ、バティスタ（ピニン）Battista 'Pinin' Fafina 59, 69
ファンジオ、フアン-マヌエル Juan-Manuel Fangio 35, 39, 58-60, 62, 86, 96, 107, 154
フィアット Fiat 12, 25, 36, 59, 64, 66, 69, 71, 82, 92, 110, 177, 186, 200, 240, 242, 243, 336, 344
フィカレッリ、アンドレア Andrea Ficarelli 331
フィッシャーズ、ギャヴィン Gavin Fisher 291, 293
フィッティパルディ、エマーソン Emerson Fittipaldi 66, 142, 147, 302
フィリップ・モリス Philip Morris 182, 205, 240
フィリップス、イアン Ian Phillips 12, 18, 22, 28
フーバート、ユルゲン Jurgen Hubbert 345
フェラーリ Ferrari 33-76, 93, 94, 98, 99, 101, 103-109, 114, 126, 131, 132, 134, 144-146, 164, 179, 181, 182, 186, 200, 204, 210-212, 240-246, 248,

257, 262, 263, 265, 268, 270, 271, 273, 275-279, 281, 284, 287, 290-295, 297-299, 313, 318, 326, 330, 342, 345, 346
フェラーリ、アルフレード（ディーノ） Alfredo (Dino) Ferrari 34, 35, 43, 53, 56, 60-63, 66, 71, 72, 78, 79, 267
フェラーリ、エンゾ Enzo Ferrari 33-82, 85, 89, 101, 114, 115, 121, 129, 146, 147, 156, 240, 243, 254, 323, 345, 346
フェラーリ、ピエロ・ラルディ Piero Lardi Ferrari 53, 67, 69, 77, 241
フェラーリ、ラウラ Laura Ferrari 42, 53, 56, 61, 77
フェルスタッペン、ヨス Jos Verstappen 273, 281
フォード Ford 23, 24, 110, 118, 120, 124, 129, 136, 139, 186, 200, 212, 242, 244, 251, 256, 257, 270, 281, 305-308, 310, 312, 313, 327, 336, 344
フォーミュラ3000 Formula 3000 15, 26
フォーミュラワン・ホールディングス社 Formula One Holdings 164, 264, 265
フォスター、トレヴァー Trevor Foster 27
フォッキ、ルチアーノ Luciano Fochi 55
フォルギエーリ、マウロ Mauro Forghieri 61, 63, 65-67, 80
フォン・トリップス、ヴォルフガング Wolfgang von Trips 61, 62, 78, 131, 132
フォン・ハンシュタイン、フシュケ Huscke von Hanstein 114
ブガッティ Bugatti 43, 44, 46
プジョー Peugeot 82, 186, 245, 270
ブッシ、カルロ Carlo Bussi 79
ブッシェル、フレッド Fred Bushell 121, 122, 128, 148, 186
ブッソ、ジュゼッペ Giuseppe Busso 56
ブライズ、トム Tony Brise 159
プライス、トム Tom Pryce 159, 205
ブラウン、アラン Alan Brown 255
ブラウン、ロス Ross Brawn 241, 245, 248, 297
ブラッシュ、ハービー Herbie Blash 23
プラット、ラウ Lou Platt 307
ブラバム Brabham 35, 62, 89, 100, 103, 131, 155, 168, 172, 174-177, 180, 186, 187, 199, 202-204, 206, 209, 226-228, 267, 270, 302, 303, 324, 347
ブラバム、ジャック Jack Brabham 62, 85, 89, 91-95, 103, 104, 110-112, 172, 174, 175, 210, 256
フランキッティ、ダリオ Dario Franchitti 305
フランシス、アルフ Alf Francis 91, 93, 97, 106
ブランズハッチ Brands Hatch 128, 170, 216, 227, 231, 237, 254
ブランドル、マーティン Martin Brundle 14
ブランドン、エリック Eric Brandon 110
ブリアトーレ、フラヴィオ Flavio Briatore 10, 11, 15, 19-22, 30, 196, 200, 218, 244-250, 252, 253, 258, 270, 272, 298, 320, 326
ブリヂストン 240, 253
ブリティッシュ・アメリカン・タバコ British American Tobacco 200, 218, 244, 249, 254, 316-319, 324
ブリティッシュ・アメリカン・レーシング（BAR） British American Racing 200, 254-266, 284, 293, 303, 304, 317, 319, 320, 326, 342
ブリティッシュ・モーター・コーポレーション（BMC） British Motor Corporation 108
ブリティッシュ・レーシング・パートナーシップ（BRP） British Racing Partnership 133
ブリティッシュ・レーシングドライバーズ・クラブ（BRDC） British Racing Drivers' Club 216, 251
ブルックス、トニー Tony Brooks 62, 85, 89, 96
ブルナー、グスタフ Gustav Brunner 76, 329-332, 338, 340, 342
ブレア、トニー Tony Blair 165
ブレダ、エルネスト Ernesto Breda 52
フレンツェン、ハインツ-ハラルト Heinz-Harald Frentzen 15, 279, 280, 282, 283, 287
プロジェクト3 Project Three 205
プロジェクト4 Project Four 206, 207
プロスト Prost 200, 201, 265, 266, 303, 304, 326, 344
プロスト、アラン Alain Prost 32, 67, 70, 157, 196, 200, 209-212, 235, 236, 246, 265, 269, 281, 304, 308
ヘイズ、ウォルター Walter Hayes 139
ベイリー、レン Len Bailey 231
ペーター、アンリ Henri Peter 298
ベーラ、ジャン Jean Behra 62
ペスカロロ、アンリ Henri Pescarolo 230, 231
ヘスケス Hesketh 231, 302
ペターソン、ロニー Ronnie Petersen 125, 144, 147, 159
ヘッド、パトリック Patrick Head 206, 223, 224, 231-233, 235, 237, 281, 287, 293
ベネトン Benetton 9-12, 15, 16, 19-24, 26-29, 31, 164, 166, 196, 197, 200, 218, 241, 244, 246-250, 252, 253, 258, 265, 270-273, 290, 298, 318, 324, 327, 340, 344
ベネトン、ルチアーノ Luciano Benetton 247, 248
ベラミ、ラルフ Ralph Bellamy 174
ベルガー、ゲルハルト Gerhard Berger 34, 246, 273
ヘルマン、ハンス Hans Herrmann 122
ヘンネ、エルンスト Ernst Henne 47

ホイヤー　Heuer　211, 223
ホーガン、ジョン　John Hogan　205, 207
ホーキンス、ジャック　Jack Hawkins　105
ホースレイ、アンソニー　Anthony Horsley　227
ホーソーン、マイク　Mike Hawthorn　39, 59-62, 96, 99, 107, 111, 124
ボール、テッド　Ted Ball　186, 188
ポール・スチュワート・レーシング　Paul Stewart Racing　304, 306, 307
ポスルズウェイト、ハーヴェイ　Harvey Postlethwaite　66-68, 70, 231, 255
ボッシュ　Bosch　42
ボニエ、ジョー　Jo Bonnier　84, 100, 101
ポリトーイ　Politoys　230, 231
ボルザッキーニ、バコーニン　Baconin Borzacchini　44-46
ポルシェ　Porsche　103, 114, 122, 208, 211, 252, 303
ポルタゴ侯　Marquis de Portago　60, 62
ポロック、クレイグ　Craig Pollock　200, 244, 254, 265, 316-320, 324-326, 342
ホワイティング、チャーリー　Charlie Whiting　270
ホンダ　17, 34, 67, 70, 103, 186, 210-213, 235, 248, 303, 304, 317, 326
ボンド、ジョン　John Bond　308

マーチ　March　66, 67, 103, 104, 172, 180, 186, 192, 193, 205, 230, 232, 303, 343
マードック、ルパート　Rupert Murdoch　261
マールボロ　Malboro　27, 28, 69, 104, 205-208, 231, 235, 240
マーレイ、ゴードン　Gordon Murray　174, 176, 177, 206
マイルズ、ジョン　John Miles　141, 142, 150
マキャヴェリ、ロタリオ・ラニョーニ　Lotario Rangoni Machiavelli　51
マクナリー、パディ　Paddy McNally　262
マクニッシュ、アラン　Alan McNish　305
マクラーレン　McLaren　14, 17, 34, 35, 41, 54, 67, 68, 70, 103, 104, 174, 180, 197, 200, 206-208, 210-215, 218-220, 222, 223, 231, 235, 240, 260, 261, 264, 265, 267, 269, 270, 273, 274, 276, 277, 280, 283, 284, 286-289, 294-296, 298, 299, 316, 318, 327, 330, 343, 344
マクラーレン、ブルース　Bruce McLaren　108, 112, 174, 175, 207, 256
マス、ヨッヘン　Jochen Mass　67
マスターカード　Mastercard　301
マゼッティ、ジュリオ　Giulio Masetti　38
マセラティ　Maserati　44-46, 50, 51, 59, 62, 103, 106, 202, 203
マッキントッシュ、ピーター　Peter Mackintosh　232, 346
マッキントッシュ、マック　'Mac' McIntosh　122
マッケイ、ロビン　Robin McKay　256
マドック、オーウェン　Owen Maddock　112
マトラ　Matra　103, 256, 303
マリク・アド・イブラヒム王子　Prince Malik Ado Ibrahim　253
マリノーニ、アッティリオ　Attilio Marinoni　43
マルケス、タルソ　Tarso Marques　328
マンセル、ナイジェル　Nigel Mansell　17, 41, 70, 147, 150, 151, 157, 164, 212, 224, 235-237, 272, 274, 328
ミジョー、ジャン-クロード　Jean-Claude Migeot　70
ミットフォード、ダイアナ　Diana Mitford　180, 191
ミナルディ　Minardi　200, 248, 264, 271, 304, 323-332, 343
ミナルディ、ジャンカルロ　Gian Carlo Minardi　248, 326
ムッソ、ルイジ　Luigi Musso　62, 106, 107
ムッソリーニ、ベニート　Benito Mussolini　43, 50, 53
メイズ、レイモンド　Raymond Mays　307
メイヤー、テディ　Teddy Mayer　207, 209, 240, 241, 256, 267, 346
メカクローム　Mecachrome　249
メルセデス・ベンツ　Mercedes-Benz　19-21, 24, 28-30, 37, 38, 43, 47, 50, 55, 88, 93, 101, 103, 186, 201, 212, 271, 283, 295, 303, 327, 336, 345
モーザー、トム　Tom Moser　319
モーター・レーシング・ディヴェロップメンツ社（MRD）Motor Racing Developments 176, 177
モータースポーツ世界連盟　World Federation of Motor Sport　181
モス、スターリング　Stirling Moss　48, 85-88, 90, 96-100, 102, 106, 108, 111, 113, 126, 127, 133, 134, 147, 167, 171, 239
モズレイ、サー・オズワルド　Sir Oswald Mosley　180, 191
モズレイ、マックス　Max Mosley　35, 146, 158, 165, 166, 180, 181, 185-187, 189-199, 216-219,232, 242, 260-265, 270, 282, 283, 294-297, 301, 341, 343
モトゥール石油　Motul Oil　203, 205, 230
モル、ギ　Guy Mall　47
モレノ、ロベルト　Roberto Moreno　9-12, 19-21, 24-29, 31

モンタニーニ、ルイジ　Luigi Montanini　248
モンテーヤ、フアン・パブロ　Juan Pablo Montoya　305

ヤーノ、ヴィットリオ　Vittorio Jano　49, 54, 58, 60
ヤマハ　22-24, 27, 30, 253
ヤング、ヨーイン　Eoin Young　173, 214
ユーロピアン・エイヴィエイション　European Aviation　324, 325
ユーロピアン・フォーミュラ・レーシング　European Formula Racing　324
ヨーク、デイヴィッド　David Yorke　123, 124
ヨーロッパ委員会　European Commission　263-265, 315, 337, 344
ヨーロッパ自動車メーカー協会　European Car Manufacturers' Association (ACEA)　200
ヨハネ・パウロ二世　John Paul II　33, 70
ヨハンソン、ステファン　Stefan Johansson　14, 28, 205

ラウダ、ニキ　Niki Lauda　33, 63-65, 68, 80, 159, 182, 200, 206, 209, 210, 242, 308
ラッツェンバーガー、ロラント　Roland Ratzenberger　46, 158, 196, 218, 269, 271, 301
ラッド、トニー　Tony Rudd　151
ラビーソン、トム　Tom Rubython　229
ラミー、ペドロ　Pedro Lamy　271
ラルディ、リナ　Lina Lardi　53
ラング、ヘルマン　Hermann Lang　50
ランチア、ヴィンチェンツォ（含・社／チーム）　Vincenzo Lancia　36, 54, 59, 60, 103, 303
ランドハースト・リーシング社　Landhurst Leasing　186, 274, 343
ランバート、クリス　Chris Lambert　191
ランプレーディ、アウレリオ　Aurelio Lampredi　56, 58, 109
リース、アラン　Alan Rees　180, 192
リカルト、ウィルフレド　Wilfredo Ricart　48
リジェ　Ligier　248, 252, 303, 311
リチャーズ、デイヴィッド　David Richards　200, 249, 265
リミニ、ジョルジオ　Giorgio Rimini　37, 42
リント、ヨッヘン　Jochen Rindt　85, 89, 99, 101, 125, 140-142, 147, 159, 173, 174, 192, 199, 202, 203, 210
リンドン、ニール　Neil Lyndon　68
ルイス-エヴァンス、ステュアート　Stuart Lewis-Evans　106, 110, 159, 172
ルティ、ヨアヒム　Joachim Luthi　177, 186
ルノー　Renault　17, 67, 76, 104, 145, 146, 179, 186, 196, 200, 208-212, 218, 236, 244, 246, 248, 258, 269, 272, 275, 303, 327, 336, 344
ルマン　Le Mans　59, 61, 85, 87-89, 96, 125, 146, 153, 212, 251, 252
ルミ、ガブリエル　Gabriele Rumi　249, 265, 325, 326
レイナード、エイドリアン　Adrian Reynard　254, 316, 317, 319
レイホール、ボビー　Bobby Rahal　200, 244, 316, 343
レート、J・J　JJ Lehto　271
レガッツォーニ、クレイ　Clay Regazzoni　63, 159, 192, 234
レストン、レス　Les Leston　93, 95, 111, 112
ロイテマン、カルロス　Carlos Reutemann　40, 41, 234
ローズ、ロブソン　Robson Rhodes　274
ローソン、マイク　Mike Lawson　120
ロータス　Lotus　18, 35, 62, 68, 85, 89, 98, 101, 103, 104, 106, 108, 113-145, 147-154, 172, 174, 180, 186, 188, 199, 211, 231, 235, 242, 251, 257, 271, 274, 303, 343
ローバー　Rover　251
ローバック、ナイジェル　Nigel Roebuck　69, 78, 83, 86, 135
ローラ　Lola　104, 206, 263, 301-303
ロシュ、トト　Toto Roche　125
ロス、ピーター　Peter Ross　122
ロスベルク、ケケ　Keke Rosberg　235
ロッセム、ジャン-ピエール・ヴァン　Jean-Pierre van Rossem　187
ロドリゲス、ペドロ　Pedro Rodriguez　159
ロバーツ、バート　Bert Roberts　307, 308
ロビンソン、ジェームス　James Robinson　291
ロメオ、ニコラ　Nicola Romeo　37
ロルト、トニー　Tony Rolt　85, 89, 90
ロンデル・レーシング　Rondel Racing　203-205
ロンドン・レーシングチーム　London Racing Team　191

ワース、ニック　Nick Wirth　193, 301
ワトキンス博士、シド　Professor Sid Watkins　160, 169, 224
ワトソン、ジョン　John Watson　15, 208-210

ピラニア・クラブ F1《エフワン》マネーに食《く》らいつけ

2003年5月31日　初版第一刷発行

原題　THE PIRANHA CLUB
—Power and Influence in Formula One
著者　Timothy Collings
訳者　熊倉重春（くまくら　しげはる）
発行者　渡邊隆男
発行所　株式会社 二玄社
東京都千代田区神田神保町2-2　〒101-8419
営業部=東京都文京区本駒込6-2-1　〒113-0021
電話=03-5395-0511
URL　http://www.nigensha.co.jp
編集　辻 百子
印刷　株式会社シナノ
製本　牧製本印刷株式会社

ISBN4-544-04086-8　Printed in Japan